高等院校经济管理类专业教学用书

金融学

(第3版)

◎ **主　编**　贾冀南　　赵　莉
◎ **副主编**　韩光辉　　李凯伦

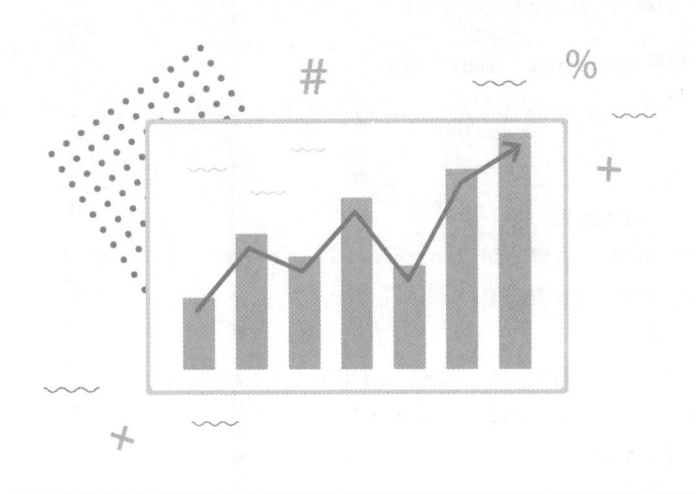

电子工业出版社
Publishing House of Electronics Industry
北京·BEIJING

内 容 简 介

本教材按从理论到实践、从国内至国际的逻辑关系安排课程体系，系统而全面，循序渐进。基本体系包括导论、货币与货币制度、信用、利率、金融机构体系、商业银行、中央银行、金融市场、国际金融、货币需求、货币供给、通货膨胀与通货紧缩、货币政策、金融风险与金融监管、金融创新、金融与经济发展、金融领域中的新发展等诸多方面。

本书以货币金融知识为主，重点突出思政案例教学，每章内容后配备 2 个案例，每个案例提炼出思政元素并附有简要提示。本书内容力图反映货币金融领域的最新动态，并根据形势的发展更新了有关的数据资料。同时，为了便于读者理解一些知识点及学习拓展知识，除导论外的每章增设了 2~5 个专栏。另外，每章还配有思考题。相关图片和视频资料等教辅资源可扫描二维码观看。本书还为教师提供了电子课件和习题答案，教师可登录华信教育资源网免费注册下载。

本书可作为高等院校经济和管理类专业的教学用书，也可作为其他相关专业和从事金融领域工作人员的参考、培训用书。

未经许可，不得以任何方式复制或抄袭本书之部分或全部内容。
版权所有，侵权必究。

图书在版编目（CIP）数据

金融学 / 贾冀南，赵莉主编. —3 版. —北京：电子工业出版社，2024.4
ISBN 978-7-121-47710-2

Ⅰ.①金… Ⅱ.①贾… ②赵… Ⅲ.①金融学—教材 Ⅳ.①F830

中国国家版本馆 CIP 数据核字（2024）第 077376 号

责任编辑：王志宇　　　特约编辑：徐　震
印　　刷：三河市双峰印刷装订有限公司
装　　订：三河市双峰印刷装订有限公司
出版发行：电子工业出版社
　　　　　北京市海淀区万寿路 173 信箱　邮编　100036
开　　本：787×1 092　1/16　印张：20.25　字数：518.4 千字
版　　次：2011 年 8 月第 1 版
　　　　　2024 年 4 月第 3 版
印　　次：2024 年 4 月第 1 次印刷
定　　价：55.00 元

凡所购买电子工业出版社图书有缺损问题，请向购买书店调换。若书店售缺，请与本社发行部联系，联系及邮购电话：（010）88254888，88258888。
质量投诉请发邮件至 zlts@phei.com.cn，盗版侵权举报请发邮件至 dbqq@phei.com.cn。
本书咨询联系方式：（010）88254523，wangzy@phei.com.cn。

前 言

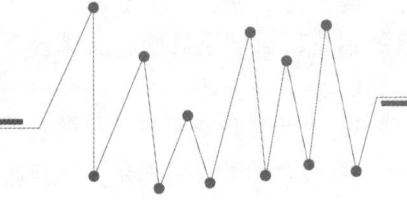

金融学属于应用型经济学科，与现实联系比较紧密。随着全球金融业的发展和我国金融改革开放的深化，金融理论体系也在逐步完善。这就要求《金融学》教材的建设要跟上时代的步伐，体现最新的研究内容。距《金融学》(第2版)教材的出版，已经过去6年多了。在这段时间里，我国经济和金融发展经历了许多新的历程：中国特色社会主义进入了新时代，完成脱贫攻坚、全面建成小康社会的历史任务，实现了第一个百年奋斗目标；数字货币作为电子货币的替代形式正在受到越来越多的关注；人民币加入了特别提款权货币篮子，人民币国际化取得了突破性进展；人民币汇率波动受到了更多关注等。为了实现中国经济高质量发展、达到共同富裕的目标，金融领域也出现了如互联网金融、普惠金融、数字金融、绿色金融等诸多新的变化和问题。

同时，金融相关人才的培养也面临新的挑战。2018年，教育部提出了"四新"建设，首次提出了"新文科"概念，印发了《教育部关于加快建设高水平本科教育全面提高人才培养能力的意见》等文件。2020年，教育部印发了《高等学校课程思政建设指导纲要》，要求把思想政治教育贯穿人才培养体系，全面推进高校课程思政建设。同时，教育部在发展一流本科教育、建设一流本科课程中，提出了高阶性、创新性、挑战度的"两性一度"金课标准。

正是基于上述认识，本书编写组对《金融学》(第2版)的内容进行了修订。为了做好这次教材修订工作，本书的编写老师和讲授"金融学"课程的教学团队广泛听取了同行和学生的意见，特别关注了在《金融学》(第2版)使用过程中学生所反映的问题，反复召开研讨会议，逐章逐节讨论修改方案，最终编写完成了这部教材。本书的逻辑体系和框架结构未做大大改动，增加了两章内容，分别为第1章"导论"和第17章"金融领域中的新发展"，并对全书的数据进行了更新。此次修订更换了第2版中的全部案例，并在案例分析中增加了思政元素的提炼与解析。

在编写本书的过程中主要遵循以下原则：系统阐述基础理论；稳步进行思政案例教学；适时联系国际形势。为此，我们在借鉴同类教材优点的同时，力求有所突破。本书具有以下特色。

1. 注重概念表述的准确性与适当深度。近几年，随着金融的发展与创新，产生了许多新的金融工具、金融交易方式，相应地产生了许多新的概念，学术界对这些概念的解释颇多，我们力求合理和精确地表述这些概念，并对相关理论进行深度阐述，以适合人才培养的需要。

2. 坚持理论与实践相结合。本教材突出思政案例教学，每章内容后配备2个案例，每个案例提炼出思政元素并附有简要提示。案例的相关问题和提示能够使读者理论联系实际，更深层次地理解每章的内容。

3. 容量适度，深度适中。在注重自身体系完整性的同时，也考虑到与专业课的衔接，保持理论知识的广度和适度。对交叉性的知识点阐述适度，做到主次分明、覆盖面广、信息量大。同时，尽量回避艰深的理论，侧重做好基础知识的铺垫，为学生后续专业课留下适当的空间。

4. 保持前沿性。本书力图反映货币金融领域的最新动态，对新理论与新实践问题做了适当的介绍和分析，如互联网金融、普惠金融、区块链金融、绿色金融等，并根据形势的发展更新了有关的数据资料。

本书覆盖面广、内容新颖、难易适度、实用性强、案例丰富，能够满足应用型本科院校经济和管理类专业的教学需要，也可作为其他教学层次和相关专业的教学用书，以及从事金融相关领域工作人员的参考、培训用书。作为一学期的授课任务，建议40学时左右学完，而且需要学生具有一定的经济学基本理论知识基础。为了便于读者理解一些知识点及学习拓展知识，除导论外的每章增设了2~5个专栏。另外，每章还配有思考题。相关图片和视频资料等教辅资源可扫描二维码观看。本书还为教师提供了电子课件和习题答案，教师可登录华信教育资源网免费注册下载。

本书由贾冀南教授、赵莉副教授担任主编，韩光辉副教授、李凯伦博士担任副主编。全书共计17章，贾冀南教授负责总体策划及全书总纂，编写人员与分工如下：吴继琛（第1章、第15章）、李凯伦（第2章、第14章、第17章）、张晓阳（第3章、第7章）、王辉坡（第4章、第13章）、韩光辉（第5章、第8章）、李浩然（第6章）、曹秀丽（第9章、第12章）、赵莉（第10章、第11章、第16章）。

本书的出版获得了河北工程大学教材建设项目的支持，得到了电子工业出版社领导和编辑的大力帮助，编写过程中还参考了国内外专家学者的著作和文献，同时一些专家教授也对本书的编写提出了宝贵意见，在此一并表示衷心的感谢。

由于笔者水平有限，本书难免存在疏漏之处，希望同行专家和广大读者多提建议，不吝赐教，您的建议和意见都会是我们前进的动力。

贾冀南

目 录

第1章 导论 ... 1
1.1 金融概述 ... 1
- 1.1.1 为什么学习金融 ... 1
- 1.1.2 金融的概念 ... 1
- 1.1.3 金融的作用 ... 2
- 1.1.4 金融的功能 ... 2
1.2 金融学的研究对象与学习方法 ... 3
- 1.2.1 金融学的研究对象 ... 3
- 1.2.2 金融学的学习方法 ... 3

小结 ... 3
思考题 ... 4

第2章 货币与货币制度 ... 5
2.1 货币的起源和发展 ... 5
- 2.1.1 货币的起源理论 ... 5
- 2.1.2 货币的发展 ... 7
2.2 货币的本质和职能 ... 12
- 2.2.1 货币的本质 ... 12
- 2.2.2 货币的职能 ... 13
2.3 货币制度 ... 15
- 2.3.1 货币制度的含义及形成 ... 15
- 2.3.2 货币制度的构成要素 ... 15
- 2.3.3 货币制度的演变 ... 16
2.4 中国的货币制度 ... 20
- 2.4.1 古代的货币制度 ... 20
- 2.4.2 近代的货币制度 ... 21
- 2.4.3 人民币制度 ... 21

小结 ... 22
思考题 ... 23
案例简介 ... 24

第3章 信用 ... 27
3.1 信用概述 ... 27
- 3.1.1 信用的概述 ... 27
- 3.1.2 信用的产生与发展 ... 28
- 3.1.3 信用与货币的关系及金融范畴的形成 ... 29
3.2 高利贷 ... 30
- 3.2.1 高利贷的概述 ... 30
- 3.2.2 高利贷的作用 ... 31
- 3.2.3 高利贷的债权债务人 ... 31
- 3.2.4 高利贷信用与现代信用的区别 ... 31
- 3.2.5 民间借贷现象 ... 32
3.3 信用形式 ... 33
- 3.3.1 商业信用 ... 33
- 3.3.2 银行信用 ... 34
- 3.3.3 政府信用 ... 36
- 3.3.4 消费信用 ... 37
- 3.3.5 国际信用 ... 38
3.4 信用工具 ... 39
- 3.4.1 信用工具概述 ... 39

3.4.2 信用工具类型 …… 39	5.2.4 政策性银行 …… 70
3.5 信用秩序的维护 …… 41	5.2.5 非银行金融机构 …… 70
3.5.1 信用在经济中的作用 …… 41	5.2.6 我国的金融机构体系改革
3.5.2 构建市场经济信用体系 …… 42	与发展 …… 72
小结 …… 46	5.3 发达国家金融机构体系 …… 75
思考题 …… 47	5.3.1 银行业金融机构 …… 75
案例简介 …… 47	5.3.2 非银行金融机构 …… 76

第 4 章 利率 …… 50

- 4.1 利息与利率 …… 50
  - 4.1.1 利息 …… 50
  - 4.1.2 利率的含义及其种类 …… 53
- 4.2 利率的影响因素 …… 55
- 4.3 利率的作用 …… 56
  - 4.3.1 利率在宏观经济中的调节作用 …… 56
  - 4.3.2 利率在投资决策中的作用 …… 57
- 4.4 利率管理体制 …… 58
  - 4.4.1 国家集中管理的利率体制 …… 58
  - 4.4.2 市场自由决定的利率体制 …… 58
  - 4.4.3 国家管理与市场共同决定的利率管理体制 …… 58
- 4.5 中国的利率管理实践 …… 59
  - 4.5.1 中华人民共和国成立后至改革开放以前的利率管理 …… 59
  - 4.5.2 改革开放至今的利率管理 …… 59
- 小结 …… 60
- 思考题 …… 60
- 案例简介 …… 61

第 5 章 金融机构体系 …… 64

- 5.1 金融机构体系概述 …… 64
  - 5.1.1 金融机构的界定与分类 …… 64
  - 5.1.2 金融机构的经济功能 …… 65
- 5.2 我国金融机构体系 …… 67
  - 5.2.1 中国人民银行 …… 67
  - 5.2.2 金融监管机构 …… 67
  - 5.2.3 商业银行 …… 69

5.3.3 外资、合资金融机构 …… 77	
小结 …… 77	
思考题 …… 77	
案例简介 …… 78	

第 6 章 商业银行 …… 81

- 6.1 商业银行概述 …… 81
  - 6.1.1 商业银行的产生与发展 …… 81
  - 6.1.2 商业银行的组织形式 …… 83
  - 6.1.3 商业银行的性质及职能 …… 85
- 6.2 商业银行业务 …… 87
  - 6.2.1 商业银行负债业务 …… 87
  - 6.2.2 商业银行资产业务 …… 90
  - 6.2.3 商业银行表外业务 …… 92
- 6.3 商业银行的经营与管理 …… 94
  - 6.3.1 商业银行经营与管理的一般原则 …… 94
  - 6.3.2 商业银行经营与管理理论的演变 …… 95
- 6.4 金融科技发展与商业银行数字化转型 …… 98
  - 6.4.1 商业银行数字化转型发展阶段 …… 98
  - 6.4.2 商业银行数字化转型的主要举措 …… 98
- 小结 …… 99
- 思考题 …… 100
- 案例简介 …… 100

第 7 章 中央银行 …… 104

- 7.1 中央银行的产生与发展 …… 104

7.1.1 中央银行产生的必要性 ……… 104
7.1.2 中央银行制度
    的历史演变 ……………… 106
7.1.3 我国中央银行的发展 ……… 107
7.2 中央银行的类型、性质、职能 … 108
7.2.1 中央银行的类型 …………… 108
7.2.2 中央银行的性质 …………… 109
7.2.3 中央银行的职能 …………… 111
7.3 中央银行的主要业务 …………… 114
7.3.1 资产业务 …………………… 114
7.3.2 负债业务 …………………… 115
7.3.3 中间业务 …………………… 117
小结 …………………………………… 118
思考题 ………………………………… 118
案例简介 ……………………………… 118

第8章 金融市场 …………………… 122

8.1 金融市场概述 …………………… 122
8.1.1 金融市场的含义
    及构成要素 ……………… 122
8.1.2 金融市场的形成和功能 …… 125
8.1.3 金融市场的分类 …………… 126
8.2 货币市场 ………………………… 128
8.2.1 货币市场概述 ……………… 128
8.2.2 货币市场的类型 …………… 130
8.3 资本市场 ………………………… 136
8.3.1 资本市场的概念与特点 …… 136
8.3.2 资本市场的结构 …………… 137
8.3.3 资本市场的效率 …………… 139
8.4 外汇市场 ………………………… 140
8.4.1 外汇市场的概念 …………… 140
8.4.2 外汇市场的分类 …………… 140
8.4.3 外汇市场的功能 …………… 141
8.4.4 外汇市场的主要业务 ……… 142
8.5 保险市场 ………………………… 142
8.5.1 保险市场的含义 …………… 142
8.5.2 保险市场的要素 …………… 142
8.5.3 保险市场的类型 …………… 143

8.5.4 保险市场的功能 …………… 144
8.6 黄金市场 ………………………… 144
8.6.1 黄金市场及其特点 ………… 144
8.6.2 黄金市场的交易主体 ……… 145
8.6.3 黄金市场的分类 …………… 145
小结 …………………………………… 146
思考题 ………………………………… 147
案例简介 ……………………………… 147

第9章 国际金融 …………………… 150

9.1 国际收支与外汇 ………………… 150
9.1.1 国际收支 …………………… 150
9.1.2 外汇与汇率 ………………… 154
9.1.3 汇率制度 …………………… 155
9.2 国际储备 ………………………… 158
9.2.1 国际储备的概念 …………… 158
9.2.2 国际储备的作用 …………… 159
9.2.3 国际储备的结构 …………… 160
9.2.4 国际储备的管理 …………… 161
9.3 国际货币体系 …………………… 162
9.3.1 国际货币体系的概念
    与作用 …………………… 162
9.3.2 国际金本位体系 …………… 163
9.3.3 布雷顿森林体系 …………… 164
9.3.4 牙买加体系 ………………… 165
9.4 国际金融机构体系 ……………… 168
9.4.1 国际金融机构概述 ………… 168
9.4.2 国际货币基金组织 ………… 168
9.4.3 世界银行 …………………… 169
9.4.4 国际清算银行 ……………… 170
9.4.5 亚洲开发银行与
    亚洲基础设施投资银行 …… 171
小结 …………………………………… 172
思考题 ………………………………… 173
案例简介 ……………………………… 173

第10章 货币需求 …………………… 177

10.1 货币需求概述 ………………… 177

VII

10.1.1 货币需求的概念 …………… 177
10.1.2 货币需求的决定因素 ………… 179
10.1.3 货币需求函数 ………………… 181
10.2 马克思货币需求理论
与古典货币数量论 …………………… 182
10.2.1 马克思的货币需求理论 ……… 182
10.2.2 古典货币数量论 ……………… 182
10.3 凯恩斯的货币需求理论
及发展 ………………………………… 184
10.3.1 凯恩斯的货币需求理论 ……… 184
10.3.2 凯恩斯的货币需求理论
的发展 ………………………… 186
10.4 弗里德曼的货币需求理论 ………… 187
10.4.1 弗里德曼的货币需求理论
的内容 ………………………… 187
10.4.2 弗里德曼对货币需求理论
的贡献 ………………………… 188
10.4.3 弗里德曼的货币需求理论
与凯恩斯的货币需求理论
的不同点和相同点 …………… 189
小结 ………………………………………… 190
思考题 ……………………………………… 191
案例简介 …………………………………… 191

第 11 章 货币供给 …………………… 194

11.1 货币供给概述 ……………………… 194
11.1.1 货币供给与货币供给量 ……… 194
11.1.2 货币供给层次的划分 ………… 195
11.2 货币供给模型与理论 ……………… 198
11.2.1 货币供给模型 ………………… 198
11.2.2 基础货币与货币供给量 ……… 200
11.2.3 货币乘数与货币供给量 ……… 201
11.3 货币供给的形成机制 ……………… 202
11.3.1 中央银行与货币供给 ………… 202
11.3.2 商业银行与货币供给 ………… 203
小结 ………………………………………… 206
思考题 ……………………………………… 207
案例简介 …………………………………… 207

第 12 章 通货膨胀与通货紧缩 ……… 210

12.1 通货膨胀概述 ……………………… 210
12.1.1 通货膨胀的界定 ……………… 210
12.1.2 通货膨胀的度量 ……………… 211
12.1.3 通货膨胀的特征 ……………… 212
12.1.4 通货膨胀的分类 ……………… 213
12.2 通货膨胀的成因 …………………… 214
12.2.1 需求拉动型通货膨胀 ………… 214
12.2.2 成本推动型通货膨胀 ………… 215
12.2.3 供求混合型通货膨胀 ………… 215
12.2.4 结构型通货膨胀 ……………… 216
12.3 通货膨胀效应分析 ………………… 216
12.3.1 产出效应 ……………………… 216
12.3.2 强制储蓄效应 ………………… 217
12.3.3 收入分配效应 ………………… 218
12.3.4 财富再分配效应 ……………… 218
12.3.5 资产结构调整效应 …………… 219
12.3.6 社会就业效应 ………………… 219
12.4 通货膨胀的治理 …………………… 220
12.4.1 宏观紧缩政策 ………………… 220
12.4.2 收入政策 ……………………… 220
12.4.3 收入指数化政策 ……………… 221
12.4.4 供给政策 ……………………… 221
12.5 通货紧缩 …………………………… 222
12.5.1 通货紧缩的含义 ……………… 222
12.5.2 通货紧缩的成因 ……………… 223
12.5.3 通货紧缩的治理 ……………… 224
小结 ………………………………………… 225
思考题 ……………………………………… 226
案例简介 …………………………………… 226

第 13 章 货币政策 …………………… 230

13.1 货币政策目标 ……………………… 230
13.1.1 货币政策目标的内容 ………… 230
13.1.2 各目标之间的关系 …………… 231
13.1.3 货币政策目标与货币政策
工具和中介指标的关系 …… 233

13.2 货币政策工具 …………………… 234
　13.2.1 一般性货币政策工具 ……… 234
　13.2.2 选择性货币政策工具 ……… 239
　13.2.3 直接信用控制 ……………… 240
　13.2.4 间接信用控制 ……………… 240
13.3 货币政策的操作性指标
　　　和中介指标 …………………… 242
　13.3.1 货币政策的操作性指标 …… 242
　13.3.2 货币政策的中介指标 ……… 243
13.4 货币政策的效应 ………………… 245
　13.4.1 影响货币政策效应
　　　　 的主要因素 ……………… 245
　13.4.2 货币政策和财政政策
　　　　 的配合 …………………… 246
13.5 中国货币政策实践 ……………… 247
　13.5.1 21世纪以来中国货币
　　　　 政策实践的特点 …………… 247
　13.5.2 中国未来货币政策挑战
　　　　 与对策 …………………… 248
小结 …………………………………… 250
思考题 ………………………………… 251
案例简介 ……………………………… 251

第14章 金融风险与金融监管 …… 254

14.1 金融风险概述 …………………… 254
　14.1.1 金融风险的含义 …………… 254
　14.1.2 金融风险的特征 …………… 255
　14.1.3 金融风险的成因 …………… 256
　14.1.4 金融风险的分类 …………… 258
14.2 金融监管概述 …………………… 260
　14.2.1 金融监管的含义
　　　　 和必要性 ………………… 260
　14.2.2 金融监管的目标与原则 …… 260
　14.2.3 金融监管对象 ……………… 262
　14.2.4 金融监管的方法 …………… 262
小结 …………………………………… 263
思考题 ………………………………… 264
案例简介 ……………………………… 265

第15章 金融创新 …………………… 268

15.1 金融创新的内涵 ………………… 268
　15.1.1 金融创新的含义 …………… 268
　15.1.2 金融创新与金融管制
　　　　 的关系 …………………… 269
15.2 金融创新的国际背景
　　　与直接导因 …………………… 270
　15.2.1 金融创新的国际背景 ……… 270
　15.2.2 金融创新的直接导因 ……… 271
15.3 金融创新的内容 ………………… 272
　15.3.1 金融业务的创新 …………… 272
　15.3.2 金融机构的创新 …………… 274
小结 …………………………………… 275
思考题 ………………………………… 276
案例简介 ……………………………… 276

第16章 金融与经济发展 …………… 278

16.1 金融发展与经济增长 …………… 278
　16.1.1 金融发展的含义 …………… 279
　16.1.2 衡量金融发展
　　　　 的基本指标 ……………… 279
　16.1.3 金融发展与经济增长
　　　　 的实证检验 ……………… 280
16.2 金融压抑与经济增长 …………… 281
　16.2.1 金融压抑的含义 …………… 281
　16.2.2 发展中国家普遍存在
　　　　 金融压抑现象 …………… 282
　16.2.3 金融压抑对经济增长
　　　　 的阻碍 …………………… 283
16.3 金融自由化与经济增长 ………… 284
　16.3.1 金融自由化的本质和内容 … 284
　16.3.2 金融自由化对经济增长
　　　　 的促进作用 ……………… 285
　16.3.3 金融自由化与金融危机 …… 287
小结 …………………………………… 290
思考题 ………………………………… 290
案例简介 ……………………………… 291

第 17 章　金融领域中的新发展 …………294

17.1　互联网金融 …………………294
- 17.1.1　互联网金融的定义 …………294
- 17.1.2　互联网金融的特点 …………295
- 17.1.3　互联网金融的主要模式 ……296

17.2　普惠金融 …………………………297
- 17.2.1　普惠金融的内涵 ……………297
- 17.2.2　普惠金融的特点 ……………299
- 17.2.3　普惠金融的体系框架 ………300

17.3　区块链金融 ………………………301
- 17.3.1　区块链金融的含义 …………301
- 17.3.2　区块链技术的特点 …………301
- 17.3.3　区块链金融的具体应用 ……302

17.4　绿色金融 …………………………304
- 17.4.1　绿色金融的含义 ……………304
- 17.4.2　绿色金融产品 ………………305

小结 ……………………………………307
思考题 …………………………………308
案例简介 ………………………………308

参考文献 ………………………………312

第 1 章

导　论

📖 本章学习要点

通过本章的学习，了解金融的基本概念，对金融有基本的认识，并初步掌握金融学的学习方法。

📝 本章学习重点与难点

重点是金融的概念、作用、功能，难点是金融学的学习方法。

📰 本章基本概念

金融、金融学。

▶ 1.1　金融概述

生活中处处有金融，我们时时刻刻都在进行着金融决策，进入大学后，对于自己的生活费，你将如何支配呢？如果你需要一辆电动车，是购买还是租赁呢？如果你想在大学时期创业，需要多少资金才能创业呢？如何获取资金呢？这些都是我们所面临的金融决策问题。

在本章中，我们将对金融有一个基本的认识，并对为什么学习金融、如何学习金融进行深入的探讨，以期为后续的学习打下一个坚实的基础。

1.1.1　为什么学习金融

金融作为一门重要的学科，具有重大的学习价值，我们只有深刻地认识金融、学习金融，才能提升自己，使自己的生活变得更加游刃有余。学习金融知识，不仅可以拓展我们的知识领域，开阔眼界，还可以帮助我们更好地管理个人资产，规避财产风险。

1.1.2　金融的概念

金融的英文单词为 finance。国外主要从三个层面解释金融的定义，一是最为宽泛的解释，即货币的事务、货币的管理、与金钱有关的财源的总称，包括国家、企业与个人的货币资产及管理;二是相对宽泛的解释,即将金融定义为资本市场的运营、资本资产的供给与定价,具体为货币的发行与流通、贷款的发放与回收、存款的吸收与提取等活动;三是最狭义的解释,即将金融简单地概括为金融市场参与方在市场作用下,将金融资源由充裕处调配到稀缺处的经济活动。

综上所述,金融在国内外具有不同的定义。从狭义上来讲,金融主要指资本市场与其运行机制;从广义上来讲,金融是指与物价有紧密联系的货币供给,包括银行与非银行金融机构体系、短期资金拆借市场、证券市场、保险市场等领域。

1.1.3 金融的作用

金融作为现代经济的核心,是助力现代经济发展的重要力量,金融业的存在为各行业的发展提供了必要的资金支持,从而促进了经济的平稳健康运行。政府可以充分发挥金融资源配置的功能,促使资本由低端产业向国家所需的高精尖产业转移,实现资源的优化配置,推动国家产业升级,促进国民经济发展。

1.1.4 金融的功能

1. 清算和支付功能

金融的清算和支付功能是指在经济运行过程中金融为市场参与各方进行商品、劳务与资产交易提供便利的支付、清算手段。清算和支付功能是金融的基础功能之一,在当前经济高质量发展的背景下,建立一个高效、便捷、安全的清算和支付体系可以有效助力实体经济的发展。

2. 融资功能

金融的融资功能是指金融体系通过合理的运行机制汇集分散的资金,同时将汇集到的资金投入大规模且无法分割的项目。其中包含两层含义:一是为市场中大型项目提供可行的融资渠道;二是在资金融通的过程中,对大型项目投资进行拆分,使一些资金规模较小的投资者也可以参与大型项目的投资,从而进一步促进社会资金的汇集与流动。

3. 资源配置功能

金融的资源配置功能是指金融能够帮助经济资源实现在时空上的转移,即金融体系可以帮助国家、企业和个人实现跨越时间、地域与产业的资金转移,这是金融较为基础且重要的功能之一。在正常的经济活动中,金融可以为投资方与被投资方搭建一座资金转移桥梁,从而将有限的社会资金合理地配置到所需的部门,进而提高社会经济的运行效率。

4. 风险管理功能

金融的风险管理功能是指在市场经济中,市场参与各方在进行经济活动时面临着复杂且不确定的潜在风险,而金融体系为市场参与各方提供了管理风险的途径,即市场参与各方可以通过风险互换来实现风险互担,也可以通过在不同时间进行投资活动来抵消利率、汇率与商品价格等出现波动时产生的资产损失。

5. 信息提供功能

金融的信息提供功能是指在经济活动中,金融体系通过提供价格信号使投资方、被投资方与管理部门能够掌握当前的市场信息,从而使经济活动参与各方都能作出正确合理的决策。

6. 激励功能

金融的激励功能是金融的核心功能之一,金融机构可通过股票、期权等形式为员工提供福利,以此提高员工的满意度与忠诚度,从而达到激励员工的目的。

1.2 金融学的研究对象与学习方法

金融学的研究对象随着时间的变化而不断地发生变化,当前,金融学主要从宏观与微观两个方面来进行研究。研究金融学的方法多种多样的,因此需要我们认真掌握,并加以实践。

1.2.1 金融学的研究对象

金融学是研究人们在不确定的环境下如何合理配置资产的一门学科。本书中金融学的研究对象主要包含三大部分:一是对金融学基本范畴的剖析与论证,主要包括货币、信用与利率;二是对金融的微观分析,主要包括对金融机构、商业银行、中央银行、金融市场、国际金融等的分析;三是对金融的宏观分析,主要包括对货币需求、货币供给、通货膨胀与通货紧缩、货币政策、金融风险与金融监管、金融创新、金融与经济发展等的研究。

1.2.2 金融学的学习方法

在学习金融学时,我们应掌握以下学习方法:一是要树立正确的指导思想。我们应在掌握金融学基本原理与知识的情况下,坚持以习近平新时代中国特色社会主义思想为指导来观察、分析并解决我国当前面临的金融问题;二是要坚持兼收并蓄、博采众长的学习态度。在学习的过程中,我们可以借鉴西方金融学最新的研究成果,为解决我国目前面临的金融问题提供参考;三是要脚踏实地、实事求是。金融学是一门不断变化且与我们的生活和工作息息相关的学科,在学习中我们要紧跟当前潮流,结合我国发展实际,不断从我国经济发展过程中发现问题、研究问题、解决问题;四要掌握方法,探寻规律。在当前学科交叉融合的新时代,我们要掌握新的学习方法,如实证分析法、规范分析法、数理模型分析法与案例分析法等多种方法。

小 结

1. 金融是一门十分重要的学科,即便我们不从事相关行业,学习金融学也能给我们带来诸多好处,学习金融学有利于我们拓宽视野、管理个人资产、增加就业机会。

2. 金融在国内外有不同的定义,我们要从广义与狭义两个方面去阐释。从狭义上来讲,金融主要指资本市场与其运行机制;而从广义上来讲,金融则是指与物价有紧密联系的货币供给,包括银行与非银行金融机构体系、短期资金拆借市场、证券市场、保险市场等领域。

3. 金融的功能主要包含清算和支付功能、融资功能、资源配置功能、风险管理功能、信息提供功能与激励功能。

4. 金融学是研究人们在不确定的环境下如何合理配置资产的一门学科。在学习的过程中，要综合运用实证分析法、规范分析法、数理模型分析法与案例分析法等多种方法。

思 考 题

1. 金融的定义是什么？
2. 学习金融对我们个人有哪些好处？
3. 金融的功能有哪些？

第 2 章

货币与货币制度

本章学习要点

通过本章的学习,掌握马克思的货币起源理论、货币职能、货币制度的构成要素;理解货币制度的演变过程;了解中国古代及西方的货币起源理论、我国的货币制度。

本章学习重点与难点

重点是马克思的货币起源理论、货币职能、货币制度的内容,难点是货币制度的演变过程。

本章基本概念

货币、价值形式、一般等价物、铸币、银行券、信用货币、价值尺度、流通手段、储藏手段、支付手段、世界货币、货币制度、有限法偿、无限法偿、格雷欣法则。

▶ 2.1 货币的起源和发展

在现实经济生活中,我们每天都在与货币打交道。那么,究竟什么是货币?货币的存在形式有哪些?货币的职能是什么?货币经历了一个怎样的演变过程?货币和经济之间到底存在着怎样的关系?这是学习金融学必须首要解决的问题。

货币是普通而又神秘的。货币的历史悠久且复杂,其存在的形式也因时代和文化背景的不同而有所不同。货币是与财富、收入不同的概念,货币是一般等价物,货币对经济有着重要的影响。

2.1.1 货币的起源理论

研究货币的起源是正确理解货币本质的关键。人类社会在地球上已有百万余年的历史,货币却只不过是几千年以前才开始出现的事物。对于货币的起源,古今中外很多思想家、经济学家都看到了其与交换发展的联系。关于货币的起源理论有以下几种。

1. 中国古代货币起源说

中国古代货币起源说大致有两种。一种是先王制币说。管子认为，货币是圣王先贤为解决民间交换困难而创造出来的，即先王选定某些难得的、贵重的物品作为货币。例如，在中国的传说中，伏羲收集天下的铜铸成货币，黄帝把金铸成货币等。另一种是与这种观点相对的司马迁的货币起源观点。司马迁认为，货币是用来交换商品的手段，即"维币之行，以通农商"（《史记·七十列传·太史公自序》），货币是为适应商品交换需要而自然产生的。随着农工商三业的交换和流通渠道的畅通，货币和货币流通应运而生，随之兴盛。

2. 西方早期货币起源说

亚里士多德在描写了物物交换之后说："一地的居民有所依赖于别处居民的货物，人们于是从别处输入本地所缺的货物，而抵偿这些收入，他们也得输出自己多余的商品，于是作为中间媒介的'钱币'就应运而生了。"这种钱币是"中介货物"，是"某种本身既有用而又便于携带的货物"。

西方早期货币起源说大致有三种：第一种是创造发明说，认为货币是由国家或先哲创造出来的，主要代表人物为公元2—3世纪的古罗马法学家保卢斯（Paulus）；第二种是便于交换说，认为货币是为了解决直接的物物交换的困难而产生的，主要代表人物为英国经济学家亚当·斯密（Adam Smith）；第三种是保存财富说，认为货币是为保存财富而产生的，主要代表人物为法国经济学家西斯蒙第（Sismondi）。

3. 西方后期货币起源说

（1）马克思的货币起源理论

上述学说的提出者对于物物交换的困难及向媒介交换的转化，引述过很多生动的事例并做了多方面的剖析，得到的结论是：货币只能是进入交换的多种商品中的一种。马克思对货币起源的论证，基本上也是沿着这条思路进行的，但将货币起源理论推进到了一个新的高度，即用最完整的劳动价值论揭示出推动这一进程的本质矛盾：从社会分工和私有制揭示出劳动是社会劳动和私人劳动的矛盾统一体，进而揭示价值的实质及其表现的必然途径，然后通过价值形式的发展导出货币这一范畴出现在经济生活中的客观必然性。

货币的出现是与交换联系在一起的，货币是商品生产和商品交换长期发展的产物。商品是为了交换而生产的劳动产品，具有使用价值和价值两种属性。使用价值是商品的有用性，是商品的自然属性，它的表现形式就是商品的自然形式。价值是凝结在商品中的无差别的人类劳动，是商品的社会属性，看不见摸不着，只有通过与其他商品的交换才能证明其存在，并在其他商品上相对地表现出来。在商品交换中，用一种商品的使用价值表现另一种商品的价值，这种商品就成为另一种商品价值的表现形式。在交换不断发展的过程中，逐渐出现了作为其他一切商品价值的表现形式，或者说作为其他一切商品等价物的商品，这种商品就是货币。

货币的产生与发展和商品交换是分不开的。商品交换的基础是价值的等价交换，但价值是看不见摸不着的，一种商品的价值只能通过交换才能表现出来，通过交换价值找到了看得见摸得着的"外衣"，这就是价值形式问题。价值形式的发展过程就是货币产生的过程。在商品交换发展的过程中，价值形式经历了四个发展阶段，即简单的或偶然的价值形式、扩大的价值形式、一般价值形式和货币价值形式。

① 简单或偶然的价值形式。这是商品交换处于萌芽阶段的价值表现形式。商品交换最初

是在原始公社之间发生的。原始部落都处于自给自足的自然经济状态，由于自然环境不同、生产条件不同，偶尔会发生互相交换余缺产品的行为。例如，内陆的原始部落用粮食同沿海的原始部落交换食盐，平原地区的原始部落用牲畜同山区的原始部落交换石刀、石斧。由于原始部落多余的商品较少，生产力低下，不会经常有剩余的产品用来交换，同时还没有出现社会分工，所以原始部落之间的这种商品交换只是偶然现象，一种商品的价值通过交换从另一种商品上表现出来，也只是偶然发生的。

② 扩大的价值形式。随着社会分工的出现，共同生产逐渐被个人生产所代替。随着私有制的出现，公社与公社之间的交换，一步一步地被个人与个人之间的交换所替代。同时，由于劳动生产率的提高，自给以后可以用来交换的商品已较前增多。所以，交换日益发展成为经常发生的现象，交换的范围也扩大了。一种商品已经不是只能偶然地同另一种商品相交换，而是可以同多种商品相交换了。因此，商品的价值表现扩大了它的范围。一种物品的价值可以由许多种其他物品表现出来。

③ 一般价值形式。物物交换有较大的局限性，必须是双方同时需要对方的商品，且要有足够的可用于交换的数量才可以，这使交换的发生非常困难。人们在交换中发现一种商品在交换中出现的次数非常多，说明它的使用价值是被广泛需要的，如果有了这种商品再去交换自己需要的商品会很容易，这种商品就成了一般等价物。这时，商品交换就分解成了两个步骤，即先用自己的商品换成一般等价物，再用一般等价物交换自己需要的商品，此为一般价值形式。

④ 货币价值形式。一般价值形式的出现，说明商品生产关系日益确立，但那时的一般等价物是不固定的，不同地区、不同时间充当一般等价物的商品也不一样。一般等价物的不唯一性阻碍了商品交换的进一步发展和扩大，商品交换的发展需要一般等价物的统一，当一般等价物最后固定在贵金属金银上时，就出现了货币商品。以货币为媒介的商品交换称为商品流通。

（2）现代西方经济学家的货币起源理论

现代西方经济学家更侧重于从交易成本的角度研究货币的存在及其意义，通过分析物物直接交换与货币交换在交易成本上的差别，得出货币在交易中的成本优势是货币存在和货币形式发展的重要推动因素。一些经济学家从货币的自然演进历程中，提出了"需求双向吻合"的观点。该观点认为，最初的"物物交换"经济中存在一个较大的缺陷，即只有当交易双方的需求相互"吻合"时，交易才能成功。这就使得"物物交换"方式在劳动分工较为发达的经济中的交易费用昂贵。随着社会生产的发展，人们开始用"间接选择性吻合"取代"双向直接吻合"，以降低交易费用，导致了一般等价物的逐步形成和货币的出现。尽管"需求吻合"论对货币的产生与演进条件进行了探讨，但它并没有解决货币是否会影响实体经济的运行问题。为了将长期以来经济学中的这种价值理论与货币理论的分离局面统一起来，20 世纪 60 年代，以色列经济学家唐·帕廷金（Don Patinkin）对此进行了尝试。他将货币视为一种特殊商品，加入瓦尔拉斯一般均衡分析中，将"货币与商品交换"按照"商品与商品交换"的分析方法和思路加以研究。显然，这样做的结果是可以将价值理论和货币理论统一到同一个均衡分析框架之中。

2.1.2 货币的发展

货币是固定充当一般等价物的特殊商品，它是商品交换发展到一定阶段和价值形式长期演变的产物。当所有商品的价值都由货币来表现时，货币就独占了价值形态的位置，成为商品社会价值的天然代表。同时，货币具有了流通性、普遍接受性、社会垄断性和排他性，这些为一般商品所不具有的基本特性，就是马克思的货币起源理论让我们看到的，商品的价值表现是"怎样从最简单的、最不显眼的样子一直发展到炫目的货币形式"。

1. 币材的性质

币材是指充当货币的材料和物品，币材应具备以下必要条件。

（1）价值的稳定性

价值的稳定性是货币的先决条件。历史上的普遍情况是，货币的实物形态本身也应具有内在价值，如金银。然而，内在价值的要求也可能发生变化。现代货币的实物形态（纸币和硬币）只是纯粹的价值象征，它们不再由贵金属铸造，但这种情形也只是近期才出现的。

（2）数量上的有限性

与它的需求量相比较，货币的供给应处于短缺状态。这似乎与有效的交易媒介的基本条件相矛盾，但为了在支付中被接受，货币本身须具有价值或较为稀缺。正是由于其数量上的有限性，货币才成为被人们持续追求的对象。

（3）普遍接受性

普遍接受性是货币的基本特征，即货币必须为公众所普遍接受。原则上，可接受性是通过法律来强制执行和加以保证的，社会成员不能使用其他支付形式。但如果人们对官方货币的价值失去信心，禁止人们拒收官方货币的行为则不具备合法性。人们可能需要其他商品或币值更为稳定、更方便交易的货币作为支付手段。

（4）供给富有弹性

货币供给必须能随着商品生产和交换的需要而有弹性地伸缩。货币能否满足此条件，关系到币值的稳定与否，这是货币能否发挥一般等价物作用的重要条件之一。若流通中的货币量超过了需求量，其价值就会下跌。这表明尽管货币作为交易媒介是价值的单位标准，但它本身仍是一种商品，其价值也会波动。

（5）分割性

分割性是为适应交易所需。交易数额有大有小，货币应有分割的特性，如货币除有各种不同面值外，还要有各种小额辅币。

（6）易于保存与携带

货币易于保存与携带是保证货币被普遍接受的前提条件。易于保存，即在保存过程中不会损失价值，无须支付费用；同时，货币也要容易被携带和运输，即易于从一个地方携带到另一个地方，或从一个人手中转移到另一个人手中，才能保证公众愿意接受它。

2. 货币形态的演变和发展

不同的历史时期有不同的货币形态。从古至今，充当过货币的物品有很多，货币的形态经历着由低级向高级的不断演变过程。在人类历史的早期，任何交易者认为重要的商品，如牛、羊、铜、铁、贝壳、羽毛、石头、谷物等都可以用作货币，并确实被用作货币。然而，大多数社会都会用贵金属，特别是黄金和白银作为货币。随着货币体系的演进，出现了以国家权力为支持的价值符号，如纸币、铸币、信用货币等。

（1）实物货币

实物货币是货币最原始、最朴素的形式。它本身既作为商品，同时又作为货币在充当交换媒介。

曾经充当过交换媒介的那些特殊商品，如贝壳、兽皮、猎器、农具等都曾在不同时期充当过货币。最早的货币是用作装饰的珠玉、贝壳等，象征着祥瑞和驱恶避邪，人们乐于接受。在世界上许多地区，各种类型的贝壳都被用作过货币。其中最为典型的是子安贝，它是一种生长在印度洋和太平洋海边的蜗牛贝壳，大约有 1 英寸（1 英寸等于 2.54 厘米）长。大约在公元前 13 世纪，中国就有子安贝作为礼物使用的记载。最早的中国硬币就是子安贝的青铜仿制品（公元前 5 世纪—公元前 3 世纪）。贝壳被选作货币的原因是，其具有坚固耐磨、便于携带和天然单位等特点，所以它的使用范围较广，流通时间较长。

在不同的社会里，有时牛也被用作货币。因为它具有货币的一些特征——便携性、耐用性及相对稀缺性。古罗马人相信，在使用硬币之前，他们的祖先曾经把牛用作货币。他们还认识到，"pecunia"（货币）来源于单词 "pecus"（牛）。在中世纪的爱尔兰及许多非洲民族，牛也是一种有限的货币形式。但对于那些零星的购买活动来说，一头牛的价值太高，很难分割成更小的单位，所以它不适合作为全能型货币。

此外，从中国到古罗马和埃塞俄比亚，另一种经常被用作货币的物质是盐。在世界许多国家，盐也很难获得，因此其价值较高，自然就可把盐当作价值标准。马可·波罗是威尼斯的探险家，他记载了 13 世纪后期的中国四川以盐作为低价值的货币，而以黄金作为高价值的货币：80 桶盐等价于 1 根金条。

随着商品经济的发展，人们逐渐发现这些实实在在的商品充当货币存在着体积笨重、不便分割、易腐烂变质等缺点，而金属在交换中具有同质性、可分性和易于保存等优点，于是出现了以金属充当币材的货币。

（2）金属货币

① 金属货币的初级阶段。充当货币的金属主要是金、银、铜，而铁作为货币的情况较少。这是因为铁的价值较低，用于交易过于笨重，而且易锈蚀，不便保存。古希腊斯巴达在公元前 6 世纪有使用铁钱的记载，中国五代十国时期出现铁钱，宋代四川专用铁钱，有些地方铁钱、铜钱并用，但流通范围有限。至于金、银、铜作为货币的先后顺序并非简单地、严格地从贱金属向贵金属过渡。中国最早的货币金属是铜和金两种。商代的墓葬中曾出土铜铸的贝。进入周代以后，中国一直是以铜币流通，直至 20 世纪 30 年代还有铜币流通。黄金在商代的遗址中也有所发现。战国时期，在古籍中已有很多用黄金论价、估价财富、馈赠、赏赐之类的记载，而其单位为斤和镒。在西汉的著述中已经出现了白银，但直到宋代白银才逐渐成为主币，与铜币并行流通。在中国，白银的流通直到 20 世纪 30 年代才终止。西亚、中东、地中海沿岸等地，铜作为币材的时间在公元前 1 000 年—公元前 800 年。但在一些古文明较发达的国家，主要币材是白银，其出现也在公元前 1 000 年前后；金的出现或许更早，但与白银相比，未占主要地位。中国境内出土的有波斯、拜占庭等地的金币、银币，银币的数量大大多于金币。公元 13 世纪以来，在西欧，金币逐渐增多，到 18—19 世纪已占据主要地位。到 20 世纪初，在世界主要的工业化国家中，币种已均由黄金垄断。

几乎所有国家都有以黄金、白银作为货币的历史。之所以如此，是因为这些金属有以下几个特点：币值稳定，便于携带；价值大，易于分割；不受场景、季节的影响，易于储藏；具有统一的价值衡量标准。然而，黄金等贵金属作为货币也有其局限性：贵金属的产量有限，难以满足不断增加的商品流通对货币的需求，且生产贵金属耗费的劳动量大；在流通中鉴别成色和称量麻烦；携带运输成本高等。所以，贵金属货币并非最理想的货币。

②铸币。虽然货币最终固定在金银上,但金属货币最初仍是以条块形式流通的,这种做法给日益扩大的商品交换带来了诸多不便。随着商品生产和交换的发展,有些富裕的、有名望的商人在货币金属块上打上印记,标明重量和成色,以便流通。当商品交换进一步发展并突破地方市场的范围后,对金属块的重量、成色要求具有权威的证明。最具有权威的自然就是国家,所以为了适应经济发展对货币的新要求,国家便把金属块铸成一定的形状并打上面值,这样就出现了铸币。

所谓铸币,就是指由国家统一铸造,具有一定重量和成色,铸成一定形状并标明面值的金属货币。政府根据铸币所包含的实际价值标明铸币的面值,并以其信誉作为担保。

中国最古老的金属铸币是铜铸币。铜铸币有三种形制:一是"布",是铲形农具的缩影;二是"刀",是刀的缩影;三是铜贝,通常称之为"蚁鼻钱"。圜钱主要流通于战国中期的秦国,其是由铜铸的圆形铸币,主要有两类:一类是中有圆孔,另一类是中有方孔。有孔是为了可以串在一起以利于携带。圆形方孔的秦"半两"钱在中国铸币史上占有重要地位。在秦统一中国前后,正是这种形态的铜铸币统一了中国的铸币流通。汉武帝时建立了"五铢"钱制度,钱面铸有"五铢"字样,说明货币重量。一铢等于1/24两。唐朝建立后,铸"开元通宝"钱,代替了五铢钱,这种形式一直延续到清代。

银圆是西方贵金属铸币的典型形式。西方金银铸币出现得很早。圆形、无孔、铸有统治者的头像是其一贯特点。但在中国,在银圆流通之前,从无金银铸币流通的记录,广泛流通银圆是从鸦片战争之后开始的,其中流通最多的是墨西哥的"鹰洋"。由于流通方便,晚清时期清廷也开始铸造自己的银圆。最初是铸有龙的图案的"龙洋",并在1910年将银圆规定为国币。

最初的铸币都是足值货币,我们现在把它叫作代用足值货币。铸造重量轻、成色低的铸币,即劣质铸币,是古代货币流通中反复发生的事情。原因是铸币常出现重量和成色不断降低的现象:有些人常从铸币上削刮金属,然后再使其进入流通;也有政府蓄意制造不足值的铸币,以此来搜刮财富。但这并不影响铸币的流通,因为它是建立在政府的信誉和强制力基础上的。目前,黄金、白银等贵金属作为货币的属性主要表现在价值储藏方面。它们更多的是一般商品,发挥着一般商品的职能。但是,在那些经济、政治局势动荡,爆发战争的国家,这些贵金属仍然发挥着货币的一些功能。

(3)代用货币

代用货币的出现是商品交换日益扩大的结果。在贵金属货币流通时期,有专门经营货币的行业。它们替客户保管金银、鉴别成色、兑换铸币等。在替客户保管金银时,需向客户出示相应的保管凭条。这些保管凭条最初只是作为客户取回其保管金银的一种书面证明。随着商品交易活动的日益频繁、交易规模的日益扩大,在现实商品交易中,为避免兑换程序过于烦琐,保存金银的客户不再先用保管凭条去取回金银,而是直接用保管凭条进行商品和劳务的购买与支付。于是保管凭条开始在市场上流通,取代金银发挥货币的各种职能。保管凭条就是典型的代用货币。

代用货币作为金属货币的替代物,其一般形态是纸制的凭证,故亦称为纸币。代用货币解决了资金数量上的不足。例如,一些国家借助于国家权力,以黄金为准备金发行纸币,规定流通中的纸币按一定的比例兑换成黄金,如 36 美元=1 盎司黄金等。这些以贵金属为基础发行的纸币都是代用货币。

所以,代用货币就是黄金等贵金属货币的替代品,代表黄金等贵金属发挥货币的职能。

通常由政府和银行发行，其本身价值低于货币价值，是一种不足值货币，但都有十足金银为保证。代用货币可分为兑现纸币和不兑现纸币：兑现纸币是可随时向发行的银行兑换金属铸币或金银条块的纸币，其效力与金属货币完全相同，且有携带便利、避免磨损和节省金属等优点；不兑现纸币是不能兑换金属铸币或金银条块的纸币，是流通中的货币符号。

（4）信用货币

信用货币是目前世界上几乎所有国家普遍采用的货币形态。当政府或当局开始发行没有黄金或任何商品支持的票据时，这些票据被称为"信用货币"。所以，信用货币只是政府通过银行向社会提供的信用流通工具。其本身价值远远低于其货币价值，而且不再代表任何贵金属，不能与金属货币兑换，实际上它只是一种货币价值符号。

货币形式发展到信用货币主要有两个原因：第一，商品货币尤其是贵金属货币的生产成本高昂，相对而言，纸币或铜币、镍币几乎无生产成本；第二，贵金属的数量不能被轻易地改变，而纸币的数量几乎可在一瞬间发生增减。

信用货币作为一般的交换媒介必须满足两个条件：一是货币发行的立法保障，二是人们对此货币抱有信心。

信用货币的主要形态有以下几种。

① 辅币。辅币多以贱金属铸造，本身所含的金属价值低于其货币价值，一般由政府独占发行，其功能主要承担小额或零星交易中的媒介手段。

② 现钞。现钞一般由一国中央银行发行，其功能主要承担人们日常生活用品的购买手段。

③ 银行存款。存款是存款人对银行的债权，对银行来说，这种货币又是债务货币。银行存款种类很多，主要有活期存款、定期存款和储蓄存款。此外，随着信用的发展，一些小额交易，如顾客向零售商支付、向职工发放的工资等，也广泛使用这类货币。

④ 支票。现代银行的一项重要业务是给工商业者开立支票存款账户。银行给存款人一本有一定格式的纸片，称为支票，存款人正确地填写后，银行据此向持有人支付指定金额，可用于支付货款、各种收费、履行对国家的财政义务等。在交易中用支票支付比用通货支付更为方便与安全。此外，用支票支付可提供交易记录，而用通货支付则不能。通常情况下，人们接受支票方式付款，但法律并不强制人们接受支票作为付款的工具。

（5）电子货币

电子货币是指以金融电子化网络为基础，以商用电子化工具和各类交易卡为媒介，以电子计算机技术和通信技术为手段，以电子数据形式存储在银行的计算机系统中，并通过计算机网络系统以电子信息传递形式实现流通和支付功能的货币。

随着电子计算机和通信技术的发展，支付系统目前已部分地实现了向电子货币系统的转换。由于电子货币根本看不到货币的影子，而只是存储于银行电子计算机中的数据，因此电子货币也被称作超物货币。准确地说，电子货币是指电子计算机系统存储和处理的存款，是通过计算机网络系统，以电子信息传递形式实现支付功能的非现金货币。顾客在购物、享受服务或通过网络进行交易时，电子计算机自动将交易金额分别记入双方的银行账户。它具有转移迅速、安全和节约费用的优点，是货币形式发展的新趋势。

人们大量地利用计算机网络来进行金融交易和货币支付活动，产生了各种各样的信用卡、储值卡、电子钱包等，与此同时，还可借助联网的电子计算机、自动柜员机或用电话操作来对货币存储额进行补充。信用卡不是货币，但是它代表的延期货币支付行为紧随交易之后。储值卡或智能卡代表了新一代的塑制卡，且现在越来越普及。它们都是内置芯片的塑制卡，并按电子货币单位收费。利用电子支付系统,持卡人可直接在商店中进行支付,而无须考虑开立账户的银行地理位置。

电子货币说到底不过是观念化的货币信息,它实际上是由一组含有用户的身份、密码、金额、使用范围等内容的数据构成的特殊信息,因此也可以称为数字货币。人们使用电子货币交易时,实际上交换的是相关信息,将这些信息传输到开设这种业务的商家后,交易双方进行结算,这种方式要比现实银行系统的方式更省钱、更方便、更快捷。

▶ 2.2 货币的本质和职能

2.2.1 货币的本质

货币产生的根源及其历史发展过程可以充分证明,货币的本质是固定充当一般等价物的特殊商品。正是由于货币的这种本质特征,才使得货币区别于其他一切商品。

1. 货币是固定充当一般等价物的特殊商品

货币首先是商品,它同其他商品一样,都具有使用价值和价值。否则,就不能同其他商品相交换,也不可能在交换的长期发展过程中分离出来固定充当一般等价物。历史上各种材料的货币,如贝壳、铜、银、金等,都是靠人类劳动来创造的,同时也都具有不同的使用价值。但是,货币不是普通商品,而是固定地充当一般等价物的特殊商品。货币作为一般等价物,它具有两个特征:一是货币成为其他一切商品价值的表现材料,二是它具有与其他一切商品直接相交换的能力。在商品世界中,普通商品都各有其特殊的使用价值,即商品的自然属性,如粮食可以充饥、衣服可以御寒等。而货币商品的使用价值则具有二重性,即自然属性和社会属性。例如,金银这种货币商品的自然属性是可以作为工业原材料及装饰品等,而社会属性则是金银作为其他商品价值的表现材料,是价值实体,是价值的象征,是等价物。在商品交换中,人们注重的是货币的社会属性,把它当作一般等价物来接受。现在实际情况已发生了变化,在世界范围内最后一个起一般等价物作用的货币商品——黄金,已经完全退出了流通领域,货币与黄金已割断了联系。虽然世界各国通行的是信用货币,但是它们都必须代表一定的商品价值才能发挥货币的职能,否则,不能购买商品的物品是不会被人们普遍接受的。所以,从实质上讲,仍然不会改变货币是商品或代表商品来充当一般等价物的本质特征。

2. 货币体现了一定的生产关系

从生产关系的角度来看,货币作为交换的媒介和一般等价物出现,反映了商品交换背后的商品生产者之间互相交换劳动的经济关系,也体现了一定的社会生产关系。商品生产者相互交换商品,实际上是相互交换他们各自的劳动,只不过这种劳动的交换从表面上看不出来,而是采取了价值形式。货币作为一般等价物,使商品的所有者通过商品交换实现了他们的社会联系。商品生产者卖出了商品获得货币,就表明该商品生产者的私人劳动得到了社会承认,从而私人劳动转化为社会劳动。商品生产者出售自己的商品获得的货币是多于还是少于其生产该商品所耗费的劳动,反映了商品生产者在交换中是否进行了等价交换,以及商品生产者的生产是否按照社会的客观需要量进行生产,货币在商品交换中体现了人与人之间一定的生产关系。因此，货币本质上体现了一种社会生产关系。

2.2.2 货币的职能

货币的职能是货币本质的具体体现。关于货币的职能问题，经济学家有不同的表述方式。西方经济学家从货币银行学的角度出发，将货币的职能描述为交换媒介、计价单位、价值储藏和延期支付标准。中国的经济学家通常根据马克思的货币理论，将货币的职能描述为价值尺度、流通手段、储藏手段、支付手段和世界货币。

马克思的货币理论认为，货币在与商品的交换发展过程中，逐渐形成了价值尺度、流通手段、储藏手段、支付手段和世界货币五种职能。其中，价值尺度和流通手段是货币的基本职能。

1. 价值尺度

货币的价值尺度职能，是指货币能够表现和测量商品的价值。这是货币的首要职能。货币在表现和衡量其他一切商品价值时执行价值尺度职能。货币能够充当价值尺度职能是因为货币同样具有价值，是人类劳动的凝结，同普通商品可以进行量的比较。商品作为价值实体可以通过货币来比较计算自身的价值。价值的货币表现就是价格，价格的倒数是货币购买力，价格水平越高，单位货币的货币购买力越低，这里的价格指全部社会产品的价格，而不是某种商品的价格，总体价格水平的波动幅度即通货膨胀率，货币购买力的波动幅度与通货膨胀率的波动幅度成反比。

货币在执行价值尺度职能时具有以下两个特点。

（1）必须是十足价值的货币

因为货币只有本身具有价值，它才能表现其他商品的价值和衡量其他商品价值量的大小。

（2）货币执行价值尺度并不需要现实的货币

商品生产者在给商品规定价格时，只要是想象中的或观念上的货币就可以了。因为货币只是发挥其计量标准的作用，商品生产者给予商品价值以价格形式时并没有将商品转化为货币，而是用货币来衡量商品的价值，并以此作为交换的依据。商店里的商品只要被贴上一个标明货币数量的标签就可以了，并不需要在商品旁放相应的货币。

2. 流通手段

货币的流通手段职能，是指货币在商品交换中充当交换的媒介。货币在执行流通手段职能时具有以下两个特点。

（1）必须是现实的货币

只有用现实的货币进行交换，才能实现商品的价值。由该特点引出马克思的货币必要量公式，货币用作商品交换的媒介，所以货币量等于商品价格总额。由于货币可多次充当媒介，因此商品价格总额是货币量的倍数，所以得出以下公式：

$$M = \frac{\sum PQ}{V} \tag{2.1}$$

式中：M 为货币需求量；P 为物价水平；Q 为商品数量；V 为货币流通速度。

（2）可以是不足值的货币

流通手段起的是媒介作用，是一个转瞬即逝的过程，完全可以用不足值的或没有价值的符号代替。因此，仅代表货币符号的纸币可以充当流通手段。

在执行流通手段职能时，货币的作用具有两重性。一方面，它克服了物物交换的困难，促进商品流通与市场的扩大。在货币作为流通手段的条件下,买与卖的过程分开了,货币作为一般等价物成为人们普遍乐于接受的媒介,从而使交易过程变得更加顺利,交易费用也大为降低。另一方面,将交换过程分离为买和卖两个环节,出现了买卖脱节、供求失衡的可能性。由于买和卖在时间、空间及需求上都有可能不同,会使一部分商品卖不出去,包含着发生危机的可能性。只是这种可能性在简单的商品经济中难以成为现实,但在现代生产关系下是很容易发生的。

价值尺度和流通手段是货币的两个基本的职能,要想把商品的价值表现出来,需要用一个共同的一般尺度来表现并交换。商品需要等价交换,所以需要一个被社会公众所公认的交换媒介。这两个基本的要求由一种商品表现出来时就是货币。

3. 储藏手段

货币退出流通领域后,被人们保存、收藏起来,成为储蓄的货币,执行储藏手段职能。原始的典型的货币储藏形式是金银窖藏。随着资本主义生产方式的出现,储藏的形式发生了变化,一般采取流通手段准备金、支付手段准备金和世界货币准备金实现货币储藏。人们之所以愿意储藏货币,是因为货币是一般财富的代表,储藏货币等于储藏社会财富。货币具有与一切商品直接交换的能力,可随时购买商品。问题是没有任何实际价值的纸币是否可以执行储藏职能,应该说在币值稳定的条件下是可以执行的。人们储藏货币不外乎四个目的:储藏财富、为购买或支付做准备、为投资积累资本、以备不时之需或其他目的。

货币在执行储藏手段职能时,必须是现实的、足值的货币,要较好地发挥储藏手段职能,其本身的价值必须稳定。在金属货币流通条件下,因为金银本身价值不易遭贬损,所以有较好的保值功能,而在现代纸币流通情况下,物价与币值的稳定则成为货币发挥储藏手段职能的关键,如通货膨胀、物价不稳、货币不断贬值,货币便丧失了储藏手段职能,人们只能选择其他形式的资产来作为保值工具。

货币储藏手段职能在不同的货币制度下的作用不同,在金属货币制度下,金属货币价值储藏起着蓄水池作用,可自发调节货币流通量;在信用货币制度下,形成部分储蓄,影响当期的购买力。

4. 支付手段

当货币用于单方面的支付或偿还债务时,执行支付手段职能。货币在执行支付手段职能时的特点是没有商品劳务同时同地与之做相向运动,是在信用交易中补充交换过程的独立环节。

货币的支付手段最早起源于赊买赊卖的商品交换,即起源于商业信用。在现实的经济活动中,除了商品交易过程中需要货币充当媒介,货币还可为信用交易活动与借贷活动充当延期支付的标准。当商品交易过程中出现先售货后付款的情况时,商品的出售者以赊销形式向购买者提供了信用,而购买者则按约定日期向出售者支付货币,这就是延期支付。货币的支付手段还扩展到商品流通以外的各个领域,如纯粹的货币借贷、财政收支信贷、收支工资和其他劳务收支等,它使货币收支在时间上、数量上不一致,进而改变了一定时期的货币流通量。

货币支付手段的作用具有两面性:其积极的一面表现为能使收支抵消,节约流通费用,通过非现金结算加速资金周转,促进资金集中与有效利用;其消极的一面表现为使买卖环节进一步脱节,增加供求失衡的可能性,形成经济主体的债务链条,增加出现债务危机,以及财政超分配和信用膨胀的可能性。

5. 世界货币

货币在国际市场上发挥一般等价物的作用时，执行世界货币职能。世界货币必须具有内在的价值，如黄金。世界货币的主要作用为：作为国家之间的支付手段，用来支付国际收支差额；作为国际的一般购买手段，一国单方面购买另一国商品，货币商品直接同另一国的一般商品相交换；作为社会财富的转移手段，如资本转移、对外援助或战争赔款等。

货币的职能

▶ 2.3 货币制度

2.3.1 货币制度的含义

货币制度，简称"币制"，是国家以法律形式规定的货币流通的结构和组织形式。建立统一的货币制度，有利于本国货币流通的正常与稳定。

2.3.2 货币制度的构成要素

货币制度也称货币本位制，它包括四个要素：货币金属，货币单位，各种通货的铸造、发行和流通程序，货币发行准备制度。

1. 货币金属

货币金属是货币制度的基础，规定用哪一种金属作为货币材料，不同的货币金属构成了不同的货币制度。例如，用金、银或金银并用，就分别称为金本位制、银本位制、金银复本位制。国家不能滥用权力、随心所欲地指定某一种金属作为货币材料，而是根据客观经济发展的条件，确定适宜的货币金属。

2. 货币单位

货币单位又称价格标准。确定货币单位就是规定货币单位的名称及其所含的货币金属的重量。例如，英国的货币单位定名为"英镑"，1816 年 5 月颁布的《金本位法案》中规定 1 英镑合成色 11/12 的黄金 123.274 47 格令，合 7.97 克，即纯金 113.001 6 格令。美国的货币单位定名为"元"，按 1934 年 1 月的法令，规定 1 美元的含金量为 13.714 格令，合 0.888 671 克。中国 1914 年颁布的《国币条例》规定，货币单位为"圆"，1 圆含纯银 0.648 两，合 23.977 克。

3. 各种通货的铸造、发行和流通程序

通货是指流通中的货币，包括金属货币、纸币、各种信用货币，如银行券、支票、商业票据等。

金属货币分为主位币和辅币。主位币又称主币，是按照国家规定的货币金属和货币单位而铸造的货币，是国家作为价格标准的基本通货，如美元。本位币是一种足值铸币，即以名义价值和实际价值相一致为基本特征。主币有以下规定。

① 主币可以自由铸造。每个公民有权请求政府免费或低费代铸，这样可以防止主币金属材料的市场价格波动，自发调节流通中的货币量。

② 规定铸币的磨损公差。为避免重量不足的铸币自由流通而导致主币贬值，在货币制度

中要规定每枚铸币的法定重量与磨损以后的实际重量的差别。例如,英国1870年的铸币条例规定,1金币的标准重量是123.274 47格令,磨损后的铸币重量不得低于122.5格令。

③ 本位币具有无限法偿。法律上赋予主币流通的权力,不论支付金额大小,受款人不得拒绝接受,对方无权要求改用其他种货币。在使用上,本位币是最后的支付工具。

辅币是主币单位以下的小额货币,专供零星交易和找零使用。如美国的辅币为分,1美元=100美分。1971年实行新的货币进位制之前,英国的辅币是先令、便士、法新,1英镑=20先令,1先令=12便士,1便士=4法新。辅币的主要特征有以下两点。

① 辅币使用贱金属铸造。例如,铜、镍等铸造的不足值的铸币,其名义价值高于实际价值。辅币不能自由铸造,统一由国库的金属铸造,铸币收入归国家所有。辅币可以按固定的比例与主币自由兑换,以保证它可以按名义价值流通。

② 辅币的支付能力具有有限法偿。当支付的金额超过一定限额时,对方有权拒绝接受,如美国银币10分每次支付限额为10元,铜镍币为25分。不过在向国家纳税或向银行兑换时,可不受此限制。

4. 货币发行准备制度

为了稳定货币,各国货币制度中都包含发行准备制度的内容。在金属货币流通时期,国家利用金准备扩大或收缩金属货币的流通,以保证国内货币流通的稳定性,同时将其作为国际支付的准备金和支付存款及兑换银行券的准备金。在当前世界各国不兑换的信用货币流通条件下,金准备不再作为国内金属货币的准备金以及支付存款和兑付银行券的准备金,只作为国际支付的准备金。尽管目前各国中央银行发行的信用货币不再兑换黄金,但许多国家仍然保留着发行准备制度,规定银行发行货币要有十足的准备金。例如日本规定,日本银行发行货币时要有同等的资产作为保证,可充当保证的资产有公债、未到期的商业票据、外汇、金银等。瑞士规定,瑞士国家银行在发行货币时至少要有黄金准备,而且要存在国外,其余准备可以用短期公债、国库券及商业票据等。

2.3.3 货币制度的演变

货币制度在发展过程中曾先后经历了银本位制、金银复本位制、金本位制和信用货币制度(纸币本位制)。其中,金本位制又可分为金币本位制、金块本位制和金汇兑本位制。历史上的货币制度如图2-1所示。

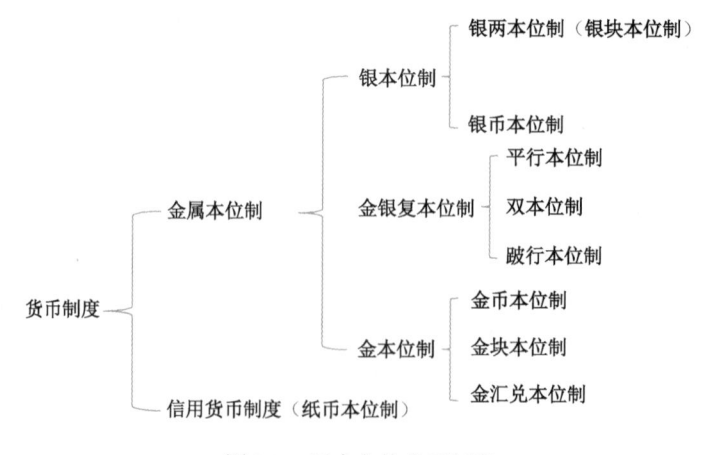

图 2-1 历史上的货币制度

1. 银本位制

银本位制是以白银为本位币的一种货币制度，其历史最为久远，在币制萌芽的中世纪为许多国家所采用。16 世纪，由于在美洲等地相继发现了丰富的银矿，白银生产技术的日益提高，使世界白银的产量猛增，为许多国家实行银本位制创造了条件。最早实行银本位制的国家有西班牙、墨西哥、秘鲁、日本、中国、印度等国，后来西欧各国也相继采用了银本位制。我国也是最早以白银为货币的国家，公元前 119 年，西汉武帝时期便开始铸造银币，但由国家法律确认为一种货币制度是在 1910 年，即清宣统二年，该年四月清政府颁布了《币制条例》，正式确定我国实行银本位制。

银本位制的特征是：银币可以自由铸造，持有白银者有申请铸币的权利，辅币和其他各种货币可以自由兑换成银币，具有无限法偿能力的银币与具有有限法偿能力的货币符号同时流通，白银可以自由输出和输入国境。随着商品经济的发展，白银已不便于大宗交易，加上白银产量逐年增加，白银价值猛烈跌落，必须以币值更高的贵金属充当本位币。19 世纪 40 年代，在南非、澳大利亚等地相继发现了富金矿，黄金产量大幅度增长，黄金取代白银为主币的物质条件逐步成熟。

2. 金银复本位制

金银复本位制是金银两种金属同时被法律确定为金属本位币，金银皆可自由铸造、自由输出输入，同为无限法偿的货币本位制。金银复本位制的三种形式如下。

（1）平行本位制

平行本位制指两种货币按各自所含金属的实际价值流通的本位制。1663 年，英国发行"基尼"金币与原来的银币"先令"同时并用，两种通货间的兑换比率完全随市场比价变动而变动。

在实行平行本位制的条件下，市场上每一种商品都必然有两种价格表现形式：一种是金币价格，另一种是银币价格。由于金银市价不断变动，金银铸币的兑换比率也不断变动，用金银两种铸币表示的商品的两种价格对比关系也随市场金银比价的变化而变化。这就使货币价值尺度职能的执行受到影响，对商品价值的衡量缺乏统一的标准。因此，平行本位制是一种不稳定的货币制度。这种不稳定的根源在于：货币具有的排他性、独占性的本性不容许金、银同时执行价值尺度职能。

（2）双本位制

国家用法律形式规定金银之间的比价，金银按法定比价流通，这种货币制度被称为双本位制。双本位制下的金银比价试图割断与市场比价的联系，以法定的金银比价为特征，它是金银复本位制的主要形式。1803 年，法国规定金银法定比价为 1∶18.5；1792 年美国规定，金银法定比价为 1∶15。

在双本位制下，金币和银币是按照法律规定的比价来流通的，这就避免了平行本位制下那种混乱的局面。但在双本位制下，当市场上金、银的比价发生变化时，会引起金币或银币的实际价值与名义价值相背离。这时实际价值高于名义价值的货币（良币）就会被人熔化，退出流通领域，而实际价值低于名义价值的货币（劣币）则会充斥市场，这就是"劣币驱逐良币"规律。"劣币驱逐良币"规律是由英国金融家格雷欣（Gresham）首先提出来的，所以又称"格雷欣法则"。例如，当金银的法定比价是 1∶15 时，如果由于采银技术进步或其他原因使银价跌落，市场金银比价变为 1∶16，这时，倘若把金币熔化为金块，把金块在市场上按市价换成白银，再把白银铸成银币，并把银币按法定比价换为金币，如此循环一次，就可得到 1 分银的利润。这种情形发展的结果是金币敛迹，而银币充斥市场；反之亦同。

因此，在双本位制下，虽然法律规定金银两种铸币可以同时流通，但实际上，在某一时期市场上只有一种金属铸币流通。银贱则银币充斥市场，金贱则金币充斥市场。马克思在《政治经济学批判》中指出，凡有两种商品依法充当价值尺度的地方，事实上总是只有一种商品保持着这种地位。价值尺度的二重化是同价值尺度职能相矛盾的。

（3）跛行本位制

跛行本位制是在金银复本位制向金本位制过渡时期出现的。它和双本位制的区别仅在于，金币可以自由铸造而银币不能。由于银币限制铸造，银币的币值实际上不再取决于其本身的金属价值，而取决于银币与金币的法定兑换比率。跛行本位制下的银币实际上已演化为金币的符号，起着辅币的作用。之所以实行跛行本位制，是因为实行双本位制的国家在劣币驱逐良币的情况下，不得不将劣币的铸造权收归国有，以保持流通中金币和银币的法定比价。19世纪末，世界白银过剩，银价暴跌，金银币比价日益脱离市场比价，金银复本位制日趋没落，一些国家由于流通中的银币一时难以收回，改铸费用太大；或者由于缺乏黄金，于是只好用跛行本位制来维持金银复本位制的残局。

随着经济的发展，金银复本位制的不稳定性造成商品价格的起伏不定和货币流通的动荡，这对迅速发展的资本主义经济起着阻碍作用，因而客观上要求建立一种稳定的货币制度。

3. 金本位制

在金本位制下，一国的基本货币单位与一定成色及重量的黄金维持固定关系。金本位制按基本货币单位与黄金的联系程度又可分为金币本位制、金块本位制和金汇兑本位制。

（1）金币本位制

金币本位制是典型的金本位制。它的主要内容是：以一定数量与成色的金币作为本位货币，金币具有无限法偿能力；金币可以自由铸造和熔化；黄金可以自由输出输入；辅币和银行券可以自由兑换成金币。

金币本位制具有自由铸造、自由输入输出和自由兑换三个特征，其落脚点在于稳定币值。金币的自由铸造和熔化是为了保证金币的价值和黄金一致，可以自发地调节流通中的货币量；黄金的自由输出输入，可保持国内外黄金价格维持在同一水平，从而保证外汇行市的相对稳定和国际金融市场的统一；辅币和银行券同金币之间的自由兑换，可维持这些货币之间按照法定比价流通。

（2）金块本位制

金块本位制又称生金本位制。在这种货币制度下，国内不铸造、不流通金币，黄金退居准备金地位，集中存储于政府，由国家发行代表一定重量和成色黄金的纸币来流通，而纸币不能自由兑换黄金，只能按规定的含金量在一定数额以上、一定用途内兑换金块。例如 1925 年，英国的英格兰银行对所发行的银行券不负兑换金币的义务，但可向英格兰银行请求兑换金块，根据规定每次兑换额以银行券 1 700 英镑（合纯金 400 盎司）为最低限；1928 年，法国规定兑换黄金的最低限额为 21 500 法郎。实行金块本位制的国家还有荷兰、比利时等。

实行金块本位制，可以节省黄金，但要维持金块本位制，必须以国际收支平衡或有大量的黄金以供对外支付之用为条件。在世界经济动荡的冲击下，金块本位制延续时间并不长。英国从 1925 年 5 月率先推行，1931 年就首先放弃，之后法国、比利时、荷兰、瑞士等国相继放弃了金块本位制。

（3）金汇兑本位制

金汇兑本位制又称虚金本位制。在这种货币制度下，货币单位仍规定有含金量，但国内不流通金币，以国家发行的银行券当作本位币流通。银行券不能直接在国内兑换黄金。中央银行在另一个实行金币本位制或金块本位制国家存储黄金和外汇，并规定本国货币与该国货币的兑换比率。居民可按这一比率用本国银行券兑换该国货币，再向该国兑换黄金。

金块本位制和金汇兑本位制是不稳定的货币制度，表现在以下几个方面：一是国内均没有黄金流通，由于黄金失去了流通手段的职能，因此不能自发地调节流通中的货币量。二是银行券与黄金的自由兑换均受到限制，因而削弱了金币本位制所具有的相对稳定性。三是实行金汇兑本位制的国家，一方面，其货币依附于他国，一旦所依附国家的币值变动或不履行义务，实行金汇兑本位制国家的币值就会随之变动，且本国货币依附于他国，必然在政治上、经济上受制于人；另一方面，若金汇兑本位制国家大量提取外汇储备兑换黄金，则实行金币本位制或金块本位制国家的通货稳定也必然受到威胁。

4. 信用货币制度

信用货币制度又称纸币本位制，是货币制度的高级形式，它使用国家的强制手段，以本身没有价值的纸币代替金银执行货币职能。在流通中，以真实货币代表出现的货币符号通常有两种——纸币与银行券，它们同是本身没有内在价值的纸制货币符号。

（1）纸币

纸币是由国家强制发行的不兑换的纸制货币符号。

纸币的流通取决于两个条件：一是中央集权制国家的政权干预，因为只有国家发行的纸币才具有权威性，只能由国家赋予纸币以强制使用的权力；二是民族市场的形成和发展，民族市场提供了吸收大量纸币的场所，使纸币能够被广泛使用。我国北宋时期的"交子"，是世界上最早的纸币。

纸币的实质主要有以下几个方面。

① 纸币是金的符号，发行纸币是用来代替铸币的，纸币上标明的货币名称往往同铸币名称是一样的，代表一定的货币金属含量。所以纸币不能直接执行价值尺度职能，只能在代表铸币的情况下，才能间接执行价值尺度职能。

② 纸币不能自发调节流通中的货币量，不具有储藏手段职能，因为纸币在流通中才有价值，一旦退出流通领域，就一文不值。

③ 纸币只在一国的强制力下使用，不能超出国界，所以不具有世界货币职能。

④ 纸币不能兑换金银，因为发行纸币的目的就是取代金属货币以弥补财政的亏空，所以纸币是不允许兑换金银的。

（2）银行券

银行券是银行发行的一种信用货币，即代替金属货币充当支付手段和流通手段的信用证券。

在商品生产和交换不断扩大的趋势下，市场对货币的需求量剧增，而金属货币的生产能力有限，难以满足不断增加的商品流通对货币的需求，客观上要求流通中以信用货币代替金属货币。另外，商品流通促进了信用制度的发展。赊购、延期支付、清偿债务等方式，使买卖行为变成了信用关系。用于买卖双方的、标明金额的定期支付凭据，即为商业票据。银行券是在票据流通的基础上产生的，持有商业票据者需要把它转变为现款时，就要到银行贴现，以取得现款。银行券是用以代替商业票据的银行票据，是不定期的，持票人可以随时到发行银行券的银行兑换黄金，银行本票经背书后可以流通，这是最初的银行券。

在信用货币制度下，各国的主要货币是其中央银行发行的纸币。它是国家强制流通的价值符号，具有无限法偿能力。纸币本身没有价值，不能兑换黄金，它的发行不以金、银为保证，而是依据经济发展的客观需要，通过信用程序进入流通领域。

信用货币制度有以下特点。

① 流通中的货币都是信用货币。纸币的流通完全决定于纸币发行者的信用。例如，纸币发行者是中央银行，则决定于中央银行的信用。银行券是银行发行的，则决定于发行银行的信用。现实经济生活中的货币都是银行对所有者的负债，体现着信用关系。

② 流通中的货币都是通过信用程序投入流通的，即通过信用程序发行，这与金属货币制度下货币通过自由铸造投入流通不同。它们既不能兑换黄金与白银，也不能规定纸币的金、银的含量。

③ 国家对货币流通的管理成为经济正常发展的必要条件。在纸币制度下，货币大多是通过银行放款程序投入流通的，货币的发行不以黄金作为保证，而是取决于货币当局实现货币政策的需要。如果银行放款过多就会造成通货膨胀；如果银行放款过少，则会造成通货紧缩。因此，中央银行必须通过控制、调节货币供给量来保持货币流通的稳定性。

▶ 2.4 中国的货币制度

2.4.1 古代的货币制度

我国使用货币的历史已有几千年之久。尽管我国是使用纸币和信用货币最早的国家，但我国古代的货币制度是不健全的。贵金属（如金、银）与贱金属（如铜、铁）同时流通，金、银称量货币与金属铸币同时流通，纸币与金属货币同时流通。这些货币平行流通，没有主币与辅币之分，政府很少硬性规定它们之间的比价，铸造货币和发行纸币比较分散。这都是由我国古代的商品经济所决定的。

中国最早的货币是海贝。海贝在史前的仰韶文化、龙山文化、大汶口文化遗址中，在夏代纪年范围内的二里头文化遗址和商周墓葬中，屡有发现。海贝开始起货币作用，似可上溯到夏代，即中国进入阶级社会、国家产生的时候，商和西周时海贝已为流通中的主要货币。在商代晚期和西周，还出现了无文字的铜仿贝。到了春秋战国时期，贝币则完全退出了历史舞台，各地区因社会条件和文化差异而形成了不同的货币，主要有楚国地区的蚁鼻钱、黄河流域的布币、齐燕地区的刀币和三晋地区的环钱。秦统一中国后，将秦半两钱作为法定货币，至此中国古货币圆形方孔形态从此固定下来了，一直沿用到清末。汉武帝时期铸造五铢钱,将铸币权收归到了中央。三国两晋南北朝时期社会动乱，金属货币的流通范围缩小，且形制多样，币值不一，出现了重物轻币的现象。唐朝建立后，唐高祖铸造"开元通宝"钱，自此钱币不再以重量而是以纪年作为名称。在北宋年间出现了世界上最早的纸币——交子，其后陆续又出现了别的纸币——会子和关子，且地位越来越重要。明清时期，白银成为法定的流通货币，大额交易多用银，小额交易多用钞或钱。

中国货币发展史

2.4.2 近代的货币制度

从 1840 年鸦片战争到 1949 年中华人民共和国成立，我国近代货币制度是一种混乱的、落后的与不独立的货币制度。

2.4.3 人民币制度

1948 年 12 月 1 日，中国人民银行在石家庄正式宣告成立，并开始发行第一套人民币，人民币成为国家的本位货币。中国人民银行的成立和人民币的发行，标志着新中国货币制度的开端。从 1955 年 3 月 1 日起发行第二套人民币，规定以新币 1 元兑换旧币 1 万元，提高了人民币单位"元"所代表的价值量。

专栏【2-1】

盘点我国发行的五套人民币

1. 第一套人民币

第一套人民币于 1948 年 12 月 1 日发行，图案为当时人们生活和经济建设的情景，此套人民币有 12 种面额，62 种版别。其中，1 元券 2 种、5 元券 4 种、10 元券 4 种、20 元券 7 种、50 元券 7 种、100 元券 10 种、200 元券 5 种、500 元券 6 种、1 000 元券 6 种、5 000 元券 5 种、10 000 元券 4 种、50 000 元券 2 种。

2. 第二套人民币

第二套人民币于 1955 年 3 月 1 日开始发行，同时收回第一套人民币。第二套人民币和第一套人民币折合比率为 1∶10 000。第二套人民币共有 1 分、2 分、5 分、1 角、2 角、5 角、1 元、2 元、3 元、5 元、10 元 11 个面额，其中 1 元券有 2 种，5 元券有 2 种，1 分、2 分和 5 分券分别有纸币、硬币 2 种。为便于流通，自 1957 年 12 月 1 日起发行 1 分、2 分、5 分三种硬币，与纸分币等值流通。1961 年 3 月 25 日和 1962 年 4 月 20 日分别发行了黑色 1 元券和棕色 5 元券，分别对票面图案、花纹进行了调整和更换。由于大面额钞票技术要求很高，在当时情况下 3 元、5 元、10 元由苏联代印。

3. 第三套人民币

第三套人民币于 1962 年 4 月 20 日发行，正面图案采用了教育与生产劳动相结合、武汉长江大桥、纺织厂生产、女拖拉机手、车床工人、炼钢工人、人民代表步出大会堂等。此套人民币有 7 种面额、8 种原版、9 种票券。

4. 第四套人民币

第四套人民币于 1987 年 4 月 27 日发行，图案有高山族和满族男子头像，朝鲜族姑娘和土家族姑娘头像，苗族和壮族妇女头像，侗族和瑶族妇女头像，维吾尔族和彝族妇女头像，藏族女子和回族男子的头像，汉族和蒙古族男子头像，工人、农民和知识分子头像，毛泽东、周恩来、刘少奇和朱德四位领导人的浮雕像等。此套人民币有 9 种面额、14 种票券。

5. 第五套人民币

1999 年 10 月 1 日，中国人民银行陆续发行第五套人民币，共有 1 角、5 角、1 元、5 元、10 元、20 元、50 元、100 元八种面额，

第五套人民币图案介绍

其中1角、5角、1元有纸币、硬币2种。第五套人民币根据市场流通需要，增加了20元面额，取消了2元面额，使面额结构更加合理。

（资料来源：中国政府网。）

人民币制度从产生以来，随着我国经济和金融的不断发展而逐步趋于完善。其内容主要包括以下几个方面。

① 人民币主币的单位为"元"，辅币的单位为"角"和"分"；1元分为10角，1角分为10分。

② 人民币没有含金量的规定，它属于不兑现的信用货币。人民币的发行保证是国家拥有的商品物资，黄金外汇储备主要作为国际收支的准备金。

③ 人民币是我国唯一合法的货币，严禁伪造、变造和破坏国家货币。

④ 人民币的发行实行高度集中统一，中国人民银行是人民币唯一合法的发行机构并集中管理货币发行基金。

⑤ 人民币对外国货币的汇率，由国家外汇管理局统一制定，每日公布，一切外汇买卖和国际结算都据此执行。人民币汇率采用直接标价法。

根据《中华人民共和国中国人民银行法》第三章第十六条的规定和2000年2月颁布的《中华人民共和国人民币管理条例》第三条的规定，中华人民共和国的法定货币是人民币。以人民币支付中华人民共和国境内的一切公共和私人的债务，任何单位和个人不得拒收。

人民币票样

小 结

1. 研究货币的起源是正确理解货币本质的关键。中国古代货币起源说大体有两种：一种是先王制币说。管子认为，货币是圣王先贤为解决民间交换困难而创造出来的；另一种是司马迁的货币起源观点。司马迁认为，货币是用来交换商品的手段。西方的货币起源说大体有三种：第一种是创造发明说，认为货币是由国家或先哲创造出来的；第二种是便于交换说，认为货币是为了解决直接的物物交换的困难而产生的；第三种是保存财富说，认为货币是为保存财富而产生的。

2. 马克思的货币起源理论，是用最完整的劳动价值论揭示出货币产生的过程，即从社会分工和私有制揭示出劳动是社会劳动和私人劳动的矛盾统一体，进而揭示价值的实质及其表现的必然途径，然后通过价值形式的发展导出货币这一范畴出现在经济生活中的客观必然性。

3. 货币的产生与发展和商品交换是分不开的。商品交换的基础是价值的等价交换，但价值是看不见摸不着的，一种商品的价值只能通过交换才能表现出来，通过交换，价值找到了看得见摸得着的"外衣"，这就是价值形式问题。价值形式的发展过程就是货币产生的过程。在商品交换发展的过程中，价值形式经历了四个发展阶段，即简单的或偶然的价值形式、扩大的价值形式、一般价值形式和货币价值形式。

4. 从古至今，充当过货币的物品有很多，货币的形态经历着由低级向高级的不断演变过程，经历了实物货币、金属货币、代用货币、信用货币、电子货币等几个阶段。

5. 马克思的货币理论认为，货币在与商品的交换发展过程中，逐渐形成了价值尺度、流通手段、储藏手段、支付手段和世界货币五种职能。其中，价值尺度和流通手段是货币的基本职能。西方经济学家认为货币具有四个方面的职能，即交换媒介、计价单位、价值储藏、延期支付标准。

6. 货币制度，简称"币制"，是国家以法律形式规定的货币流通的结构和组织形式。建立统一的货币制度，有利于本国货币流通的正常与稳定。货币制度分为金属货币制度和信用货币制度，是随着国家统一货币铸造而产生的。

7. 货币制度的构成要素包括货币金属，货币单位，各种通货铸造、发行和流通程序，货币发行准备制度。货币金属，就是规定用哪一种金属作为货币材料；货币单位，就是规定货币单位的名称及其所含的货币金属的重量；各种通货铸造、发行和流通程序，就是规定金属货币中主币和辅币的价值、偿付能力和铸造权及能否自由流通和兑换，信用货币的发行和管理权及流通程序；货币发行准备制度，是规定银行发行货币要有十足的准备金，如黄金、公债、商业票据、外汇、国库券等。

8. 货币制度在发展过程中曾先后经历了银本位制、金银复本位制、金本位制和现行的信用货币制度（纸币本位制）。其中，金银复本位制又可分为平行本位制、双本位制、跛行本位制；金本位制又可分为金币本位制、金块本位制和金汇兑本位制。

9. 我国现行的货币制度是人民币制度，主要内容是：人民币主币的单位为"元"，辅币的单位为"角"和"分"；人民币属于不兑现的信用货币，发行保证是国家拥有的商品物资，黄金外汇储备主要作为国际收支的准备金；人民币是我国唯一合法的货币，严禁伪造、变造和破坏国家货币；人民币的发行实行高度集中统一，中国人民银行是人民币唯一合法的发行机构并集中管理货币发行基金；人民币对外国货币的汇率，由国家外汇管理局统一制定，人民币汇率采用直接标价法。

思 考 题

1. 货币的起源理论有哪些？马克思的货币起源理论的内容是什么？
2. 简述价值形式的发展，即货币的产生过程。
3. 简述货币形态的演变过程。
4. 货币的职能有哪些？
5. 什么是货币制度？其构成要素有哪些？
6. 货币制度的形式有几种？其演变过程如何？
7. 什么是格雷欣法则？
8. 简述我国的货币制度。

案例简介

案例【2-1】

数字人民币的发展

从城市到乡村,二维码随处可见,扫码支付成为生活的"标配"。支付、清算基础设施建设全速推进,数字人民币发展迅速,中国移动支付体系快速建立,渗透生活的各个角落。

从酝酿到疾行,数字人民币发展一日千里。2014年,中央银行成立法定数字货币研究小组,2019年末数字人民币试点正式启动。数字人民币是现代公共金融基础设施之一,也是对中央银行支付系统一次大的升级。通过这一升级,将实现全国支付市场的统筹、整合,打破支付上的壁垒,提升用户体验,为数字金融发展提供重要的底部支撑。数字人民币试点有序进行,已在零售、批发及跨境支付等领域取得较大进展。中央银行数据显示,截至2022年5月31日,15个省份的试点地区通过数字人民币累计交易笔数约为2.64亿笔,金额约为830亿元,支持数字人民币支付商户门店数量达456.7万个。在9月举办的"2022年中国(北京)数字金融论坛"上,专家认为数字人民币生态体系建设取得阶段性成果,实践证明,"双层运营"架构是构建开放型数字人民币生态的最优方案,也被各国中央银行广泛借鉴。未来,各界对数字人民币还有更多期待,如要推动数字身份、报文规范、二维码制、蓝牙和NFC等方面规范和标准的统一,实现数字人民币体系与传统电子支付工具的互联互通,让消费者可以一码通扫,商户不用增加成本即可支持各类支付工具。专家认为,试点本身也是探索的过程,要积极运用新理念,凝聚新共识,服务新发展格局,最终目的是给人民带来实惠和便利。

(资料来源:魏倩.数字人民币的发展,上海证券报,2022年10月13日第4版。)

问题:

数字人民币属于货币形态发展的哪个阶段?

简要提示:

货币的本质是一般等价物,经历了实物货币、金属货币、代用货币、信用货币和电子货币五种形态。电子货币是指以金融电子化网络为基础,以商用电子化工具和各类交易卡为媒介,以电子计算机技术和通信技术为手段,以电子数据形式存储在银行的计算机系统中,并通过计算机网络系统以电子信息传递形式实现流通和支付功能的货币。数字人民币通过数字技术来发行,免去了实体印刷或铸造的过程,数字人民币是以数字形式存储在银行的计算机系统中,并通过计算机网络系统以电子信息传递形式实现流通和支付功能的货币,因此其属于电子货币。

案例思政元素分析:

首先,数字人民币的快速发展体现了我国综合国力的提升。党的二十大报告强调:"加快发展数字经济,促进数字经济和实体经济深度融合"。作为我国数字经济发展的重要标志,数字人民币除像实物货币一样能够承担货币的价值尺度、流通手段、储藏手段、支付手段和世界货币五种职能外,还具有成本低、效率高、安全稳定性强等核心特点,是我国数字经济发展的重要标志。数字人民币的发展需要人工智能、区块链、云计算、大数据等技术的支持,因此数字人民币的快速发展能够生动地体现我国综合国力的提升。

其次，数字人民币的广泛使用能够打击各种违法犯罪行为，从而维护人民群众的根本利益。数字人民币能够提高支付的便捷性和私密性，减少纸币的管理成本。同时，数字人民币的可追溯性使中央银行可以监控交易双方的姓名、金额等完整信息，有助于提升我国的金融监管效率，助力政府打击洗钱、逃税、贪污腐败以及电信网络诈骗等违法犯罪行为。

案例【2-2】

第三套人民币中1元纸币上的主人公——梁军

第三套人民币发行于1962年4月20日，其主题思想主要是工农结合，所以在人民币上可以看到炼钢工人、纺织工人、拖拉机手、农民等图案。其中，1元纸币上为一位女拖拉机手，其原型是新中国首位女拖拉机手梁军。梁军出生于黑龙江省明水县一个贫苦的农村家庭，父亲在梁军2岁时就过世了，母亲改嫁第8年，继父也去世了，由母亲单独抚养包括梁军在内的4个孩子。

梁军于1947年到黑龙江省德都萌芽乡村师范学校学习，其间她半耕半读，受苏联影片的影响，立志要当一名女拖拉机手。于是她参加了黑龙江省在北安农垦举办的拖拉机手培训班，值得一提的是在70多名学员中，她是唯一的女性。1949年1月，梁军作为即将成立的中华人民共和国的第一位女拖拉机手，光荣地出席了在北京召开的亚洲妇女代表大会。同年，梁军加入了中国新民主主义青年团。同年10月，梁军加入了中国共产党。1950年，在梁军的影响下，又有多名女性参加了学习班，由此我国第一支女子拖拉机队正式成立，并命名为"梁军女子拖拉机队"，梁军任队长。同年，梁军当选为全国劳动模范，赴北京参加全国战斗英雄代表会议和全国工农兵劳动模范代表会议。其间，梁军受到毛泽东等党和国家领导人的接见。

1951年，梁军被保送至北京农业机械专科学校深造，后来又考入了北京农业机械化学院（中国农业大学工学院前身），成为学校的首批学生。毕业后她回到黑龙江省农业机械化研究所工作，任水田机械研究室副主任。后来，先后担任哈尔滨市香坊区农机局副局长、和平拖拉机站站长、哈尔滨市郊区公社社长、农机站站长、农机修造厂厂长。1970年后，梁军先后担任哈尔滨市农机局副局长、哈尔滨市农业机械处工程师、副处长，负责黑龙江省及哈尔滨市农机技术，制定技术管理规程，编制地方的农机发展规划。1988年，梁军成为教授级工程师，任哈尔滨市农机局总工程师。1990年离休。2020年1月14日13时许，在哈尔滨逝世，享年90岁。

（资料来源：根据点购收藏网、百度等网站资料整理。）

问题：

运用金融学知识阐述一下人民币的性质。

简要提示：

人民币是我国的法定货币，是我国以法律形式规定的具有购买能力的货币符号。我国相关法律对货币制度做了详尽的规定：①规定了货币材料，我国货币是以纸材为主要货币材料的；②规定了货币的单位，我国的货币单位以元为主，配以角、分；③规定了货币的支付能力，我国的货币具有无限法偿能力；④规定了货币的发行，我国的货币由中国人民银行独家发行，其他任何单位和个人均不得印制人民币。

案例思政元素分析：

首先，第三套人民币上蕴含劳动者元素体现了政府对劳动模范的尊重。党的二十大报告指出:"新时代的伟大成就是党和人民一道拼出来、干出来、奋斗出来的!"这体现了弘扬劳动精神、奋斗精神、奉献精神、创造精神的重要性。劳动模范是各行各业的优秀典型、杰出代表,劳动模范应珍惜荣誉、接续奋斗,发挥榜样示范带动作用,为中国经济社会发展汇聚更多正能量。劳模精神是激励一代又一代劳动者投身于革命、建设和改革的伟大实践,实现中华民族伟大复兴的中国梦的强大精神力量。党和政府一直关心重视劳模工作,广泛宣传劳模先进事迹,营造尊重劳模、爱护劳模、学习劳模、争当劳模的浓厚氛围,弘扬劳模精神、劳动精神、工匠精神。

其次,梁军得到尊重体现了党始终坚持人民至上的价值理念。党的二十大报告指出:"江山就是人民,人民就是江山。"人民群众是实践的主体,是历史的创造者,梁军作为劳模,能够代表千千万万广大的人民群众。将梁军的劳动形象印在人民币上,充分体现了党坚持人民至上的价值理念,始终把人民作为智慧和力量的源泉。

第 3 章

信 用

本章学习要点

通过本章的学习，掌握信用、信用工具的概念；理解信用的分类、信用工具的使用及信用在经济生活中的影响；了解信用的产生与发展。

本章学习重点与难点

重点是信用的产生和发展、信用形式、信用工具，难点是信用工具及信用、民间借贷在经济发展中的作用。

本章基本概念

信用、高利贷、商业信用、银行信用、政府信用、消费信用、国际信用、信用工具、汇票、本票、支票、信用证、社会信用体系与社会征信系统。

▶ 3.1 信用概述

3.1.1 信用的概述

1. 信用的含义

在经济学中，信用是借贷行为的总称。所谓借贷，就是商品或者货币的所有者将商品赊销或将货币贷放出去，借方按约定的时间偿付购货款或归还借贷本金并支付一定利息的行为。信用是以偿还和付息为条件的价值单方面让渡，它不同于商品的买卖。在商品买卖中，价值进行对等转移和运动，一手交钱一手交货，但在信用即借贷活动中，贷方将货币或商品给予借方，借方并没有同时对贷方进行任何形式的价值补偿，借方在约定的时间内必须归还本金并支付利息。因此，虽然信用和商品买卖的形式不同，但实际上也是一种交换关系，也要遵循等价交换原则，约期归还并支付利息就是这个原则在信用范畴的具体运用。所以笔者认为，信用是建立在信任基础上以还本付息为条件的借贷活动。

（1）经济范畴的信用

经济范畴的信用是指以还本付息为条件的借贷活动。也就是说，信用这种经济行为是以收回本金并获得利息为条件的贷出，或以偿还本金并支付利息为前提的借入，它代表着一种债权债务关系。在借贷行为中，无须支付利息的情况也并不少见，如亲友之间的借贷、友好国家之间的无息贷款等，它们都在一定程度上体现了亲友之间以及友好国家之间的互助关系。

（2）道德范畴的信用

道德范畴的信用主要是指诚信，即通过诚实履行自己的承诺而取得他人的信任。古往今来，人们将诚实守信视为基本的道德规范和行为准则之一。良好的信用环境不仅是个人之间正常交往的基础，而且是个人与机构、机构与机构乃至国与国之间相互交往的基础。

与诚信和守信相对立的，则是失信和欺诈行为。如果一个社会失信和欺诈行为盛行，我们就说这是一个信用缺失的社会，这时正常的人际交往和经济交易都会因为诚信问题而受到较大的干扰。

2. 信用的特征

信用是一种借贷行为，通常有两种表现方式：一种是以收回为前提条件的贷出，另一种是以保证归还为承诺而借入。不管哪种方式，都是以偿还为先决条件，到期必须偿付，并且在偿付时必须支付利息。信用的这种价值运动形式与商品交换不同。一般商品交换是等价交换，买卖双方在商品所有权通过交换而转移时都保留价值，货币执行的是流通手段的职能。借贷行为则不同，在贷出时，价值是做单向转移，贷方让渡出价值，但仍保留所有权；在归还时，价值也做单向转移，但借方除了还本，还必须支付利息。综上所述，信用的基本特征有以下几点。

（1）偿还性

信用关系是一种债权债务关系。债权人暂时将实物或货币使用权让渡给债务人，这种让渡是以偿还为条件的，一旦信用关系结束，就必须按约定方式偿还。

（2）收益性

信用关系是建立在有偿的基础上的。债权人在让渡实物或货币的使用权时，条件是偿还必须有一个增值。这个增值，我们将其称为利息。

（3）风险性

信用关系不同于一般商品交换的关系。实物或货币使用权的让渡与价值的实现发生分离，债权人仅持有所有权或债权凭证，到期能否收回，则存在不确定性，这个不确定性所蕴含的风险就是信用风险。

3.1.2 信用的产生与发展

1. 信用的产生

信用是在私有制和商品经济基础上产生的。在原始社会末期出现的两次社会大分工，即畜牧业与传统农业的分工以及农业和手工业的分工，加速了原始社会公有制的瓦解和私有制的产生，促进了商品生产和交换的发展。私有制的出现，造成了财富占有的不均，产生了贫富分化。一部分家庭因贫困而缺少生活资料和生产资料，为维持生活和继续从事生产，他们被迫向富裕家庭告借。特别是在社会再生产过程中，由于各种生产的季节性差异、生产周期长短不一、商品购销地点远近不同等因素，常常使商品的买卖与货币的支付无法同时进行。一方面，商品生产者需要出售商品来实现商品价值；另一方面，商品的需要者却因为种种原因而无法立即支付购货款。在这种条件下，只有通过商品赊销、延期付款或货币借贷等信用活动来进行调节，以促进商品交换的实现，满足各方面的需要，保证社会再生产的顺利进行。于是，就产生了信用和信用关系。信用产生的基本条件有以下两点。

（1）商品货币经济有了一定程度的发展

随着商品生产和交换的发展，由于商品生产周期有长短之分，销售市场有远近之别，因此商品价值的实现就会出现困难，造成有的商品生产者出售商品时，买方因为自己的商品尚未卖出而无钱购买。为了使生产能够继续进行下去，在销售商品时，商品生产者就允许买方以延期支付的方式付款。于是，商品的让渡和其价值的实现在时间上分离开来。这一分离意味着买卖双方除了存在商品交换关系，又形成了一种债权债务关系，这就是信用关系。

（2）货币发挥支付手段的职能

由于货币拥有支付手段的职能，因此只有让渡商品的使用价值，才能实现商品的价值。货币此时不是充当流通手段，而是充当支付手段。商品的价值通过货币表现，并实现价值的单向转移。

最初，这种借贷关系表现为实物形式，它是商品生产者由于商品生产或交换过程的不一致而出现的一种简单信用关系，随着商品生产和货币流通的进一步发展，货币形式的借贷关系得到了很大的发展。

2. 信用的发展

信用是商品交换发展的必然产物。随着商品货币关系的发展和社会生产方式的变革，信用超出了商品流通范畴，更多地表现为以追求利息为目的的直接的货币借贷，即货币所有者为获取利息而贷出货币，货币需求者则以承诺到期归还并支付利息为条件取得货币的使用权。这种直接以追求利息为目的的信用活动在经济发展的不同时期有不同的表现形式。

在小生产占统治地位的自然经济条件下，基本的信用形式是高利贷。所谓高利贷，就是以取得高额利息为特征的借贷活动。由于高利贷的利息特别高，高利贷的盘剥不仅侵吞了小生产者的剩余劳动，甚至连生产资料也被放高利贷者夺走。同时，借高利贷的奴隶主和封建主为了偿还债务，会更加残酷地压榨奴隶和农奴，造成生产力的萎缩。可见，高利贷对社会生产力的发展起着破坏和阻碍的作用，在建立资本主义生产方式的过程中，高利贷虽然促进了资本和雇用劳动力的形成，但过高的利息率不适应资本主义生产对信贷的迫切需要，因而最终被资本主义信用所取代，产生了借贷资本。

借贷资本是在现代商品经济条件下，货币所有者存在临时补充货币资本的需要，这就产生了货币资本的供求。拥有暂时闲置货币资本的借贷资本家通过信用形式将其暂时闲置的资本贷放给需要临时补充货币资本的职能资本家使用，以发挥资本的职能作用。于是，从产业资本循环过程中游离出来的暂时闲置的货币资本就转化为借贷资本，形成了现代信用。

3.1.3 信用与货币的关系及金融范畴的形成

信用与货币是两个不同的经济范畴。信用是一种借贷行为，是不同所有者之间调剂财富余缺的一种形式；货币是一般等价物，作为价值尺度，充当商品交换的媒介信用与货币之间存在着密切的关系。

信用和货币的产生与私有制密切相关，信用和货币表现的都是不同商品生产者之间的经济关系，它们都是价值运动的形式。借贷形式从实物借贷发展到货币借贷，扩大了信用的规模。同时，信用也促进了货币形式和货币流通的发展。信用货币就是以信用活动为基础而产生的一种货币形式。信用的出现发展了货币支付手段的职能，使货币能够在更大范围内充当商品流通的媒介，信用还加速了货币流通。由此可见，信用与货币是相互促进发展的。

随着现代银行的出现，有了银行券和存款货币。随着金属货币逐步退出流通，银行券和存款货币逐渐变得不可兑现，20世纪中期以后全球都实行了纯粹的信用货币制度，自此以后，任何货币的运动都是以信用为基础的，无论是银行券还是存款货币，其本身就是信用的产物，都意味着存在相应的债权债务关系。与此同时，实物信用在整个信用规模中的比重已经变得微不足道，任何信用活动也几乎是指货币的运动。信用的扩张与紧缩意味着对货币供给与流通的调整，微观主体的信用活动意味着货币在不同主体之间的流动。此时的货币运动与信用活动融为一体，不存在独立于信用的货币和货币制度，也不存在不依赖于货币的信用体系。

当货币流通与信用活动变成了上述同一个过程时，我们就说在经济生活中又增添了一个由货币范畴与信用范畴相互渗透、相互融合而形成的新范畴——金融。"金融"一词，其本意是"资金的融通"，即"以货币为载体的借贷活动"，而这正好与以上新范畴的外延相吻合。只是在金融范畴出现以后，货币和信用作为两个重要的范畴，仍然会存在于经济和社会生活之中。

▶ 3.2 高利贷

3.2.1 高利贷的概述

高利贷是指索取特别高额利息的贷款。它产生于原始社会末期，是奴隶社会和封建社会的基本信用形式。通常把年利率超过36%的任何借贷定义为高利贷。在中国的传统语境下，"高利贷"往往与负面的意识形态连在一起，把所有超过36%年利率的借贷都认定为"坏的"。这种定义未顾及借贷市场的资金供求状况和契约执行环境，完全出于局外人的主观愿望。

高利贷是最古老的信用形态，是通过贷放货币或实物以收取高额利息为目的的一种信用关系。高利贷信用在奴隶社会和封建社会是占主导地位的信用形式。

1. 利率高

一般的高利贷的年利率在36%以上，借款100元，一年要支出36元以上的利息。我国历史上高利贷年利率一般都达100%，而且是利滚利，即借款100元，一年后要还200元，如果到期不能归还，第二年要还400元，第三年就要还800元。

高利贷信用之所以有这样高的利息，是由当时的经济条件决定的。由于当时的劳动生产力水平低，生产规模小，小生产者（农民和其他小手工业者）一般都经受不住意外事故的冲击（如天灾人祸），一旦遇到意外事故，就无法维持原来的简单再生产，无法维持生活。在这样的情况下，小生产者就不得不向放高利贷者借钱或实物，以维持生产和生活。放高利贷者正是看到了小生产者为了维持生存这一点，就无情地抬高了利率。

2. 剥削重

高利贷的利息来源于奴隶和小生产者的剩余劳动及一部分必要劳动。小生产者借用高利贷所支付的利息，是他们直接以自己的剩余劳动或必要劳动产品支付的。奴隶主和封建主借用高利贷所支付的利息，同样是奴隶和小生产者的剩余劳动或必要劳动产品。因为奴隶主和封建主不劳动，他们所支付的利息，归根结底是对奴隶和小生产者的压榨和剥削。由于高利贷利息来源不仅包括劳动者所创造的全部剩余劳动,还包括一部分必要劳动。这与利息只是剩余价值的一部分的资本主义利息比较,其剥削程度更重。

3. 非生产性

高利贷的借款人无论是奴隶主、封建主,还是小生产者,他们借用高利贷主要用于非生产性支出。奴隶主、封建主借高利贷主要是为了维持其奢侈的生活,小生产者借高利贷主要是为了满足其基本的生活需要。这与资本主义借贷资本的用途以及社会主义信用资金的用途有着明显的区别。

3.2.2 高利贷的作用

1. 积极作用

高利贷推动了自然经济的解体和商品货币关系的发展。高利贷信用为资本主义生产方式的到来提供了前提条件:一是集中了大量的资本,二是提供了雇佣工人队伍。由于高利贷的盘剥,放高利贷者手中集中了大量的资本,这些资本有可能投入资本主义生产方式。同时,因为高利贷的盘剥,大量的小生产者破产、失业,成为无业游民。这些人在法律上是自由的,而财产上是一无所有的,他们不得不出卖自己的劳动力来维持生活,这就为资本主义生产方式提供了雇佣工人。

2. 消极作用

高利贷破坏和阻碍了生产力的发展。放高利贷者必然试图阻碍封建社会向资本主义社会过渡,放高利贷者也要尽量维持封建制生产方式,维护高利贷的存在基础,因为最适宜高利贷存在和发展的经济条件是小生产占优势地位的封建制生产方式。

3.2.3 高利贷的债权债务人

高利贷最突出的特点就是高利率,正是高利贷惊人的利息成本,决定了它长期以来的"非生产性"特点,即借高利贷的目的不是为了扩大再生产或投资,而是为了保证生存。私有制和商品交换的出现是高利贷产生的根源。

债权人有商人、宗教机构和统治阶级;债务人有小生产者、落魄的奴隶主、地主和贵族。

3.2.4 高利贷信用与现代信用的区别

高利贷与现代信用的区别主要有以下几个方面。

1. 存在的基础不同

高利贷存在的基础是小生产占优势的旧生产方式。现代信用存在的基础是社会化的大生产方式,经济中广泛存在盈余或赤字单位。

2. 借贷的目的不同

高利贷主要用于生活性消费,与生产没有密切联系。现代信用主要用于生产,可以促进经济的发展。

3. 对经济的作用不同

高利贷具有资本的剥削方式,它的主要借贷对象——小生产者仅用于维持简单的生产活动,导致生产力发展缓慢。现代信用可以优化资源配置、调整经济结构、节约流通费用,从而保证了社会化大生产的顺利进行。

3.2.5 民间借贷现象

现在民间借贷比较普遍。虽然民间借贷受法律保护,但利息高于银行同期利率的 4 倍以上部分法律不予保护。至于利息超过多少才构成高利贷,由于在立法和司法中都没有统一的规定和解释,在实践中只能按照民法通则和有关法律规定的精神,本着保护合法借贷关系,有利于生产和稳定经济秩序的原则,对具体的借贷关系进行具体分析,然后再认定其是否构成高利贷。这种观点还认为,在确定高利贷时,应注意区别生活性借贷与生产经营性借贷,后者的利率一般可以高于前者。因为生活性借贷只是用于消费,不会增值;而生产经营性借贷的目的在于获取超过本金的利润。因此,它的利率应高于生活性借贷的利率。

1. 民间借贷存在的原因

目前,个人从银行贷款,除了房贷、车贷等消费类贷款,其他的个人贷款一般都要有抵押物。虽然有少数银行提供不需要任何抵押物的信用贷款,但只面对银行认定的一些特定优质客户。正常、公开的渠道筹不到钱,民间借贷甚至一些地下高利贷就有了市场。另外,一些金融机构担心借给信用等级较低的企业的钱会变成坏账,所以也不敢轻易与这类企业合作。因此,这类企业在发展过程中,当急需资金而又无法从银行取得的时候,只能通过民间借贷来渡过难关。

对于农村来说,由于各家国有银行相继退出县域领域,只有信用合作社可以提供贷款。信用社为避免"坏账",在放贷时往往倍加小心,再加上部分借贷者信用意识差或还贷能力差,信用社一般谨慎放贷。相比银行贷款,民间借贷条件灵活、手续简便快捷,因此农民更倾向于民间借贷而不是银行贷款。金融的城乡结构、地区结构不合理,为民间借贷提供了发展契机。一方面,非国有经济是国民经济新的利润增长点,它们的迅速崛起需要金融支持;另一方面,一些小型企业处于起步或成长阶段,原始积累不足,收益具有不确定性,难以符合正规金融机构的审贷标准。此外,由于国家信贷政策的限制、融资成本过高、手续烦琐和缺乏正规的财务会计记录等,中国的中小企业几乎被排挤在正规金融机构之外,因此采用民间借贷的方式,以获得更多的利益。

2. 民间借贷的社会影响

由于民间借贷具有主体分散、个人价值取向、风险控制无力等特点,民间借贷活动不可避免地会引发一定的经济和社会问题。一些利率极高的非法民间借贷,经常出现借款人的收入增长不足以支付贷款利息的情况。当贷款拖期或者还不上时,出借方会采用不合法的收债手段,如雇用讨债公司进行暴力催讨等。于是,因民间借贷家破人亡、远离他乡、无家可归的现象时有发生。由于民间借贷利率普遍高于银行基准利率,受利益驱动,一部分人便将自有资金用于民间借贷,对地方金融机构(尤其是农村信用社)吸收存款造成很大压力。又由于其贷款机制灵活、便利,也在一定程度上对银行信贷造成了冲击。另外,由于民间借贷多为私人之间的协议,大多没有信贷担保和抵押,而且对借款人的资信仅凭个人的主观判断,主观性和随意性很强,隐藏了较大的风险。如果借款人不能归还贷款,对贷款人的打击是巨大的甚至是终身的,因而较易冲击正常的金融秩序。

3.3 信用形式

3.3.1 商业信用

1. 商业信用的概念

商业信用是指工商企业之间相互提供的与商品交易相联系的信用活动。这种信用活动的具体表现形式有很多，如赊销商品、委托代销、分期付款、预付定金、按工程进度预付工程款、补偿贸易等。归纳起来，主要是延期付款（赊销）和预付货款两大类。例如，甲企业从乙企业进货，约定3个月后付款，或者分批次结算货款。又如，某企业货物特别畅销，一些购货单位需要提前支付订金等，这都属于商业信用业务。

在资本主义社会，商业信用得到了较大发展，原因是：第一，社会化大生产使各生产部门和各企业之间存在着密切的联系，而它们在生产时间和流通时间上又往往不同。第二，由于商业资本和产业资本相分离，如果要求所有商业企业用自己的资金购买全部商品，则会导致资金短缺。

从商业信用在中国的发展现状来看：①商业信用具有普遍性。也就是说，只要有商业活动，就存在商业信用。商业信用作为一种融资方式，其最大的特点是容易获取，它无须办理正式手续，而且如果没有现金折扣或使用带息票据，它还不需要支付筹资成本，适用于大、中、小企业以及个体工商户，因而普遍存在于商业活动之中。②在所有不同类型的经济形式中，以新型经济形式或行业尤为突出，如个体私营企业、零售超市、房地产开发、消费俱乐部等，对这些经济形式或行业的银行信用控制一般都比较严，使用商业信用融资非常便捷，商业信用交易特别活跃。总体趋势是第三产业占用第二产业和第一产业的资金更多，零售业、服务业占用供应商和消费者的资金更多。③商业信用规模增长快，关系更为复杂。目前，商业信用融资规模已超过银行信用融资规模，呈现出快速增长趋势。同时，也呈现出形式和关系的复杂化，尤其是对于贷款难的中小企业和个体工商户来说，由于融资难度加大、成本攀高，商业信用除了作为扩大销售的重要手段，还更多地被作为融资手段来使用。

2. 商业信用的特点

（1）商业信用的借贷双方都是企业

商业信用反映的是不同的商品生产企业或商品流通企业之间因商品交易而引起的债权债务关系。

（2）商业信用主要是以商品形态提供的信用

商业信用的资金来源是企业生产资金循环过程中的商品资金，是企业生产经营资金的一部分，而不是从生产过程中游离出来的暂时闲置的货币资金。

（3）商业信用是一种直接信用

企业之间在进行商品交易的同时，也会达成延期付款或预付货款的协议。延期付款是卖方给买方提供的信用，而预付货款则是买方给卖方提供的信用，资金供求双方直接达成协议，建立信用关系，无须信用中介机构的介入。

（4）商业信用同时包含着买卖行为和信贷行为

在商品交换过程中，由于赊销商品时就发生了商品所有权的转移，实现了商品的买卖过程。但由于购货方赊欠了销货方一定货币金额的货款，双方形成了一定的债权债务关系，体现为一种借贷行为。这两种经济行为是同时存在的。

（5）商业信用期限比较短

商业信用由于受到生产和流通环节资金周转的限制，通常只能用来满足短期资金融通的需要。所以，商业信用的期限一般都比较短，大多是几个月不等。

3. 商业信用的作用

（1）商业信用可以调节资金余缺和加速商品流通

商业信用直接同商品生产和商品流通相联系，是直接为资本循环服务的。在资本循环和周转过程中，各企业之间的生产时间和流通时间经常出现不一致的情况，经常出现商品的让渡同商品价格的实现在时间上相分离的现象。如果仅仅局限于现金的买卖或交易，势必造成商品销售时间的延长和再生产过程的中断。这时，商业信用应运而生，并发挥着加速资本循环和周转、缩短生产时间和流通时间、促进再生产顺利进行的作用。

（2）商业信用是企业普遍采用的信用形式和银行信用的基础

从卖方来看，商业信用直接为商品流通服务，以商业信用作为促销方式，是销售商品最有力的竞争手段。当卖方企业提供商业信用后，在票据尚未到期之前而急需资金时，可以通过票据贴现，向银行或其他金融机构融入资金，因而卖方企业愿意用商业信用来推销商品。买方企业寻求商业信用方式来购买商品，是因为缺乏流通手段，如果买方的债务能被对方接受，通过商业信用就能纾解流通手段不足的困难，买方企业就无须寻求其他信用形式。只有当买方企业的信用难以被对方接受的情况下，企业之间的信用活动才需要银行介入。因此，这个意义上的商业信用是银行信用的基础。

4. 商业信用的局限性

商业信用的特点，决定了商业信用的存在和发展必然有一定的局限性。

（1）商业信用的规模受到限制

商业信用受到提供信用的企业所拥有的商品和资金数量的限制，企业能赊销的商品只能是商品资金的一部分。

（2）商业信用的范畴受到限制

一方面，受到商品流向的限制，即只能为需要该种商品的企业提供商业信用；另一方面，由于商业信用是直接信用，借贷双方只有在相互了解信誉和偿还能力的基础上，才能建立商业信用关系。

商业信用在商品经济中发挥着润滑生产和流通的作用，能够促进商品交换和商品价值的实现，加速企业资金周转，保证再生产过程的顺利进行。但是，商业信用由于是在企业之间分散自发进行的，带有一定的盲目性，特别是商品转移与货款支付脱节，容易掩盖企业经营管理中存在的问题，导致债务企业资金周转不畅，进而发生债务危机，由此将会产生连锁影响，甚至可能使一系列企业陷入债务危机之中。

3.3.2 银行信用

1. 银行信用的概念

银行信用是银行及其金融机构以货币形式提供的信用。它包括两个方面：一是通过吸收存款，集中社会各方面闲散资金；二是通过发放贷款及证券投资，对集中起来的闲散资金加以运用。

银行信用是一种间接信用,在这一信用形式中,银行充当着信用媒介。在存款业务中,银行是债务人,存户是债权人;在贷款业务中,银行是债权人,借款人是债务人。银行信用是在商业信用的基础上产生的,它克服了商业信用的局限性。

2. 银行信用的特点

(1) 银行信用的资金来源广泛

银行信用资金是社会各部门暂时闲置的货币资金,资金来源广泛,不受个别企业资金规模的限制,因此银行信用既可以达到巨额规模,又可以提供长期信用。

(2) 银行信用是以货币形态提供的信用

银行信用既独立于商品买卖活动,又有广泛的授信对象,能向任何部门提供信用,突破了商业信用在提供信用方向上的限制。

(3) 银行信用提供的存贷方式具有相对灵活性

银行信用的期限可长可短,数额可大可小,可以满足存款人和贷款人各种不同的需要。由于银行信用在信用规模、信用方向和范围、信用期限等方面都优越于商业信用,因而银行信用更适合于现代化大生产的要求,能在一定程度上满足商品经济发展的需要。同时,在现代市场经济条件下,银行信用也是国家调节国民经济发展的重要手段。随着现代银行制度的发展,银行信用得到广泛的发展,在社会化大生产和现代市场经济社会中,银行信用处于信用体系中的主导地位。

3. 银行信用与商业信用的关系

银行信用虽然克服了商业信用的某些缺点,但它不能取代商业信用。银行信用和商业信用是两种基本的信用形式。在实际经济生活中,这二者往往互为补充。例如,在工商企业的贸易活动中,一般由卖方或买方提供商业信用,交易双方都可凭持有的未到期的商业票据到银行申请办理贴现或票据抵押贷款,从而获得银行信用。这样,商业信用的提供者在银行信用的支持下,可以突破自身闲置资金额的限制,促进商品的销售。银行信用克服了商业信用的局限性,成了现代信用的主要形式。20世纪以来,银行信用发生了巨大的变化,得到迅速发展,具体表现为:越来越多的借贷资本集中到少数大银行手中;银行规模越来越大;贷款数额不断增多,贷款期限不断延长;银行信贷与产业资本的结合日益紧密;银行信用提供的范围不断扩大。商业信用和银行信用的比较见表3-1。

表3-1 商业信用和银行信用的比较

信用	形式	特点	优势/局限
商业信用	赊购赊销 预付货款	主体:企业 客体:商品资本	数量和规模限制 范围限制 方向限制 期限限制
银行信用	吸收存款 发放贷款	主体:银行、企业、个人 客体:暂时闲置的资金	突破商业信用限制 积少成多 储蓄、消费、投资转化 低成本创造信用

3.3.3 政府信用

1. 政府信用的概念

政府信用是以政府为主体的借贷活动。它有两种表现形式：一是政府作为债权人向社会提供资金，将部分财政资金以贷款方式提供给特定经济主体，这是财政资金使用的一种特殊形式；二是政府作为债务人通过发行债券或以其他方式向社会借款，以筹集资金、解决财政收支矛盾。在现代社会，政府信用主要表现为政府作为债务人而形成的负债。

2. 政府信用的形式

① 公债。公债是一种长期负债，一般在 1 年以上，有的长达 10 年，统筹用于大的项目投资或建设。

② 国库券。国库券是一种短期负债，以 1 年以下居多，主要解决财政先支后收的矛盾。

③ 专项债券。专项债券是一种指明用途的债券。

④ 向银行透支或借款。向银行透支一般是临时性的，有的在年度内偿还。向银行借款一般期限较长，通常在隔年财政收入大于财政支出时才能偿还。

3. 政府信用的作用

在市场经济条件下，政府信用的作用有以下几点。

① 政府信用的直接功能是调节财政收支平衡。在政府财政资金不足时，可以通过发行债券的方式筹集资金以进行重大项目建设，解决国民经济发展中的突出矛盾。

② 政府信用是调节经济、实施宏观调控的重要杠杆。一方面，政府信用可实现储蓄和消费基金向生产基金的转化，因而通过政府信用可有效调节社会总供求，进而调节社会经济运行；另一方面，通过筹集专项资金发展重点产业，以及引导社会资金合理流动，促进经济结构调整。

③ 政府发行债券为中央银行在公开市场上的业务操作，调节金融市场的资金供求和货币流通提供了现实基础。政府债券利率的高低还直接影响银行利率的高低，以引导社会资金，促进资金更合理、更有效地运用。目前，我国的政府信用已成为财政政策的重要工具，在调节我国经济总量与结构方面发挥着重要的作用。

需要注意的是，政府信用在某种程度上也是国家信用，其主要方式是国家作为债务人通过金融机构发行债券来筹集资金。国家信用可分为国内信用和国外信用。国内信用是国家以债务人身份向国内各经济主体筹资的行为，这形成了一国的内债；国外信用是国家以债务人身份向国外各经济主体筹资的行为，这形成了一国的外债。

4. 政府信用与银行信用的关系

政府信用与银行信用有着密切的关系。一是政府信用依赖于银行信用的支持。政府债券一般由银行代理发行，银行的部分资金也直接或间接用于购买政府债券；二是在社会闲散资金总量一定的条件下，政府信用与银行信用在数量上存在着此消彼长的关系。企业与居民用于购买政府债券的资金增多，用于银行存款与储蓄的资金就会减少；反之亦然。

政府信用与银行信用的区别：第一，政府信用可以动员银行信用难以动员的资金，如在特殊条件下（战争、动乱、恶性通货膨胀等）发行的强制性公债，其特殊的动员作用是显而易见的。在正常时期，也可以通过自愿认购公债，以其优惠的条件（比银行信用的利率高）使货币所有者减少自身的消费，增加可融通资金的总量。第二，长期公债的偿还期长，由此筹集的资金比较稳定，可用以解决国家长期资金不足的困难。而银行存款，即使是定期存款客户也可随时支取，其稳定性相对较差。第三，两者的利息负担不同。国家债券的利息由纳税人承担，银行借款的利息由借款人承担。公债利息是财政的支出，而银行的利差是财政的收入。用两种不同的信用形式筹集资金，对财政的负担具有不同的意义。

3.3.4 消费信用

1. 消费信用的概念

消费信用是企业、银行和其他金融机构以商品、货币或劳务形式向消费者提供的直接用于生活消费的信用。消费信用与商业信用和银行信用并无本质区别，只是授信对象不同，消费信用的债务人是消费者，是购买生活资料的个人与家庭。

2. 消费信用的形式

（1）赊销

零售商向消费者以延期付款方式销售商品，多用于日常的零星购买，属于短期消费信用。

（2）分期付款

消费者在购买商品时，先支付部分货款，然后按合同分期加息支付其余款项，这种形式多用于购买高档耐用消费品或房屋、汽车等，属于长期消费信用。

（3）消费信贷

银行及其他金融机构采用信用放款或抵押贷款方式，对购买消费品的消费者发放贷款，规定期限偿还本金，时间可达20~30年。消费信贷按接受贷款的对象不同可分为两种：一是买方信贷，即对购买消费品的消费者直接发放贷款；二是卖方信贷，即以分期付款做抵押对销售消费品的商业企业发放贷款，或由银行与以信用方式出售商品的商业企业签订合同，银行向商业企业放款，消费者偿还银行贷款。

3. 消费信用的积极作用与消极作用

消费信用是在商品货币经济发展的基础上，为促进价值的实现而产生的一种信用形式，对社会经济发展既有积极作用又有消极作用。在我国目前的社会经济发展状况下，由于生产力发展水平不高，广泛开展消费信用的物质基础较弱，因此应适当发展消费信用，这对指导和调节消费，促进商品生产和流通具有一定的积极作用，尤其在配合住房制度改革方面，开展与储蓄相结合的居民住房贷款是一种深受欢迎的信用形式。

（1）积极作用

① 促进消费品升级换代和消费者消费水平提升。消费信用的正常发展有利于促进新技术、新产品的推广以及消费品的升级换代。消费信用的发展为消费者个人提供了将未来的预期收入用于当前消费的有效途径，使其实现了跨期消费，总体上提高了消费者的消费水平和生活质量。

② 扩大内需，促进经济增长。消费信用的正常发展能提高消费者的货币购买力，增加一定时期内一国的消费需求总量，有效地推动了消费品的销售与生产，推动了技术进步和经济增长。

（2）消极作用

消费信用的盲目发展也会给正常经济生活带来不利影响。消费信用使消费者提前动用了他们的收入，实际上是以未来消费需求的萎缩来获得现在消费需求的扩大。消费者在未来一段时期内不得不挑起还贷款本息的重担,造成生产和消费的脱节。而且,作为当今信用经济主要组成部分之一的消费信用,其过度膨胀必然会造成通货膨胀。

3.3.5 国际信用

1. 国际信用的概念

国际信用是不同国家(或地区)之间发生的借贷关系和借贷活动。它是信用活动很活跃的领域,是国际经济联系的重要组成部分。如果说信用体现着用于借贷的资本活动,那么国际信用则体现着国与国之间的资本流动。

2. 国际信用的形式

(1)出口信贷

出口信贷是指出口国为支持和扩大本国产品出口,提高出口产品的国际竞争力,通过提供利息补贴或信贷担保的方式,鼓励本国银行向本国出口企业或外国进口商提供的中长期贷款。

(2)国际商业银行贷款

国际商业银行贷款是指一些大银行向外国政府及其所属部门、私营工商企业或银行提供的中长期贷款。

(3)政府贷款

政府贷款是指一国政府利用国库资金向另一国政府提供的贷款,这种贷款一般具有援助性质。

(4)国际金融机构贷款

国际金融机构贷款是指国际金融机构对成员国政府提供的贷款。

(5)国际资本市场业务

国际资本市场业务是指在国际资本市场上的融资活动,包括在国际资本市场上购买债券、股票以及在国际资本市场上发行债券、股票。

(6)国际租赁

国际租赁是指一国银行或租赁公司向他国企业出租实物并按期收取租金的信用方式。

国际信用体现的是国与国之间的债权债务关系,直接表现为资本在国家之间的流动。改革开放以来,我国充分利用国际信用,积极引进外资、先进技术设备和管理方法,缓解了国内建设资金不足的压力,促进了社会生产力水平的提高和社会经济的发展。

3. 国际信用的特征

与国内信用相比较,国际信用在规模、风险、复杂性等方面都有着显著的特点。

(1)规模大

国际信用关系中的授信方通常是资金实力较为雄厚的国际金融机构、跨国银行、跨国公司或发达国家政府,有充裕的资金来源;而受信者往往存在大额的资金需求,如果没有国际信用进一步拓展其资金来源,仅靠国内信用融资需要难以满足资金需求。

(2)风险大

由于国际信用发生在跨国、跨地区的经济主体之间,授信者对外国政府、企业的资信难以准确评估,不仅将面临更大的信用风险,还将面临国家风险、外汇风险等,因而其风险可能大于国内信用。

（3）复杂性

复杂性表现为国际信用的程序、形式、工具以及动机较国内信用更加复杂。以跨国公司从事海外直接投资为例，除了追求更高的资本收益率这一根本动机，还可能是为了分散投资风险、规避母国严格的监管或寻求避税地、维护出口市场等。

（4）方向上的不对称性

虽然国际信用的方向具有交叉性，既包含资本从发达国家向发展中国家的"垂直流动"，又包含发达国家之间、发展中国家之间的"水平流动"，并且还包含从发展中国家向发达国家的"逆向流动"，但授信方仍以国际金融机构、发达国家政府、跨国公司及跨国银行为主，而大多数发展中国家、新兴市场国家，总体来看仍然是净债务方，而美国是最大的负债国家。

▶ 3.4 信用工具

3.4.1 信用工具概述

1. 信用工具的概念

信用工具是资金供求者之间进行资金融通时所签署的、表明债权债务关系的书面凭证。这种凭证记载着借贷双方的权利和义务，通常包括票面价格、偿还日期、偿还金额、利率水平和偿付方式等内容。

2. 信用工具的特征

收益性、流动性、期限性、风险性是信用工具的四个重要特征。

（1）收益性

信用工具持有者的收益由两部分组成，即利息收入和市场买卖的差价。

（2）流动性

信用工具的流动性是指信用工具的变现能力。衡量信用工具的流动性不仅要考虑信用工具的变现是否便利，还要考虑变现时是否会带来资本损益。

（3）期限性

偿还期限是指债务人在必须全部归还本金之前所经历的时间。例如，一张标明3个月后支付的汇票，偿还期为3个月；5年到期的公债，偿还期为5年等。

（4）风险性

信用工具的风险性是指利息收入和投入的本金遭受损失的可能性。信用工具具有不同程度的风险，主要表现为违约风险、市场风险、流动性风险等。违约风险是指发行公司不按合同履约而造成债权人遭受本息损失的风险。市场风险是指由于市场利率变动而造成信用工具价格下跌的风险。流动性风险是指信用工具不能以接近市场价值的价格转让而造成其流动性下降的风险。

3.4.2 信用工具类型

按不同的划分标准，信用工具可分为以下几种类型。

1. 按发行者的性质可分为直接信用工具和间接信用工具

直接信用工具是指非金融机构发行的用于直接金融活动的信用工具，如政府债券、公司债券、商业票据、股票、抵押契约、借款合同及其他各种形式的借据等。间接信用工具是指由银行和其他金融机构发行或签发的用于间接融资活动的信用凭证，如银行券、金融债券、可转让大额定期存单、人寿保险单等。

2. 按可接受程度可分为无限可接受性的信用工具和有限可接受性的信用工具

无限可接受性的信用工具是指社会公众普遍接受，在任何场合都能充当交易媒介和支付手段的工具，如银行所发行的银行券和银行活期存款。有限可接受性的信用工具是指可接受的程度和可使用的范围取决于该工具的性质、出票人及付款人的信用，虽具有一定的流动性，但不能作为一般性交易媒介的工具，如商业票据、债券、股票等。

3. 按偿还期限可分为短期信用工具、长期信用工具和不定期信用工具

（1）短期信用工具

短期信用工具是指提供信用的有效期限在1年或1年以内的信用凭证，有各种票据、信用证、信用卡、旅行支票、国库券、大额可转让存单、回购协议等。短期信用工具主要是指汇票、本票、支票、信用证等。

① 汇票。汇票是由债权人签发的，要求受票人在指定日期向收款人或持票人支付一定款项的支付命令书。汇票的出票人即债权人，受票人即债务人，受票人可以是债权人也可以是持票人。按付款期限划分，汇票可以分为即期汇票和远期汇票，前者见票付款，后者在见票或出票后指定的日期付款。按是否附有担保划分，汇票可以分为跟单汇票和光票，前者附有商品凭证和货运单据，后者不附有商品凭证和货运单据。汇票须经付款人承兑后方为有效汇票。按承兑人不同划分，汇票可以分为商业承兑汇票和银行承兑汇票，前者由企业承诺到期付款，后者由银行承诺到期付款。银行汇票如图3-1所示。

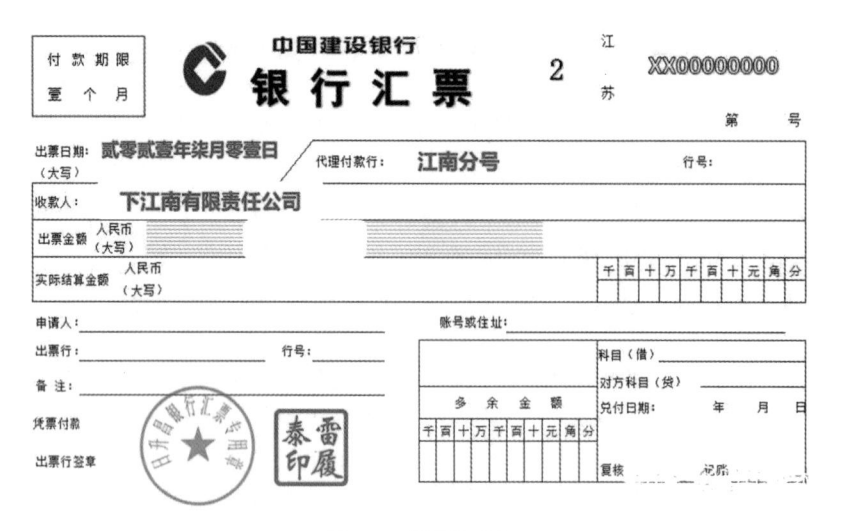

图3-1 银行汇票

② 本票。本票又叫期票，是由债务人向债权人发出的，承诺在一定日期支付一定款项给收款人的债务凭证。本票的出票人即债务人，受票人即债权人。按签发人不同，本票可划分为商业本票和银行本票。商业本票是由工商企业签发的有一定金额，并于指定到期日无条件

支付一定款项给债权人的一种票据，即债务人向债权人开出的保证在一定时间内无条件付款的支付保证书。银行本票是由银行签发的，也是由银行付款的票据，可以代替现金流通。

③ 支票。支票是银行的活期存款人通知银行在其存款额度内，无条件支付一定金额给持票人或指定人的书面凭证。支票有很多种，如记名支票和不记名支票，前者记载收款人的姓名，后者则不记载收款人的姓名。保付支票是由开户银行在支票上盖章，注明"保付"字样，以保证到期付款。划线支票是在支票上划两道平行线，表示支票只能转入收款人存款账户而不能付现。旅行支票是由银行签发的，供旅行者在外地使用的定额支票。

④ 信用证。信用证有商业信用证和旅行信用证之分。商业信用证是指银行受客户的委托所开出的证明客户有支付能力并保证支付的一种凭证。旅行信用证是银行为便于客户出国而发给客户据以支取现款的一种凭证。

（2）长期信用工具

长期信用工具包括各种债券和股票，通常称为有价证券。这是指具有一定的票面金额、代表债权或财产所有权、持有人能够定期取得一定收入的凭证。

① 债券。债券是发行者为筹集资金而向投资者出具的承诺按一定利率支付利息并到期偿还本金的债务凭证。债券的种类很多，可以从不同的角度进行分类，其按发行主体不同可分为政府债券、公司债券和金融债券。

② 股票。股票是股份公司发给出资者作为投资入股的证书和索取股息红利的凭证。股票是一种所有权凭证，持有者作为该公司的所有者，享有股东的权益和责任。股票也是一种永久性证券，不能退股，但可以通过证券市场转让股权而收回股本。

（3）不定期信用工具

不定期信用工具是指没有规定信用关系存续期限且可长期循环使用的信用凭证，如银行发行的银行券、纸币。

4. 按权利和义务的不同可分为债务凭证和所有权凭证

股票是一种所有权凭证，其他信用工具则属于债务凭证。

▶ 3.5 信用秩序的维护

3.5.1 信用在经济中的作用

1. 信用的积极作用

（1）促进资金再分配和利润率的平均化

信用是促进资金再分配的最有效的方式。在信用活动中，价值规律的作用能够得到充分发挥。在市场经济条件下，企业的经营目标是为了追求利润，市场竞争的结果是使利润率平均化。平均利润率的形成是以资本在各个部门之间的转移为条件，并通过部门之间的竞争而实现的。借助于信用，可以吸收大量闲置资金，这些资金可以投向任何企业。利润率高的部门，资金大量流入，使得产量增加，价格下降，利润率也随之下降；相反，利润率低的部门，投资减少，供应减少，使得价格上涨，利润率也随之提高。通过资金在各部门之间的流动，促成了各部门之间利润率的平均化，从而提高了整个经济的效率。

（2）节约流通费用

流通费用是指与货币流通有关的费用，这是一种非生产性的费用，节约流通费用意味着有更多的资源用于生产。第一，利用信用进行交易形成的债权债务关系只需进行差额支付，而大部分债权债务可以相互冲销。同时，通过转账、划拨、清算等结清债权债务，节省了现金的使用。第二，信用加快货币流通速度，提高了资金的使用效率，并且通过信用工具的创造可以节约对现金的需要，降低流通费用。第三，信用可以缩短流通时间，加快整个社会资金的周转速度，节约大量的流通费用。

（3）加快资本集中与积聚

资本集中和资本积聚是扩大个别资本总额的两种方式。信用是资本集中和资本积聚的有力杠杆。第一，信用可以集中一切分散的、零星的闲置资金。在社会资金总量不变的情况下，通过个别资金转化为社会资金，能使生产规模得以在短时间内扩大，从而提高生产力和生产的社会化程度。第二，信用通过资本的再分配职能，使企业能够利用信用扩大投资，在竞争中使资本集中在少数大企业中。第三，信用可以加速剩余价值资本化。信用既可以将闲置资金积聚起来形成巨额资金用于生产，又可以把一部分收入转化为资本，加快资本积聚。

（4）创造货币并刺激经济增长

社会的货币供给量在一定程度上取决于银行信用的创造。当银行吸收活期存款、开设支票存款账户，并通过支票流通和转账结算，将所吸收的存款放贷时派生存款就产生了。银行的信用创造具有重要的意义，这将提高企业、个人的购买力，有利于刺激经济增长。国家可以借助于信用的调节职能，改变信用的规模及其资金的流向，增加社会的有效需求，促进经济增长。

2. 信用的消极影响

在论述信用对经济的积极作用的同时，也应该认识到过度信用对经济造成的不良影响。过度信用将会造成某些生产部门的过度膨胀而出现各生产部门之间发展的不平衡，加深生产和消费的矛盾；此外，信用也会刺激投机，严重的投机必然会造成金融市场的动荡。

3.5.2 构建市场经济信用体系

在现代经济生活中，信用关系是一种最普遍的经济关系，经济活动的每一个部门、每一个环节都渗透着债权债务关系。从企业的经济活动来看，企业的生存和发展与信用密切相关，任何企业都需要利用信用关系活动来保障生产的连续进行和扩大再生产。在现代社会中，个人生活也与信用紧密地联系在一起。一方面，人们通过到银行存款或购买企业、政府债券而成为它们的债权人，获取投资收益；另一方面，人们通过消费信贷、分期付款等形式而成为银行或企业的债务人，同时取得信用支持，更好地安排自己的生活。现代市场经济条件下的政府活动也与信用密不可分。政府发行国库券、国债，是向企业、个人或其他部门借款，以筹集资金，解决经济和社会发展中的资金不足问题；同时，政府作为债权人发放贷款，以引导要素流向，突破经济发展中的"瓶颈"，保证社会经济持续、稳定、健康运行。总之，在现代社会中，信用关系成为连接各经济部门，连接政府、企业和个人最重要的纽带。一旦信用关系被破坏，整个经济必然陷入危机境地。发展信用以及提高信用关系在经济中的地位，是现代市场经济发展的必然趋势。

1. 守信与失信

信用作为一个经济范畴,包含守信与失信两个方面。借贷双方彼此遵守信用行为依此建立的契约是守信,借贷双方或任何一方不遵守信用行为依此建立的契约是失信。会有完全守信、完全失信,基本守信、基本失信,部分守信、部分失信等程度上的差别。

失信并不等于蓄意赖账,蓄意赖账只是失信行为中的一种。除去赖账,还有种种原因都有可能导致失信行为的产生。例如,农民借来种子种田,一场天灾造成颗粒无收,失信不可避免。贷款方也可能存在失信行为,如不按约定提供贷款使借款人陷入困境。

2. 我国当前的信用问题

我国市场上存在着一些失信行为,一定程度上破坏了信用关系,如企业相互之间的拖欠问题,人们习惯将其称为"三角债"。企业相互拖欠的同时,对银行贷款必然不能按期还本付息,最常见的理由是"应收"收不回来,没有资金还本付息。同时,还故意把逃避银行债务作为掩盖经营失职、侵吞国家财产等意图的手段,这样不易使企业与企业之间建立信用关系,从而使交易成本增加,不利于交易的顺畅扩展;银行与企业之间的信用联系则表现为银行贷款条件的掌握趋严,以致有银行"惜贷"的情况,不利于充分发挥金融中介的作用。

3. 信用的机构体系

在现代信用活动中,由于交易者数量众多且分散,不同交易者的交易规模差异很大,存在严重的信息不对称,交易成本变高,严重影响甚至阻碍信用活动的顺利进行。对于大多数交易者而言,由于自身实力的限制,不得不求助于各种中介机构,通过它们以较低的成本获取交易信息,降低交易风险。信用机构在现代信用活动中发挥了重要的作用。信用机构主要包括以下几种类型。

(1)信用中介机构

信用中介机构是指为资金融通直接提供服务的机构,通常简称为金融机构。在不同的国家,信用中介机构的形式和名称有比较大的差别,这些机构不仅能为资金融通提供相关服务,而且能够收集市场参与者的信用信息,在监督违约行为、预防失信行为中扮演着重要角色。

近些年,随着互联网的发展和金融科技的应用,一些基于互联网和大数据信息技术的互联网金融平台,逐渐在信用活动中扮演着重要角色,并成为我国信用中介机构的重要组成部分。而包括银行、保险、证券、信托、基金等在内的传统信用中介机构,也逐渐利用互联网和金融科技发展的成果,对自身进行了基于互联网和大数据信息技术的改造,不断提高其作为信用中介机构提供金融服务的效率并降低服务成本。

(2)信用服务机构

信用服务机构是指提供信息咨询和征信服务的机构,主要包括信息咨询公司、投资咨询公司、征信公司、信用评估机构等。除了专业的信用服务机构,律师事务所、会计师事务所等机构也可以在一定程度上起到信用服务机构的作用。

良好的社会信用运行体系,有赖于信用服务机构和信用服务市场的培育和完善。2014年国务院印发的《社会信用体系建设规划纲要(2014—2020年)》指出,我国存在信用服务市场不发达、服务行为不规范、服务机构公信力不足等问题。要求充分发挥市场和政府的双重作用,大力发展信用服务机构,培育信用服务市场。

(3)信用管理机构

信用管理机构是指对各种信用中介机构和信用服务机构实施管理的机构,可以分为政府设立的监管机构和行业自律型管理机构。政府设立的监管机构主要包括中央银行和其他专业监管机构。我国由政府设立的信用中介管理机构主要包括中国人民银行、国家金融监督管理总局、中国证券监督管理委员会。作为行政活动和政策制定的主体，它们在信用监督管理方面扮演着至关重要的角色。行业自律型管理机构主要有中国银行业协会、中国证券业协会、中国保险行业协会等。它们在制定本行业的行业标准，监督企业严格落实和遵循，以"口碑"来强化对行业内企业的监督方面，扮演着不可或缺的角色。同时，各监管主体也在逐步运用金融科技发展的成果，运用大数据技术提高监管的效率并降低监管的成本。

4. 社会信用体系与社会征信系统

（1）社会信用体系

社会信用体系包括公共信用体系、企业信用体系和个人信用体系。三者共同作用，构成了完整的社会信用体系。

① 公共信用体系。公共信用体系即政府信用体系，从社会信用体系的全局来看，公共信用体系是影响社会全局的信用体系，也是建设好企业信用体系和个人信用体系的前提条件。公共信用体系建设的核心作用是规范政府的行为，避免各级政府朝令夕改、废债赖账等失信行为，提高政府行政和司法的公信力。

② 企业信用体系。企业是市场经济活动的主体，企业信用体系是社会信用体系的重要组成部分。企业信用体系的建设，可以约束企业的行为，促进企业间的公平竞争。企业信用体系建设的关键环节是企业信用数据库，它必须动态地记录企业在经济交往中的信用信息，为企业信用评估提供决策依据。

③ 个人信用体系。个人是市场经济活动的参与者，也是信用的提供者和接受方，个人信用体系自然也是社会信用体系的重要组成部分。政府和企业的信用状况，会在一定程度上受到人的因素的影响，尤其是会受到相关政府部门或企业负责人的影响，因此，在此意义上，个人信用体系是作为社会信用体系的重要基础而存在的。个人信用体系从两个方面影响整个社会信用体系的运行：首先，为向个人授信提供信用信息；其次，通过公共部门和企业相关负责人的个人信息，为公共部门和企业的信用评估提供辅助信息。个人信用体系建设的关键环节是个人信用数据库，数据库的信息采集及营运模式与企业信用数据库基本相同，不同之处在于个人信用信息的采集和查询会受到更多的法律保护。

（2）社会征信系统

征信是对信用进行评价的活动，是指通过对法人、非法人等企事业单位或自然人的历史信用记录，以及构成其资质、品质的各要素、状态、行为等综合信息进行测算、分析、研究，借以判断其当前信用状态，判断其是否具有履行信用责任能力的评价估算活动。根据征信所涉及的对象不同，征信系统主要分为两大类：一是以企业、公司为主体的法人组织的企业征信系统；二是与公民个人的经济和社会活动相关的个人征信系统。根据征信系统数据库的形成和使用过程，一个完整的社会征信系统通常包括以下五个子系统。

① 信用档案系统。信用档案是指法人和自然人信用活动中信用状况的原始记录，它是整个征信系统的基础。信用档案系统中包括个人信用档案和企业信用档案。

② 信用调查系统。信用调查是了解征信档案的事实真相，借以作为市场决策的重要参考依据。信用调查的内容主要包括贷款信用调查、融资信用调查、合资合作信用调查、贸易伙伴信用调查等几个方面。

③ 信用评估系统。信用评估是对企业、金融机构、社会组织和个人履行各类经济承诺的

能力及可信程度的评估,主要是偿还债务的能力及其可偿债程度的综合评估。信用评估的结果通常采用特定的等级符号来表示。

④ 信用查询系统。信用查询系统是指在社会征信系统数据库建立起来后,可供商业机构和个人查询相关企业以及个人信用状况的系统。根据查询对象不同,可将信用查询系统分为个人信用查询系统和企业信用查询系统。信用查询系统可采取无偿自助、有偿档案两种方式查询。属于国家信息资源且可供查询的企业信用信息采取有偿档案查询。属于政府部门监管的社会公共和政务范畴的企业信用信息可无偿自助查询。个人信用信息的使用一般采用有偿档案查询的方式。

⑤ 失信公示系统。失信公示系统是征信机构依法及时、客观地将有不良信用记录的个人和企业的名单及对其处罚意见在某一范围内进行公布,让失信记录在特定范围内有效传播,以警示与其有联系的机构、企业或个人的系统。失信公示是对失信者的一种惩罚,它将征信服务与社会监督、法律制裁的作用有机地结合起来,形成合理的失信约束惩罚机制。有失信记录的个人和企业的各种活动将遇到较大的障碍,有些个人和企业可能被市场淘汰出局。公示的失信行为记录会依照法律规定保留多年,从而使失信者在一定期限内付出惨痛代价。

进入 21 世纪以来,我国不断加强社会信用体系和征信系统建设。2003 年,中国人民银行成立征信管理局,负责管理信贷征信业务。其中,企业征信系统的开发,是在中国人民银行总行的直接领导下,对原有银行信贷登记咨询系统进行的升级改造。通过对信贷管理系统的改造,采集数据并自动生成上报文件,向中国人民银行总行的征信服务中心直接报送数据,扩充信息量,提高了数据上报的及时性和准确性。企业征信系统主要从商业银行等金融机构采集企业的基本信息,在金融机构的借款、担保等信贷信息,以及企业主要的财务指标。金融机构在受理企业贷款申请时,需查询企业征信系统,了解企业的财务状况和信用状况。随着企业征信系统的建设和完善,其在帮助金融机构防范信用风险、提高商业银行信贷资产质量、促进信贷市场发展、扩大信贷范围、促进消费增长、加强金融监管和宏观调控、改善金融环境等方面的功能日益显现。

专栏【3-1】

我国个人征信系统的建设

相对于企业征信系统的建设,我国个人征信系统的建设则相对滞后。截至 2023 年 9 月末,中国人民银行金融信用信息基础数据库作为官方的征信系统,已收录 11.64 亿自然人的信息,随着个人金融业务的相对重要性不断提升,需要不断完善支持个人金融业务发展的个人征信系统。2015 年年初,中国人民银行印发《关于做好个人征信业务准备工作的通知》,同时,点名要求 8 家机构做好个人征信业务准备工作。2018 年 2 月 22 日有"中国信联"之称的百行征信有限公司的个人征信业务申请获得中国人民银行的许可证。百行征信有限公司的主要股东为中国互联网金融协会(持股 36%),以及此前中国人民银行点名要求做好个人征信业务准备工作的 8 家机构,即芝麻信用管理有限公司、腾讯征信有限公司、深圳前海征信中心股份有限公司、鹏元征信有限公司、中诚信征信有限公司、考拉征信服务有限公司、中智诚征信有限公司、北京华道征信有限公司(各自持股 8%)。百行征信有限公司的成立,旨在将中央银行征信中心未能覆盖到的、银行贷款以外的个人金融信用信息归纳统一在一个官方平台之内,从而实现个人借贷记录的共享,这对我国征信业发展具有极为重要的意义。同时,百行征信有限公司的横空出世,也意味着中国人民银行对此前民间征信机构的发展思路进行了调整。

随着我国社会主义市场经济的发展，征信服务应坚持市场化的发展方向。在中国人民银行征信中心提供基础征信服务的同时，应紧扣市场需求和最新科技发展状况，适时培育市场化征信机构，推出多元化的征信增值服务，加强征信数据分析和挖掘，将征信数据的效用最大化。当前在大数据、人工智能和区块链等新技术下，如何处理好信息共享和信息保护这对矛盾，如何保护个人隐私和信息安全，如何保护企业的商业秘密和竞争力，如何在信息主导下保障公平竞争，都是征信管理部门和征信行业亟待解决的重大现实问题。在这些问题面前，我们和征信发达国家站在同一起跑线上，均面临探索和尝试的共同挑战。

（资料来源：根据中国人民银行官网、新浪财经网等信息整理。）

5. 建立市场经济的信用秩序

中国作为文明礼仪之邦，诚实守信一直是中华传统文化的主流。古代贤哲强调将诚信作为行为规范，把道德约束视为保持社会正常运行的基本力量，这是不可变易的至理名言。

重建诚信是建立市场经济信用秩序的基础性建设。社会主义市场经济体制改革关系经济生活的方方面面，也是建立市场经济信用秩序的经济根基。市场经济秩序的培育和完善，微观经济主体经营环境的改善、经营水平的提高和盈利能力的增强，集中计划经济体制观念逐步被适应市场经济体制的观念所代替等，都是建立市场经济信用秩序所必需的基本条件。

现代市场经济信用体系的建设是一项复杂的系统工程，其完善需要一个过程。在信用缺失、信用危机概念之下出现的种种消极现象使人们陷入忧虑之前，现代市场经济信用体系和市场经济条件下信用运行的约束机制已在起步。

小　结

1. 信用是建立在信任基础上以还本付息为条件的借贷活动。通常有两种表现方式：一种是以收回为前提条件的贷出，另一种是以保证归还的承诺为前提条件的借入。

2. 信用的基本特征是偿还性、收益性、风险性。

3. 信用与货币是两个不同的经济范畴。信用是一种借贷行为，是不同所有者之间调剂财富余缺的一种形式；货币是一般等价物，作为价值尺度，充当商品交换的媒介。

4. 高利贷是最古老的信用形态，是通过贷放货币或实物以收取高额利息为目的的一种信用关系。高利贷信用在奴隶社会和封建社会是占主导地位的信用形式。

5. 高利贷信用与现代信用的区别主要有：存在的基础不同、借贷的目的不同、对经济的作用不同。

6. 信用形式是信用活动的具体表现形式。信用的形式主要有商业信用、银行信用、政府信用、消费信用和国际信用。

7. 信用工具是资金供求者之间进行资金融通时所签署的、表明债权债务关系的书面凭证。这种凭证记载着借贷双方的权利和义务，通常包括票面价格、偿还日期、偿还金额、利率水平和偿付方式等内容。

8. 信用机构在现代信用活动中发挥了重要的作用。信用机构主要包括以下几种类型：信用中介机构、信用服务机构、信用管理机构。

9. 社会信用体系的建立和完善是我国社会主义市场经济不断走向成熟的重要标志之一。社会信用体系包括公共信用体系、企业信用体系和个人信用体系。三者共同作用，构成了完整的社会信用体系。

10. 根据征信所涉及的对象不同，征信系统主要分为两大类：一是以企业、公司为主体的法人组织的企业征信系统；二是与公民个人的经济和社会活动相关的个人征信系统。根据征信系统数据库的形成和使用过程，一个完整的社会征信系统通常包括五个子系统：信用档案系统、信用调查系统、信用评估系统、信用查询系统、失信公示系统。

思 考 题

1. 信用的基本特征有哪些？
2. 信用产生的基本条件有哪些？
3. 信用与货币的关系是怎样的？
4. 高利贷的特点有哪些？
5. 高利贷的作用有哪些？
6. 高利贷信用与现代信用的区别主要有哪几个方面？
7. 信用形式的主要类别有哪些？
8. 信用工具的概念是什么？其特征有哪些？
9. 信用在经济中的作用有哪些？
10. 社会信用体系的构成要素有哪些？
11. 一个完整的社会征信系统通常包括哪些子系统？

案 例 简 介

案例【3-1】

青春不负"债" 远离黑心校园贷

"我想和同学一样，去购物、去旅游，可是没钱，就想到了网贷。"一名大二学生通过网贷贷款 2 500 元，实际到手 1 500 多元，还款期限为 7 天。因到期无力偿还，又向另一家网贷公司借款，用以偿还上一家欠款，这样一来，欠款越滚越多，最终因该名学生无力偿还贷款被告上法庭。

校园贷申请便利且具有利率优势，但危害重重。2017 年，中国银监会、教育部、人力资源和社会保障部联合下发《关于进一步加强校园贷规范管理工作的通知》，要求暂停网贷机构的校园贷业务。银保监会等五部委发文要求，小额贷款公司不得向大学生发放互联网消费贷款，并进一步加强其他金融机构对大学生互联网消费贷款业务的管理。网络贷款透支着大学生的未来，深刻影响着大学生的健康成长。大学生应该树立科学的消费观和价值观，合理规划，防止盲目消费和攀比，认清"校园贷"等网络贷产品的真实套路，识破"零利息""零风险"等谎言，切勿贪图所谓的方便快捷，时刻不要忘记保护自己。

（资料来源：根据新京报、网易新闻等新闻报道整理。）

问题：

为什么要谨慎对待"校园贷"？

简要提示：

在"校园贷"的实际操作中，一些网络平台宣称"零利率"，实际收取高额的费用或打时间差收取更高利息，贷款推销员称贷款利息率只需要0.99%，原来这不是年利率而是月利率，贷款的实际年利率达到了 21.25%；宣称"零抵押"，却要求将个人隐私作为担保，要求提供身份证、学生证，甚至"裸条"等个人隐私，此时个人信息已面临泄露风险，甚至出现一些不法分子盗用身份信息办理其他贷款等行为。

案例思政元素分析：

首先，树立正确的消费观，理性消费。部分大学生禁不起互联网消费贷款的诱惑，一方面，为了一时冲动和虚荣心而超前消费；另一方面，在没有控制自己购买欲望的时候进行非理性消费。因此，大学生应树立科学和理性的消费观，从知识和个人能力方面充实自己，学习金融知识和提高素养，了解"财商"，树立正确的消费观念。利用所学的金融知识认清"校园贷"等网络信贷的底层逻辑和金融骗局，树立正确的人生观、价值观和金钱观，保护自己，提醒他人，谨防"小贷"成"巨债"！

其次，树立个人信用观并提高征信意识。个人征信如今已成为我们的第二张"身份证"，所以我们更应珍惜个人信用，提高信用意识，重视征信报告。征信是对个人过去信用行为的记录，其最直接的体现形式就是个人征信报告。征信报告不仅有助于每个人养成守信履约的好习惯，积累个人信用财富，还可以降低金融机构授信成本，营造良好的诚信氛围，促进经济社会的有序运行和发展。对大学生而言，了解征信知识，维护好个人信用记录，对自身顺利就业及规划人生都有着重要的现实意义。大学生从在校期间起就应当提高自身的信用意识，树立诚信观念，维护好自己的征信记录。建议大学生通过正规渠道查询自己的信用报告，从而根据自身需要调整相关行为习惯，查询使用后不要随意丢弃相关报告或将其提供给其他商业机构，以保护个人信息安全。

| 校园贷新闻 | 校园贷的危害 | 借贷平台新闻 |

案例【3-2】

诚信——晋商精神的文化坐标

晋商是明清时期中国十大商帮之首，经营茶叶、丝绸、食盐、铁器、棉布等商品，足迹遍及中国全境并远涉东南亚、日本、欧洲等地，晋商称雄中国商界五百年，成为商界翘楚，誉满天下，这与他们在经营活动中坚持诚实守信、以义制利的商业道德密切相关。

"民无信不立"，诚实守信是儒家文化的一个重要伦理道德范畴。晋商以信义为最基本的商业伦理道德，晋商在经营活动中，总结出许多诚信经商的名言警句并沿用至今，如"经营信为本，买卖礼当先""售货无诀窍，信誉第一条""童叟无欺，诚信为本""买卖不成仁义在"等。

同时，也流传出一些信义经营的佳话。例如，王家大院共有兄弟四人，分别叫王忠、王信、王诚、王实，"忠信诚实"一直是王家人秉承的"道义"，只有奉行这一道义的人才能赢得尊重。清康熙年间，十五世祖王寅德与商友合开店铺，利害共担，按股分红。后来，商友因病辞世，他对其安葬诸事全力以赴，并如期将红利付给其遗孀、孤子，分文不少。有人认为其子不参加经营，应减分红，王寅德却说："信义为重，钱值几何？"

（资料来源：根据人民网、新华网等新闻整理。）

问题：
金融学中的信用和道德层面的信用以及商业层面的信用、信义是否一样？

简要提示：
金融学中的信用是指以偿还为条件的价值运动的特殊形式，反映的是一种以支付利息为条件的借贷关系。虽然从表面上来看，金融学中的信用与道德意义上的信用不同，并不是评价人的道德方面的标准，但它是建立在道德意义的基础之上的。"偿还"需要借款者的信用，如果一个借款者不讲信用，到期不偿还借款，那么金融学意义的借贷关系就不能长期维系下去，久而久之，借贷最终会萎缩或消失。因此，尽管道德意义上的信用和金融学中的信用不同，但二者之间有着紧密的关系，道德意义上的信用会影响金融学中信用的产生和发展，一个人的信用可能影响整个社会的信用体系。

案例思政元素分析：

首先，诚实守信是中华民族的传统美德。诚实就是忠诚老实，不讲假话。守信就是信守诺言，说话算数，讲信誉重信用。诚实和守信是相互联系在一起的，诚实是守信的基础，守信是诚实的具体表现。诚信是公民的第二张"身份证"，一个人要想在社会上立足，就必须具有诚实守信的品德。

其次，诚信是社会主义核心价值观的重要组成部分。无信不立，不仅是儒家文化的重要伦理道德范畴，同时也是社会主义核心价值观的基本价值取向，是市场经济运行的基本道德规范，是现代社会普遍适用的基本伦理原则。

完善失信约束制度新闻

第 4 章

利　率

📖 本章学习要点

通过本章的学习，掌握利息及利率的含义、利率的种类、利率的影响因素；理解利率体系及利率的管理体制；了解我国利率管理的实践。

📝 本章学习重点与难点

重点是利率的影响因素，难点是利率的作用。

📓 本章基本概念

利率、单利、复利、市场利率、官方利率、公定利率、固定利率、浮动利率、名义利率、实际利率。

▶ 4.1 利息与利率

4.1.1 利息

1. 利息的本质

关于利息的本质，西方经济学家有多种观点。第一种观点认为，利息是资本所有者"节约"或"节欲"，抑制当前消费欲望而推迟消费的报酬。这种观点被称为"节欲论"。第二种观点认为，人们对现有财货的评价要大于对未来财货的评价。同样价值的财货，现在使用的效用要高于未来使用的效用，若现在放弃使用财货，推迟到未来使用，就会有时差损失，而利息就是对这种价值时差损失的贴水。这种观点被称为"时差利息论"。第三种观点认为，人们都偏爱流动性高的货币，若要人们暂时放弃这种高流动性的货币，等待将来使用，则必须向放弃货币者支付报酬，即利息。这种观点被称为"流动性偏好论"。上述这些观点实际上都是从 17 世纪英国古典政治经济学创始人威廉·配第（William Petty）关于利息的解释中引申出来的。威廉·配第认为，货币持有者贷出货币，就会减少用这笔货币购置土地而获得的地租，为此，他必须获得相应的补偿，才会出借货币，这种补偿即利息。总之，在西方经济学家看来，利息是对放弃货币的机会成本的补偿。

马克思在科学地考察货币借贷过程及其结果后指出，利息是使用借贷资金的报酬，是货币资金所有者凭借对货币资金的所有权向这部分资金使用者索取的报酬。

马克思的利息理论主要可以概括为以下几点。

（1）资本所有权与资本使用权的分离是利息产生的经济基础

马克思认为，利息是与借贷资本相联系的一个范畴，借贷资本是一种所有权与使用权相分离的货币资本，货币资本家拥有借贷资本法律上的所有权，贷出的只是借贷资本的使用权，但借贷资本一经贷出，就现实地为职能资本家占有，职能资本家实际上拥有借贷资本经济上的所有权。借贷资本法律上的所有权与经济上的所有权相分离，反映了货币资本家与职能资本家的对立。所以，利息在这样的关系下应运而生，收付利息是协调货币资本家和职能资本家之间对立关系的不可缺少的条件。

（2）利息是剩余价值的转化形式

马克思从利息的来源进行考察，认为利息是剩余价值的转化形式。把利息的性质确认为剩余价值的转化形式具有重要的意义。它肯定了利息的来源是劳动者创造的价值，明确了利息与利润之间量的关系，即利润是利息的最高界限，揭示出资本家与劳动者的对立关系。

（3）利息是借贷资本的"价格"

马克思指出，价格表示商品的价值，那么利息表示货币资本的增值，因而表现为为获得货币资本而支付给贷款人的价格。又指出，生息资本虽然是和商品绝对不同的范畴，但却变成特种商品，因而利息就变成了它的价格。马克思还指出，生息资本的借贷不同于一般商品的买卖，生息资本的借者支付给贷者的是本金和利息，因而把利息称作借贷资本的"价格"是不合理的，它违背了价格是商品价值的货币表现的规定。因此，这里的"价格"是带引号的。

专栏【4-1】

利息转化为收益的一般形态

利息是资金所有者由于借出资金而取得的报酬，它成为资金所有者放弃该笔资金使用权而获得的收益。显然，利息的产生是与借贷活动密切相关的，没有借贷，就没有利息。

但在现实生活中，利息通常被人们看作收益的一般形态：无论贷出资金与否，利息都被看作资金所有者理所当然的收入——可能取得或将会取得的收入；与此相对应，无论借入资金与否，生产经营者即便是使用自有的资金，也总是把自己的利润分成利息与企业收入两部分，似乎只有扣除利息后剩余的利润才是经营所得。于是，利息就成了一个衡量是否值得投资的尺度：如果利润总额与投资额之比低于利息率，则根本不应该投资；如果扣除利息，所余利润与投资额之比甚低，则说明经营效益不高。利息之所以能够转化为收益的一般形态，是因为货币可以提供利息的观念由来已久，并已经成为一种被人们普遍接受的传统看法。以至于无论货币是否被当作资本来使用，人们都丝毫不会怀疑其产生收益的能力。因此，本来以借贷为前提，源于产业利润的利息，逐渐被人们从借贷和生产活动中抽象出来，被赋予了与借贷、生产活动无关的特性，而将利息直接与资本的所有权联系起来，认为利息是资本所有权的必然产物，人们也就可以凭借资本所有权而获得收益，这样，利息也就转化为收益的一般形态。

〔资料来源：李建. 金融学（第三版）. 北京：高等教育出版社，2018〕

2. 利息的计算方法

利息有两种基本计算方法：单利计算法与复利计算法。

单利计算法就是不管贷款期限的长短，仅按本金计算利息，当期本金所产生的利息不计入下期本金计算利息。因此，单利计算的特点是对利息不再付息。其计算公式为：

$$I = Prn$$
$$S = P(1+rn) \tag{4.1}$$

式中：I 为利息额；P 为本金；r 为利息率；n 为借贷期限；S 为本金和利息之和（简称本利和）。例如，一笔为期 3 年，年利率为 8% 的 100 万元贷款，利息总额为 1 000 000×8%×3 = 240 000（元），本利和为 1 000 000×(1+8%×3) = 1 240 000（元）。

复利是一种将上期利息转为本期本金一并计息的计算方法。例如按年计息，第一年按本金计息；第一年末所得的利息并入本金，形成第二年的本金并以此计算利息；第二年末的利息并入本金，形成第三年的本金并以此计算利息。以此类推，直至信用契约期满。中国对这种复利计息方法通俗地称为"息上加息"。其计算公式为：

$$S = P \times (1+r)^n$$
$$I = S - P \tag{4.2}$$

若将上述示例按复利计算，则：

$$S = 1\,000\,000 \times (1+8\%)^3 = 1\,259\,712（元）$$
$$I = 1\,259\,712 - 1\,000\,000 = 259\,712（元）$$

即按复利计息比按单利计算可多得利息 19 712 元。

专栏【4-2】

我国法律保护复利吗？

复利是否给予保护、如何保护？系统梳理这些规定，可以帮助我们整体认识并加深理解这个问题。总的来讲，我国对复利的保护经历了不保护和适度保护两个时期，在这两个时期又体现了以下三个原则。

第一，绝对不保护原则。在过去的司法实践中，自然人之间的借贷不得规定复利，规定了复利的，视为无效。这一原则在 1988 年最高人民法院颁布的《关于贯彻执行<中华人民共和国民法通则>若干问题的意见（试行）》第 125 条得到了体现。该条规定："公民之间的借贷，出借人将利息计入本金计算复利的，不予保护；在借款时将利息扣除的，应当按实际出借款数计息。"由此可以看出，这一时期，复利是绝对不予保护的。

第二，适度保护原则。这一原则在 1991 年最高人民法院出台的《关于人民法院审理借贷案件的若干意见》（以下简称《借贷意见》）第七条得到了体现。该条规定："出借人不得将利息计入本金谋取高利。审理中发现债权人将利息计入本金计算复利的，其利率超出第六条规定的限度时，超出部分的利息不予保护。"从这一规定可以看出，这一时期，复利并不是绝对不保护，只是在"谋取高利"或超出一定限度时不予保护。这个限度就是《借贷意见》第六条的规定，即最高不得超过银行同类贷款利率的四倍（包含利率本数），超出此限度的，超出部分的利息不予保护。

第三，"双超"不保护原则。2015 年，最高人民法院公布《关于审理民间借贷案件适用法律若干问题的规定》（以下称《借贷规定》），这是我国在新形势下针对一些新问题对民间借贷关系进行法律调整的规范文件。2020年8月18日和2020年12月23日对该规定进行了两次修正。

《借贷规定》第二十七条规定："借贷双方对前期借款本息结算后将利息计入后期借款本金并重新出具债权凭证，如果前期利率没有超过合同成立时一年期贷款市场报价利率四倍，重新出具的债权凭证载明的金额可认定为后期借款本金。超过部分的利息，不应认定为后期借款本金。""按前款计算，借款人在借款期间届满后应当支付的本息之和，超过以最初借款本金与以最初借款本金为基数、以合同成立时一年期贷款市场报价利率四倍计算的整个借款期间的利息之和的，人民法院不予支持。"该条文字表面虽然没有出现复利的字眼，但重新出具债权凭证往往包含之前利息的约定，因此，可以理解为是对复利进行规制的条款。

（资料来源：中国法院网。）

4.1.2 利率的含义及其种类

1. 利率的含义

利息产生于货币资金的交易。没有货币资金的借贷（买卖）活动，就没有信用存在，也就没有利息。因此，利息从表面上看是货币受让者借贷资金而付出的成本，从实质上看却是利润的一部分，是剩余价值的特殊转化形式。利息来源于社会财富的增值部分，体现的是国民收入的再分配，最终表现为社会收益的一般形态。

利率是利息率的简称，是指借贷期间所形成的利息额与本金的比率，是借贷资本的价格。一般情况下，利息率的最高界限为平均利润率，最低界限为零。利息率的计算公式为：

$$利息率 = \frac{利息额}{本金} \times 100\% \qquad (4.3)$$

按照计算利息的时间，可将利率分为年利率、月利率和日利率。在中国，利率习惯上用"厘"来表示。因此，年利率又称年息几厘，一般用本金的百分比来表示；月利率又称月息几厘，一般用本金的千分比来表示；日利率又称日息几厘，一般用本金的万分比来表示。此外，还可以用"分"作为利率单位。由于分是厘的10倍，所以，如果年息是5分，则表示年利率为50%；如果月息是5分，则表示月利率为5%。年利率与月利率及日利率之间的换算公式为：

$$年利率 = 月利率 \times 12 = 日利率 \times 360 \qquad (4.4)$$

2. 利率的种类

依据不同的分类标准，利率有多种划分方法。

（1）市场利率、官方利率与公定利率

这种划分方法是按利率的决定主体来划分的。市场利率是指由资金供求关系和风险收益等因素所决定的利率。一般来说，当资金供给大于需求时，市场利率会下降；当资金供给小于需求时，市场利率会上升。并且，当资金运用的收益较高，资金运用的风险也较大时，市场利率也会上升。因此，市场利率能够较真实地反映市场资金供求与运用的状况。

官方利率是由货币管理当局根据宏观经济运行的状况和国际收支状况及其他状况来决定的利率，它可用作调节宏观经济的手段。因此，官方利率往往在利率体系中发挥主导性作用。

公定利率是指由金融机构或行业公会、协会（如银行公会等）按协商的办法所确定的利率。公定利率只对参加该公会或协会的金融机构有约束作用，对其他金融机构则没有约束作用，但是，公定利率对整个市场利率有重要影响。

（2）固定利率与浮动利率

这种划分方法是按资金借贷关系存续期内利率水平是否变动来划分的。固定利率是指在整个借贷期限内，利率水平保持不变的利率。在物价稳定的条件下，固定利率具有简便易行、便于借贷双方进行成本收益核算的优点。固定利率适合于短期资金借贷关系。因为未来是不确定的，如果借贷期限较长，市场变化又难以预测，使用固定利率就可能使借款人或贷款人承担利率变化的风险。当未来利率上升时，贷款人要承担利息损失的风险；当未来利率下降时，借款人则要承担利息成本较高的风险。

浮动利率是指在借贷关系存续期内，利率水平可随市场变化而定期变动的利率。浮动利率水平变动的依据和变动的时间长短都由借贷双方在建立借贷关系时议定。在国际金融市场上，多数浮动利率都以LIBOR（伦敦银行间同业拆借利率）为参照指标而规定其上下浮动的幅度。这种浮动幅度是按若干个基点来计算的。

但是，实行浮动利率的借贷双方所承担的利率风险比较小。浮动利率适合在市场变动较大，而借贷期限又较长的融资活动中实行。在我国，浮动利率还有另外一种含义，即金融机构在中央银行规定的浮动范围内，以基准利率为基础自行确定的利率。利率浮动高于基准利率而低于最高幅度（含最高幅度）时，称为"利率上浮"；利率浮动低于基准利率而高于最低幅度（含最低幅度）时，称为"利率下浮"。为了发挥利率的杠杆作用，我国从1987年1月24日开始，允许各金融机构流动资金贷款利率在规定的幅度内浮动，后又多次调整了利率浮动的范围和幅度。

（3）实际利率与名义利率

这种划分方法是按利率水平是否剔除通货膨胀因素来划分的。在借贷过程中，债权人不仅要承担债务人到期无法归还本金的信用风险，而且要承担货币贬值的通货膨胀风险。实际利率是指剔除通货膨胀因素的利率，即物价不变，从而货币购买力不变条件下的利息率。例如，假定某年度物价没有变化，甲从乙处取得1年期的1万元贷款，年利息额500元，实际利率就是5%。但物价不变这种情况在当今世界的现实经济生活中是较少见的，物价不断上涨似乎是一种普遍的趋势。如果某一年的通货膨胀率为3%，则年末收回的1万元本金实际上仅相当于年初的9 709元，本金损失率近3%。为了避免通货膨胀给本金带来的损失，假设仍然要取5%的利息，那么粗略地计算，必须把贷款利率提高到8%。这样，才能保证收回的本金和利息之和与物价不变以前的相当。这个8%的利率就是名义利率。因此，名义利率是指没有剔除通货膨胀因素的利率，即包括补偿通货膨胀风险的利率。概略的计算公式可以写成。

$$i = r + p \tag{4.5}$$

式中：i为名义利率；r为实际利率；p为借贷期内物价的变动率。

但是通货膨胀对于利息部分也有使其贬值的影响。考虑到这一点，名义利率还应做向上的调整。这样，名义利率的计算公式可以写成：

$$i = (1+r) \times (1+p) - 1 \tag{4.6}$$

按照上例，名义利率应当是$(1+5\%) \times (1+3\%) - 1 = 8.15\%$，而不是8%。从公式$i = (1+r) \times (1+p) - 1$可以推出实际利率计算公式：

$$r = \frac{1+i}{1+p} - 1 \tag{4.7}$$

上式是目前国际上通用的计算实际利率的公式。

▶ 4.2 利率的影响因素

利率是计算使用借贷资金报酬的依据。利率水平直接影响借款者的成本和贷出者的收益。决定和影响利率水平的因素是多种多样的，主要有以下五种。

1. 平均利润率

由于利息是利润的一部分，因此利润率是决定利率的首要因素。根据市场法则，等额资本要获得等量利润，通过竞争和资源的流动，一个经济社会在一定时期内会形成一个平均利润率。这一平均利润率是确定各种利率的主要依据，它是利率的最高界限。当然，在一般情况下，利率也不会低于零。如果利率低于零，就不会有人出借资金了。所以，利率通常在平均利润率和零之间波动。从理论上讲，借贷利率不能高于平均利润率，但具体到我国的实际情况，有时借贷利率会高于平均利润率。改革开放初期，由于我国企业的债务负担和社会负担都较重，加上国家政策的因素和企业经营管理方面的原因，我国的企业尤其是国有企业经济效益不太理想，因此我国的社会平均利润率比较低，甚至低于银行存款的平均利率。

2. 借贷资金的供求关系

虽然从理论上讲，利率既不会高于平均利润率，也不会低于零，但实际上，决定某一时期某一市场上利率水平的是借贷资金市场上的供求关系，即利率是由借贷资金供求双方按市场供求状况来协商确定的。当借贷资金供大于求时，利率水平就会下降；当借贷资金供不应求时，利率水平就会提高，甚至高于平均利润率。

3. 预期通货膨胀率

在信用货币流通条件下，特别是在纸币制度下，物价变动是一种经常出现的现象。尤其是通货膨胀使借贷资金本金贬值，会给借贷资金所有者带来损失。为了弥补这种损失，债权人往往会在一定的预期通货膨胀率基础上来确定利率，以保证其本金和实际利息额不受损失。当预期通货膨胀率提高时，债权人会要求提高贷款利率；当预期通货膨胀率下降时，利率一般也会相应地下调。

4. 中央银行货币政策

自从 20 世纪 30 年代凯恩斯主义问世以来，各国政府都加强了对宏观经济的干预。调整利率是政府干预经济常用的货币政策手段之一。中央银行采用紧缩性货币政策时，往往会提高再贴现率、再贷款利率或其他由中央银行所控制的基准利率（如美国的联邦基金利率）；而当中央银行实行扩张性货币政策时，又会降低再贴现率、再贷款利率或其他基准利率，从而引导借贷资金市场利率做相应调整，进而影响整个市场的利率水平。

5. 国际收支状况

一国的国际收支状况对该国的利率水平也有重要的决定作用。当一国国际收支平衡时，一般不会变动利率。当一国国际收支出现持续大量逆差时，为了弥补国际收支逆差，需要利用资本项目大量引进外资。此时，金融管理当局就会提高利率。当一国国际收支出现持续大量顺差时，为了控制顺差，缓解通货膨胀的压力，金融管理当局就可能降低利率，减少资本项目的外汇流入。这当然也会使本国的借贷资金利率水平发生变化。

除了以上五种因素，决定一国在一定时期内利率水平的因素还有很多。例如，在经济高涨时期，金融管理当局大多会提高利率；而在经济衰退时期，又大多会降低利率。一国的利率水平还与该国货币的汇率有关，当本币贬值时，会导致国内利率上升。此外，借贷期限、借贷风险、国际利率水平、一国经济开放程度、银行成本、银行经营管理水平等，都会对一国国内利率产生重要影响。因此，一定时期利率水平变动时，必须综合分析各种因素，才能找出利率水平变动的主要原因。

4.3 利率的作用

在现代市场经济中，利率作为重要的经济杠杆，具有牵一发而动全身的效应，对一国经济的发展具有非常重要的影响。利率不仅在宏观方面影响经济运行，而且在微观层面直接对企业及个人的经济活动产生重要影响。

4.3.1 利率在宏观经济中的调节作用

1. 利率对社会总储蓄和社会总投资的调节

（1）利率对储蓄总量、储蓄结构等的调节作用

储蓄是利率的增函数，较高的利率会促进储蓄总量的增加，特别是对储蓄存款的促进作用更加明显。在其他条件不变的情况下，利率提高会导致缩减即期消费，增加储蓄。利率对储蓄结构的影响，主要表现在储蓄者是选择金融资产还是选择实物资产，是选择存款还是选择购买股票、债券等。

（2）利率对总消费的调节作用

利率的上升会导致消费的下降，进而导致社会总需求减少，降低即期的总产出。原因在于，利率会改变人们的消费和储蓄行为，利率越高人们越愿意储蓄，以便获得更高的利息收入，同时压缩消费支出。

（3）利率对投资规模和结构的调节作用

利率变化对投资规模所起的作用，是通过厂商对资本边际效益与市场利率的比较形成的。如果资本边际效益大于市场利率，可以促使厂商增加投资；反之，则减少投资。如果所有的企业都增加投资则社会投资规模会扩大，如果所有的企业都减少投资则社会投资规模会缩小。因此，社会总投资规模和利率反向变化，即：

$$i\uparrow \rightarrow I\downarrow \rightarrow Y\downarrow$$
$$i\downarrow \rightarrow I\uparrow \rightarrow Y\uparrow$$

式中：i 表示利率；I 表示社会总投资；Y 表示总产出。

通俗地讲，利率会改变人们的投资成本，利率越高，借款的成本（机会成本）越高，投资的成本也会越高。

此外，利率变化可以调节投资结构。例如，政府可以通过差别化利率政策调整国民经济的产业结构，对于符合产业规划方向的企业给予优惠利率，对于需要淘汰的落后产业实施惩罚性利率。

2. 利率对通货膨胀的调节

利率作为经济杠杆，如果运用得当，可以起到稳定物价、抑制通货膨胀的作用。利率对通货膨胀的抑制作用可以通过以下途径来实现。

（1）利率可以调节货币供给量

当流通中的货币量超过货币需求量，出现物价上涨时，调高利率可以抑制信贷需求，从而收缩信贷规模，减少货币供给量，最终促使物价稳定。

（2）利率可以调节社会总供给和总需求

调高利率可以使更多的社会闲散资金以存款的方式集中到银行，一方面，这推迟了购买力，减少了社会总需求；另一方面，银行得以聚集更多资金，可以用来支持适销对路的商品，增加有效供给，从而使社会总供给和总需求趋于平衡，达到稳定物价的目的。

3. 利率对汇率的调节

在国际资本流动过程中，利率和汇率之间有着非常紧密的联系。当本国货币的币值被低估时，可以通过提高本币利率来促使本国货币升值。这是由于如果本国货币币值被低估，说明本国货币的需求不足，供给过剩。此时，可以通过提高本国货币的利率来增加对本国货币的需求，进而提高本国货币的汇率水平。当本国货币的币值被高估时可以采取降低利率的措施。

4.3.2 利率在投资决策中的作用

1. 利率对生产性投资决策的影响

在个人和企业的生产性投资中，利率是一个非常重要的决策参考。利率主要从两个角度影响人们的生产性投资决策。

（1）通过经济预期影响生产投资决策

利率的高低体现了一国金融管理当局对未来经济繁荣程度的预期。如果提高了利率说明金融管理当局认为当前经济过热，必须通过提高利率以降低经济增长速度，进而会降低生产性投资项目的现金流入；反过来，如果降低了利率说明金融管理当局认为当前经济过冷，必须通过降低利率以刺激经济增长，进而生产性投资项目的未来现金流入会增加。

（2）通过未来现金流影响生产投资决策

利率会影响投资项目未来现金流的现值。例如明年的 100 元，其现在的价值是由利率决定的，利率越高，其现在的价值就越低。同样的道理，高利率导致未来同样收入的投资项目现值减少，从而影响投资决策。所以，提高利率将减少个人和企业的生产性投资，降低利率将会增加个人和企业的生产性投资。

2. 利率对金融投资决策的影响

利率是个人和企业进行金融投资决策的最基本的参考变量。利率对个人和企业金融投资决策的影响体现在两个方面。

（1）利率是金融市场产品定价的基本要素

利率是各类金融工具定价的基本要素，几乎所有的金融工具的定价都与市场利率息息相关。利率水平是否合理直接决定了金融工具的定价是否合理，进而控制着个人和企业投资者的投资行为。不合理的定价会导致金融资源配置的扭曲，降低社会资金的使用效率。典型的例子就是根据企业的性质制定不同的利率，如银行对国有企业往往给予较低的利率，导致有些国有企业上马了很多低效益的项目，甚至出现亏损，而一些效益较好的民营企业融资利率过高，导致很多具有较好收益的项目不能开工建设。

（2）利率会影响个人和企业的金融投资行为

利率的波动幅度会影响个人和企业的金融投资行为。如果利率波动幅度过大，波动频繁，将会导致人们对利率不敏感金融资产的需求增加。

4.4 利率管理体制

一国的利率管理体制是利率政策的一个重要内容，利率杠杆的功能能否发挥出来、发挥得怎么样，与利率管理体制有很大关系。

利率管理体制是一国经济管理体制的重要组成部分，它规定了金融管理当局或中央银行的利率管理权限、范围和程度。各国采取的利率管理体制大致可以分为国家集中管理、市场自由决定、国家管理与市场决定相结合三种类型。大多数国家在相当长的时间内采取了最后一种利率管理体制，即国家管理与市场决定相结合的利率管理体制，但国家管理的程度和方式各有不同。从 20 世纪 70 年代开始，西方大多数国家逐步放松了利率管制，金融市场的利率更多地由市场决定，呈现出一种利率自由化的趋势，并于 20 世纪 80 年代先后完成了利率市场化改革。

4.4.1 国家集中管理的利率体制

国家集中管理的利率体制是指国家通过行政命令或法律的形式对利率进行管理。目前，已经很少有国家采用这种体制。1971 年之前，英国实行的是国家集中管理的利率体制，其主要表现形式是银行间的利率协定。以中央银行的再贴现率为基础，商业银行对存贷款利率和同业拆借利率执行以下协定：①存款利率协定。支票存款不支付利息，通知存款利率低于再贴现率 2%。②贷款利率协定。贷款和透支利率比再贴现率高 0.5%～1.0%。③拆借利率协定。拆借利率比存款利率稍高，但最低利率应比再贴现率低 1%。1971 年，英国废止了利率协定，开始实行市场自由决定的利率体系。

4.4.2 市场自由决定的利率体制

市场自由决定的利率体制即利率市场化，目前大多数西方发达国家都实行这种利率管理体制。美国是比较典型的代表。20 世纪 30 年代美国颁布的"Q 号规则"（Q 条例）中规定，禁止商业银行对活期存款支付利息，并对定期存款和储蓄存款规定了利率最高限，但"Q 号规则"一开始就受到非议。从 20 世纪 60 年代开始，美国联邦储备委员会逐步放松了利率管制。1980 年，美国国会通过《存款机构放松管制和货币控制法》，决定分阶段取消"Q 号规则"。到 1986 年，所有联邦储备银行对存款利率上限的限制全部被取消，同时还取消了一些贷款的最高利率限制。这表明借贷双方要按市场利率支付或收取利息，美国联邦储备委员会则通过其掌握的贴现利率来影响市场利率的变动。

4.4.3 国家管理与市场共同决定的利率管理体制

国家管理与市场共同决定的利率管理体制是指利率不是由国家集中管理或市场自由决定的，而是由两者共同决定的。除了少数西方发达国家，大多数国家都实行这种利率管理制度，即便是西方发达国家也不是对市场利率完全放弃管理。我国是实行这种利率管理体制的典型国家。中华人民共和国成立之初，我国实行了比较严格的利率管制，20 世纪 50 年代中期以来，我国建立起了高度集中的计划经济体制，我国的利率管理体制也呈现出高度集中的特点。利率是由国务院统一制定的，由中国人民银行进行统一管理。1993 年我国明确了利率市场化改革的基本设想，从 1996 年放开银行间同业拆借市场利率开始，我国走向了利率市场化改革之路。到 2021 年，我国银行类金融机构资产业务的利率管制由改革前的 100%降低为 51%，负债类业务利率管制由改革前的 100%降低为 74%，利率市场化改革已经取得了巨大的成就。

▶ 4.5 中国的利率管理实践

4.5.1 中华人民共和国成立后至改革开放以前的利率管理

中华人民共和国成立后至改革开放以前，我国实行的是低利率政策。低利率政策有政府补贴的再分配功能，用来扶植工商业、促进企业生产。根据不同阶段，中华人民共和国成立后至改革开放以前的利率政策又可分为以下几种。

1949—1952 年国民经济恢复时期的利率政策。中华人民共和国成立初期，我国利率政策的主要目标是支持社会主义生产建设和抵抗通货膨胀。由于缺乏建设资金，国家允许政府和私人（私人钱庄等）两套利率体系同时存在。此阶段的利率在经历了多次调整后大幅下降，政府在公私合营后也最终完成了利率统一。

1953—1957 年"一五"时期的利率政策。"第一个五年计划"正式标志着我国进入了计划经济时期，国家实行统一的利率政策、利率制度和利率。我国的利率管理工作也做了统一规定。此阶段，我国利率调整次数减少，利率水平继续大幅降低。

1958—1965 年"二五"时期的利率政策。由于"大跃进""反右倾"等运动，我国经济发展受到了极大干扰。此阶段，存贷款利率水平经反复调整后，利率调整为政治目的所左右。贷款利率的种类和档次有所简化。

1966—1976 年"文革"时期的利率政策。此阶段，利率长期维持在较低的水平上。

4.5.2 改革开放至今的利率管理

1978 年实行改革开放后，我国从计划经济转向市场经济，经济发展日新月异。为适应经济形势的快速发展，我国利率管理也经历过多次调整。

1978—1989 年：利率上升时期的利率政策。中共十一届三中全会之后，利率管理出现了转折性变化，利率作为调节经济的重要手段也逐渐凸显。由于经济形势的好转，居民收入水平不断上升，出现了投资过热的现象。于是，国家多次提高存贷款利率水平，回笼资金，缓解通货膨胀。我国在此时期初步建立起中央银行基准利率体系，为间接宏观调控做好了准备。

1990—1995 年：利率反复调整阶段的利率政策。由于我国转型期经济状况复杂多变，且仍处于"摸着石头过河"的阶段，我国经济增长和物价水平出现了较大的波动。这一时期，我国根据经济发展状况多次调整利率水平。中国人民银行开始利用利率来间接调控国民经济。

在 1993 年的中共十四届三中全会上，我国正式确立了利率市场化的改革目标，并成立了三家政策性银行进行外汇和财税改革，为利率的改革创造了良好的环境。从总体上看，这一时期可以看成利率市场化改革的准备阶段。

1996—2003年：利率下降时期的利率政策。在此期间，整体利率水平不断下调。中国人民银行更为主动地利用利率政策对经济进行微调，效果更加明显，利率政策逐渐成为我国中央银行的主要间接宏观调控工具。在利率管理上，我国以法律法规形式规定了利率政策的权力和归属，并启用基准利率体系，逐步简化了利率结构。

2004年：实现存款利率"放开下限，管住上限"目标，利率市场化改革迈出重要一步。

2012—2014年：允许存款利率区间内上浮，区间上限逐步扩大。实现存款利率"放开下限"阶段目标后，我国利率市场化改革重点落在货币市场基准利率体系建设等工作上，直至2008年美国金融危机基本结束后，于2012年在取消存款利率上浮约束上取得了突破。2012年6月、2014年11月，中国人民银行先后将金融机构存款利率浮动区间的上限调整为基准利率的1.1、1.2倍。2014年11月，中国人民银行对基准利率期限档次适当简并，不再公布人民币五年期定期存款基准利率，金融机构自主定价空间进一步扩大。

推进利率市场化

2015年：建立存款保险制度，存款利率上限全面放开，利率市场化改革取得关键性进展。

2019年至今：市场利率定价自律机制对存款利率自律管理明显加强。

小 结

1. 利息是使用借贷资金的报酬，它来源于剩余产品或利润的一部分，是剩余价值的特殊转化形式。

2. 利息额是按一定的利率和期限计算出来的，有单利和复利两种。

3. 影响利率的因素有很多，主要包括平均利润率、借贷资金的供求关系、预期通货膨胀率、中央银行货币政策、国际收支状况。

4. 在现代市场经济中，利率是重要的经济杠杆，具有牵一发而动全身的效应。在宏观层面，利率对社会总储蓄和社会总投资、总消费、投资规模和结构、通货膨胀、汇率等都有明显的调节作用；在微观层面，利率对生产性投资决策和金融投资决策都有很强的影响。

5. 利率管理体制是利率政策的一个重要内容，各国采取的利率管理体制大致可以分为三种类型：①国家集中管理；②市场自由决定；③国家管理与市场决定相结合。在准备金需求持续降低或将中央银行的资产负债表作为独立于政策利率的一种货币政策工具的情况下，许多国家中央银行放弃了传统的货币政策操作框架，而采用了不同版本的利率走廊系统。

思 考 题

1. 利息的本质是什么？
2. 什么是利率？通常利率可以分为哪几类？

3. 分析影响利率水平的因素。
4. 简述利率在宏观层面对经济的调节作用。

案 例 简 介

案例【4-1】

银行降息引爆消费信贷市场

据中国证券报2022年8月25日报道,近日来,在贷款"降息"大环境下,多家银行消费贷款产品的年化利率最低已降低至4%以下。上海金融与发展实验室负责人分析,当前有效信贷需求不足,银行在资产端竞争较为激烈,适度下调消费贷利率有助于刺激信贷需求、扩大信贷投放。一位银行信贷部工作人员说:"最近办理消费贷的客户很多,我们周六周日都在加班。"北京市丰台区某国有大行支行的客户经理对记者说:"现在我行个人信用贷产品年利率是3.75%起,最高可贷30万元。工作单位在我行'白名单'且社保满足相关要求的客户,基本都能做到最低利率。"从消费者的角度来看,可以获得更多的实惠。借款人杨先生告诉记者:"我申请的这款消费贷产品,银行工作人员说原来最低年化利率是3.70%,刚刚告诉我现在最低可以做到 3.65%。"家住北京市昌平区的周先生说:"最近想置换一下家里的电器,正好看到消费贷利率又降了,就赶紧办了一个。"从社会的角度来看,消费信贷降息可以扩大消费,稳定经济。"消费贷产品本身就定位于满足特定消费资金需求,主要用于住房装修、汽车购置、教育培训等领域,与扩大消费的政策导向具有天然契合度。"一位银行业人士告诉记者。但是也有专家提醒注意防范风险。融360数字科技研究院分析师认为,银行在营销时应注意把产品重点要素及概念清晰告知用户,不要过度营销,避免因概念混淆或诱导贷款行为而产生客户投诉。应结合自身风控能力客观设置用户准入门槛和消费贷比例,充分评估用户还款能力,避免过度放贷形成呆账、坏账。

(资料来源:彭扬,欧阳剑环. 消费贷吸引力上升,助推消费"暖起来".
中国证券报,2022年8月25日第A01版.)

问题:
根据上述材料简述利率对消费信贷和经济发展的影响。

简要提示:
首先,利率对消费者的消费行为有重要的影响。利率的一个重要作用就是调控社会的总需求,其主要途径就是调节个人的消费水平。当利率提高时,人们现在消费的机会成本增加,导致消费数量减少;当利率下降时,人们现在消费的机会成本较少,导致消费数量增加。当利率降得足够低时,人们将增加贷款消费的数额。每个人消费的增加,会在全社会范围内导致社会总需求的增加,进而促进经济增长。

其次,消费者还款能力不足可能引发经济危机。消费信贷的信用基础是消费者的债务清偿能力,即还款能力。如果为了促进经济发展,人为地降低消费贷款的信用标准,就可能导致大量的无消费信用资质的消费者获得消费信贷,这虽然在短期内促进了社会消费的增加,尤其是借款消费的增加,但是可能由于消费者偿还能力不足而引起还款中断,导致金融机构出现支付危机,进而导致金融危机和经济危机。

案例思政元素分析：

首先，降低利率有利于恢复消费信心。2020年以来，受国际国内大环境的影响，国内消费信心有所减弱，不利于经济的稳定增长，通过降低消费信贷利率，可以促进大宗消费品的消费，这对于恢复消费信心、扩大内需、提振经济都有重要的作用。提振经济是"保民生"的重要方面，体现了我们党和国家以人民为中心的发展思路。

其次，防范系统性金融风险是我国金融管理的底线。党的二十大报告指出："深化金融体制改革，建设现代中央银行制度，加强和完善现代金融监管，强化金融稳定保障体系，依法将各类金融活动全部纳入监管，守住不发生系统性风险底线。"降低利率有利于刺激消费，但是目前我国居民的财务杠杆率已经接近发达国家水平，所以在刺激消费的同时一定要注意风险防范，避免过度透支居民的消费能力。金融安全是国家安全的重要组成部分，是经济平稳健康发展的重要基础。维护金融安全与稳定是关系我国经济社会发展全局的具有战略性、根本性的大事。

案例【4-2】

首套房贷款利率对我国房价的影响

房地产业是我国国民经济的重要支柱产业，多国的经验及金融危机的爆发证明房地产业的兴衰直接影响国家银行体系和宏观经济的稳定性，如20世纪90年代日本的房地产泡沫，1997年亚洲金融危机，以及2008年由美国房屋次级抵押贷款引发的金融危机。首套房贷款利率是我国所特有的一种利率变量，本案例整理了月度首套房利率，发现我国商品房平均销售价格与平均首套房贷款利率明显呈现反向关系，如图4-1所示。经过计量分析后发现，首套房贷款利率每增加1%，城市房价增长率就会相应地下降0.67%。同时发现，利率越高，金融成本越高的城市，首套房贷款利率对商品房销售价格的抑制作用越明显。因此，可以通过利率工具来有效地调控房地产市场。

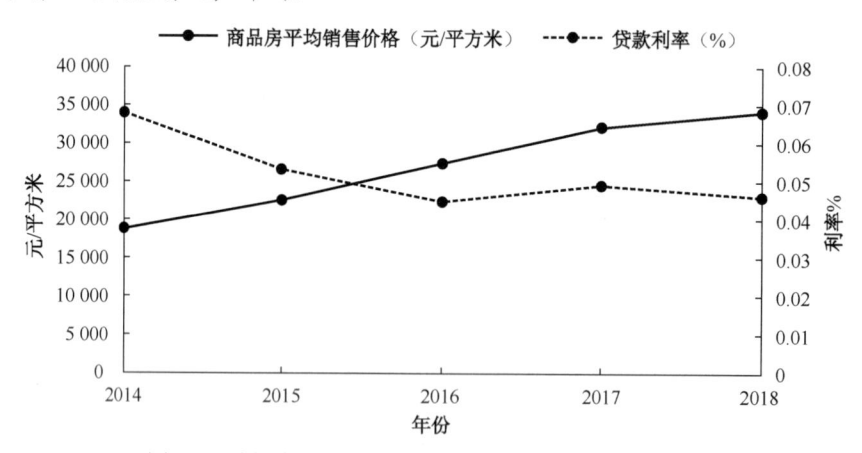

图4-1 我国商品房平均销售价格与平均首套房贷款利率

〔资料来源：李飞，施一宁，徐梓涵，等. 信贷与房价：首套房贷款利率对我国房价的影响. 西南民族大学学报（人文社会科学版），2022，43（01）：132-142.〕

问题：

请结合我国房地产市场实际，阐述利率在房地产价格调控中的作用及其机制。

简要提示：

利率对人们的投资和消费决策有重要的影响。目前，我国的商品房具有双重属性，一方面，体现为消费属性，即满足人们的住房消费需求；另一方面，又具有金融属性，即满足人们财富增值保值的需求。降低首套房贷款利率减少了人们消费和投资的机会成本，可以提高人们的住房消费需求，在商品房供给一定的情况下，会导致商品房价格上涨。反之，提高首套房贷款利率会降低人们的住房消费需求，进而拉低商品房价格。

案例思政元素分析：

首先，高品质居住环境是广大人民群众美好生活的重要组成部分。我国对房地产市场进行改革的"初心使命"是让广大人民群众实现"住有所居"。虽然我国房地产业发展取得了巨大的成就，但是房地产市场还存在一些问题，与广大人民群众对住房需求的期待还有一定差距。主要表现在：①部分城市房价过高；②居民部门的杠杆率过高，且主要集中在住房抵押贷款上，积累了一定的金融风险；③房地产资本的过度无序扩张，导致了房地产资金链的断裂，进而导致大量的房地产项目停工。这些问题的存在影响了人民群众幸福感，所以继续深化房地产市场改革体现了党和国家对人民群众居住环境的重视。

其次，"房住不炒"是我国政府对老百姓的承诺。老百姓的住房问题一直是党中央、国务院关注的重点问题。针对上述问题，党中央、国务院坚持"房子是用来住的、不是用来炒的定位"，多次降低房贷利率，以满足保障性住房、青年刚需和改善型住房的需求。这充分体现了我党执政为公、执政为民的执政理念。党的二十大报告指出："坚持房子是用来住的、不是用来炒的定位，加快建立多主体供给、多渠道保障、租购并举的住房制度"，说明老百姓的住房问题已经成为我们党和国家重点关注的民生问题，受到了国家高度重视。可以预计，我国房地产市场在未来将实现高质量发展，"租购并举"将提速，老百姓"住有所居"的理想将变为现实。

第 5 章

金融机构体系

💡 本章学习要点

通过本章的学习,掌握金融机构体系的构成;理解各金融机构的业务范围和职责;了解金融机构的经济功能、我国的金融机构体系及西方发达国家的金融机构体系。

📝 本章学习重点与难点

重点是金融机构体系的构成,难点是各金融机构的职责及功能。

📒 本章基本概念

金融机构、狭义的金融机构、广义的金融机构、金融机构体系、中央银行、商业银行、专业银行、保险公司、证券公司、投资银行。

▶ 5.1 金融机构体系概述

金融机构是从事金融活动办理金融业务的组织,是金融活动的行为主体,是金融工具的主要创造者和使用者,是金融市场最主要的参与者和组织者。金融机构为社会经济发展和再生产的顺利进行提供金融服务,是国民经济体系的重要组成部分。

5.1.1 金融机构的界定与分类

1. 金融机构的界定

金融机构有狭义与广义之分。狭义的金融机构是指经营货币、信用业务,从事各种金融活动的组织机构;广义的金融机构则不仅包括所有从事金融活动的金融组织,而且包括金融市场的监管者。本章采用的是广义的金融机构的概念。金融机构体系,就是在一定的历史时期和社会条件下,在一个主权国家里存在的各种金融机构及彼此间形成的关系。

2. 金融机构的分类

(1)按照业务性质分类

按照业务性质分类,金融机构可以分为商业性金融机构和政策性金融机构。前者以追求利润为经营目标,是自主经营、自负盈亏、自求平衡、自我发展的金融企业;后者大多是政府出资或以政府资本为主设立的,由政府依法赋予其特殊的职能,不以营利为目的,其业务经营的目标主要是贯彻落实政府经济政策。

(2)按照能否吸收存款分类

按照能否吸收存款分类,金融机构可以分为存款性公司和其他金融性公司。存款性公司是以吸收存款作为资金主要来源,以发放贷款为主要的资金运用方式,以办理转账结算为主要中间业务,参与存款货币创造的金融机构,可以分为中央银行和其他存款性公司两大类机构。后者主要包括商业银行、储蓄银行、信用合作社、农村和农业银行及主要从事金融性公司业务的旅行支票公司等。这类机构共同的特征是以存款为主要负债,以贷款为主要资产,以办理转账结算为主要中间业务,直接参与存款货币的创造过程。我国的政策性银行、财务公司也属于此类机构。其他金融性公司是以发行金融工具或签订契约等方式获得资金的,通过特定的方式运营这些资金的金融机构,主要包括保险公司和社会保障基金、证券公司、投资基金管理公司、信托投资公司、贷款公司、金融租赁公司、金融资产管理公司等非存款类金融机构。

(3)按照业务活动的主权范围分类

按照业务活动的主权范围分类,金融机构可以分为国家金融机构和国际金融机构。前者指业务活动在一国主权范围内进行的所有金融机构,后者指业务活动跨越不同国家和地区的金融机构,包括全球性和区域性两种类型。而国际金融机构依据业务性质的不同可以分为商业性和政策性两种,前者是指跨国银行,后者是指政府间的国际金融机构。

(4)按照职能作用分类

按照职能作用分类,金融机构可以分为营业性金融机构和管理性金融机构。前者是从事商业性或政策性金融业务、不具有管理职能的金融机构,包括其他存款性公司和其他金融性公司;后者是从事特定金融业务、具有金融管理和调节职能的金融机构。管理性金融机构与金融管理机构不尽相同。二者的共同点在于它们都是具有金融管理职能的政府机构。不同点在于前者还属于金融机构,从事特定的金融业务来履行自身的职能,如中央银行;而后者只是纯粹的政府管理机构,不从事特定的金融业务,如银行、保险、证券等金融行业的监管当局。

金融机构种类很多,分类标准也很多。目前,世界各国通常将它分为银行与非银行金融机构两大类。其中,银行在整个金融机构体系中处于非常重要的地位。银行主要有中央银行、商业银行和专业银行三大类。中央银行是在银行业发展过程中,从商业银行中独立出来的一种银行。中央银行是一国金融机构的核心,处于金融机构体系的中心环节。商业银行是世界上大多数国家经济中占主导地位的金融机构。专业银行是指专门经营指定范围和提供专门性金融服务的银行。随着社会生产力的不断发展,社会分工也越来越细,专业银行便应运而生。非银行金融机构的构成十分庞杂,主要包括保险公司、信托公司、证券公司、租赁公司、财务公司、退休养老基金、投资基金等。此外,随着经济全球化、金融全球化的不断发展,各国还普遍存在着许多外资和合资金融机构。

5.1.2 金融机构的经济功能

1. 金融机构能便利支付结算

金融机构提供有效的支付结算服务是其适应经济发展需求而较早产生的功能。银行业的前身货币兑换商,最初提供的主要业务之一就是汇兑。金融机构尤其是商业银行为社会提供的支付结算服务，对商品交易的顺利实现、货币支付与清算和社会交易成本的节约具有重要的意义。金融机构提供的支付结算功能主要通过其效率来体现，一般可以从办理支付结算的安全性、便利度、时效性和成本等方面来评价。除了提供支付结算服务，金融机构还具有向社会提供其他金融服务的功能。这些金融服务是指金融机构为各部门提供的专业性的辅助和支持性服务，如为企业和居民提供理财、代理、咨询、管理等金融服务。

2. 金融机构能提高资金的流动性

金融机构所发行的间接证券的最低要求额较低，并且具有较高的流动性、较低的风险和一定的利息收入，从而吸引了较广泛的储蓄阶层。促进资金融通指金融机构充当专业的资金融通媒介，促进各种社会闲置资金的有效利用。融通资金是所有金融机构都具有的基本功能。不同的金融机构会利用不同的方式来融通资金。例如，存款类金融机构一方面作为债务人发行存款类金融工具和债券等动员和集中社会闲置的货币资金，另一方面作为债权人向企业、居民等经济主体发放贷款；保险类金融机构通过提供保险服务来吸收资金，而后在支付必要的出险赔款和留足必要的理赔准备金的前提下，将吸收的大部分资金直接投资于金融资产；基金类金融机构作为受托人接受投资者委托的资金，将其投入资本市场或特定产业，以取得各类收益性资产；信托类金融机构在接受客户委托管理和运用财产的过程中，将受托人的闲散资金融通给需求者。可见，借助特定的资金融通方式，各类金融机构可以在全社会范围内集中闲置的货币资金，并将其运用到社会再生产过程中，促进储蓄向投资转化，从而提高社会资本的利用效率，推动经济发展。

3. 金融机构能减少直接融资中资金供求双方的信息不对称问题

金融市场上的信息不对称是指资金需求方和资金供给方获得的信息不相等。信息不对称会导致两种结果：一是交易发生前的逆向选择，二是交易发生后的道德风险。金融机构利用自身的优势能够及时收集、获取比较真实、完整的信息，通过专业分析判断，金融机构能较充分地了解资金需求者的实际经营和财务状况，并具备监督借贷公司履行各种契约条款的能力，因此金融机构可以将客户提供的资金借贷给经营状况良好的公司，从而有效解决资金市场上的逆向选择问题，同时消除直接融资中的道德风险。

4. 金融机构能降低交易成本

从交易过程来看，金融交易引起的交易费用包括三个方面：一是在签约之前搜寻有关交易信息而发生的费用；二是签约过程中为谈判发生的费用；三是签约之后监督、保证和强制实施合同而发生的费用。金融机构由于能积聚许多储蓄者的盈余资金，因此在投资和贷款方面能获得规模经济的利益，而资金较多的金融机构在买卖证券时所支付的单位成本较低。

5. 金融机构能有效地降低风险

金融机构汇聚无数小额投资者的资金，成为规模庞大的机构投资者，将资金投资于各种不同性质甚至不同国家的项目和证券，使风险分散并降低至最低限度。例如，商业银行的理财业务及信贷资产证券化活动、信托投资公司的信托投资、投资基金的组合投资、金融资产管理公司的资产运营活动都具有该功能。此外，通过保险和社会保障机制对经济与社会生活中的各种风险进行的补偿、防范或管理，也体现了这一功能。

6. 金融机构能创造信用与存款货币

金融机构在其业务活动中可以创造各种信用工具，如早期的银行支票、汇票和银行券、现代的信用卡等。在部分准备金制度下，银行通过其资产负债业务不仅可以扩张或收缩信用，还可以创造存款货币。中央银行的资产业务可以直接授信给金融机构，负债业务可以直接发行信用货币。因此，金融机构的业务活动对于整个社会的信用和货币具有决定性作用。

▶ 5.2 我国金融机构体系

随着金融体制改革的不断深入，目前我国形成了以中国人民银行、国家金融监督管理总局、中国证券监督管理委员会为主要金融监管机构，以商业银行为主体，多种金融机构并存、相互协作的金融机构体系。

5.2.1 中国人民银行

中国人民银行是我国的中央银行。1983年9月，国务院决定由中国人民银行专门行使中央银行的职能。1995年3月，第八届全国人民代表大会第三次会议通过了《中华人民共和国中国人民银行法》（2003年修正），就中国人民银行的设立、职能等以立法形式做出了界定。

2003年3月，第十届全国人民代表大会第一次会议决定将银行监管职能从中国人民银行中分离出来，单独设立中国银行业监督管理委员会，对银行、金融资产管理公司、信托投资公司及其他存款类金融机构实施监督管理。中国人民银行在分离了监管职能后，将主要履行宏观调控职能，更好地执行货币政策，更好地发挥宏观调控和防范风险的作用。

中国人民银行的主要职能是履行宏观调控职能，更好地执行货币政策。其分支机构按照总行的授权，负责本辖区的金融调控、执行货币政策，不负责为地方经济发展筹集资金。在总行和分支机构之间，银行业务和人事干部实行垂直领导、统一管理，地方政府需保证和监督贯彻执行国家的方针政策，但不能干预中央银行的职责。国家外汇管理局是中国人民银行代管的国务院直属局，代表国家行使外汇管理职能，其分支机构与同级中国人民银行代管的国务院直属局，代表国家行使外汇管理职能，其分支机构与同级中国人民银行合署办公。

中国人民银行的成立

5.2.2 金融监管机构

我国的金融监管机构包括中国人民银行、国家金融监督管理总局和中国证券监督管理委员会。

1. 国家金融监督管理总局

根据第十届全国人民代表大会第一次会议通过的《关于国务院机构改革方案的决定》，国务院决定设立中国银行业监督管理委员会。2003年4月28日，中国银行业监督管理委员会正式挂牌。中国银行业监督管理委员会的成立，是我国银行监管工作中的一件大事，标志着银行监管工作迈入了一个新阶段，有利于银行业监管水平的提高。同时，将银行监管职能从中国人民银行中分离出来，可以使中央银行更独立地从事货币政策的制定，避免宏观调控目标和微观监管需要之间的冲突，从而更好地为国民经济的稳定健康发展提供政策保障。中国保险监督管理委员会成立于1998年11月18日，是国务院直属事业单位。根据国务院授权履行行政管理职能，依照法律法规统一监督管理全国保险市场，维护保险业的合法、稳健运行。2009年2月修订的《中华人民共和国保险法》规定，中国银行保险监督管理委员会的职责是对保险业实施监督管理，维护保险市场秩序，保护投保人、被保险人和受益人的合法权益。

为深化金融监管体制改革，解决现行体制存在的监管职责不清晰、交叉监管和监管空白等问题，强化综合监管，优化监管资源配置，更好统筹系统重要性金融机构监管，逐步建立符合现代金融特点、统筹协调监管、有力有效的现代金融监管框架，守住不发生系统性金融风险的底线，2018年3月，第十三届全国人民代表大会第一次会议表决通过了《关于国务院机构改革方案的决定》，设立中国银行保险监督管理委员会。国务院决定将中国银行业监督管理委员会和中国保险监督管理委员会的职责整合，组建中国银行保险监督管理委员会，2018年4月8日上午，中国银行保险监督管理委员会正式挂牌。2023年3月，中共中央、国务院印发了《党和国家机构改革方案》，决定在中国银行保险监督管理委员会基础上组建国家金融监督管理总局，将中国人民银行对金融控股公司等金融集团的日常监管职责、有关金融消费者保护职责，中国证券监督管理委员会的投资者保护职责划入国家金融监督管理总局，不再保留中国银行保险监督管理委员会。同年5月18日，国家金融监督管理总局揭牌。

2．中国证券监督管理委员会

改革开放以来，随着中国证券市场的发展，建立集中统一的市场监督管理体制势在必行。1992年10月，国务院证券委员会和中国证券监督管理委员会（简称证监会）宣告成立，标志着中国证券市场统一监管体制开始形成。国务院证券委员会是国家对证券市场进行统一宏观管理的主管机构，依照法律法规对证券市场进行监管。

1997年8月，国务院决定将证券交易所由地方政府管理改为证监会管理。同年11月，国务院证券监督管理机构依法对全国证券市场实行统一监督管理，中国人民银行履行的证券业监管职能划入证监会。1998年4月，证监会作为国务院正部级直属事业单位，成为全国证券期货市场的主管部门；国务院证券委员会撤销，其职能归入证监会，证监会的职能得到了加强。

2019年12月28日，第十三届全国人民代表大会常务委员会第十五次会议对《中华人民共和国证券法》（简称《证券法》）进行了第二次修订，自2020年3月1日起施行。《中华人民共和国证券法》强调国务院证券监督管理机构依法对证券市场实行监督管理，维护证券市场秩序，促进证券市场健康发展。

专栏【5-1】

古代的金融机构体系

我国的金融业务和金融机构产生得很早，但大多数属于私人高利贷性质。最早有记载的民间信用机构是南北朝时期在庙宇开办的经营抵押业务的当铺，由于寺院占有土地，广收施舍，又受官府保护，富裕者多将钱财托其保管，寺院聚集了大量钱财，被用来发放质押贷款，以收取高利。隋唐时期典当业普遍兴起，大多脱离了寺庙而单独开设。

唐朝初期，国内国外贸易发达，产生了经营货物存放、批发，兼营银钱保管、汇兑的商业组织——柜坊。存户可凭书帖命令店铺将其所存财物支付给第三者，这就为款项的转移提供了很大便利，因此柜坊在我国金融业发展史上占有重要的一页。唐代还出现了"飞钱"，这是一种异地汇兑业务。北宋时期发行了名为"交子"的纸币，为适应纸币流通的需要，陆续开设了专门经营银钱纸币交易的"钱铺"和"质库"。元代的典当业称为"解典库"或"解库"，它们除经营抵押放款外，还办理普遍的信用放款。元代的"银铺"或"银匠铺"经营金银的买卖与兑换业务，也经营钱的兑换。

明朝中叶以后，为适应经济发展的需要，旧有的典当业有了新发展，同时还出现了从事钱币兑换业的"钱庄"。到了明末，"钱庄"已成为当时的主要信用机构，除从事金银和铜钱的相互兑换外，还积极办理放款业务。到了清初，一些资力雄厚的钱庄开始经营存款业务，以后又发行庄票，这种庄票被视同现金，在市场上流通，可以兑现。晚清年间，是"钱庄"最盛时期，其经营的业务范围越来越广泛，如票据贴现、短期拆借、存款、放款、买卖金银及兑换、代收票据和发行汇票等。清代产生的主要信用机构是"票号"。最初"票号"专营汇兑，并只为商人办理不同地区之间的汇款，后来也为政府和官吏办理公款的汇兑，并兼营存放款业务，最有名的当数"山西票号"。此外，清朝还有一种由清政府官方设立的金融机构称为"官银钱号"，早期设立的官银钱号主要经营兑换银钱、调节钱价和熔铸银锭等业务，后来也从事普通信用业务。辛亥革命后，各省"官银钱号"除倒闭、撤销者外，多数改为省地方银行。"银号""钱庄""票号"是具有银行性质的金融机构，在中国古代金融史上占据重要地位。

（资料来源：骆志芳，许世琴. 金融学[M]. 北京：科学出版社，2013.）

5.2.3 商业银行

1. 五大国有控股商业银行

五大国有控股商业银行包括中国工商银行、中国农业银行、中国银行、中国建设银行、交通银行。其中，前四家银行是由原来的国有专业银行演变而来的，1995年《中华人民共和国商业银行法》颁布实施后成为国有独资商业银行，2003年起陆续进行了股份制改造，借助资本市场的力量，通过财务重组和增资扩股改善财务状况，建立并陆续完善了公司治理结构。交通银行始建于1908年。1958年，除香港地区分行仍继续营业外，交通银行在内地的业务分别并入当地中国人民银行和中国人民建设银行。1986年7月24日，国务院批准重新组建交通银行。1987年4月1日，重组后的交通银行正式对外营业。

此外，随着中国邮政储蓄银行有限责任公司于2007年3月6日正式成立，中国邮政储蓄银行成为我国大型国有控股商业银行，其是在改革邮政储蓄管理体制的基础上组建的商业银行，是一家独立的金融机构。

目前，无论是在人员和机构网点数量上，还是在资产规模及市场占有份额上，五大行在我国整个金融领域中均处于举足轻重的地位。2021年第四季度，大型商业银行总资产规模为138.4万亿元，占银行业金融机构的比例为40.1%。按资产规模排名，在世界大银行的排序中也位居前列。表5-1为2017—2022年中国五大国有商业银行在全球前1 000家银行中的排名。

表5-1 2017—2022年中国五大国有控股商业银行在全球前1 000家银行中的排名（按照一级资本）

银　行	2017年	2018年	2019年	2020年	2021年	2022年
中国工商银行	1	1	1	1	1	1
中国建设银行	2	2	2	2	2	2
中国银行	3	3	4	4	4	4
中国农业银行	4	4	3	3	3	3
交通银行	11	11	11	11	11	10

（资料来源：The Banker《银行家》杂志。）

2. 股份制商业银行

自 1987 年以后，随着金融体制改革的不断深入，我国陆续组建了一批股份制商业银行。股份制商业银行有平安银行、中信银行、招商银行、广发银行、华夏银行、中国光大银行、兴业银行、浦发银行、中国民生银行、恒丰银行、浙商银行、渤海银行等。

从业务活动范围来看，这些商业银行在初建时分为全国性商业银行和区域性商业银行，但随着金融改革的深化，银行业务在不断延伸，目前均已成为全国性商业银行。2023 年第四季度末，股份制商业银行的本外币资产总额为 70.9 万亿元，约占我国银行业金融机构本外币资产总额的 17%。

3. 城市商业银行

城市商业银行是中国银行业的重要组成和特殊群体，其前身是 20 世纪 80 年代设立的城市信用社，从 1998 年开始，城市信用社陆续更名为以城市命名的城市商业银行，后又有的改为"城市或省份+银行"，如宁波银行、河北银行、长沙银行等。这类城市商业银行主要由城市企业、居民和地方财政投资入股组建，其功能主要为本地区经济发展融通资金，重点为城市中小企业的发展提供金融服务。根据国家金融监督管理总局官网发布的银行业金融机构法人名单，截至 2023 年 12 月末，全国城市商业银行共计有 125 家。截至 2024 年第二季度，城市商业银行的资产总额达到了 583 401 亿元，占银行业金融机构的比例为 13.6%。

城市商业银行在监管部门的政策引领和地方政府的支持下，通过自身努力经受住了 2008 年金融危机的冲击，逐渐成长为我国金融领域中一支充满活力、具有竞争力的生力军，为助推我国国民经济发展、扶持中小企业成长壮大做出了重要贡献。

5.2.4　政策性银行

1994 年金融体制改革的目标之一是建立在中央银行宏观调控之下的政策性金融与商业性金融分离的金融机构体系。政策性银行是指由政府发起、出资成立，为贯彻和配合政府特定经济政策和意图而进行融资和信用活动的金融机构，是我国深化金融体制改革过程中为实现国有专业银行向商业银行转化而成立的专门承担政策性信贷业务的银行。它们分别是 1994 年组建的国家开发银行、中国进出口银行和中国农业发展银行，均属国务院领导。

政策性银行的产生和发展是国家干预、协调经济的产物。政策性银行与商业银行和其他非银行金融机构相比，有共性特征，如需要对贷款进行严格审查，贷款要还本付息、周转使用等，但作为政策性金融机构，也有其个性特征：一是政策性银行的资本金多由政府财政拨付；二是政策性银行经营时主要考虑国家的整体利益、社会效益，不以营利为目的，但政策性银行的资金并不是财政资金，政策性银行也必须考虑盈亏，坚持银行管理的基本原则，力争保本微利；三是政策性银行有其特定的资金来源，主要依靠发行金融债券或向中央银行举债，一般不面向公众吸收存款；四是政策性银行有特定的业务领域，不与商业银行竞争。

2008 年，国家开发银行以发起设立的方式进行改制，设立国家开发银行股份有限公司。

国家开发银行股份有限公司于 2008 年 12 月 16 日在北京挂牌成立，成为第一家由政策性银行转型而来的商业银行，标志着中国政策性银行改革取得了重大进展。

5.2.5　非银行金融机构

非银行金融机构是指那些经营某些金融业务但又不称为银行的金融机构。除上述银行业金融机构外，我国还有多种非银行金融机构，其经办的金融业务和金融服务，是我国现行金融体系的重要组成部分。

非银行金融机构主要包括以下几类。

1. 保险公司

保险公司是指专门经营保险业务的非银行金融机构。它是以集合多数单位或个人的风险为前提的，根据风险损失概率计算分摊金额，并以保险费的形式聚集起来，建立保险基金，用于补偿因自然灾害或意外事故所造成的经济损失的具有法人资格的金融机构。保险公司主要依靠投保人缴纳保险费和发行人寿保险单方式筹集资金，保险公司筹集的资金，除保留一部分以应付赔偿所需外，其余部分主要投向收入比较稳定的政府债券、企业债券和股票，以及发放不动产抵押贷款、保单贷款等。

保险公司业务的种类因划分标准不同，分类也不同。按保险标的来分，可分为财产保险业务和人身保险业务。财产保险业务包括财产损失保险、责任保险和信用保险等业务，人身保险业务包括人寿保险、健康保险和意外伤害保险等业务。按保险人是否承担全部责任来分，保险可分为保险和再保险。按保险经营的性质来分，保险可分为政策性保险和商业性保险。按保险实施方式来分，保险可分为自愿保险和强制保险等。

2. 信托投资公司

信托制度起源于英国，是在英国尤斯制的基础上发展起来的，是指委托人基于对受托人的信任，将其财产权转移给受托人，受托人以自己的名义为受益人的利益或特定目的管理或处置财产的行为，即信托公司接受委托人的委托（动产或不动产、有形或无形资产），按约定的条件和目的进行管理、运用和处置，所得收益归受益人（受益人可以是委托人，也可以是第三方），信托公司收取手续费或佣金。

信托公司是随着市场经济的发展而产生和发展起来的。随着市场经济的发展，初期的无偿信托关系逐渐发展成为有偿信托，专门办理有偿信托业务的机构即为信托公司。因此，信托公司是以代人理财为主要经营内容，以受托人身份经营现代信托业务的金融企业。

信托投资公司是信托公司的类型之一。信托投资公司除办理一般信托业务外，其突出的特点在于从事投资业务。国际上信托投资公司的投资业务大体上可分为两类：一是以其他公司的股票、债券为经营对象，通过证券买卖、股利和债息来获取收益；二是以投资者身份直接参与对企业的投资。

3. 证券公司

证券公司是指专门从事各种有价证券经营及相关业务的金融企业。它的主要业务包括：一是自营业务，即有价证券的自营买卖；二是代理业务，即受客户委托代理证券买卖，销售和认购有价证券等；三是信用业务，即向客户提供融资业务；四是咨询业务。

证券公司既是证券交易所的重要组成成员，也是有价证券转让柜台交易的组织者和参加者。证券公司在金融市场上起着重要的作用。在一级市场上，证券公司通过承购、代销、包销有价证券，促进发行市场的顺利运行。在二级市场上，证券公司通过代理和自营买卖有价证券，使投资双方达到资金融通的目的。

4. 信用合作社

信用合作社是一种互助合作性金融组织，有农村农民的信用合作社，有城市手工业者或某一行业等特定范围成员的信用合作社。信用合作社一般规模不大，它们的资金来源于合作社成员缴纳的股金和吸收的存款。过去信用合作社的资金运用主要是向其成员提供小额的消费贷款和短期生产贷款,现在一些资金充裕的信用合作社已增加了家庭住房抵押贷款、信用卡贷款,有的信用合作社还为社员的生产设备更新、改造提供中、长期贷款。

5. 租赁公司

租赁公司是指以融物的形式来融资的金融企业。第一家现代租赁公司是于1952年5月创立的美国金融贴现公司,现为美国国际租赁公司。租赁公司的业务方式灵活多样,其中最主要的是金融租赁,即当企业、公司(承租人)需要更新或添置设备时,不是以直接购买的方式投资,而是以支付租金的方式向出租人借用设备。其具体的操作方法是:先由承租人选定设备,再由租赁公司购买承租人选定的设备后租赁给承租人,承租人在约定的期限内通过支付租金的方式有偿使用租赁设备。这里的租金包括出租人的利润、占用资金的利息、税负等,因此租金总额高于现货价款。

现代租赁业的租赁对象十分广泛,从不动产到动产,包括再生产过程中各个环节所需要的设备、设施、交通工具和办公设备。租赁业务可节约承租人的自有资金,扩大生产能力,是企业设备更新的较好途径。

6. 财务公司

财务公司又称为"财务有限公司"或"金融公司",它是大型产业集团内部的融资机构。它不以投资为目的,主要是为本集团内部各企业融通资金,是一种经营部分银行业务的非银行金融机构。其业务主要有发放贷款、投资、经营耐用品租赁或分期付款等。财务公司的资金来源主要包括:向银行借款、出售商业票据、推销企业股票、债券和发行本公司债券,多数财务公司还接受定期存款。其所筹资金主要用于消费信贷和企业信贷方面。

7. 邮政储蓄机构

邮政储蓄机构是指与邮政部门关系密切的非银行金融机构。近年来,邮政储蓄机构朝着两个方向发展:一种是逐步回归到商业银行性质;另一种是在政府支持下,变成一种公共事业部门,为社会提供各种服务,便利人们的生活。

5.2.6 我国的金融机构体系改革与发展

我国现行的金融机构体系是在中华人民共和国成立后逐步发展起来的,我国金融机构体系的改革与发展大致可分为以下几个阶段。

1. 新型金融机构体系初步形成阶段(1948—1953年)

1948年12月1日,中国人民银行在原华北银行、北海银行、西北农民银行的基础上成立。它标志着中华人民共和国金融体系的建立。中华人民共和国成立之初,中国人民银行接管和没收了官僚资本银行,将革命根据地和解放区的银行分别改造为中国人民银行的分支机构,并对民族资本银行、私人钱庄进行了社会主义改造。通过这些措施,中国人民银行逐渐成为全国唯一的国家银行,奠定了国有金融机构居于支配地位的新型金融机构体系的基础。

2. "大一统"金融机构体系确立阶段(1953—1978年)

1953年,我国开始大规模、有计划地进行经济建设,在经济体制与管理方式上实行了高度集中统一的计划经济体制及计划管理方式。与之相应,金融机构体系也实行了高度集中的

"大一统"模式。其基本特征为：中国人民银行是全国唯一一家办理各项银行业务的金融机构，集中央银行和商业银行功能于一身，内部实行高度集中管理，资金统一计划调度，利润分配实行统收统支。这种模式对当时的经济发展起到了一定的促进作用，但不利于有效地组织资金融通，也不利于调动各级银行的积极性。

3. 改革和突破"大一统"金融机构体系的阶段（1979—1983年）

1979年开始的经济体制改革客观上要求改变"大一统"的金融体系。1979年，中国银行从中国人民银行中分设出来，作为外汇专业银行，负责管理外汇资金并经营对外金融业务；同年，恢复中国农业银行，负责管理和经营农业资金；1980年，我国试行基建投资"拨改贷"后，从财政部分设出来的中国建设银行最初专门负责管理基本建设资金，1983年开始经营一般银行业务。这些金融机构各有明确的分工，打破了中国人民银行一家包揽的格局。但中国人民银行仍然集货币发行和信贷于一身，不能有效地对专业银行和金融全局进行领导、调控与管理。因此，我国有必要建立真正的中央银行和商业银行相分离的二级银行体制。1983年9月，国务院决定由中国人民银行专门行使中央银行的职能。1984年1月，单独成立中国工商银行，承担原来由人民银行办理的工商信贷和储蓄业务。

4. 多样化的金融机构体系初具规模的阶段（1984—1993年）

1984年，中国人民银行独立行使中央银行职能和工、农、中、建（中国工商银行、中国农业银行、中国银行、中国建设银行）四大国有专业银行组成的二级银行体制建立以后，金融机构的多元化改革拉开序幕。1986年以后，增设了交通银行等全国性综合银行，还设立了广东发展银行、深圳发展银行等区域性银行；同时，批准成立了中国人民保险公司、中国国际信托投资公司、中国投资银行、证券公司、财务公司、金融公司、城市信用合作社、金融租赁公司等多种类型金融机构。在对内加大改革力度的同时，金融业进一步实行对外开放，允许国外金融机构在我国设立代表处，允许部分合格的营业性外资金融机构在我国开业，使我国金融机构体系从封闭走向开放。上述改革使我国在20世纪90年代初期形成了以中国人民银行为核心，以工、农、中、建四大专业银行为主体，其他多种类型金融机构并存和分工协作的金融机构体系。

5. 建设和完善社会主义市场金融机构体系的阶段（1994年至今）

1994年，为适应建立社会主义市场经济体制的需要，国务院决定进一步改革金融体制，建立在中央银行宏观调控下的政策性金融与商业性金融分离、以国有商业银行为主体的多种金融机构并存金融机构体系。此次改革的主要措施有：分离政策性金融与商业性金融，成立三大政策性银行；国有四大专业银行向国有商业银行转化。1995年，我国组建了第一家民营商业银行——中国民生银行；同年，在清理、整顿和规范已有的城市信用社的基础上，在各大中城市开始组建城市合作银行，1998年起陆续更名为城市商业银行；大力发展证券投资基金等非银行金融机构；为加强对金融机构的监管，1992年成立了中国证券监督管理委员会，1998年成立了中国保险监督管理委员会，2003年成立了中国银行业监督管理委员会，形成了"分业经营、分业监管"的框架。为了提高监管效率，国务院决定将中国银行业监督管理委员会和中国保险监督管理委员会的职责整合，组建中国银行保险监督管理委员会。2018年4月8日上午，中国银行保险监督管理委员会正式挂牌。2023年3月，中共中央、国务院印发了《党和国家机构改革方案》。决定在中国银行保险监督管理委员会基础上组建国家金融监督管理总局，不再保留中国银行保险监督管理委员会，标志着我国金融监管机构改革迈出了重要一步，5月18日，国家金融监督管理总局正式挂牌。

现代各国金融机构体系的发展趋势主要集中在四个方面：一是业务模式、组织形式、专业技术和经营管理不断创新；二是业务综合化发展趋势；三是注重兼并重组的发展趋势；四是经营全球化的发展趋势。

专栏【5-2】

香港和澳门地区的金融机构体系

香港和澳门回归祖国之后，在"一国两制"方针指导下，仍维持原有的金融体制和金融机构。

香港金融机构体系以国际金融资本为主体，银行、外汇、黄金、证券、保险、期货、共同基金等多种金融机构并存。香港金融监管机构主要是金融管理局、证券及期货事务监察委员会与保险业监理处，它们分别负责监管银行、证券与期货及保险与退休计划等行业。金融管理局是香港特别行政区架构中负责维持货币及银行体系稳定的机构。金融管理局的职能虽与中央银行大致相符，但由于它不发行钞票，不是政府的银行，故而被称为准中央银行。香港保险业监理处作为主要的监理机构对保险业实行审慎监管。香港证券及期货事务监察委员会是香港证券、金融投资及商品期货买卖活动的最高管理机构。香港存款保障委员会负责管理存款保险计划。此外，香港特别行政区还充分发挥金融同业公会的作用，在香港的银行、保险、证券等行业中实行以政府部门为主、同业公会自律为辅的金融监管体制。

香港银行机构实行三级管理制度，其银行分为持牌银行、有限制牌照银行、接受存款公司三类机构。这三类机构均可吸收公众存款，其中持牌银行占有优势地位。香港的保险机构包括保险公司、保险代理商和保险经纪商。香港的证券机构主要有香港联合交易所集团、参与香港联合交易所与期货交易所交易的持牌法团、未参与交易所交易的持牌法团、未参与交易所交易的注册机构。除了上述金融机构，香港还设有外汇基金投资有限公司、香港按揭证券有限公司、香港银行同业结算有限公司、香港交易及结算所有限公司等多种金融机构。

澳门不设中央银行，其主管金融事务的机构是经济财政司下辖的金融管理局，主要职责是：协助行政长官制定与实施货币、金融、外汇、保险等政策，规划和监督本地区的货币、金融、外汇、保险等市场活动，确保本地区货币的内部均衡和对外的可兑换性，执行管理中央储备库以及外汇、其他对外支付工具的职能，维持本地区金融体系的稳定。澳门的银行机构包括在澳门注册成立的银行（含1家邮政储金局）、外地注册银行的分行、可从事有限银行业务活动的金融公司、从事发行及管理电子货币储值卡业务的其他信用机构。除了2家离岸银行，澳门的其他银行都是零售银行，持有全能牌照。澳门的邮政储金局是邮电司下属的一个信用机构，主要吸收邮政储蓄，大部分资金用于公务员的福利贷款，小部分运用于房屋优惠基金，帮助市民购买经济房屋。

澳门银行业的同业组织是澳门银行公会，它是自律性的民间组织，旨在加强银行之间的联系、协调与自律。澳门银行公会也制定利率协议，与香港不同的是，该利率协议不具有法律效力，各银行可以自行做出调整，但一般不会偏离协议利率。澳门的保险机构有人寿保险公司、非人寿保险公司、获许可的保险中介人。

〔资料来源：李健. 金融学（第三版）[M]. 北京：高等教育出版社，2018.〕

5.3 发达国家金融机构体系

5.3.1 银行业金融机构

银行业金融机构主要由中央银行、商业银行、专业银行组成。

1. 中央银行

由于世界各国的社会制度、经济发展水平以及金融业发展的程度不同,各国的中央银行制度也有所不同。西方国家的中央银行制度主要有以下四种:

(1) 单一的中央银行制度

在一国范围内单独设立一家中央银行,通过总分制集中行使金融管理权,多数西方国家采取这种制度。

(2) 二元的中央银行制度

在一国范围内建立中央和地方两级相对独立的中央银行机构,分别行使金融管理权。

(3) 跨国中央银行制度

几个国家共同组成一个货币联盟,各成员国不设立本国的中央银行,或虽设立本国的中央银行,但由货币联盟设立中央银行领导。例如,1998年欧盟在德国法兰克福设立的欧洲中央银行,要求成员国的中央银行接受其领导,并逐步摆脱本国政府的干预。

(4) 准中央银行制度

一个国家或地区只设立类似中央银行的机构,或由政府授权某个或某几个商业银行行使部分中央银行职能。

2. 商业银行

在西方国家,商业银行以其机构数量多、业务渗透面广和资产总额比重大等优势在整个银行体系中处于非常重要的地位,它是整个金融机构体系的骨干和中坚,也是最早出现的现代银行机构。

3. 专业银行

西方国家的专业银行种类很多且名称各异,这里主要介绍以下几种。

(1) 开发银行

开发银行是指专门为满足经济建设长期投资需要而设立的银行。这类投资具有投资量大、时间长、见效慢、风险大等特点,一般商业银行往往不愿承担。开发银行一般为国家或政府所创办,不以营利为目的。

开发银行可分为国际性开发银行、区域性开发银行和本国性开发银行三种。国际性开发银行,如国际复兴开发银行,主要为成员国提供长期贷款,满足成员国经济复兴和开发对资金的需求;区域性开发银行主要为某一区域的成员国提供服务,如亚洲开发银行,仅对亚洲地区参加该组织的成员国提供服务;本国性开发银行主要对国内企业和建设项目提供长期贷款。

(2) 投资银行

投资银行是指为工商企业办理长期投资、长期贷款、包销或代销新发行的有价证券业务的专业银行,其资金来源主要依靠发行股票和债券来筹集,有些国家虽然也允许投资银行吸收存款，但主要是定期存款，有些国家的投资银行则根本不能吸收存款。

（3）储蓄银行

储蓄银行是指办理居民储蓄并以吸收居民储蓄存款为主要资金来源的银行。储蓄银行的服务对象主要是居民，其资金来源主要是居民的储蓄存款，资金运用主要是为居民提供消费信贷和其他贷款，同时也可以在可靠的债券市场投资（如购买国家债券等）。与我国几乎所有的金融机构都经营储蓄业务的情况有所不同，在西方国家，储蓄银行大多是专门建立的、独立的金融机构。

（4）进出口银行

进出口银行是指专门为对外贸易提供结算、信贷等国际金融服务的银行。进出口银行一般承担商业银行不愿承担的高风险贷款，弥补商业银行提供进出口信贷上的不足，改善本国出口融资条件，增强本国商品的出口竞争力。所以，这类银行在经营原则上带有浓厚的政治色彩，一般属于政策性银行的范畴，是官方或半官方的金融机构，美国称为进出口银行，日本称为输出输入银行，法国称为对外贸易银行。

（5）农业银行

农业银行是指为贯彻和配合政府政策，专门为农业、畜牧业、林业、渔业的发展提供金融服务的银行。农业由于受自然因素影响比较大，农业贷款具有规模小、期限长、风险大、收益低等特点，商业银行一般不愿为农业部门提供融资，因此政府需要设立专门的金融机构为之服务。如美国的联邦土地银行、法国的农业信贷银行、德国的农业抵押银行。

5.3.2 非银行金融机构

1. 保险公司

西方国家的保险业十分发达，各类保险公司是各国最重要的非银行金融机构。在西方国家，几乎是无人不保险、无物不保险、无事不保险。为此，西方国家按保险种类分别设有形式多样的保险公司，如财产保险公司、人寿保险公司、意外灾害保险公司、信贷保险公司、存款保险公司、再保险公司等。

2. 退休或养老基金

退休或养老基金，即以定期收取退休或养老储蓄金的方式，向退休者提供退休收入或年金的金融机构。这类机构与保险公司一样，同属契约性的储蓄机构，通常由雇主或雇员按期缴付工资的一定比例，受益人退休后可一次性取得或按月支取退休养老金。

3. 投资基金

投资基金是一种把多种投资者的不同投资份额汇集起来，交由专业的投资经理进行操作，所获得的收益按投资者出资比例分享的金融机构。投资基金本质上是一种金融信托。

投资基金的组织形式分为契约型与公司型两种。契约型是指基金的设定人（基金经理或基金管理公司）设计特定类型的基金，以信托契约形式发行受益凭证，募集投资者的定期资金，进行运营和投资。基金的募集、保管、利润分配、收益及本金的偿还支付等业务，则委托银行具体办理。日本、韩国、新加坡等国家的投资基金多属于这种类型。公司型投资基金是指通过组建基金股份公司来发行基金股票，募集投资者的资金，由公司投资经理部门或委托其他投资管理公司操作投资，并以基金股息、红利形式将收益分配给投资者，基金资产的保管与业务处理可以由公司本身负责，也可以委托银行办理。公司型投资基金的最大特点是基金与投资者之间的关系是股份公司与股东的关系。美国绝大部分的投资基金属于这种类型。

4. 邮政储蓄机构

邮政储蓄机构，即利用邮政机构网点设立的非银行金融机构，主要经营小额存款，其吸收的存款一般不用提缴准备金，其资金运用一般是存入中央银行或购买政府债券。邮政储蓄机构于1861年首创于英国，其设立的初衷是利用邮政部门广泛的分支机构提供廉价有效的邮政汇款服务，提高结算速度，加速资金周转，因此邮政储蓄机构在各国得到了广泛发展。

5. 信用合作社

信用合作社简称信用社，是西方国家普遍存在的一种由个人集资联合，以互助合作为宗旨的金融机构。其基本的经营目标是：以简便的手续和较低的利率向社员提供信贷服务，帮助经济力量薄弱的个人和中小企业解决资金困难，以免受高利贷的盘剥。

信用合作社通常可按地域划分为农村信用社和城市信用社，或按专业领域划分为农业生产信用社、渔业生产信用社、林牧生产信用社及土地信用社等。

5.3.3 外资、合资金融机构

外资金融机构是指在一国境内由外国投资者开设的银行和非银行金融机构。合资金融机构是指外国资本与本国资本联合投资开设的银行和非银行金融机构。各国一般都将这类金融机构纳入本国金融机构体系内，并受本国金融当局的管理和监督。除特别限制外，外资金融机构一般与国内同类金融机构从事同样的业务。

小 结

1. 金融机构有狭义与广义之分。狭义的金融机构是指经营货币、信用业务，从事各种金融活动的组织机构；广义的金融机构则不仅包括所有从事金融活动的金融组织，而且包括金融市场的监管者。

2. 金融机构体系就是在一定的历史时期和社会条件下，在一个主权国家里存在的各种金融机构及彼此间形成的关系。

3. 金融机构种类很多，分类标准也很多。目前，世界各国通常将它分为银行与非银行金融机构两大类。

4. 非银行金融机构是指那些经营某些金融业务但又不称为银行的金融机构。

5. 目前，我国形成了以中国人民银行、国家金融监督管理总局、中国证券监督管理委员会为主要金融监管机构，以商业银行为主体，多种金融机构并存、相互协作的金融机构体系。

思 考 题

1. 简述广义的金融机构和狭义的金融机构。
2. 简述金融机构的经济功能。

3. 简述我国金融机构体系的一般构成。
4. 简述中国人民银行在我国金融机构体系中的地位和作用。
5. 简述非银行金融机构主要有哪些。
6. 简述保险公司的业务种类。
7. 简述证券公司的主要业务。

案例简介

案例【5-1】

互联网银行助力小微企业发展

长期以来，小微企业面临着"融资难、融资贵"的难题，银行普遍缺乏向小微企业授信的动力。首先，由于部分小微企业忽视财务数据管理，不重视资产统计和信用维护，银行需要付出较大成本对小微企业进行风险评估；其次，银行授信的主要标准是抵押资产情况，而非企业的经营状况，小微企业一般会因缺乏抵押资产而导致难以获得银行贷款；最后，小微企业贷款呈现"短、小、频、急"四个特点，而银行信贷业务的操作流程明显难以满足其用款要求。这些原因导致小微企业的资金需求在传统银行的信贷业务中难以得到有效满足，致使银行和小微企业之间存在供需矛盾。

2014—2016年，国内主流互联网公司开始探索基于数据技术的银行业务，相继获得银行牌照，成立互联网银行，其主要代表是以腾讯为主要股东的深圳前海微众银行和以蚂蚁金服为主要股东的浙江网商银行。相比于传统银行，互联网银行的共同特点是依赖数字技术，核心优势在于依托金融科技降低了银行端的"三高"成本（高风险成本、高运营成本和高服务成本）。

深圳前海微众银行是我国首家互联网银行，于2014年12月16日正式成立，目前有三大主要信贷业务——微粒贷、微车贷、微业贷，其中微业贷业务于2017年11月试点推出，是国内首个全线上、纯信用小微企业流动资金贷款产品，一般纳税人企业、小规模纳税人企业和个体工商户均可申请。在特色服务上，深圳前海微众银行于2019年9月推出了一款面向中小微企业的金融移动终端——"微众企业爱普"App，该App聚合了为中小微企业定制的互联网智能融资服务、便捷账户服务、小微现金管理及第三方增值服务。

浙江网商银行于2015年6月25日在杭州开业，是我国第一家将云计算运用到核心系统的银行，创造了线上贷款"310"模式，即3分钟申报、1秒钟贷款、全程0人工干预。与深圳前海微众银行不同的是，浙江网商银行的目标客户群体是广大的小微网商、个人创业者和农业经营者，其信贷产品主要包括网商贷和旺农贷。此外，浙江网商银行积极开展供应链金融服务，推出面向合作企业的"自保理"（服务下游采购商）和"回款宝"（服务上游供应商）两款产品，加快应收账款回款速度，提高采购商供应链管理效率。

（资料来源：翁舟杰. 货币金融学课程思政案例集[M].
成都：西南财经大学出版社，2021.）

问题：

结合案例，讨论我国互联网银行对传统商业银行的冲击。

简要提示：

互联网银行成立的初衷是满足小微信贷需求，该类信贷需求的普遍特点是轻资产，"短、小、频、急"。可以说，互联网银行有效补充了商业银行传统授信业务的短板；同时，互联网银行也分流了商业银行的部分客户群，其借助大数据和人工智能等技术，具有"线上服务""秒批秒贷""一天多贷""按天还贷""按日计息""随借随还"等传统银行信贷业务无法超越的优势，但由于互联网银行的服务均在线上完成，难免存在数据造假、黑客攻击、诈骗等风险；在数字化的大趋势下，各大商业银行也开始探索数字业务，目前主要是用大数据技术改进授信模式，或者与互联网银行合作开展联合贷款业务。

案例思政元素分析：

首先，积极推进小微金融服务的改革与创新。党的二十大报告指出，要支持中小微企业发展。要把服务实体经济作为金融改革的出发点，使金融供给侧与资金需求侧相匹配，把更多的金融资源配置到经济社会发展的重点领域和薄弱环节。深圳前海微众银行和浙江网商银行从成立之初就一直以普惠金融为己任，将自身定位为专注服务小微信贷的互联网银行。互联网银行的突出特点是以金融科技作为驱动业务发展的核心引擎，通过区块链、人工智能、大数据和云计算等关键技术，提高金融供给侧与资金需求侧的匹配度。

其次，政务大数据助力小微金融发展。"十四五"期间，在人工智能、大数据分析、云计算等数字技术的支撑下，数字经济快速发展，对政务数据公开化提出了迫切需求。政府掌握了大量工商登记、社保、税务、婚姻、房产、车辆、公积金等金融机构无法掌握的信息，并且具有数据精度高、权威性强的特点。

案例【5-2】

W 银行空壳授信掩盖不良贷款

近年来，中国银行保险监督管理委员会（现国家金融监督管理总局）加大了对商业银行违规的处罚力度，仅 2018 年银保监系统就开出罚款单 4 188 张，罚没金额累计超过 20 亿元。商业银行因信贷业务违规受罚所占比例超过四成，其中，最引人注目的当属 W 银行 Y 分行为掩盖不良贷款进行违规操作，从而被罚没 4.62 亿元的案件。

W 银行作为一家上市股份制商业银行，其近年来的发展势头正猛。自 1992 年 8 月成立以来，经过近 30 年的发展，已成为一家综合实力强大的金融集团，不断为我国的经济发展做出了重要贡献。但是，自 2015 年重工业企业发展面临生存困境后，W 银行 Y 分行的不良贷款越来越多，其开始利用空壳公司并采用承债式收购手法掩盖不良贷款。W 银行 Y 分行向钢铁煤炭等重工业企业投放的贷款中存在很大一部分的委托贷款。这是一类收益高、风险大的贷款，同时这类贷款没有担保、抵押等，安全性较差，极易形成坏账。再加上 2015 年以后国家实行供给侧结构性改革，重工业产业不景气，W 银行 Y 分行的不良贷款开始增多。出于对经营利润的追求和希望重工业市场情况转好的侥幸心理，W 银行 Y 分行并没有停止对该类企业的贷款，也没有选择使用核销或打包出售等正常渠道冲销不良资产，而是对不良资产进行腾挪来逃避监管。

（资料来源：彭红枫，冯林. 金融学类专业课程思政教学案例集[M]. 北京：经济科学出版社，2021.）

问题：

我国商业银行在经营过程中可以采取哪些措施降低风险？

简要提示：

1. 强化风险意识。风险意识是银行各层级员工在进行任何一项业务操作时都应该秉持的基本信念，是基于银行内部培训和对相关法律法规的认识后形成的一种自觉意识。银行应该认识到强化风险意识的重要性，只有风险意识深入人心，风险管理才能充分发挥作用，银行才能管理好。

2. 严格落实银行内部管理制度。银行为了规范业务办理程序、规范员工操作程序，都会制定符合自身发展需求的内部管理制度，但由于银行内部层级结构的上传下达延迟或总行、分行、支行地理位置的原因，可能对实际经营中的业务操作指导较少，导致银行内部管理制度形同虚设，难免发生违规操作，从而给银行带来风险。

案例思政元素分析：

首先，树立诚信理念。诚信建设是金融业健康发展的必然要求，是金融创新的客观体现。国际金融危机的发生，其中一个重要的原因就是金融机构诚信缺失、投资者缺乏必要的风险防范意识而盲目投资。健康的市场经济应是信用经济，良好的信用体系是维系金融市场稳定运行的内在基础。金融业从业人员树立诚信理念是优化金融机构、金融环境的重要影响因素。

其次，严守职业操守。金融人才应是品德高尚、人格完美的人，工作中应自信敬业、严于律己，具备良好的职业操守，能够承担起职业所赋予的社会责任。如果人们在金融活动中都自觉地以职业道德为准则，那么金融市场上的信息就是真实可信的，运行的成本也会降低，金融交易会得以有序进行，才可以实现金融市场的稳定发展。

我国的金融机构体系

第 6 章

商 业 银 行

本章学习要点

通过本章的学习，了解商业银行产生与发展的历史；掌握商业银行的组织形式和发挥的功能，明确商业银行负债业务、资产业务、表外业务的划分和特征；理解商业银行经营与管理的一般原则、商业银行经营与管理理论的演变。

本章学习重点与难点

重点是商业银行的产生与发展、商业银行的组织形式和发挥的功能、商业银行主要的负债、资产和表外业务，以及商业银行经营管理的一般原则；难点是区分商业银行业务类型及相应的特点，运用商业银行经营与管理的一般原则与理论对商业银行的发展进行探讨。

本章基本概念

商业银行、单一银行制、分支行制、集团银行制、连锁银行制、负债业务、资产业务、表外业务、同业拆借、再贴现、法定存款准备金、流动性原则、安全性原则、盈利性原则、资产负债理论。

▶ 6.1 商业银行概述

6.1.1 商业银行的产生与发展

1. 近代西方商业银行的起源和演变

英语中"bank"（银行）一词源于拉丁文中的"banco"一词，"banco"的意思是"长板凳"。在中世纪中期的欧洲，各国之间的贸易往来日益频繁，意大利的威尼斯、热那亚等港口城市由于水运交通便利，各国商贩云集，成为欧洲最繁荣的商业贸易中心。各国商贾带来了形态各异的金属货币，不同的货币由于品质、成色、大小不同，兑换起来就有些麻烦，于是就出现了专门为商人鉴别、估量、保管、兑换货币的人。按照当时的惯例，这些人都会坐在港口或集市上的长板凳上，等候需要兑换货币的人，渐渐地，这些人就有了一个统一的称呼——坐长板凳的人。

"坐长板凳的人"由于经常办理保管和汇兑业务，手里就有一部分没有取走的现金，他们把这部分暂时不用兑付的现金借给急需用钱的人，以赚取利息。老百姓有了闲钱就可以存到"坐长板凳的人"那里去，需要时取出来。这些人就像一个存钱的箱子，所以后来人们又把"坐长板凳的人"称为"bank"，这就是银行的英文"bank"一词的由来。我国古代主要以银子作为流通货币，商铺又常常被称为"行"，所以"bank"翻译成中文就被称为"银行"。

商业银行是商品经济发展到一定阶段的产物。在历史上，较早出现的银行是1171年成立的威尼斯银行和1407年成立的热那亚银行，当时的威尼斯和热那亚是地中海沿岸与欧亚地区贸易交往的中心。当时所谓的银行是为了适应商品经济的发展而形成的，并以高利贷为主要特征经营。随着资本主义生产方式和社会化大生产的出现，高利贷性质的银行已不能适应社会大生产对货币资本的需要，客观上需要建立一种新型的、规模巨大的、资本雄厚的、能适应资本主义生产方式要求的银行来为经济发展服务。于是，从治理结构角度出发，大量旧式的高利贷银行兼并、重组，并以股份公司形式组建新的商业银行。1694年，在国家支持下，英国商人集资合股成立了第一家股份制商业银行——英格兰银行，它的贴现率一开始就规定为4%~6%，大大低于早期银行业的贷款利率。英格兰银行的成立，动摇了高利贷在信用领域的垄断地位，标志着适应资本主义生产方式要求的新信用制度的确定，是现代商业银行产生的标志。

随后，各国相继仿效，成立了各自的商业银行，这对加速资本的积累和生产的集中起到了巨大作用，推动了资本主义经济的发展，尤其是美国、日本等经济大国，在其资本主义经济高速发展的阶段，银行业作为经济的"助推器"，发挥了无可替代的作用，美日等国也随之成了"金融帝国"。

2. 我国商业银行的产生与发展

据记载，我国银行业有悠久的历史，其产生时间早于欧洲，但两千余年的封建社会和自给自足的自然经济，使中国银行业的发展受到了严重阻碍。早在春秋战国时期，我国货币经济已经相当发达，信用放款也很普遍，不少人靠放债致富。北宋时期出现了世界上最早的纸币——交子。到了明朝末期，又相继出现了近代的银行机构——钱庄和票号。但是由于中国封建社会的长期停滞，中国古老的银钱业一直未能自我实现向现代银行业的跨越。鸦片战争以后，中国沦为半殖民地半封建社会，资本主义银行也随之涌入中国。1845年，英国丽如银行在香港设立了分行，在广州设立了分理处。1897年，中国第一家民族资本银行——中国通商银行在上海成立。1906年，清政府设立了官商合办的户部银行，该银行可以铸造货币、发行货币、代理国库，具有国家银行性质，后来改称为大清银行，1912年又改称为中国银行。

中华人民共和国成立以后至改革开放以前，我国的银行体系总的来说是高度集中的银行体系，全国只有一家中国人民银行，它既掌管货币发行权和管理金融活动，又办理所有银行业务。随着经济金融体制改革的推进，我国逐步开始打破"大一统"的银行体系，恢复和组建了中国农业银行（1972年2月恢复）、中国银行（1979年3月分设）、中国人民建设银行（1979年分设，1983年明确为金融经济实体，1996年更名为中国建设银行）、中国工商银行（1984年成立）四家国有专业银行，在其各自分工的领域内从事银行业务活动。此后，随着改革步伐的加快，专业银行逐步实行企业化经营，原有严格的专业分工界限被打破，业务交叉经营的现象日益明显，业务趋于多样化、综合化，专业银行的职能在削弱，商业银行的功能在逐步强化。1986年4月，国务院批准重新组建以公有制为主体的股份制银行——交通银行。其后,中信银行、招商银行、广东发展银行、深圳发展银行、福建兴业银行、光大银行、华夏银行等商业银行相继成立,成为中国银行业的新生力量。由此,我国银行业形成了以中央银行为领导、专业银行为主体、多家商业银行共存的银行体系。

1994年,原国有四大专业银行改组为国有独资商业银行,将原有的政策性业务转交给新设立的政策性银行——中国农业发展银行、中国进出口银行、国家开发银行来经营。由此,我国建立了更为完善的银行体系,即以中央银行为核心、商业银行为主体、政策性银行及其他金融机构并存的金融体系。其中,商业银行体系包括国有商业银行、股份制商业银行、城市商业银行、农村商业银行、外资银行等。自2003年年底开始,我国银行业改革迈出重大步伐,中国建设银行、中国银行、中国工商银行、中国农业银行的治理结构日趋完善,成功完成重组上市,并成为国际资本市场上举足轻重的大型国有控股商业银行,在经济社会发展中发挥着重要的支撑和促进作用。

6.1.2 商业银行的组织形式

商业银行的组织形式也叫商业银行的组织制度。自商业银行产生以来,其已经形成了多种不同的组织形式,发挥着各种功能以满足社会公众的不同需求。由于各国政治经济环境不同,商业银行的组织形式也有所不同。商业银行的组织形式主要有单一银行制、分支行制、集团银行制和连锁银行制。

广发银行介绍

1. 单一银行制

单一银行制又称单元银行制,是指银行业务由一个营业机构办理,不设立或不允许设立分支机构的商业银行制度。在世界上,实行单一银行制的主要是美国。由于担心银行任意开设分支行可能引起金融权力过分集中,因此美国联邦及各州原来都禁止或限制银行开设分支行。1900年左右,美国共有8 738家商业银行,但分支只有119家。后来,美国对银行开设分支行的限制逐步放宽,到1975年年底,美国共有14 654家商业银行,分支行总数达到了30 262家,平均每家商业银行就有2家支行。到了20世纪80年代,美国又放松了银行跨州设立分支行的限制,采用单一银行制的组织模式越来越少。

单一银行制有其优点,如营业成本比较低,有利于自由竞争,防止银行的垄断;有利于协调地方政府与银行的关系,银行具有更高的独立性和自主性;业务的灵活性较大,银行管理层次较少,便于管理目标的实现。这种银行制度也存在缺点,如限制了商业银行的业务发展和金融创新;银行资金实力单薄,抵御风险的能力较弱;容易破产倒闭;会削弱银行的竞争力等。

2. 分支行制

分支行制又称总分行制,是目前商业银行普遍采用的一种组织形式,是指法律允许在总行以外,可在本地和外地(海外)设立若干分支机构的银行制度。分支行制的总行一般都设立在大城市,作为分支行,所有业务都统一遵照总行的指示办理。目前,大多数国家采取了分支行制,其中以英国、德国、日本最为典型,中国也不例外。例如,中国工商银行、中国建设银行、中国银行和中国农业银行在北京设立了总行,然后在各个省、自治区和直辖市设有一级分行,又在各地中心城市设有二级分行,在二级分行以下,各区县又有很多的支行,分支机构遍布各大城市,形成一个庞大的银行网络。

分支行制的优点是可以实现大规模经营的利益。例如,因规模较大,可以实现较细的分工；在现金准备的运用方面，也可以在分支行之间互相调度，从而减少闲置资金，提高资金的运用效率；另外，由于在各地区都设有分支行，贷款也就分散到了各地区，这也有利于分散银行贷款的地区风险。分支行制的缺点是较易形成垄断和加大银行内部的控制难度等。

3. 集团银行制

集团银行制又称银行持股公司制，是指由某一集团成立股权公司，再由该公司控制或收购若干家独立银行而建立起的银行制度。集团银行制在美国最为流行。20 世纪 60、70 年代，美国的大银行基本上都采取了持股公司的组织形式。1980 年，附属于这些公司的银行拥有全美 3/4 的银行存款，控制着国内近 3/5 的银行机构。

集团银行制的优点是能有效增加资本总量，增强银行的实力，其业务更综合、更全面，可取得规模效益。集团银行制的缺点是容易形成银行业的集中与垄断，不利于银行间开展竞争，在一定程度上对银行自主经营有所限制。

4. 连锁银行制

连锁银行制是指由一个自然人或一个集团控制两家或者两家以上银行组织形式。这种控制可通过持有股权、共同指导或其他法律允许的形式进行。连锁银行的成员多是形式上保持独立的小银行，它们通常环绕在一家主要银行的周围。连锁银行同银行持股公司的区别是：银行持股公司在各子银行（公司）之上有一个董事会，连锁银行则没有；银行持股公司经营规模一般较大，而连锁银行经营规模和活动地域都很小，常以一家较大的银行为中心，从而实现资金业务往来。

专栏【6-1】

我国新型民营银行：浙江网商银行

随着金融科技的发展，新型银行的出现在很大程度上颠覆了大众对传统银行的认知，以一种全新的组织形式为客户提供"无微不至"的金融服务，浙江网商银行就是其中的翘楚。

浙江网商银行于 2015 年 6 月 25 日正式开业，是由蚂蚁集团发起、中国银行保险监督管理委员会批准成立的中国首批民营银行之一。以"无微不至"为品牌理念，致力于满足小微企业、个体户、经营性农户等小微群体的金融需求。浙江网商银行自成立以来，持续增加科技投入，深入布局前沿技术，是全国第一家将云计算运用于核心系统的银行，也是第一家将人工智能全面运用于小微风控、第一家将卫星遥感运用于农村金融、第一家将数字图计算技术运用于供应链金融的银行。

作为一家科技驱动的银行，浙江网商银行不设线下网点，借助实践多年的无接触贷款"310"模式（3 分钟申请、1 秒钟放款、全程 0 人工干预）为更多小微经营者提供纯线上的金融服务，让每一部手机都能成为便捷的银行网点。截至 2021 年年末，全国已经有超过 1 000 个涉农县区与浙江网商银行合作，累计超 2 000 万县域小微经营者和"三农"群体获得了浙江网商银行信贷服务，县域和农村地区金融服务匮乏的问题得到了进一步缓解。2021 年，浙江网商银行积极响应政府和金融监管部门号召，强化与政府融资担保机构在小微信贷领域的全面合作，全年陆续与 18 个省市的融资担保公司开展合作，发放担保贷款近 500 亿元，担保小微企业超 50 万户，发挥政策性担保对实体经济的促进作用，扩大小微贷款的覆盖面。

以小微客户成长为内核，"打造中国式开放银行"是浙江网商银行的核心战略，通过科技驱动，进一步向供应链开放、向农村开放、向金融机构开放，并且坚持微利、坚持普惠，浙江网商银行希望通过实践为全球开放银行的发展提供新的思路。

（资料来源：根据浙江网商银行股份有限公司 2021 年年度报告相关资料整理。）

6.1.3 商业银行的性质及职能

1. 商业银行的内涵

《中华人民共和国商业银行法》将商业银行定义为依照本法和《中华人民共和国公司法》设立的吸收公众存款、发放贷款、办理结算等业务的企业法人。总的来看，传统的商业银行是指以吸收可以开支票的活期存款为主要资金来源，以向工商企业发放短期贷款为主要资金运用的银行。随着 20 世纪 80 年代以来西方各国金融监管的放松，商业银行的业务范围不断扩大。从资金来源业务来看，商业银行不仅吸收活期存款，而且吸收储蓄存款、定期存款等各类存款；商业银行还通过发行金融债券等多种方式筹集资金。从资金运用业务来看，商业银行不仅发放短期贷款，而且发放长期贷款；不仅向工商企业提供生产性贷款，而且向一般居民发放消费性贷款；不仅通过发放贷款获取利润，而且通过证券投资、黄金买卖、租赁、信托、保险、咨询等业务获取收入。因此，现代商业银行已成为以盈利为目标，以经营存款、放款和结算为主要业务，以多种形式的金融创新为手段，全方位经营各类金融业务的综合性、多功能的金融企业。

2. 商业银行的性质

商业银行是指以经营存款、贷款，办理转账结算为主要业务，为客户提供多种功能和综合化服务并以获取利润最大化为目的的金融企业。商业银行的性质具体体现在以下几个方面：

（1）商业银行是企业

商业银行具有一般企业的特征，拥有自有资本，依法经营，照章纳税，自负盈亏，具有独立的法人资格，拥有独立的财产、名称、组织机构和场所。商业银行经营目标是追求利润最大化，获取最大利润既是其经营与发展的基本前提，也是其发展的内在动力。

（2）商业银行是一种特殊的企业

商业银行既具有一般企业的特征，又是一种特殊的企业。一般企业处于社会再生产的生产或流通环节，经营的是具有具体使用价值的一般商品；而商业银行则处于分配环节，它所经营的是具有一般使用价值的特殊商品，即货币和货币资本。所以，商业银行是一种特殊的企业。其特殊性具体表现在以下三个方面。

① 商业银行经营的内容特殊。一般企业从事的是一般商品的生产和流通，经营的是普通商品，而商业银行则是以金融资产和金融负债为经营对象，从事包括货币收付、借贷以及各种与货币有关的或与之相联系的金融服务，经营的是特殊商品，即货币和货币资本。

② 商业银行对社会的影响特殊。一般企业经营的好坏只影响本企业的股东、债权人，以及与这一企业相关的其他当事人；而商业银行的经营好坏可能影响千千万万的个人、家庭、企业的利益乃至整个社会的稳定。因此，商业银行对社会的影响比一般企业要大得多。

③ 国家对商业银行的管理特殊。由于商业银行对社会的特殊影响，国家对商业银行的管理要比对一般工商企业的管理严格得多，管理范围也要广泛得多。

（3）商业银行是一种特殊的金融企业

商业银行作为金融企业，也有其特殊性。

① 与中央银行相比较，商业银行面向工商企业、公众及政府机构，办理具体的存贷业务。中央银行是金融体系的核心，不以营利为目的，不办理具体信用业务，其身份是监管者、领

导者与政策执行者。

② 与其他经营机构相比，商业银行的业务经营具有广泛性和综合性，不限于其他专业银行或非银行金融机构特定的经营范围，并且随着金融自由化浪潮的推进，现代商业银行已经发展为金融百货公司、全能银行，业务触角已伸至社会经济生活的各个角落。

3. 商业银行的职能

商业银行特殊的企业性质决定了商业银行的基本职能，一般来说，商业银行具有以下四个方面的职能：

（1）信用中介

信用中介是最基本的，也是最能反映商业银行经营活动特征的职能。商业银行的信用中介职能表现在两个方面：一方面，通过办理负债业务将社会上各种暂时闲置的资金集中起来；另一方面，又通过办理资产业务将其投放到各产业和经济部门。

商业银行信用中介职能的发挥，对一国经济的运行和发展具有重要意义。

① 商业银行发挥信用中介职能，可以克服借贷双方之间直接借贷的局限性，为其顺利进行资金融通提供现实条件。当借贷双方的借贷数量、借贷期限不一致或贷出者对贷入者的信用状况不了解时，借贷行为就难以成立，而商业银行作为信用中介，不受上述条件的限制，它可以和任何一个企业、单位发生信用关系，为它们提供必要的资金支持。

② 商业银行发挥信用中介职能，可以提高社会总资本的使用效率，集中社会上的闲散资金，再贷放出去，可以大大提高社会总资本的使用效率，促进经济发展。

（2）支付中介

商业银行作为货币经营机构，具有为客户保管、出纳和代理支付货币的功能，即支付中介职能。

支付中介职能是商业银行作为货币经营机构的传统职能。商业银行为客户办理转账结算、货币收付、货币汇兑等业务，主要通过账户间的划拨和转移来最大限度地节约现钞的使用和降低流通成本，从而加快结算过程和资金周转速度，为社会生产的顺利进行提供条件。

（3）信用创造

商业银行的信用创造职能是建立在信用中介职能和支付中介职能的基础之上的，是商业银行的特殊职能。信用创造职能主要表现为创造信用流通工具和创造存款货币。

在早期的贵金属货币时代，银行最初创造出了信用工具——银行券，在中央银行垄断货币发行权之后，商业银行所创造的支票成为现代经济主要的支付工具。目前，信用卡和电子货币等新的信用支付手段日益盛行。

商业银行利用吸收的存款发放贷款，而绝大部分贷款又会通过一定的渠道和方式回到银行，形成新的存款，此过程在银行系统内不断进行，使银行体系存款大量增加。

（4）金融服务

金融服务职能是商业银行综合性、多功能性的体现，是商业银行利用其在经济生活中的特殊地位，以及凭借其在提供信用中介业务和支付中介业务过程中所获得的大量信息的优势，运用电子计算机和网络等先进手段，为客户提供电子银行、国际结算、银行卡和财富管理等多种服务。金融服务功能大大拓宽了商业银行的业务领域，增加了业务收入，增强了与客户的联系，提高了自身的竞争力。

▶ 6.2 商业银行业务

商业银行按资金来源与资金运用的不同分为负债业务、资产业务和表外业务。商业银行通过负债业务和资产业务筹措资金并加以运用以谋求利润的同时，履行其信用中介职能。商业银行从事的表外业务，不列入资产负债表，不占用或很少占用商业银行自身资产，实现的是支付中介、金融创新服务职能。

6.2.1 商业银行负债业务

负债是商业银行最基本、最主要的业务。商业银行负债业务是指形成其资金来源的业务，包括存款业务、借款业务和自有资本。商业银行的资金来源包括自有资本和吸收的外来资金两个部分，其中存款业务和借款业务属于吸收的外来资金。

1. 存款业务

银行主要的资金来源是吸收外来资金，其中最主要的是吸收存款。存款是银行接受客户存入资金，存款人可以随时或按约定时间支取款项的一种信用业务。存款业务是商业银行传统的业务之一，也是其主要的资金来源。

（1）活期存款

活期存款是商业银行传统的存款业务，是客户可以随时开出支票对收款人进行支付而无须事先通知开户银行的一种存款形式。这种存款不受期限限制，客户可以随时存取和支付，银行有义务随时兑付。

商业银行经营活期存款流动性很大，存取频繁，手续繁杂，并且要为客户提供许多相应的服务，如存取、提现、转账、支票和清算等，银行需要付出大量的人力和物力，成本较高。虽然活期存款经营成本较高，与商业银行的经营原则相矛盾，但各国商业银行却十分重视这项业务，并且千方百计地增加活期存款。这是因为活期存款是商业银行的重要资金来源。商业银行通过吸收活期存款，可以取得短期的资金来源，然后将其用于短期贷款和投资，并获得收益，而且在存款客户存取的过程中，还会形成一个相对稳定的余额，这些余额则可以用于中长期的贷款和投资。另外，经营活期存款的业务量大，存取频繁，有利于密切银行与顾客之间的关系。20 世纪 60 年代以来，随着金融业竞争的加剧，西方国家的商业银行（主要是美国）在吸收活期存款方面不断进行金融创新，如可转让支付命令账户、自动转账服务账户、货币市场存款账户等。

（2）定期存款

定期存款是存款客户与银行事先约定期限，并支付较高利息的存款形式，这种存款形式要求到期才能支付本金和利息。定期存款是从利润中提存的，在近期内暂不支用，且具有一定的稳定性，银行可以将余额作为长期资金运用。期限通常为 3 个月、6 个月和 1 年不等，也有 1 年以上、3 年、5 年，甚至更长期限的，利率随期限的长短而不同，一般存期越长，利率越高。当客户未到期而要求提前支付时，大额存单要按约定期限提前通知银行，银行扣除提前日期的利息或无论存期长短，一律按活期存款利息计息。

定期存款单不能像支票一样流通转让，只是到期提取存款的凭证，但定期存款单可以作为客户抵押品取得银行贷款。

（3）储蓄存款

储蓄存款是主要针对个人积蓄货币和取得利息收入而开办的一种存款形式。储蓄存款可分为活期存款和定期存款。银行对储蓄存款要支付利息。

储蓄存款中活期存款的存取没有期限规定，只凭存折便可提现。定期储蓄存款分零存整取、整存整取、存本取息、定活两便等形式。定期储蓄存款需要预先约定存款期限，期限越长，利息率越高，是个人投资取息的重要手段。定期存款如果提前支取，按活期存款利率计息。

（4）大额可转让定期存单

大额可转让定期存单是指由银行业存款类金融机构面向非金融机构投资人发行的，以人民币计价的记账式大额存款凭证，是银行存款类金融产品，属一般性存款。大额可转让定期存单的推出，扩大了负债产品市场化定价范围，健全了市场化利率形成机制，对于降低社会融资成本也具有积极意义。大额可转让定期存单有以下特点。

① 认购门槛高。普通的定期存款没有存款门槛的要求，而大额可转让定期存单有一定的认购门槛。我国《大额存单管理暂行办法》中规定，个人投资人认购大额存单起点金额不低于 30 万元，机构投资人认购大额存单起点金额不低于 1 000 万元。

② 流动性好。大额可转让定期存单不记名，不可提前支取，但可在二级市场交易转让，而传统的定期存款记名，并且不可流通转让，存款用户必须将普通的定期存款持有到期后，银行才会按照约定的存款利率支付利息，若提前支取普通定期存款，存款利率只能按照活期利率计算。

③ 利率较高。大额存单发行利率以市场化方式确定，通常是中央银行基准存款利率根据期限长短上浮 30%～50%，远高于同期的银行定期存款利率。

④ 期限短。大额可转让定期存单的期限一般为 14 天到 1 年，而普通的定期存款有多种存款期限可以选择，最长存款期限可以达 5 年。

专栏【6-2】

居民储蓄存款大幅增长意味着什么

中国人民银行公布的 2022 年 5 月份货币和社会融资数据都实现超预期大幅反弹，预示着整体金融需求和经济活动正在逐步恢复。令人关注的是，人民币存款同样出现大幅增长：5月份，人民币存款增加 3.04 万亿元，同比多增 4 750 亿元。其中，住户存款增加 7 393 亿元，非金融企业存款增加 1.1 万亿元，财政性存款增加 5 592 亿元，非银行金融机构存款增加 2 568 亿元。前 5 个月，居民存款累计增加 7.86 万亿元，同比增长 50.6%，2020 年前 5 个月居民存款累计增加 6.15 万亿元。

中国银行研究院的一位研究员在接受中国经济时报记者采访时指出，居民储蓄存款大幅增长是综合因素作用的结果。根据中国人民银行 2022 年一季度储户问卷调查报告显示，倾向于"更多储蓄"的居民占 54.7%，比上一季度增加 2.9 个百分点；倾向于"更多消费"的居民占 23.7%，比上一季度减少 1 个百分点；倾向于"更多投资"的居民占 21.6%，比上一季度减少 1.9 个百分点。居民存款大增也进一步佐证了当前消费、投资实际需求不足的问题。此外，股市疲弱致使居民减少了对资本市场理财产品的购买，房地产市场运行疲弱也使得居民持币观望意愿增强。

〔资料来源：周子勋，居民储蓄存款大幅增长意味着什么[N]，
中国经济时报，2022-06-15（2）.〕

2. 借款业务

商业银行的一部分资金还可来源于其他各种借款，包括同业借款、向中央银行借款、国际金融市场借款、发行金融债券、短期资金占用等。

（1）同业借款

同业借款是指商业银行之间或商业银行同其他金融机构之间发生的短期资金融通活动。商业银行向同业借款有以下几种形式。

① 银行同业拆借。参加拆借的银行主要是商业银行和非银行金融机构。

② 抵押借款。同业拆借一般都是隔夜拆借，不需要抵押品。当商业银行资金紧张、周转发生困难、需要稍长时间的资金时，还可以通过抵押的方式向其他同业银行借入资金。作为抵押的资产，大部分是客户的抵押资产（包括动产和不动产）。另外，银行也可以将所持有的票据、债券、股票等金融资产作为抵押品，向其他银行借入资金。

③ 转贴现借款。银行将已贴现未到期商业票据向另一金融机构转让，在约定时间将票据购回，自行办理票据款项托收，以解决暂时资金短缺问题。

④ 回购协议。回购协议是指商业银行将其持有的有价证券，如国库券、政府债券等，暂时出售给其他金融机构、政府甚至企业，并在将来约定的日期以约定价格购回的一种协议。

（2）向中央银行借款

中央银行是商业银行的最后贷款者，向商业银行发放贷款或办理再贴现业务，以满足商业银行融通资金的需要。商业银行向中央银行借款主要有两种形式。

① 再贴现，指商业银行把自己办理贴现业务时买进的未到期票据，如短期商业票据、国库券等转卖给中央银行以取得资金。

② 再贷款，指商业银行用自己持有的合格票据、银行承兑汇票、政府债券等有价证券作为抵押品向中央银行取得抵押贷款。

（3）国际金融市场借款

近二三十年，各国商业银行，尤其是大的商业银行，通过在国际市场上广泛地办理存款业务，发行大额定期存单，出售商业票据、银行承兑票据及发行债券等方式筹集资金。

（4）发行金融债券

商业银行按照国家有关规定作为发行人向社会公众发行债券来筹措资金。金融债券在到期之前一般不能提前兑换，只能在市场上转让，这样做可以使商业银行筹措到稳定且期限灵活的资金，从而优化资产结构，扩大长期投资业务。

（5）短期资金占用

短期资金占用是商业银行在为客户办理转账结算业务的过程中占用的客户资金。客户汇款时，将资金交给汇出行，至汇入行将资金付给收款人，其间有一定的时间间隔。在这段时间内，款项为银行所占用。

3. 自有资本

自有资本是银行拥有的永久归银行支配使用的资金。商业银行在登记注册时，必须筹集拥有规定数额的最原始的资金来源，形成银行的自有资本。

商业银行的自有资本主要包括以下几个方面：

（1）股本

股本是商业银行最原始的资金来源，是筹建银行时所发行股票面值的合计金额。股本的主要作用在于：创办银行时购置房产、设备及开办时的其他各项费用支出；作为重要的信贷资金来源之一,用于发放贷款;标志着银行的清偿能力和承担风险的能力,用于弥补银行的业务亏损和呆账损失。

(2) 资本盈余

资本盈余是商业银行新发行普通股或增资扩股时,由于股票的市场价格高于票面价格而产生的溢价部分。

(3) 未分配利润

未分配利润也叫留存盈余,是商业银行在向股东支付股息和红利之后剩余的营业收益部分。它是商业银行增加自有资金的主要来源,仍属于股东所有。

(4) 公积金

公积金是商业银行按法定比率提留的部分营业收益,是商业银行追加新资本的重要渠道。

(5) 风险准备金

风险准备金是商业银行为应对意外损失而从收益中提留的资金。

一家银行需要多少资本,每种形式的资本在总量中占有多大的比例,是商业银行资本管理中的核心问题。从理论上讲,银行的资本实力应足够雄厚,以保护存款人和其他债权人不受损失,增强公众信心和提供足够的贷款担保;但实际上,资本不是越多越好。因为,根据风险与收益的比例关系,如果资本积累到超过需要,可能引起股东权益不必要的降低。在一般情况下,银行应在不违背法律的前提下,根据自己的经营环境确定适度的资本需要量(资本充足程度)。所谓资本充足程度,是指银行管理当局要求银行在一定资产规模条件下,必须持有的资本数量。

6.2.2 商业银行资产业务

商业银行资产业务是商业银行将其形成的货币资金加以运用的业务,是商业银行取得收益的主要途径,是银行创造利润的渠道。商业银行必须保留一定的存款准备金和库存现金,以备存款客户提取。按照盈利性和流动性的原则,商业银行资产业务主要有现金资产、贷款业务、票据业务和证券投资业务。

1. 现金资产

现金资产是银行资产中最富有流动性的部分,基本上不为银行带来直接的收益。商业银行现金资产持有总量应保持在一个合理适度的水平,即在保持流动性的前提下,减少机会成本。现金资产包括库存现金、法定存款准备金、存放同业款项、托收中现金等。

(1) 库存现金

库存现金是指为应付客户取现和日常业务开支及收付需要而存放在银行金库中的现钞和硬币。虽然支票结算、信用卡等信用工具的使用已大大超过了现金的使用,但目前为应付客户小额提款及银行自身日常开支的需要,仍必须保有一定的库存现金。

(2) 法定存款准备金

按法律规定,商业银行必须按其吸收存款量的一定比例交存中央银行作为法定存款准备金。它最初的作用是增强商业银行应付客户提取现金的能力,保证存款人的利益和维护银行业的稳定,现已转变为中央银行贯彻货币政策的一个重要工具。

(3) 存放同业款项

商业银行为便于同业之间结算收付及开展代理业务,存放在其他银行的资金称为存放同业款项;其他银行存放在本行的资金称为同业存款。存放同业款项具有活期存款的性质,流动性强。

（4）托收中现金

托收中现金是指在商业银行经营过程中，每天都会收到开户人的支票或现款，其中的支票有可能非本行付款而须向付款行收取，这种须向别的银行收款的支票称为"托收中现金"。在电子支付网络系统引入银行业务后，托收在途资金数量大幅减少。

2. 贷款业务

贷款是银行将其所吸收的资金按一定的利率贷放给客户，并约期归还的业务。贷款是商业银行的传统资产业务，也是主要资产业务，是银行运用资金取得利润的主要途径。

商业银行贷款业务种类很多，按不同的标准，可大致划分为如下几类。

（1）按贷款的保证程度划分

按贷款的保证程度划分，可分为抵押贷款、质押贷款、担保贷款和信用贷款。

① 抵押贷款是借款人以特定的抵押品作为保证的贷款。如果借款人不履行债务，银行有权处理其抵押品。可以用作抵押品的有住宅、厂房、汽车、设备、商品等不动产和动产，以及应收账款、公司股票、债券之类的各种资产。

② 质押贷款是以借款人或担保人的流动性强的动产（如存单、债券等）或权利（如专利权、商标权等）为担保而发放的贷款。

③ 担保贷款是由借贷双方以外的有相应经济实力的第三方为担保人而发放的一种贷款。担保贷款要求担保人出具证书，如在贷款到期时债务人不能如约归还贷款，则由担保人承担责任。

④ 信用贷款是指完全根据借款人的信用，即借款人的品德和财务状况而发放的贷款。

（2）按贷款用途划分

按贷款用途划分，可分为工商业贷款、农业贷款、不动产贷款、消费者贷款、证券贷款。

① 工商业贷款是发放给工商企业的用于固定资产投资和流动资产资金需要等用途的贷款，它是商业银行的主要贷款业务。

② 农业贷款是银行对农业生产提供的用于购买种子、化肥、农药等短期用途和购买土地、改良土壤、建造水利设施等长期用途的贷款。

③ 不动产贷款是对土地开发、住宅公寓、厂房建筑、大型设施购置等项目所提供的贷款。这类贷款收益高，但期限较长，一般为5~20年。

④ 消费者贷款是商业银行向达到法定年龄，具有法律诉讼能力，可以承担法律责任的自然人提供的用于个人购买住房、汽车、耐用消费品或其他消费项目的贷款。

⑤ 证券贷款是商业银行对证券经营商、经纪人、投资银行和证券公司发放的短期贷款。

（3）按贷款期限划分

按贷款期限划分，可分为短期贷款、中期贷款和长期贷款。

① 短期贷款，是指贷款期限在1年以内（含1年）的贷款。

② 中期贷款，是指贷款期限在1年以上（不含1年）5年以下（含5年）的贷款。

③ 长期贷款，是指贷款期限在5年以上（不含5年）的贷款。

（4）按贷款的质量或风险程度划分

依据借款人偿还贷款本息的实际能力可以确定贷款的质量和风险程度，为此可以将贷款分为正常贷款、关注贷款、次级贷款、可疑贷款和损失贷款，也叫贷款五级分类法。

① 正常贷款指借款人一直能够正常还本付息，银行对借款人最终偿还贷款有充分的把握，各方面情况正常，不存在任何影响贷款本息及时全额偿还的消极因素，没有任何理由怀

疑贷款会遭受损失。

② 关注贷款指借款人偿还贷款本息仍属正常，但是出现了一些可能影响贷款本息偿还的不利因素，如果这些因素长期存在，则有可能影响贷款本息的偿还。

③ 次级贷款指借款人的还款能力出现明显问题，完全依靠其正常收入无法足额偿还贷款本息，即使执行担保，也可能遭受一定损失。

④ 可疑贷款指借款人无法足额偿还贷款本息，即使执行担保，也会遭受较大的损失。

⑤ 损失贷款指在采取了所有可能的措施或者一切必要的法律程序后，本息仍然无法收回，或只能收回较少的部分。

（5）按贷款的偿还方式划分

按贷款的偿还方式划分，可分为一次还清贷款和分期偿还贷款。

① 一次还清贷款要求借款人于贷款的最后到期日偿还其全部本金，但贷款利息可以分期偿还或于偿还本金时一次付清。

② 分期偿还贷款的本息可以按月、按季、按半年或按年支付业务。

3. 票据业务

商业银行的票据业务包括票据贴现和票据抵押贷款两种。

（1）票据贴现

票据贴现是指银行购买未到期的票据，在扣除从贴现日起至票据到期日止的利息以后，将余额以现款付给客户，或转入其活期账户的业务。能够进行贴现的票据有银行承兑汇票、商业承兑汇票、商业期票、银行本票和汇票。目前，商业银行贴现范围已经扩展到政府债券，包括公债和国库券。

（2）票据抵押贷款

票据抵押贷款是指一种由银行发放的以未到期的票据作为抵押的贷款。

4. 证券投资业务

证券投资业务是指商业银行在公开市场上购进有价证券，如购买公债券、国库券、公司债券等形成的商业银行资金运用业务。商业银行购买有价证券既提高了银行资产的流动性，又能获取一定的收益。

证券投资业务与贷款业务的区别如下。

① 证券投资业务具有较强的流动性，可以随时出售证券变现，而用于贷款的资金则需要在贷款期满后才能收回。

② 证券价格受市场供求关系影响较大，银行很难控制，而贷款时银行有权决定贷款条件，如期限、利率、担保等。

③ 证券投资存在很大的风险，银行为了保证证券投资的安全性，大多选择投资政府债券或信誉良好的公司债券，而这些债券的利率一般比贷款利率要低，但是证券投资业务还有可能取得对企业的控股权，这是贷款业务所无法实现的。

④ 商业银行在开展贷款业务的过程中可以创造派生存款，从而增加银行的准备金，而证券投资业务不具备这项功能。

6.2.3　商业银行表外业务

商业银行表外业务是指商业银行所从事的不列入资产负债表，不影响资产负债总额的经营活动。广义的表外业务既包括传统的中间业务，又包括金融创新中产生的一些有风险的业务（狭义的表外业务）。传统的中间业务也称无风险业务，是指银行接受客户委托，为客户提供各种服务，收取各种费用（包括佣金、手续费、管理费等）的一种业务。中间业务很少占用银行自己的资金，主要包括结算类业务，如汇款等；代理类业务，如代理证券业务、代理保险业务等。狭义的表外业务不反映在资产负债表中，不直接形成资产或负债，但却是一种潜在的资产或负债，在一定条件下会转化为表内业务，因而承担一定的风险，主要包括担保类业务、承诺类业务及交易类业务。

1. 结算类业务

支付结算是单位、个人在社会经济活动中由于商品交易、劳务供应和资金调拨等引起的货币给付及其清算行为。按给付方式的不同，可分为现金结算和转账结算两种。现金结算是收付双方直接使用现金进行的货币给付行为；转账结算是通过银行将款项从付款单位账户划转到收款单位账户的货币收付行为，表现为各存款账户之间的资金转移。支付结算类中间业务是由商业银行为客户办理因债权债务关系引起的货币支付、资金划拨等相关业务。

（1）汇兑业务

汇兑也称汇款，是客户以现款交付银行，由银行把款项支付给异地收款人的一种业务。使用的汇兑凭证有银行支票、银行本票、邮信、汇票或电报的付款委托书。这些凭证都是承汇银行向另一家银行或其他分行发出的命令，命令后者向第三者支付一定数额的款项。按汇出行将付款命令通知汇入行的方式不同，可分为电汇、信汇和票汇三种形式。随着互联网的普及，银行广泛使用电子技术，除小额款项仍使用电汇、信汇或票汇形式外，大笔资金基本上是通过电子资金调拨系统处理的。

（2）信用证业务

信用证是由银行根据申请人的要求和指示，向受益人开立的载有一定金额，在一定期限内凭规定的单据在指定地点付款的书面保证文件。这种业务在国际贸易中广泛应用。银行经办信用证业务，不仅可以增加手续费收入，还可以收取一定的货款作为结算保证金，银行可以暂时占用这部分资金。

（3）托收承付

托收承付是根据购销合同由收款人发货后委托银行向异地付款人收取款项，由付款人向银行承认付款的结算方式。

（4）银行卡业务

银行卡是由经授权的金融机构（主要指商业银行）向社会发行的具有消费信用、转账结算、存取现金等全部或部分功能的信用支付工具。依据清偿方式，银行卡可分为借记卡和贷记卡（信用卡）。银行卡业务既可缓解银行柜台服务压力，又可为银行带来丰厚的收入。

2. 代理类业务

代理类业务是商业银行接受单位或个人的委托，以代理人的身份代表委托人办理一些经双方议定的经济事项的业务。在代理时，客户并没有转移财产的所有权，而且银行并不使用自己的资产，不为客户垫款，不参与收益的分配，只收取代理手续费。

（1）代收代付业务

代收代付业务是指银行接受客户的委托代为办理指定款项收付事宜的业务，如代发工资、代理各项公用事业收费、代理行政事业性收费和财政性收费等。

（2）代理保险业务

代理保险业务是指商业银行接受保险公司委托代其办理保险业务的业务。商业银行代理保险业务，可以受托代个人或法人投保各险种的保险事宜，也可以与保险公司签订代理协议，作为保险公司的代表，代保险公司承接有关的保险业务。

（3）代理证券业务

代理证券业务是指银行代理证券的发行、兑付、买卖，代办债券利息的发行、股息的支付、证券的清算等。

（4）代理融通业务

代理融通业务是一种应收账款的综合业务。它是指商业银行接受他人的委托，以代理人的身份代为收取应收账款，并为委托者提供资金融通的业务。

3. 担保类业务

担保类业务是指银行接受客户的委托对第三方承担责任的业务，包括保函、备用信用证、跟单信用证、承兑等。担保包括融资类担保，如借款担保、融资租赁担保、一年期以上（不含一年）的延期付款担保、以现汇偿还的补偿贸易担保等；非融资类担保，如贸易项下或承包工程项下的投标担保、履约担保、预付款担保、质量及维修担保、付款担保等。

4. 承诺类业务

承诺类业务是指商业银行在未来某一日期按照事前约定的条件，向客户提供约定信用的业务，主要指贷款承诺。贷款承诺是银行与客户达成的在规定的有效期内银行承诺对其进行贷款的一种契约。在有效期内，银行须按双方协定的金额、利率、期限随时准备向客户提供贷款，客户可根据实际需要决定贷款与否，包括可撤销承诺和不可撤销承诺两种。

5. 交易类业务

交易类业务是指商业银行为满足客户保值或自身风险管理等方面的需要，利用各种金融衍生工具进行的资金交易活动，包括远期合约、金融期货、互换、期权等金融衍生业务。

▶ 6.3 商业银行的经营与管理

6.3.1 商业银行经营与管理的一般原则

安全性、流动性和盈利性是商业银行在业务经营活动中必须遵循的原则，即"三性原则"。商业银行在以盈利为目标的经营活动中，面临着各种风险，因而必须认真考虑如何保持银行的安全性和流动性，而盈利性、安全性和流动性之间往往存在着矛盾。因此，商业银行必须对"三性"的协调组合做出最佳选择。

1. 安全性

安全性原则要求商业银行在经营活动中必须保持足够的清偿能力，尽量避免受到各种不确定性因素的影响。这是商业银行在经营过程中所要遵循的首要原则。商业银行在经营过程中会面临各种风险，如信用风险、利率风险、汇率风险、流动性风险、市场风险等。这些风险的发生和发展会影响银行的资金收回，削弱银行的清偿能力甚至导致银行倒闭，故商业银行应在经营活动中，坚持稳健经营的理念，保持较高的资本充足率，合理安排资产负债结构，注重资产质量，运用各种法律允许的策略和措施来分散和控制风险，提高银行抗风险的能力。

2. 流动性

流动性原则要求商业银行能够具备随时应付客户提现和满足客户借贷的能力。流动性包括资产的流动性和负债的流动性两个方面。资产的流动性是指银行资产在不受损失的前提下随时变现的能力。负债的流动性是指银行能经常以合理的成本吸收各种存款和其他所需资金。一般情况下，我们所说的流动性是指前者，即资产的变现能力。银行需要满足客户提取存款等方面的要求。银行在安排资金运用时，一方面，要使资产具有较高的流动性；另一方面，必须力求负债业务结构合理，并保持较强的融资能力。

3. 盈利性

盈利性原则是指商业银行在稳健经营的前提下，尽可能提高银行的盈利能力，力求获取最大利润，以实现银行的价值最大化目标。因此，盈利性目标是商业银行经营活动的最终目标，这是由商业银行的性质所决定的。

商业银行的盈利是指业务收入减去业务支出的净值。商业银行的业务收入包括贷款利息收入、投资收入（股息、红利、债息、出卖有价证券的价格净差额等）、劳务收入（指各种手续费、佣金等）。业务支出包括吸收存款支付的利息、借入资金支付的利息、贷款与投资的损失、支付的工资、办公费、税金等。商业银行在经营过程中，要尽量降低成本，提高资产的质量，尽量减少资产损失。

商业银行的"三性原则"既有相互统一的一面，又有相互矛盾的一面。商业银行的"三性原则"是相互统一的。流动性原则是商业银行正常经营的前提条件，是商业银行资产安全性的重要保证；安全性原则是商业银行稳健经营的重要原则，离开安全性，商业银行的盈利性也就无从谈起；盈利性目标是商业银行的最终目标，保持盈利性又是维持商业银行流动性和保证银行安全性的重要基础。商业银行的"三性原则"又是相互矛盾的。当商业银行保持较多的流动性强的资产或保持较多的资本时，商业银行的盈利性会减弱；反之，当商业银行将更多的资金用于长期放款和长期投资时，盈利性较强，但会引起流动性不足、安全性不足。协调商业银行的"三性原则"关系，在实现商业银行利益最大化的同时，实现流动性、安全性和盈利性的最佳组合非常重要。

6.3.2 商业银行经营与管理理论的演变

商业银行的经营与管理理论随着经济环境的发展变化而变化，经历了20世纪60年代以前盛行的资产管理理论、20世纪60—70年代中期盛行的负债管理理论和20世纪70年代末期兴起的资产负债综合管理理论。

1. 资产管理理论

资产管理是商业银行传统的、历史最悠久的管理方法，强调资产的流动性和经营的安全性。20世纪60年代以前，西方商业银行流行的是资产管理理论。当时，由于投资机会和投资品种很少，银行业缺乏竞争，居民在资金使用方式上无选择性，多余的资金只能存入银行。对此，银行家当时关心的焦点问题是如何使资金获得最大盈利，因此资产管理理论便成为当时商业银行界普遍重视的管理理论。该理论强调商业银行在负债处于被动的前提下，通过调整其资产结构（商业银行资产在现金、贷款、证券投资上如何最佳分配）来协调盈利性、流动性和安全性之间的关系。资产管理理论依次经历了以下几个发展阶段。

（1）商业贷款理论

商业贷款理论也称真实票据理论或生产性贷款理论，源于亚当·斯密的《国富论》一书。该理论从当时银行的主要资金来源是活期存款这一客观事实出发，认为银行只应发放短期的、与商品的生产周期相联系的工商企业贷款，以保证资金的流动性。这种贷款以商业行为为基础，以商业票据为凭证，随着商品周转的完结自动偿付，因而不会引起通货膨胀和信用膨胀。该理论的局限性如下。

① 不能满足经济发展对银行长期资金的需求，将银行的资金运用局限在狭窄的范围内，同时也限制了经济的发展。

② 忽视了银行存款的相对稳定性，使长期负债没有得到充分利用。

③ 忽视了在经济衰退期，有真实票据做抵押的贷款也可能出现违约现象，但是该理论所强调的资金流动性管理、根据期限结构配置资源等理念，对商业银行的经营管理具有积极的指导意义。

（2）资产转移理论

资产转移理论也称资产可转换理论，是第一次世界大战后发展起来的理论，当时金融市场进一步发展和完善，金融资产多样化，流动性提高，银行对流动性有了新的认识，于是资产转移理论应运而生。资产转移理论最早是由美国的莫尔顿（Moulton）于1918年在《政治经济学》杂志上发表的《商业银行及资本形成》一文中提出的。该理论认为商业银行需要特别强调流动性要求，但只要银行持有的资产在市场上可随时变现，则银行资产就有较大的流动性，因而银行在资金运用中可持有可转换性的资产。这类资产应具有信誉高、期限短、易于出售的特性。这一理论使得第二次世界大战后一段时期有价证券的持有量超过贷款，同时带动了证券业的发展。不过，该理论也存在一定的缺陷，主要表现在以下两方面。

① 证券价格受市场波动的影响很大，影响银行顺利出售证券。

② 当出现经济危机时，证券价格下跌，证券供大于求，几乎无人购买证券，与银行投资证券以保持资产流动性的初衷相悖。

（3）预期收入理论

预期收入理论是第二次世界大战以后发展起来的理论。当时，美国正处于战后经济恢复时期，政府推行了鼓励企业扩大设备投资和鼓励出口消费的经济政策，由此引致对贷款的需求猛增，并且资金需求日益多样化，预期收入理论在此背景下应运而生。预期收入理论最早是由美国的普鲁克诺（Pruckno）于1949年在《定期放款与银行流动性理论》一书中提出的。该理论认为：一笔高质量的贷款，其还本付息的日期应以借款人的未来收入或现金流量为依据。预期收入理论强调的是借款人是否确有用于还款的预期收入，而不是贷款能否自偿，担保品能否迅速变现。预期收入理论推动了商业银行将业务经营范围向中长期设备贷款、个人消费贷款、房屋抵押贷款、设备租赁贷款等方面扩展，使贷款结构发生了变化，是商业银行业务综合化的理论依据。不过，预期收入理论也存在一定的缺陷，主要表现在以下两方面。

① 将资产流动性建立在对借款人未来收入的预测上，而预测不可能完全精确。

② 贷款期限较长的情况下，不确定因素会增加，债务人的经营情况可能发生变化，贷款到期时债务人不一定具备清偿能力，导致银行风险增加，银行流动性受到损害。

2. 负债管理理论

负债管理理论是以负债为经营重点来保证流动性和盈利性的经营管理理论。该理论产生于20世纪50年代末期，盛行于20世纪60年代。当时，各国经济出现了迅速发展的局面，对银行贷款需求不断增加。在追求利润最大化的目标下，银行希望通过多种渠道吸收资金、扩大规模。与此同时，欧洲货币市场的兴起、通信手段的现代化、存款保险制度的建立，大大方便了资金的融通，促进了银行负债经营的发展，为银行负债管理理论的产生创造了条件。

负债管理理论认为，银行的流动性不仅可以通过加强资产管理获得，而且也可以由负债管理，即向外借入款项来提供。因此，银行没有必要在资产方面保持大量高流动性资产，而应将它们投入高盈利的贷款或投资，一旦发生流动性需要，随时可通过负债管理来提供。

负债管理的积极意义如下。

① 找到了保持银行流动性的新方式，由单纯依靠吸收存款的被动型负债方式，发展为向外借款的主动型负债方式，在流动性管理上把单一的资产调整为资产和负债的结合。

② 为扩大银行资产规模、增加贷款投放创造了条件。

负债管理也存在一定的缺陷，主要表现在以下三方面。

① 提高了银行成本。美国主要通过发行大额可转让定期存单、向中央银行贴现窗口借款、向联储资金市场借款、根据回购协议借款和向欧洲美元市场借款等方式实施负债管理。通过这些方式筹借的款项，均必须支付高于一般存款的利息，必然导致银行负债成本提高。

② 增加了商业银行的经营风险。如果市场上资金普遍趋紧就会增加流动性风险，使银行陷入困境，甚至给银行带来倒闭风险。同时，负债成本的提高必然促使银行把资产投放在效益更高的放款和投资上，造成信用风险和流动性风险增加。

③ 负债管理易使银行不注重补充自有资本，使自有资本占银行资金来源总额的比重日益下降。

3. 资产负债综合管理理论

20世纪70年代的两次石油危机所引发的经济危机，使西方商业银行的负债管理方法遇到了挑战。这一时期的银行家发现，尽管负债在增长，但由于资产与负债在期限上的不匹配以及资产质量的下降，使商业银行在经营上承担着相当大的风险。因此，从商业银行经营管理的客观要求来看，银行家从20世纪70年代就开始寻找一种新的安全高效的经营管理方法。于是，20世纪70年代中期便产生了商业银行资产负债综合管理理论。

资产负债综合管理理论认为，单靠资产管理或单靠负债管理都难以形成商业银行安全性、流动性和盈利性的均衡，只有根据经济金融情况的变化，通过资产结构和负债结构的共同调整，才能达到利差最大、波动幅度最小的银行经营管理目标要求。对此，商业银行管理者通常采取以下两种手段：一是根据预测利率的变化积极调整银行的资产负债结构，即运用利率敏感性差额管理法；二是运用金融市场上转移利率风险的工具，如期限管理法、金融期货、期权、利率调换等保值工具，作为差额管理法的补充。

商业银行的资产负债综合管理是银行经营方式上的一次重大变革，它对商业银行、金融界和经济运行都产生了深远影响。对商业银行本身来讲，其积极意义如下。

① 资产负债管理增强了银行抵御外界经济动荡的能力。资产负债管理运用现代化的管理方法及技术手段，从资产负债的总体上协调资产与负债的关系，并围绕解决资产与负债的矛盾的关键因素——利率，建立了一整套的防御体系，形成了一个"安全网"，使得银行在调整资产负债结构方面具有较大的灵活性和应变力，从而增强了银行对抗风险的能力。

② 资产负债管理有助于解决银行"借短放长"的矛盾。利率市场化引起筹资成本的提高，迫使商业银行减少冒险性、放弃性和进攻性的放款和投资策略，采取更为谨慎的态度对待放

款和投资。就国民经济而言,资产负债管理有助于为客户提供日益多样化的金融工具、服务与融资方式,并通过主动资产负债管理,优化负债结构,降低融资成本,服务于实体经济。

资产负债管理也存在一定的缺陷,主要表现在以下两方面。

① 资产负债管理促使竞争更加激烈,银行倒闭数量增加。

② 不利于金融监管机构对银行的监控。金融放松管制、技术进步促成新金融工具的涌现,使银行业务日益多样化、复杂化,尤其是表外业务的迅速发展,使金融监管机构在风险测定方面面临更多的困难。这一切都增加了金融监管机构的管理难度,提高了社会管理成本。

▶ 6.4 金融科技发展与商业银行数字化转型

近年来,随着移动互联网、大数据、区块链、人工智能等数字技术席卷全球,金融科技作为技术与金融紧密结合的新兴领域在众多国家和地区得到蓬勃发展。金融科技的迅猛发展对商业银行传统经营模式产生了重要影响,商业银行等传统金融机构也走上了轰轰烈烈的数字化转型之路。

6.4.1 商业银行数字化转型发展阶段

按照商业银行业务发展和经营模式演进过程中对金融科技应用的迭代更新历史,可以将商业银行金融科技的发展归纳为以下三个阶段。

(1)萌芽发展期

伴随着20世纪80年代后期信用卡和ATM(自动取款机)的出现和迅速推广,对银行卡识别技术和ATM数据传输技术的研发探索,将国内银行业引入了数字化经营的新阶段,为之后更深层次的数字化发展奠定了基础。20世纪90年代网上银行的出现和21世纪初手机银行的推广,更是提高了商业银行客户服务和内部管理等方面的效率,我国商业银行的金融服务开始从"以账户为中心"向"以客户为中心"转变。

(2)快速成长期

2013年,以"余额宝"为代表性金融产品的诞生拉开了互联网金融的序幕。商业银行在支付结算、财富管理、借贷融资等领域不断面临互联网金融公司的激烈竞争。在该阶段,商业银行在产品和服务方面的数字化转型力度较大,大数据、人工智能等前沿技术加大了应用,但整体经营理念、组织体系尚未大规模变革,金融科技应用的深度和广度仍有较大提升空间。

(3)全面转型期

2018年,我国商业银行普遍开始从战略高度重视和规划金融科技发展方向,围绕数字化转型进行组织架构和人员结构等方面的调整,多家商业银行成立金融科技子公司,金融科技应用从前台产品服务延展到中后台整体组织和业务流程重构。在该阶段,商业银行已经从顶层设计入手,引领经营管理全面迈向开放融合,创新技术的研发和应用不断加速,围绕客户需求搭建全场景的开放生态圈成为行业共识和发展方向。

6.4.2 商业银行数字化转型的主要举措

近年来,我国商业银行持续加大了金融科技投入力度,在推动自身数字化转型的同时,也引领了我国金融科技发展进入新时期。

（1）提升数字化转型到战略层面

商业银行在战略层面高度重视金融科技发展，立足自身差异化竞争优势，制定全面积极的数字化转型战略。从顶层设计出发，对银行传统文化理念、经营管理进行主动和深度的变革。例如，中国工商银行提出"数字工行""建设科技强行"总体战略，打造第五代新系统，构建"深度感知、开放应用"的大数据与人工智能服务平台，全面打造数字新业态。

（2）加大金融科技资金投入力度

加大金融科技资金投入力度已成为我国银行业发展的一致选择。根据中国银行保险监督管理委员会数据，2020年我国银行业信息科技资金总投入2 078亿元，同比增长20%。其中，中国工商银行、中国农业银行、中国银行等多家银行的年报显示其在科技能力建设方面的当年资金投入量均超百亿元。

（3）调整组织架构适应数字化经营

商业银行突破传统机制的掣肘，积极推进组织架构调整，以适应整体经营的数字化转型。例如，2019年12月，招商银行将总行战略规划与执行部变更为"金融科技办公室"，并将信息技术部原研发中心拆分为四大研发中心，实现在决策层面由金融科技办公室负责总体规划，在经营层面由研发中心精准对接各业务条线的组织重构。

（4）设立金融科技子公司

截至2021年年末，约有16家商业银行成立了金融科技子公司。作为商业银行集团综合化经营的科技组成部分，金融科技子公司可与银行共享信息技术基础设施和客户资源。目前，处于前列的银行系金融科技子公司已初步具备开展大规模金融业务数字化的转化能力，对内服务银行数字化转型，对外向同业金融机构输出信息科技解决方案。

商业银行数字化转型是一个长期的过程，应进一步加强数字化展业模式创新，积极构建商业银行数字化经营生态圈。依照监管机构指引合规开展，借助监管部门的专业指导，加强数据治理和技术手段安全性、适用性管理，提升数字化转型发展的安全标准和风险防范能力。

小 结

1. 商业银行是指以经营存款、贷款，办理转账结算为主要业务，为客户提供多种功能和综合化服务并以获取利润最大化为目的的金融企业。

2. 商业银行的组织形式也叫商业银行的组织制度，商业银行的组织形式主要有单一银行制、分支行制、集团银行制、连锁银行制。

3. 商业银行特殊的企业性质决定了商业银行的基本职能。一般来说，商业银行具有四个方面的职能，即信用中介、支付中介、信用创造、金融服务。

4. 商业银行负债业务是指形成其资金来源的业务，包括存款业务、借款业务和自有资本。商业银行的资金来源包括自有资本和吸收的外来资金两个部分，其中存款业务和借款业务属于吸收的外来资金。

5. 商业银行资产业务是商业银行将其形成的货币资金加以运用的业务，是商业银行取得收益的主要途径，是银行创造利润的渠道。商业银行的资产业务主要有现金资产、贷款业务、票据业务和证券投资业务。

6. 商业银行表外业务是指商业银行所从事的不列入资产负债表，不影响资产负债总额的经营活动。广义的表外业务既包括传统的中间业务，又包括金融创新中产生的一些有风险的业务（狭义的表外业务）。

7. 安全性、流动性和盈利性是商业银行在业务经营活动中必须遵循的原则，即"三性原则"。盈利性、安全性和流动性之间往往存在着矛盾。因此，商业银行必须对"三性原则"的协调组合做出最佳选择。

8. 资产管理理论强调，商业银行在负债处于被动的前提下，通过调整其资产结构（商业银行资产在现金、贷款、证券投资上如何最佳分配）来协调盈利性、流动性和安全性之间的关系。

9. 负债管理理论认为，银行的流动性不仅可以通过加强资产管理获得，而且可以由负债管理，即向外借入款项来提供。因此，银行没有必要在资产方面保持大量高流动性资产，而应将它们投入高盈利的贷款或投资，一旦发生流动性需要，随时可通过负债管理来提供。

10. 资产负债综合管理理论认为单靠资产管理或单靠负债管理都难以形成商业银行安全性、流动性和盈利性的均衡，只有根据经济金融情况的变化，通过资产结构和负债结构的共同调整，才能达到收益最大、风险最小的银行经营管理目标要求。

11. 金融科技的迅猛发展对商业银行传统经营模式产生了重要影响。商业银行等传统金融机构的数字化转型之路经历了萌芽发展期、快速成长期和全面转型期三个阶段。

思 考 题

1. 怎样理解商业银行是一个特殊的企业？
2. 简述商业银行经营的"三性原则"及其相互关系。
3. 简述商业银行的职能。
4. 商业银行的主要业务活动有哪些？
5. 简述商业银行信用创造的过程。
6. 简述商业银行资产负债管理背景及其手段。
7. 金融科技背景下，商业银行如何做好数字化转型？

案 例 简 介

案例【6-1】

裕农民　通农村——"建行裕农通"让金融服务更有温度

"裕农通"是中国建设银行全面贯彻落实全行普惠金融战略，面向"涉农、扶贫"重点客群，为解决乡村地区金融产品服务供给不充分等痛点，以互联网思维、轻资产新模式快速延伸县域乡村地区服务触角，提高中国建设银行县域乡村服务能力而搭建的县域普惠金融共享服务平台。截至 2023 年年末,"裕农通" App 注册用户近 1 400 万户,累计发放涉农贷款近 1 000 亿元。"裕农通"围绕"存贷汇缴投"为县域乡村客户提供特色助农取款、专享聚财、裕农保险等 30 项产品功能,支持新兴力量创业,优先吸收返乡退役军人作为"裕农通"服务点业主,在其原有创业实体基础上,加载金融服务功能和民生服务场景,助力其提升品牌影响力,引流更多的客户群体,进一步创收致富。

"裕农通"始终坚持开放共享平台属性,打造"裕农通+"。"裕农通+"的核心优势在于以开放银行方式与合作方平台灵活交互,坚持与外部 B 端和 G 端优质平台共享协作、合作赋能,实现了场景共建"引进来",叠加更多民生服务。目前,已与海尔日日顺、云南智慧政务等平台对接。例如,湖北省分行与省供销社联手打造"裕农通+供销社"惠农金融新模式。青岛市分行在日日顺乐农水站的基础上叠加"裕农通"服务点,实现双向赋能和触点共建,打造"青岛样板"。未来,"裕农通"将立足城乡融合视角,以"大平台、大场景、大服务"为思路纲领,持续推动"裕农通+"迭代升级;跨界整合资源,携手生态伙伴共建乡村服务联盟,搭建开放共享、城乡互联、数字经营的综合服务平台,将 B、C、G 三端纳入生态,引入务工服务、基层政务、电商扶贫等多方主体和场景,共建数字化生态服务网络,构建县域金融服务新业态。

(资料来源:根据中国建设银行官方网站资料整理。)

问题:
中国建设银行"裕农通"为"三农"提供的金融服务有哪些?

简要提示:
中国建设银行"裕农通"为"三农"提供的金融服务主要包括:通过线上线下相结合的方式,为农户和农村产业发展提供资金融通;提供银行卡助农取款服务;提供汇款、转账和代理等金融服务;为农户和中小企业提供金融知识培训;搭建数字化生态服务网络,引入务工服务、基层政务、电商扶贫等多方主体和场景,构建县域金融服务新业态。

案例思政元素分析:

首先,金融机构要有责任和担当。为积极响应党的十九大报告提出的服务"三农"、实施乡村振兴战略,中国建设银行始终以为农村地区百姓提供更好的金融服务为责任和担当,在全国范围内建设"裕农通"服务点。"裕农通"是中国建设银行将普惠金融战略向农村地区延伸、服务农民大众的一个重要抓手,是对中央服务"三农"、乡村振兴战略的积极响应和落实。同时也是对运用金融力量,实现精准扶贫的一次有效探索,承载着中国建设银行作为国有大行更好地服务"三农"事业、助力乡村振兴、践行金融扶贫的三大重要使命。

其次,金融机构要坚持创新发展。"裕农通"不断实现迭代创新,为中国广大农村提供便捷的普惠金融服务和便民生活,助力乡村振兴美好图景的加速实现。通过设立固定学堂,提供公益性文化服务设施、书报刊、音像产品,开展金智惠民系列公益培训等,融合线上线下多渠道互动,以金融智慧赋能"三农"事业,助力脱贫攻坚和乡村振兴。

案例【6-2】

包商银行正式宣告"退场"

2020 年 11 月 20 日,天职国际会计师事务所出具了《包商银行股份有限公司专项审计报告》。该报告显示:截至 2020 年 10 月 31 日,包商银行净资产约为 -2 055.15 亿元,其中资产总额约为 4.47 亿元,负债总额约为 2 059.62 亿元,资不抵债且无偿债能力。北京市第一中级人民法院于 2021 年 2 月 7 日裁定包商银行破产，为成立了近 23 年的包商银行画上了"句号"。自此，包商银行正式退出历史舞台。

包商银行前身为包头市商业银行股份有限公司，于 1998 年在原包头市 17 家城市信用合作社的基础上，由包头市财政局及 12 家法人股东共同发起设立。2007 年，公司变更为包商银行。2008—2011 年获准在北京、深圳、成都、宁波设立 4 家区外分行，业务快速向区外扩张。2019 年 5 月 24 日中国银行保险监督管理委员会接管当日，包商银行的个人客户为 466.77 万户，企业及同业机构客户为 6.36 万户。

从股权结构来看，包商银行股东结构单一且高度集中，完全被明天集团所把控。2005—2019 年的 15 年里，大股东"明天系"通过注册 209 家空壳公司，以 347 笔借款的方式套取信贷资金，形成的占款高达 1 560 亿元，每年的利息多达百亿元，但"明天系"长期无法还本付息，全部成了不良贷款，包商银行存在严重的资不抵债现象。从组织架构来看，包商银行各部门框架设置齐全，但董事长大搞"一言堂"，银行党委、内部审计部门形同虚设。此外，包商银行案件中银行与地方监管部门存在着诸多的利益输送，地方监管高官收受贿赂，以不正当手段干涉包商银行内部人事任命和各项业务。可以说，地方监管过程中存在的问题也是助推包商银行破产的关键因素。

包商银行成为我国第一家经由司法破产程序完成清算并退出市场的商业银行。为最大限度地保障老百姓的钱袋子，包商银行在行政接管启动之时就宣布：个人储蓄存款本息全额保障；5 000 万元（含）以下的对公存款和同业负债本息全额保障。银行破产是一个不幸的结局，但是对于我国银行监管事业和银行法治事业的发展来说，则可以说是一个具有历史意义的标杆案例。

〔资料来源：王增武. 包商银行破产重组[J]. 银行家，2021（1）：23.〕

问题：

1. 包商银行破产的主要原因是什么？
2. 包商银行的破产清算过程带给我们什么启示？

简要提示：

1. 包商银行破产的主要原因有三个：其一，银行控股股东缺乏约束，形成高额占款和利息，且长期无法归还；其二，表面上机构设置齐全，但是内部监督治理机制失灵，内部审计形同虚设，未能发挥监督作用；其三，地方监管不到位，银行与地方监管部门存在着利益输送，地方监管高官收受贿赂，金融腐败问题较严重。

2. 包商银行的风险处置没有走行政性清理的老路，而是始终坚持市场化、法治化原则。未来银行的破产程序将向市场化的方向转变，在银行的破产程序中，中央银行不再"兜底"，这就需要债权人更为谨慎地选择存款机构，政府部门要进一步增强对银行的监管，优化银行公司治理机制，防范化解各类风险。

案例思政元素分析：

首先，维护金融稳定是金融系统的重要任务。维护金融安全与稳定是关系我国经济社会发展全局的具有战略性、根本性的大事。中央金融工作会议多次强调坚决守住不发生系统性金融风险的底线。当前，我国金融体系总体稳健，但也面临着不少风险和挑战。银行业在金融体系中处于核心地位，对整个金融体系的稳定运行至关重要。银行业的客户数量众多，服务的企业与合作的同业业务交易对手遍布全国各地，一旦债务无法及时兑付，极易引发银行挤兑、金融市场波动等连锁反应。因此，应加强对金融机构的监管，加强风险防控，维护金融安全。

其次，金融业要以服务人民为宗旨。在包商银行案例中，客户的合法权益受到保护，对个人存款和绝大多数机构债权予以全额兑付。同时，为了逐步打破刚性兑付，对大额机构的债权提供平均 90%的保障，这表明我国金融监管当局始终坚持金融工作的人民性，站在人民群众的立场上考虑问题，维护和发展人民群众的根本利益。

第 7 章

中央银行

本章学习要点

通过本章的学习,了解中央银行产生的必要性、中央银行的发展历史,掌握中央银行的主要业务和职能,理解中央银行的类型和性质。

本章学习重点与难点

重点是中央银行的主要业务,难点是中央银行的负债业务。

本章基本概念

中央银行、单一型中央银行制度、复合型中央银行制度、准中央银行制度、跨国中央银行制度、资产业务、负债业务、再贴现业务、存款准备金。

▶ 7.1 中央银行的产生与发展

7.1.1 中央银行产生的必要性

中央银行是历史的产物,它的产生与发展本身就是一个历史的过程。在这一过程中,社会经济活动中的种种矛盾是中央银行产生与发展的最根本的动力。具体来说,它的产生适应了以下几个方面的需要。

1. 统一银行券发行的需要

随着商品经济发展规模的扩大,贵金属的产量远远不能满足生产和交换的需要,铸币不能满足企业贴现的需要。于是,银行便发行一种以自己为债务人的不定期的票据来为企业办理贴现,这种由银行发行的票据就是银行券。金本位和银本位时期,各商业银行都有权发行自己的银行券,但要以黄金储备作为发行准备,确保银行券可以随时得到兑现。随着货币信用业务的迅速扩展,银行不断增多,流入市场的银行券也越来越多,这种分散的银行券发行也越来越暴露出它的缺陷。

① 一般商业银行规模较小,资金实力、信用、营业网点都十分有限,所以其发行的银行券只能在银行所在的地域附近流通,给社会化的生产和流通带来了较大的困难。

② 银行林立，竞争加剧，难免发生恶意挤兑的情况。

③ 银行券种类过多，给银行、企业间的交易与支付带来困难，使得债权债务关系复杂化，一旦某种银行券不能兑现，造成的连锁反应危害很大。

④ 商业银行独自发行的银行券往往存在发行数量过多、准备金不足的现象；或经营管理不善而发生兑现困难，从而引发信用危机，造成社会秩序混乱。

由此可见，保证银行券币值稳定、流通顺畅的最好办法就是建立一个专门的机构统一监管银行券的发行。这也是中央银行产生的重要原因之一。

2. 统一票据清算的需要

商业银行在其发展初期，由于没有一个统一的清算机构，银行间的票据结算往往是由各家银行单独分散进行的。随着商品经济的发展和银行业务的不断扩大，银行收受票据的数量也急速增长，各银行之间的债权债务关系日趋复杂，票据的结算业务也变得繁重起来。同城结算和当日轧差尚且有困难，异地结算就更是难上加难。在当时的一些城市，同业工会和私人银行就自发建立了票据交换所，如世界上最早的票据交换所就是1773年由英国的一些私人银行组建的伦敦票据交换所。

票据交换所提高了清算效率，但由于缺乏权威性和统一性，还不能为所有银行接受和利用，因而无法进行统一的票据交换和清算，一般仅限于同城之间的票据清算。这在客观上要求建立一个全国统一和公正的权威性清算机构，作为金融支付体系的核心，保证商品经济的快速发展。显然这一重任只能由中央银行来担任。因为中央银行的清算体系可以通过各商业银行在中央银行开立的清算账户确保其权威性，客观公正地统一处理票据交换和协调债权债务关系，防止任何形式的清算危机的发生。因此，充当一个全国性的统一的票据清算中心，是中央银行产生的又一重要原因。

3. 稳定信用体系的需要

随着商品生产和商品流通规模的不断扩大，对资金的需求量越来越大。在这种情况下，银行往往采取减少支付准备金、扩大银行券的发行规模、进行同业拆借等手段来满足资金需求。由于一些贷款不能按时收回，加上银行券受地区和信用的制约，以及存款过多地用于贷款等原因，一些银行因支付能力不足而破产。为了保护存款人的利益和银行及整个金融业的稳定，客观上需要有一家权威性机构，适当集中各银行的一部分现金准备作为后盾，在银行出现难以克服的支付困难时，集中给予必要的贷款支持，充当银行的"最后贷款人"。

4. 政府融资的需要

在确立资本主义制度的过程中，政府的职能也越来越重要。政府职能的扩大增加了开支，政府融资成为一个重要问题。在各自独立发展的银行体系中，政府融资要与多家银行建立联系，这种联系是非常松散的，这为政府融资带来不便。为保证和方便政府融资，发展或建立一个与政府有密切联系、能够直接或间接为政府筹资或融资的银行机构，逐步成为政府要解决的重要问题，这也是中央银行产生的基本经济原因之一。

5. 金融监管的需要

随着商品货币经济关系的发展，银行和金融业在整个社会经济关系中的地位和作用日益突出，金融的稳定运行成为经济稳定发展的重要条件。为了保证银行和金融业的公平有序竞争、保证各类金融业务和金融市场的健康发展、减少金融运行的风险，政府对金融业进行监督管理是非常必要的。而政府对金融业进行监督管理，不得不依靠专门的机构来实现。由于金融业监管的技术性很强,这个专门从事金融业监督、管理和协调的职能机构要有一定的技术能力和操作手段,还要在业务上与银行建立密切联系,以便其制定的各项政策和规定能够通过具体业务活动得到贯彻实施。这也使中央银行的产生成为必然。

7.1.2 中央银行制度的历史演变

1. 中央银行制度的初步形成

中央银行的产生基本上有两条渠道:一是由信誉好、实力强的大银行逐步发展演变而成的,政府根据客观需要,不断赋予这家银行某些特权,从而使这家银行逐步具有了中央银行的某些性质并最终发展成为中央银行,如英格兰银行;二是在政府的设计下直接为担负中央银行职能而设立的,如美国的联邦储备系统,以及第二次世界大战后许多发展中国家建立的中央银行。

从世界范围看,中央银行的产生和中央银行制度的形成与发展迄今已经历了300多年的历史。总的来看,从17世纪中后期中央银行萌芽,到20世纪第一次世界大战结束后国际社会联合呼吁重建国际货币体系和金融秩序为止的250多年间,中央银行和中央银行制度基本处于初步形成和发展时期。

(1)瑞典银行和英格兰银行的产生及其初期发展阶段

在谈到最早的中央银行时,一般会提到两家银行,即瑞典银行和英格兰银行。瑞典银行成立于1656年,最初是一般的私营银行,但该行在其业务活动上一开始就比当时已经存在的其他银行前进了一大步,它是最早发行银行券和办理证券贷款抵押业务的银行之一。瑞典银行成立12年之后的1668年,政府出面将其改组为国家银行。在政府将瑞典银行收归国有的同时,瑞典银行也开始具有了中央银行的某些特征。因此,有些学者把1668年作为中央银行的正式开端。英格兰银行成立于1694年,比瑞典银行的成立晚38年,比瑞典银行改组为国家银行晚26年。按照中央银行的基本性质与特征及其在世界中央银行制度形成过程中的历史作用来看,英格兰银行则是最早全面发挥中央银行功能的银行。

(2)1920年以前其他国家中央银行的产生与发展

英国作为早期的资本主义国家,其经济发展的领先地位和英格兰银行的成功运作成为众多国家学习和效仿的榜样。法兰西银行成立于1800年,1848年政府决定将各省银行并入法兰西银行,法兰西银行统一和垄断了货币发行权,并于19世纪70年代完成了向中央银行的过渡。美国早期具有中央银行职能的银行是美国第一银行(1791—1811年)和美国第二银行(1816—1836年),这两家银行均在成立之初规定的20年营业期满终止。真正全面具有中央银行职能的美国联邦储备系统,于1913年建立,也是这一阶段最后形成的中央银行制度,同时也标志着中央银行初建阶段的基本结束。

(3)初期中央银行制度的特点

初期的中央银行首先是政府的银行和发行的银行,后来才逐渐发展成为银行的银行。也就是说,中央银行的建立首先是基于政府的需要而设立的,如为政府筹措经费,代表政府管理金融市场、发行货币等。真正成为银行的银行,则是在中央银行制度发展到一定阶段之后。

初期的中央银行一般都兼营一部分商业银行业务,或本身就是从较大的商业银行发展而来的,如英格兰银行、法兰西银行,以及其他国家的一些中央银行等。初期的中央银行一般都是私人股份银行或私人和政府合股的银行,并不完全是由国家出资设立的。初期的中央银行并不完全具备控制国内金融市场、干预和调节整个国民经济的功能。

2. 中央银行制度的普及与发展

中央银行制度作为一种金融制度在世界范围内的发展，分为以下三个阶段。

（1）中央银行制度的推广阶段

中央银行制度在世界范围内的推广，除了适应世界各国金融事业发展的客观要求，1920年在比利时布鲁塞尔召开的国际金融会议起了强有力的推动作用。自1913年美国联邦储备制度建立之后，理论界对于中央银行业务与商业银行业务的划分逐渐获得了明确的概念。对中央银行稳定金融市场、稳定经济的特殊功能有了较为明确的认识。在1920年布鲁塞尔召开的国际金融会议上，与会国家建议，尚未设立中央银行的国家，应该迅速设立中央银行。自布鲁塞尔会议以后的10年中，各国新成立的中央银行达31家，如中国、南非、智利、墨西哥、澳大利亚等国的中央银行都于此时成立。

（2）中央银行制度的扩展阶段

① 适应客观需要而设立。这个时期新设立的中央银行，很多不是由商业银行自然演进为中央银行的，而是出于通货膨胀的压力。在国际联盟的推动下由人工设计，然后运用政府力量创设的。在创设这些新的中央银行的过程中，原有的中央银行发挥了积极作用，新的中央银行模仿原有的中央银行的发展模式，少走了很多弯路。

② 活动重心在于稳定货币。这个时期中央银行的业务活动，除了已经开始的集中办理票据交换、再贴现等，其中心任务在于解决第一次世界大战后的通货膨胀问题。因此，中央银行独占了货币发行权，禁止向政府财政借贷，这成为这个时期工作的重心。

③ 集中储备成为稳定金融的重要手段。如果说中央银行已经认识并注意到集中货币发行的重要性的话，由于20世纪30年代经济大危机中金融机构的倒闭、破产对社会经济造成的震荡，人们认识到稳定金融机构需要采用集中储备的办法。准备金制度的建立和严格管理，成为中央银行管理金融的重要手段。

（3）中央银行制度的强化阶段

在这一时期，随着国家对中央银行认识的深化，随之而来的是控制强化。第二次世界大战后，中央银行制度的强化主要表现在以下几个方面。

① 中央银行的国有化和一般货币发行向国家垄断发行转化。

② 中央银行的货币政策由一般运用向综合配套运用转化。

③ 专门行使中央银行职能。

④ 公开市场业务的普遍推行和存款准备金的集中趋势。

⑤ 各国中央银行金融合作的加强。

7.1.3 我国中央银行的发展

我国中央银行制度的萌芽可以追溯到20世纪初。1905年8月清政府设立的户部银行，除办理一般商业银行业务外，还享有铸造货币、代理国库、发行纸币、经理国债等特权，成为中国最早出现的具有部分中央银行职能的国家银行。

1908年户部银行更名为大清银行，1912年改组为中国银行。国民政府成立以后于1928年在南京成立了中央银行，行使中央银行的职能；在1942年以前，国民政府控制的四大银行，即中央银行、中国银行、交通银行和中国农民银行均享有发钞权。直到1942年以后，才由中央银行统一货币发行、统一代理国库、统一外汇管理。

中华人民共和国的中央银行是中国人民银行。中国人民银行于1948年12月1日在解放区的华北银行、北海银行和西北农民银行的基础上，在河北石家庄正式成立，同时开始发行钞票。1949年中国人民银行总行迁入首都北京。作为发行的银行和政府的银行，中国人民银行成为中华人民共和国的中央银行。中国人民银行在成立的70多年中，经历了几个不同的发展阶段。

中华人民共和国成立至1978年年末，全国实际上只有中国人民银行一家银行，它既办理全国的工业、农业、商业信贷业务及城乡居民储蓄业务，又执行中央银行的职能，即代理财政金库，独占货币发行权，管理全国的金融业，被称为"大一统"的银行体制。它与当时高度集中的计划经济体制相适应。1979—1983年中国人民银行的双重职能开始逐步剥离，中央银行的职能逐步增强。1983年9月，国务院做出决定：中国人民银行不再兼办工商信贷和储蓄业务，而专门行使中央银行的职能，以加强信贷资金的集中管理和综合平衡。1986年1月7日国务院发布了《中华人民共和国银行管理暂行条例》，首次以法规形式规定了中国人民银行作为中央银行的性质、地位和职能。

1995年3月18日，第八届全国人民代表大会第三次会议通过了《中华人民共和国中国人民银行法》，这是中华人民共和国第一部金融大法。该法的颁布实施标志着中国现代中央银行制度正式形成并进入法治化发展的新阶段。

1998年，中国人民银行在全国范围内进行管理体制改革，撤销省级分行，设立九个跨省区分行。2003年，中国人民银行对银行、金融资产管理公司、信托投资公司及其他存款类金融机构的监管职能被分离出来，成立了监督管理委员会。同年12月27日《全国人民代表大会常务委员会关于修改<中华人民共和国中国人民银行法>的决定》正式发布。至此，经过50多年的曲折经历，一个以中央银行为领导，中国银行业监督管理委员会、中国证券监督管理委员会、中国保险监督管理委员会协助分业监管，以商业银行为主体，城乡信用社、证券公司、保险公司等多种金融机构并存，适度竞争、分工协作的具有中国特色的金融体系终于形成，这标志着我国金融体制改革完成了历史性转变和质的飞跃。

扁担上的国家银行

7.2 中央银行的类型、性质、职能

7.2.1 中央银行的类型

中央银行的类型也就是中央银行的组织形式，这主要取决于一国的社会制度、政治体制、经济发展水平等。从目前各国的中央银行制度来看，大致可分为四种类型：单一型、复合型、准中央银行型和跨国型。

1. 单一型中央银行制度

单一型中央银行制度，即全国只设一家中央银行，并下设若干分支机构的中央银行制度。它又分为一元中央银行制和二元中央银行制。一元中央银行制是一国只设立独家中央银行和众多的分支机构执行其职能，它是由总分行组成的高度集中的中央银行制。二元中央银行制是在中央和地方设立两级中央银行机构，中央级银行机构是最高权力或管理机构，地方级银

行机构也有其独立的权力。

世界上绝大多数国家都实行这种类型的中央银行制度，并且通常将总行设在首都，各国中央银行的分支结构一般都会按经济或行政区设立。实行单一型中央银行制度的国家主要有英国、法国、日本等。

2. 复合型中央银行制度

复合型中央银行制度是指一国没有设立专门行使中央银行职能的银行，而由一家大银行集中央银行职能和一般存款货币银行的经营职能于一身的银行制度。此种类型的中央银行又分为两种形式：一体式中央银行制几乎集中了中央银行和商业银行的全部业务和职能；混合式中央银行制既设中央银行，又设专业银行。中央银行兼办一部分专业银行业务，一部分业务由专业银行办理。

一体式中央银行制主要存在于苏联和东欧实行高度计划管理体制的国家。1983年以前，中国也一直实行这种银行体制，严格地讲，在一体式中央银行制下，不会存在真正意义上的中央银行，商业银行也不是真正意义上的银行，它充其量只是国家计划的工具和各级财政部门的会计与出纳。

3. 准中央银行（类似中央银行的机构）制度

准中央银行制度是指一些国家或地区没有职能完备的中央银行，而是由政府授权的几个执行部分中央银行职能的机构共同组成中央银行的制度。实行准中央银行制度的国家和地区主要有新加坡、中国香港等。

4. 跨国中央银行制度

跨国中央银行制度是指由几个国家共同组成一个货币联盟，各成员国不设本国的中央银行，而由货币联盟执行中央银行职能的制度。这种中央银行制度的代表有欧洲中央银行、西非货币联盟所设的中央银行和中非货币联盟所设的中非国家银行等。尤其是作为跨国中央银行制度典型代表的欧洲中央银行，在欧洲和世界金融活动中扮演着日益重要的角色。

专栏【7-1】

欧洲中央银行

欧洲中央银行（European Central Bank，ECB）是欧洲经济金融一体化发展的产物，成立于1998年，总部设在德国法兰克福，其前身是设在法兰克福的欧洲货币局。它是根据1992年签署的《马斯特里赫特条约》的规定成立的，职能是"维护货币的稳定"、管理主导利率、货币的储备和发行及制定欧洲货币政策。它不接受欧盟领导机构的指令，不受欧元区各国政府的监督，是唯一有资格在欧元区发行欧元的机构。1999年1月1日，欧元正式启动；2002年7月1日，欧元正式成为欧元区各成员国统一的法定货币。

7.2.2　中央银行的性质

中央银行的性质一般表述为：中央银行是国家赋予其制定和执行货币政策，对国民经济进行宏观调控和管理的特殊金融机构。具体而言，从其业务特点看：是为商业银行等普通金融机构和政府提供金融服务的特殊金融机构。从其发挥的作用看：是制定和实施货币政策、监督管理金融业和规范金融秩序、防范金融风险和维护金融稳定、调控金融和经济运行的宏观管理部门；是保障金融稳健运行、调控宏观经济的国家行政机关。我们可从以下角度理解中央银行的性质。

1. 中央银行是特殊的金融机构

中央银行虽然也称为银行，也办理银行固有的"存、贷、汇"业务，但与普通的商业银行和金融机构相比，在业务经营目标、服务对象和经营内容上都有着本质的区别。

（1）从经营目标来看

商业银行和其他金融机构作为经营货币业务的机构，一般以追求利润最大化为其经营目标。而中央银行不以营利为目的，原则上也不从事普通商业银行的业务，而是以金融调控为己任，以稳定货币、促进经济发展为宗旨。虽然中央银行在业务活动中也会取得利润，但其不以营利为目的。

（2）从服务对象来看

商业银行和其他金融机构一般以企业、社会团体和个人为其主要的服务对象，而中央银行在一般情况下不与这些对象发生直接的业务关系。中央银行只与政府和商业银行等金融机构发生资金往来关系，并通过与这些机构的业务往来贯彻和执行政府的经济政策，并履行其管理金融的职责。

（3）从经营内容来看

中央银行独占货币发行权，通过制定和实施货币政策控制货币供给量，使社会总供给和总需求趋于平衡，而商业银行和其他金融机构则没有这种特权。中央银行接受商业银行等金融机构的准备金存款和政府财政性存款，但其吸收存款的目的不同于商业银行等金融机构，即不是为了扩大信贷业务规模，而是为了调节货币供给量。因此，其接受的存款具有保管、调节性质，一般不支付利息。中央银行负有调节信用的职能，其资产具有较大的流动性和可清偿性，一般不含有长期投资的成分，可随时兑付清偿，以保证其调节功能的正常发挥。

2. 中央银行是管理金融事业的国家机关

虽然各国中央银行在制度上存在着差异，但其本质是一样的，中央银行是国家机构的重要组成部分。大多数国家的法律明文规定：中央银行对行政、司法、立法部门负责，是国家管理金融的机关。中央银行大多属于国家和政府权力机关。例如，美国联邦储备系统直接对国会负责，是国会的一个部门。我国的中国人民银行直接隶属国务院，是政府的一个部委单位。无论中央银行隶属国家权力机关，还是政府的一个部门，它都是国家在金融领域的代理人。

中央银行作为管理金融事业的国家机关，主要表现在以下几个方面。

① 中央银行是全国金融事业的最高管理机构，是代表国家管理金融事业的部门。
② 中央银行代表国家制定和执行统一的货币政策，监管全国金融机构的业务活动。
③ 中央银行的主要任务是代表国家运用货币政策对经济生活进行直接或间接的干预。
④ 中央银行代表国家参加国际金融组织和国际金融活动。

中央银行具有国家机关的性质，但与一般的行政机关又有很大的不同（主要体现在调控手段上）。

① 中央银行主要通过特定金融业务来履行其职责，对金融和经济的管理调控主要是采用经济手段来实现的，如调整利率和准备金率、在公开市场上买卖有价证券等。这些手段的应用更多地具有银行业务操作的特征，这与主要依靠行政手段进行管理的国家机关有明显不同。

② 中央银行对宏观经济的调控是分层次实施的，即通过货币政策工具操作调节金融机构的行为和金融市场运作，然后再通过金融机构和金融市场影响各经济部门，其作用比较平缓，

市场的回旋空间较大，这与一般国家机关的行政管理直接作用于各微观主体而又缺乏弹性的方式有较大的不同。

③ 中央银行在政策制定上有一定的独立性。

7.2.3　中央银行的职能

中央银行的职能是中央银行的性质在其业务活动中的具体体现。传统上，把中央银行的职能归纳为"发行的银行、银行的银行、国家的银行"。随着中央银行制度的发展，现代中央银行的职能有了更丰富的内容。中央银行职能的归纳与表述也更加多样，如有的归纳为服务职能、调节职能和管理职能三大类，有的归纳为政策功能、银行功能、监督功能、开发功能和研究功能五大类等。由于传统的归纳与表述由来已久，已被大家普遍接受，并且这种概括简明、形象，便于理解和记忆，因此"发行的银行、银行的银行、国家的银行"仍被看作中央银行的三大基本职能。下面我们就按传统的归纳方法进行分析。

1. 中央银行是"发行的银行"

中央银行是"发行的银行"：一是指国家赋予中央银行集中与垄断货币发行的特权，其是国家唯一的货币发行机构（在有些国家，硬辅币的铸造与发行由财政部门负责），这是其之所以成为中央银行最基本、最重要的标志，也是中央银行发挥其全部职能的基础；二是指中央银行必须以维护本国货币的正常流通与币值稳定为宗旨，但在金本位制和信用货币制度下控制手段存在较大差异。

中央银行集中与垄断货币发行权是其之所以成为中央银行最基本、最重要的标志，也是中央银行发挥其全部职能的基础。中央银行垄断货币发行权是统一货币发行与流通和稳定货币币值的基本保证。货币发行是中央银行的重要资金来源，也为中央银行调节金融活动和全社会货币、信用总量，促进经济增长提供了资金力量。因此，具有"发行的银行"这一基本职能是中央银行实施金融宏观调控的充分与必要条件。中央银行作为一国发行货币和创造信用货币的机构，在发行现钞、供给货币的同时，必须履行保持货币币值稳定的重要职责，将货币量和信贷规模控制在适当的水平，使社会经济能正常运行与发展。

中国人民银行发行的第五套人民币

2. 中央银行是"银行的银行"

中央银行是"银行的银行"：一是指中央银行的业务对象不是一般企业和个人，而是商业银行和其他金融机构及特定的政府部门；二是指中央银行与其业务对象之间的业务往来仍具有"存、贷、汇"业务的特征；三是指中央银行为商业银行和其他金融机构提供支持、服务的同时，对其进行管理，具体表现在以下几个方面。

（1）集中存款准备金

实行中央银行制度的国家通常以立法的形式要求商业银行和其他金融机构将其吸收的存款按法定的比率向中央银行缴存存款准备金，存款准备金集中于中央银行的"法定存款准备金"账户，成为中央银行的资金来源，并由中央银行集中统一管理。中央银行集中保管存款准备金的意义有以下两个方面：一方面，确保存款机构的清偿能力，从而保障存款人的资金安全，以防止商业银行等存款机构因发生挤兑而倒闭；另一方面，中央银行通过调整存款准备金的上缴比率来控制商业银行的货币创造能力和信用规模，以达到控制总体货币供给量的目的。

（2）充当商业银行等金融机构的"最后贷款人"

当商业银行和其他金融机构发生资金困难而无法从其他银行或金融市场筹措资金时，可通过再贴现或再贷款的方式向中央银行融通资金，中央银行则成为整个社会信用的"最后贷款人"。中央银行向商业银行发放贷款的资金主要来源于国库存款和商业银行缴存的存款准备金，如果中央银行资金不足，则可以通过增发货币的方式加以解决。中央银行作为"最后贷款人"向商业银行和其他金融机构提供资金融通。一方面，可以增强整个货币供应的弹性，提高商业银行和其他金融机构的资金流动性；另一方面，可以通过调整再贴现率，起到调控货币供给量和信用规模的作用。充当"最后贷款人"是中央银行非常重要的职能之一，也确立了中央银行在整个金融体系中的核心地位。

（3）全国资金清算中心

在存款准备金制度建立以后，各商业银行都在中央银行开设了法定存款准备金账户和超额准备金账户，各银行之间发生的资金往来或应收、应付款项，都要通过中央银行划拨转账，中央银行遂成为全国资金清算中心。清算时，只要通过各商业银行在中央银行的存款账户进行转账、轧差，直接增减其存款金额便可完成。中央银行办理金融机构之间的清算具有安全、快捷、可靠的特点。中央银行通过组织全国银行系统的清算，一方面，为各家银行提供服务，提高了清算效率，加速了资金周转；另一方面，便于中央银行利用清算系统强化对整个金融体系的监管和控制。

3. 中央银行是"国家的银行"

中央银行是"国家的银行"：一方面，代表国家制定并执行有关金融法规，代表国家监督管理和干预各项经济和金融活动；另一方面，为国家提供多种金融服务。另外，许多国家的中央银行的主要负责人由政府任命；绝大多数国家的中央银行的资本金为国家政府所有或由政府控制股份；还有些国家的中央银行直接是政府的组成部门。

中央银行具有"国家的银行"的职能，具体表现在以下几个方面。

（1）代理国库

国家财政收支一般不另设机构，而交由中央银行代理。财政的收入和支出均通过财政部在中央银行内开设的各种账户进行。具体包括按国家预算要求代收国库库款，并根据财政支付命令拨付财政支出，向财政部门反映预算收支执行情况，代理国库办理各种收支和清算业务。因此，中央银行又被称为国家的总出纳。

（2）代理国家债券的发行

当今世界各国政府均广泛利用发行国家债券的形式弥补开支不足。中央银行通常代理国家债券的发行、推销及发行后的还本付息等事宜。

（3）为政府融通资金、提供特定的信贷支持

当财政因先支后收而产生暂时性收支不平衡时，中央银行一般会向政府融通资金、提供信贷支持。各国中央银行一般不承担向财政提供长期贷款或透支的责任。因为向政府发放中长期贷款将会陷入弥补财政赤字而发行货币的泥潭，导致通货膨胀，危及金融体系的稳定。同样中央银行也不宜在一级市场上承购政府债券。中央银行在二级市场上买卖政府债券虽然也是对政府的间接资金融通，但一般不会导致通货膨胀，反而是中央银行控制货币量的有效手段。

（4）保管外汇和黄金储备，进行外汇、黄金的买卖和管理

世界各国的外汇、黄金储备一般由中央银行集中保管。中央银行可以根据国内国际情况，适时适量购进或抛售某种外汇或黄金，这样做可以起到稳定币值和汇率、调节国际收支、实

现国际收支平衡的作用。

（5）代表政府从事国际金融活动，并提供决策咨询

中央银行一般作为政府的代表参加国家的对外金融活动，如参加国际金融组织、代表政府签订国际金融协定、参加国际金融事务与活动等。同时，在国际、国内的经济和金融活动中，中央银行还充当政府的顾问，提供经济、金融情报和决策建议。

（6）对金融业实施金融监督管理

中央银行作为国家最高的金融管理当局行使其管理职能。其主要内容包括：制定并监督执行有关的金融政策、金融法规、基本制度和业务活动准则等，监督管理金融机构的业务活动，管理和规范金融市场。

总之，"发行的银行、银行的银行、国家的银行"体现了中央银行的基本职能，世界上绝大多数国家的中央银行一般都具备这三大基本职能。

专栏【7-2】

中国现代化支付系统

中国现代化支付系统（CNAPS）是中国人民银行按照我国支付清算需要，并利用现代计算机技术和通信网络自主开发建设的，能够高效、安全处理各银行办理的异地、同城各种支付业务及其资金清算和货币市场交易的资金清算的应用系统。它是各银行和货币市场的公共支付清算平台，是中国人民银行发挥其金融服务职能的重要的核心支持系统。中国人民银行通过建设现代化支付系统，逐步形成一个以中国现代化支付系统为核心，商业银行行内系统为基础，各地同城票据交换所并存，支撑多种支付工具的应用和满足社会各种经济活动支付需要的中国支付清算体系。中国人民银行支付清算系统如图7-1所示。

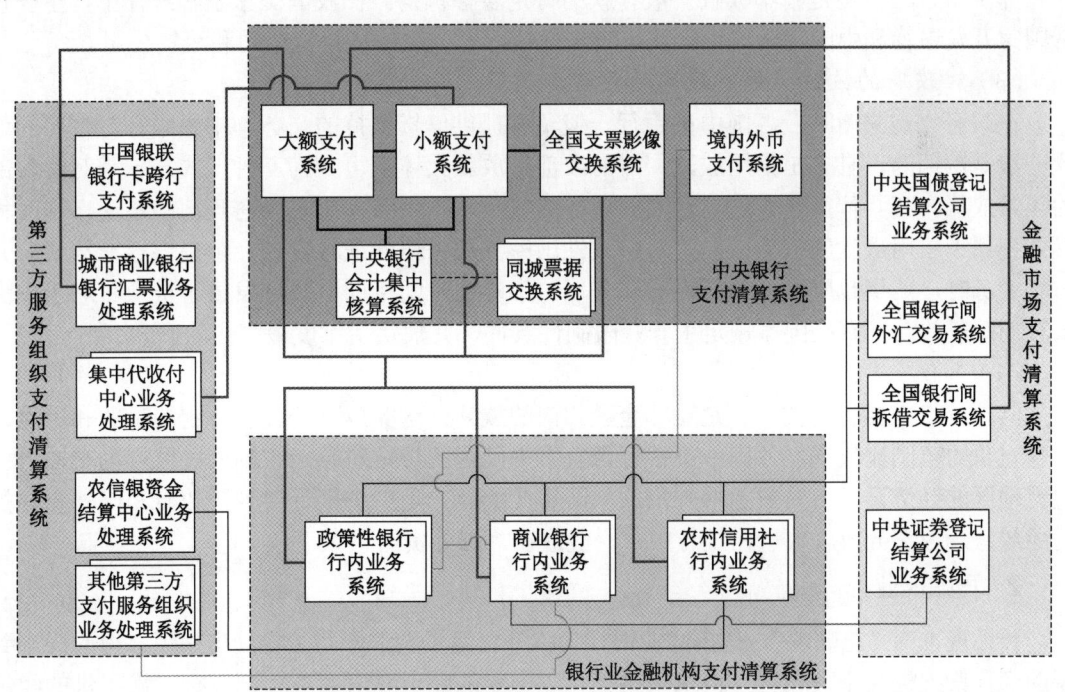

图7-1 中国人民银行支付清算系统

（资料来源：中国人民银行网站。）

7.3 中央银行的主要业务

7.3.1 资产业务

中央银行的资产业务主要包括贷款业务、再贴现业务、金银外汇储备业务及证券买卖业务。

1. 贷款业务

贷款业务是中央银行的主要资产业务之一,在中央银行的资产负债表中,尤其是在实行过计划经济的国家,贷款是一个大项目,它充分体现了中央银行作为"最后贷款人"的职能作用。中央银行的贷款是向社会提供基础货币的重要渠道。

中央银行贷款的对象主要有两种:一是商业银行;二是国家财政。在特殊情况下,中央银行也对一些非银行金融机构发放小额贷款。按贷款对象的不同,中央银行贷款可以分为以下几种类型。

(1) 对商业银行等金融机构的放款

这是中央银行放款中最主要的种类。中央银行通常定期公布贷款利率,商业银行提出借款申请后,中央银行审查批准具体数量、期限和利率,有的还规定用途。一般借款是短期的,采取的形式多为政府证券或商业票据为担保的抵押贷款。

(2) 对非货币金融机构的放款

非货币金融机构是指不吸收一般存款的特定金融机构。在我国国家金融统计中,主要包括国家开发银行和中国进出口银行两家政策性银行、金融信托投资公司和租赁公司。

(3) 对政府的放款(对财政部的放款)

在政府收支失衡时,各国中央银行一般负有提供信贷支持的义务。中央银行对政府的放款一般是短期的,且多是信用放款。对财政部的放款大体上可分为三种形式:一是对财政部的正常放款,其具体操作办法与对商业银行的放款基本一致;二是对财政部的透支。这两种形式都属于信用放款的范畴;三是对财政性国库券和国债的证券投资。中央银行在从事公开市场业务时,购买政府发行的国库券和公债,事实上是间接向财政部发放了贷款。对于中央银行向政府放款,有些国家规定了一些限制性条件,并规定了年度最高借款额。

(4) 其他放款

其他放款主要有两类:一是对非金融部门的放款,这类放款一般有特定的目的和用途,放款对象的范围比较窄,各国中央银行都有事先确定的特定对象。中国人民银行为支持老少边穷地区的经济开发所发放的特殊贷款,即属此类。二是中央银行对外国政府和国外金融机构的放款,这部分放款数量在统计中,一般放在"国外资产"项下。

2. 再贴现业务

再贴现也叫"重贴现",是指商业银行为弥补营运资金的不足,将其由贴现取得的尚未到期的商业票据提交中央银行,请求中央银行以一定的贴现率对商业票据进行二次买进的经济行为。中央银行接受再贴现就是买进商业银行已经贴现的商业票据。这项业务之所以称为"再贴现",是为了区别商业银行对工商企业的"贴现",以及商业银行之间进行的"转贴现"。再贴现业务是国家对宏观经济进行调控的重要手段。中央银行通过调整再贴现率，提高或者降低再贴现额度，从而调节信用规模。因此，再贴现业务对中央银行有效实施宏观金融调控具有突出意义。

3. 金银外汇储备业务

目前，世界各国政府都赋予了中央银行掌管全国国际储备的职责。所谓国际储备，是指具有国际购买能力的货币。例如，黄金，包括金币和金块；白银，包括银币和银块；外汇，包括外国货币、存放外国的存款余额和以外币计价的票据以及其他流动资产。此外，还有特别提款权和在国际货币基金组织的储备头寸等。

中央银行行使这一职责的意义有以下几点。

（1）有利于稳定币值

不少国家的中央银行对其货币发行额和存款额都保持一定比例的国际储备，以保持币值稳定。当国内物资不足、物价波动时，可以使用国际储备进口商品或抛售黄金，回笼货币，平抑物价，维持货币对内价值的稳定。

（2）有利于稳定汇价

在浮动汇率的制度下，各国中央银行在市场汇率波动剧烈时，可运用国际储备进行干预，以维持货币对外价值的稳定。

（3）有利于保证国际收支的平衡

当外汇收支经常发生逆差时，可以使用国际储备抵补进口外汇的不足；当国际储备充足时，中央银行可以减少对外借款，用国际储备清偿债务或扩大资本输出。

4. 证券买卖业务

中央银行在公开市场上买卖有价证券是为了调节和控制货币供给量，影响金融体系的流动性，调控基础货币，从而调节货币供给量，实现体系内流动性总量适度、结构合理、变化平缓和货币市场利率基本稳定的目标。中央银行可通过两种方式开展证券买卖业务：一是在公开市场上买进证券就是直接投放了基础货币，而卖出证券则是直接回笼了基础货币；二是通过买卖不同期限的有价证券来影响利率的水平及结构，进而影响对不同利率有不同敏感性的贷款与投资，达到调节货币供给量或市场利率的目的。

7.3.2 负债业务

中央银行的负债业务主要包括货币发行业务、存款业务、负债业务和资本业务。

1. 货币发行业务

发行货币是中央银行享有的垄断权，也是中央银行最重要的负债业务。货币发行具有两重含义：一是指货币从中央银行的发行库通过各家商业银行的业务库流到社会；二是指货币从中央银行流出的数量大于从流通中回笼的数量。实际操作中，货币发行的渠道是：中央银行通过再贴现、贷款、购买证券、收购金银和外汇等业务活动，将纸币注入流通，并通过同样渠道反向组织货币回笼。每张投入市场的纸币（又称通货）都是中央银行对持有者的负债。

中国人民银行对人民币发行的管理，在技术上主要是通过货币发行基金和业务库的管理来实现的。发行基金是中国人民银行为国家保管的待发行的货币。发行基金有两个来源：一是中国人民银行总行所属印制企业按计划印制解缴发行库的新人民币；二是开户的各个金融机构和中国人民银行业务库缴存中国人民银行发行库的回笼款。保管发行基金的金库称为发行库，发行基金由设置发行库的各级中国人民银行保管，并由总行统一掌握。各分库、中心支库、支库所保管的发行基金都只是总库的一部分。业务库是商业银行为了办理日常现金收付业务而建立的金库，它保留的现金是商业银行业务活动中现金收付的周转金，是营运资金的组成部分，经常处于有收有付的状态。

具体的操作程序是：当商业银行基层业务库的现金不足以支付时，可到当地中国人民银行分支机构在其存款账户余额内提取现金，于是人民币从发行库转移到业务库，意味着这部分人民币进入流通领域。而当业务库的现金收入大于其库存限额时，超出部分则由业务库送交发行库，这意味着该部分人民币退出流通。中国人民银行对人民币发行的管理流程如图7-2所示。

```
┌──────────┐  出库  ┌──────────┐  现金投放  ┌──────────┐
│  发行库  │ ────→ │  业务库  │ ────────→ │市场人民币│
│(中国人民银行)│ ←──── │(商业银行)│ ←──────── │   存量   │
└──────────┘  入库  └──────────┘  现金回笼  └──────────┘
```

图 7-2　中国人民银行对人民币发行的管理流程

中央银行的货币发行分为货币经济发行与货币财政发行。货币经济发行指中央银行根据国民经济发展的客观需要增加货币（传统看法为现金，当前还包括存款货币）流通量；货币财政发行是因弥补国家财政赤字而导致的货币发行。其包括两种情况：一是政府通过发行纸币直接弥补财政赤字；二是通过向银行借款或发行公债，迫使银行额外增加纸币发行量。集中货币发行是中央银行制度形成的经济根源之一，当今各国中央银行均享有垄断货币发行的特权。

中央银行发行货币时，必须遵循信用保证原则，必须建立某种准备制度，其含义是中央银行在发行货币时以某种贵金属或某几类资产作为其发行货币的准备，从而使货币发行量与该种贵金属或这些资产的数量之间建立起联系和制约的关系。金属货币制度下，货币发行规定以金、银等贵金属作为准备。它经历了全额金属准备、部分金属准备和金属货币制度崩溃三个阶段。在金属货币制度崩溃后，信用货币制度时代到来，此时，货币发行与贵金属脱离。多数国家以外汇资产做准备，有些国家以物资做准备，还有一些国家的货币发行采取与某国货币直接挂钩的方式，而且各国在准备比例和准备制度上也有差别。

2. 存款业务

（1）准备金存款

准备金存款是中央银行存款业务中最为主要的一项。它是商业银行等存款机构向中央银行缴存现金形成的存款，包括法定存款准备金和支付准备金两个部分。这是中央银行最大的存款项目。法定存款准备金是商业银行按规定的比率，在其吸收的有关存款总额中缴存中央银行的存款；支付准备金也称备付金，是商业银行为保证存款支付和资金清算而存于中央银行的清偿资金。

（2）其他存款业务

① 政府存款。政府存款的构成各国有很大的差异。有的国家就是指中央政府的存款；而有的国家则将各级地方政府的存款、政府部门的存款也列入其中，即使如此，政府存款中最主要的仍是中央政府存款。中央政府存款一般包括国库持有的货币、活期存款、定期存款及外币存款等。

② 非银行金融机构存款。非银行金融机构在中央银行的存款，有的国家中央银行将其纳入准备金存款业务，按法定要求办理；有的国家中央银行则将其单独作为一项存款业务，在这种情况下，中央银行的这类存款业务就有较大的被动性，因为非银行金融机构的存款不具

有法律强制性,没有法定的存款缴存比率,通常它们将存款存入中央银行的主要目的是便于清算,存多存少由其自主决定,但中央银行可以通过存款利率的变动加以调节。

③ 外国存款。这项存款或属于外国中央银行或属于外国政府,它们持有这些债权构成本国的外汇,随时可以用于贸易结算和清算债务,存款数量取决于它们的需要数量,这一点对于本国中央银行来说,有较大的被动性。从另一方面来看,虽然外国存款对本国外汇储备和中央银行基础货币的投放有一定影响,但由于外国存款数量较小,影响力并不大。

④ 特定机构和私人部门存款。特定机构是指非金融机构,中央银行收存这些机构的存款,或是为了特定的目的,如对这些机构发放特别贷款而形成的存款;或是为了扩大中央银行资金来源。私人部门的存款多数国家法律规定不允许中央银行收存,有些国家虽然法律允许收存,但也只限于特定对象,并且数量很少。

⑤ 特种存款。特种存款是中央银行直接控制方式之一。它是指中央银行按商业银行和其他金融机构信贷资金的营运情况,根据银根松紧和资金调度的需要,以特定方式向这些金融机构集中一定数量的资金。它是调整信贷资金结构和信贷规模的重要措施。

3. 负债业务

(1) 发行中央银行债券

发行中央银行债券是中央银行的一项主动负债业务。发行的对象是国内金融机构,通常是在商业银行或其他非银行金融机构的超额储备过多,而中央银行又不便采取其他政策工具进行调节的情况下发行的。发行债券的目的有两个:一是为了减少商业银行的超额储备,以有效地控制货币供给量;二是作为公开市场业务的工具之一。

(2) 对外负债

中央银行的对外负债主要包括从国外银行借款、对外国中央银行的负债、国际金融机构的贷款、在国外中央银行发行的债券等。对外负债的主要目的是平衡国际收支、稳定本国汇率水平、应对货币危机和金融危机。

4. 资本业务

中央银行的资本业务实际上就是筹集、维持和补充自有资本的业务。与其他银行一样,为了保持正常的业务活动中央银行必须拥有一定数量的自有资本。自有资本的形成主要有三个途径: 政府出资、地方政府或国有机构出资、私人银行或部门出资。

7.3.3 中间业务

由于各商业银行都会在中央银行存放法定存款准备金,并在中央银行设有活期存款账户,这样就可以通过活期存款账户在全国范围内划拨清算,了结银行之间的债权债务关系。中央银行的中间业务大体可分为以下两项。

1. 组织票据交换清算

这项业务是通过票据交换所进行的,票据交换所是同一城市内银行间清算各自应收应付票据款项的场所,一般每天交换票据一次或两次,根据实际需要而定。所有银行间的应收应付款项,都可相互轧抵后收付其差额。各行交换后的应收应付差额,即可通过其在中央银行开设的往来账户进行转账收付,不必收付现金。

2. 办理异地资金转移

各城市、各地区间的资金往来需要通过银行汇票传递,汇进汇出,最后形成异地间的资金划拨。这种异地间的资金划拨必须通过中央银行统一办理。办理异地资金转移，各国的清算办法有很大不同，一般有两种类型：一是先由各金融机构内部自成联行系统，再由各金融机构的总管理处通过中央银行总行办理转账结算；二是将异地票据统一集中传送到中央银行总行办理轧差转账。

小 结

1. 中央银行的产生有其必要性。它的产生适应了统一银行券发行的需要、统一票据清算的需要、稳定信用体系的需要、政府融资的需要和金融监管的需要。

2. 中央银行制度的历史演变经历了初步形成、普及与发展、强化三个阶段，每个阶段都有不同的特点。中国的中央银行是中国人民银行，它成立于1948年12月，中华人民共和国成立至1978年是"大一统"的银行模式。改革开放至2003年，我国金融体制改革完成了历史性转变和质的飞跃。

3. 由于各国社会制度、政治体制、经济发展水平不同，因此中央银行具有不同类型，主要有单一型、复合型、准中央银行型和跨国型。

4. 中央银行的性质是特殊的金融机构和管理金融事业的国家机关，它的性质集中表现在它的职能上。中央银行具有"发行的银行""银行的银行""国家的银行"三大职能。

5. 中央银行职能的实现及作用的发挥都是通过办理具体业务来实现的。中央银行的主要业务包括资产业务、负债业务和中间业务。其中，资产业务主要包括贷款业务、再贴现业务、金银外汇储备业务及证券买卖业务；负债业务主要包括货币发行业务、存款业务、负债业务和资本业务；中间业务主要是指组织票据交换清算和办理异地资金转移。

思 考 题

1. 中央银行产生的必要性是什么？
2. 简述中央银行发展的三个阶段及其特点。
3. 中央银行的职能有哪些？
4. 中央银行的负债业务有哪些？
5. 中央银行的中间业务有哪些？

案 例 简 介

【案例7-1】

央行降准有助于促需求、降成本、提信心

据中国人民银行（下称"央行"）发布的2022年金融统计数据，2022年我国金融流动性

合理充裕，信贷总量增长稳定性增强，央行为实体经济提供超 1 万亿元长期流动性；同时，央行加大对实体经济重点流域和薄弱环节的信贷支持力度，信贷结构持续优化；实体经济综合融资成本明显下降。优化金融机构资金结构，增加金融机构长期稳定资金来源，增强金融机构资金配置能力，支持中小微企业发展。从整体来看，我国金融体系运行平稳，金融为实体经济提供了更有力、更高质量的支持。

2022 年两次降准助力经济回稳。央行透露，2022 年我国金融体系流动性合理充裕，实体经济综合融资成本明显下降，信贷结构持续优化。央行发布的数据显示，2022 年，中国人民银行两次降准，两次分别全面降准 0.25 个百分点，提供超 1 万亿元长期流动性。降息方面，2022 年 1 年期 LPR（贷款市场报价利率）和 5 年期以上 LPR 分别下降 15 个基点和 35 个基点。2022 年，新发放企业贷款加权平均利率为 4.17%，比上年低 34 个基点。

对于 2023 年降准降息是否还有空间，央行反馈，稳健货币政策将在更好统筹扩大内需和供给侧结构性改革的结合点上发力。一方面，着力支持扩大国内需求；另一方面，发挥好结构性货币政策工具引导作用（截至 2022 年年底，结构性货币政策工具余额大约 6.4 万亿元）。将加大对企业稳岗扩岗和重点群体创业就业支持力度，多渠道增加城乡居民收入，在总量上确保社会总需求得到有力支撑，但不搞"大水漫灌"，会平衡好稳增长、稳就业和稳物价的关系。

（资料来源：新浪财经、长江商报。）

问题：
中央银行降准的作用是什么？

简要提示：
首先，有利于保证市场资金面和利率水平的稳定，为高质量发展和供给侧结构性改革营造适宜的货币金融环境。其次，体现了对支持中小微企业稳健发展的政策延续性，继续创造更加适宜的融资环境，稳定中小微企业经营预期，增加市场流动性，提高资金循环速度，降低中小微企业经营风险。再次，降准将为商业银行释放长期、无成本的流动性，会进一步助力金融机构降低负债成本，提高信贷投放的积极性；中央银行降准是一种扩张性货币政策，有利于加大结构性货币政策工具的实施力度。最后，有利于适度提振需求，稳定市场预期，增强市场主体信心，从而让居民敢于消费和投资。

案例思政元素分析：
首先，货币政策是国家宏观调控的主要方法之一。下调存款准备金率也是我国货币政策进一步微调的体现。这体现出我国政府在当前经济发展面临重重压力的背景下，充分发挥中央银行货币政策工具的总量和结构双重功能，体现了货币政策的前瞻性，有利于稳定市场预期，增强市场主体信心，改善和扩大总需求，为稳定宏观经济大盘、保持经济运行在合理区间创造了积极条件。我国政府结合国情与时俱进，适时调整经济政策，体现了我国政府科学务实的社会责任和国际担当。

其次，实施科学的宏观调控是市场经济发展的内在要求。在市场经济条件下，市场对实现资源的优化配置发挥着决定性作用。但是，市场的调节作用并不是万能的，有其弱点和缺陷。因此，必须加强国家的宏观调控。我国通过调整存款准备金率来调节宏观经济是我国市场经济发展的内在要求。

定向降准加大小微企业扶持力度　　降准 0.5 个百分点 释放长期资金　　降准稳定楼市信心

案例【7-2】

央行故事：人民币上的图与文

人民币不仅是我国的流通货币，也是我国的文化符号。我国自发行人民币以来，至今已经发行了五套人民币。一张张精美的纸币不仅体现了我国愈加先进的科学防伪技术，还体现了深厚的中国特色文化底蕴。我们每天使用的人民币铭刻着怎样的历史呢？

20 世纪 40 年代后期，随着解放战争的胜利推进，各解放区由共产党领导的银行达 30 余家，发行的各种票面货币达 257 种。为了迅速稳定和占领全国经济市场，1946 年 12 月 30 日，中共晋察冀中央局致电中央，建议召开华北经济工作会议，研究华北各解放区解决"货币不统一"等问题。

1947 年 3 月 15 日，根据中共中央的指示，华北财经会议在河南省武安县（1949 年划归河北省）冶陶镇召开。为了统一思想，中共中央发出《关于成立华北财经办事处及任命董必武为主任的决定》，派董必武前往指导会议。1947 年 8 月 1 日，董必武拟定了《华北财经办事处组织规程》并上报中央，8 月 16 日即获中央批准，其中第五条是："筹建中央财政及银行"。1947 年中秋节的前一天，董必武到晋察冀边区印刷局了解该局的造纸、印刷设备、票版设计、制版技术、生产能力及生产等情况。10 月 2 日，董必武经刘少奇同意，致电中央："已派南汉宸赴渤海找张（鼎丞）、邓（子恢）商议建立银行的具体办法。银行的名称，拟定为中国人民银行。是否可以，请考虑示遵。名称希望早定，印钞时要用。"

当时，毛泽东同志正率中央机关转战陕北。接电后，他和周恩来、任弼时仔细推敲，回电说："目前建立统一的银行是否过早一点儿？进行准备工作是必要的，至于银行名称，可以用中国人民银行。"自然而然，后来由中国人民银行发行的货币，就叫人民币。1947 年 10 月 8 日，根据中央回电精神，华北财办成立了以南汉宸为主任的中国人民银行筹备处。

第一套人民币上的"中国人民银行"行名和面额汉字，除 1 000 元"耕地"狭版券外，全部由时任华北人民政府主席兼华北财经办事处主任的董必武书写。董必武的一手好字在解放区有口皆碑，中国人民银行的成立和人民币的发行也都是在他的直接领导下进行的，因此时任中国人民银行筹备处主任的南汉宸请董必武书写人民币上的汉字。董必武谦虚推辞，最后在南汉宸的再三请求下才答应下来。他知道这几个字的分量，特地沐浴更衣，怀着庄重和虔诚的心情，工工整整地在一张白纸上写下了"中国人民银行"六个字（见图 7-3），自此，董必武的"柳体"字就出现在第一套人民币上，开启了我国人民币流通的大门。

图 7-3　董必武题写的行名

（资料来源：《文史精华》2016 年 02 期 刘金泉 《人民币的故事》、《中国金融界》赵玉华 《人民币书法欣赏》、中国印钞造币总公司出版《中国名片：人民币》、中国金融新闻网。）

问题：

货币的发行体现了中央银行的什么职能？

简要提示：

货币的发行体现了中央银行是"发行的银行"。首先，国家赋予中央银行集中与垄断货币发行的特权，其是国家唯一的货币发行机构，这是中央银行最基本、最重要的标志，也是中央银行发挥其全部职能的基础。其次，中央银行必须以维护本国货币的正常流通与币值稳定为宗旨，但在金本位制和信用货币制度下控制手段存在较大差异。

案例思政元素分析：

首先，应该了解、爱护、保护我国的法定货币——人民币。流通货币是一个国家货币主权的象征，人民币是我国法定货币，人民币现金更是我国的国家名片，它既是个人财产标志之一，也是社会公共资源，是现代信用体系下主要的货币管理工具。《中华人民共和国人民币管理条例》第六条规定："任何单位和个人都应当爱护人民币。禁止损害人民币和妨碍人民币流通。"

其次，坚定文化自信，传承红色精神。中国人民银行发行人民币的辉煌历史，展现了全国人民在党的领导下建设社会主义新中国的红色岁月和奋斗精神。我们更应该坚定文化自信，多了解学习人民币的发展历程，保护、传承和发扬中国革命历程练就的红色精神！

第 8 章

金融市场

本章学习要点

通过本章的学习,掌握金融市场的含义、构成要素和分类;理解金融市场的功能、货币市场的类型;了解货币市场的特点、资本市场的结构、外汇市场的分类和主要业务、保险市场的要素和类型。

本章学习重点与难点

重点是金融市场的构成要素和分类,难点是货币市场的类型、外汇市场的主要业务。

本章基本概念

金融市场、金融工具、货币市场、资本市场、外汇市场、同业拆借市场、证券回购市场、票据贴现市场、期货市场、期权市场、一级市场、二级市场、有形市场、无形市场。

8.1 金融市场概述

社会主义市场经济不仅要发展消费品市场、生产资料市场、技术劳务市场,而且要发展金融市场。金融市场是整个市场经济体系中不可缺少的重要组成部分,是市场机制的一种重要形式。开拓与发展金融市场是我国社会主义市场经济发展的客观需要。

8.1.1 金融市场的含义及构成要素

1. 金融市场的含义

金融市场是指资金供应者和资金需求者双方通过信用工具进行交易而融通资金的市场。广而言之,是实现货币借贷和资金融通、办理各种票据和有价证券交易活动的市场。

金融市场是以货币信用关系的充分发展为前提的,在这里实现借贷资金的集中和分配,并由资金供给与资金需求的对比形成该市场的"价格"——利率。随着现代电子技术在金融领域里的广泛运用和大量无形市场的出现,许多人倾向于将金融市场理解为金融商品供求关系或交易活动的总和。

2. 金融市场的构成要素

（1）交易主体

金融市场的交易主体，即参与金融市场交易的机构或个人，包括资金的供应者、资金的需求者或者以双重身份出现。

从性质来看，金融市场的交易主体可分为以下五类。

① 居民个人与家庭。居民个人与家庭主要是以非组织成员的身份参加金融市场活动。个人主要是金融市场上的资金供应者，其目的多为调整货币收支结构或追求投资收益的最大化。

② 工商企业。工商企业主要是金融市场上的资金需求者。无论是工业企业还是商业企业，在生产经营活动中，总会因各种原因而产生资金不足的问题，对此工商企业除向银行借款外，还会在金融市场上发行有价证券。长期的资金需求并不影响工商企业成为市场上的资金供应者，当企业在经营活动中存在闲置资金时，可通过购买其他单位发行的有价证券进行投资，以实现资产的多样化。

③ 政府机构。政府机构作为金融市场的交易主体，充当着双重角色：一是作为资金的需求者和供应者，二是作为市场活动的调节者。从世界各国的实际情况来看，政府机构是金融市场上资金的主要需求者，如为了弥补临时性财政收支缺口或为了筹措某些重点工程建设资金，政府机构可通过在金融市场上发行政府债券的方式来筹集所需资金。政府机构也会向金融市场提供资金，其途径之一是对原有负债的偿还，偿还债务的资金大部分会被重新投入金融市场。当财政收支出现结余时，政府机构还可能提前偿还债务。其途径之二是通过银行等金融机构将资金投向市场。另外，许多国家的政府机构不仅是国内金融市场上的重要参与者，而且还积极介入国际金融市场的金融活动，它们或者是国际金融市场的资金提供者，或者是国际金融市场的资金需求者。政府机构可通过中央银行对金融市场进行干预和调节。

④ 金融机构。金融机构包括存款性金融机构和非存款性金融机构。存款性金融机构是指经营各种存款并提供信用中介服务以获取收益的金融机构。存款性金融机构是金融市场的重要参与者，也是套期保值和套利交易的重要交易主体，主要包括商业银行、储蓄机构、信用合作社等金融机构。非存款性金融机构在资金来源方面与存款性金融机构的显著不同是：非存款性金融机构不直接吸收公众存款，而是通过发行证券或以契约的形式聚集社会闲散资金。这些机构包括保险公司、退休和养老基金、投资银行、投资基金等金融机构。各类金融机构是金融市场的重要参与者，作为资金供应者它们可以在金融市场上大量购买其他单位发行的直接证券；作为资金需求者，它们则可以通过向市场发行间接证券来获取资金。

⑤ 中央银行。作为金融市场的参加者之一，中央银行不同于其他四类交易主体，中央银行在一国金融体系中居于主导地位，是专门从事货币发行、办理对其他银行的业务、负责制定和执行国家的货币信用政策、进行金融管理和监督、控制和调节货币流通与信用活动、对中央政府负责的特殊金融机构。中央银行不是单纯的资金需求者和资金供应者，而是信用调节者。中央银行参与金融市场的活动主要是为了实施货币政策，调节和控制货币供给量，以实现稳定货币、稳定经济的目标。

（2）交易对象与交易工具

人们在金融市场上的交易对象是单一的，只有货币资金一种。无论是货币市场上的交易活动，还是资本市场上的证券买卖，进行的都是货币资金的交易。作为资金需求者融入的都是货币资金，作为资金供应者融出的也都是货币资金，只不过在融资的期限、数额、价格及形式上有所不同而已。

由于金融市场上的交易是一种信用交易，资金供应者让渡的只是货币资金的使用权，并没有转移货币资金的所有权，因此在交易活动达成之时，在资金供应者和资金需求者之间也就形成了一种债权债务关系。为了明确这种债权债务关系，就需要一定的凭证来作为依据，这就是金融工具。所谓金融工具，又称信用工具，是指金融市场上制度化、标准化的融资凭证。金融工具出现后，市场上的资金交易便可借助于金融工具来完成，融资凭证也就成了交易的工具。当单位需要补充资金时，便可在金融市场上出售金融工具来融入资金，当盈余单位需要运用资金时，便可在金融市场上购买金融工具来贷出资金。通过这种金融工具的买卖，资金供求双方达到了资金交易的目的，金融工具实际上成为资金的载体，成为金融市场上交易的工具。

（3）交易的组织形式

有了交易主体、交易对象与交易工具就提高了市场交易的可能性，但要达成交易还需要有一定的组织形式，把交易双方和交易对象结合起来，使交易双方相互联系，实现转让交易对象的目的。综观各国金融市场，所采用的交易组织形式一般有两种。

① 交易所形式。证券交易所是证券市场交易的固定场所，是证券交易市场的最早形态。证券交易所只是为交易双方提供一个公开交易的场所，它本身并不参加交易，但能进入证券交易所的只能是取得交易所会员资格的经纪人和交易商。会员资格的取得历来均有各种严格限制并需交纳巨额会费。经纪人和交易商的区别在于：前者只能充当证券买者与卖者的中间人，从事代客买卖业务，收入来自佣金；后者则可以直接进行证券买卖，收入来自买卖差价。

一般客户如果买卖证券，首先要在经纪人处开设账户，取得委托买卖证券的资格。当一般客户认为需要以怎样的价格买卖哪种证券时，需向经纪人发出指令，经纪人则将客户的指令传递给在交易所的场内交易员，交易员再按指令要求进行交易。

交易所内的证券交易是通过竞价成交的。所谓竞价成交，是指在对同一种证券有不止一个买方或卖方时，买方交易员和卖方交易员分别从当时成交价逐步向上或向下报价；当任一买方交易员与任一卖方交易员的报价相等时，则这笔买卖即拍板成交。竞价成交后，还须办理交割和过户的手续。交割是指买方付款取货与卖方交货收款的手续。过户手续仅对股票购买人而言，如为记名股票，买者须到发行股票的公司或其委托部门办理过户手续，方可以成为该公司股东。

交易所形式是一种由交易双方集中在交易所内，通过公开竞价的方式来进行资金交易的组织形式。在这种形式下，交易主体平等而公开地通过竞价进行交易活动，最后按照价格优先、时间优先的原则成交。

② 场外交易形式。场外交易是指在证券交易所以外进行的证券交易，是一种分散在各个证券商柜台前进行交易的组织形式，所以场外交易形式也被称为柜台交易形式或店头交易形式。

场外交易的特点是：无集中交易场所，交易通过通信网络进行；以买卖未在交易所登记上市的证券为主；证券交易可以通过交易商或经纪人，也可以由客户直接进行；证券交易由双方协商议定价格，不同于交易所采取的竞价制度。

场外交易市场由于具有可以不必公开财务状况，可以直接交易，有利于降低交易成本等特点，因此自创办以来发展较快，尤其是计算机技术应用于证券交易后，更是促进了场外交易市场的繁荣。其实，这种交易组织形式现在也很少在柜台前直接进行，而多借助于现代通信手段来达成交易。

（4）交易价格

以上所述要素仅构成金融市场的基本框架，金融市场的交易活动如能正常运行还必须有一个健全的价格机制。利息是资金所有者由于借出资金而取得的报酬，利率是借贷期内所形成的利息额与本金的比率。在金融市场的交易中，由于利率即是资金商品的价格，因此健全的价格机制在这里实际上就是指健全的利率机制，即能够根据市场资金供求状况灵活调节的利率机制。当市场上资金供不应求时，市场利率则会趋于上升；当市场上资金供过于求时，市场利率又能自动下降。

8.1.2 金融市场的形成和功能

1. 金融市场的形成

金融市场是商品经济发展的产物。在商品经济条件下，随着商品流通的发展，生产日益扩大和社会化、社会资本迅速转移、多种融资形式和种类繁多的信用工具的运用和流通，导致金融市场的形成。

在简单的商品流通阶段，货币只发挥其基本职能的作用，支付手段和储藏手段只是偶然地起作用。在整个前资本主义时期，信用活动比较少，信用关系的主要内容是高利贷和货币经营业。这与现代意义的金融市场是不能相提并论的，只能说是金融市场的萌芽时期。金融市场的真正形成和发展是在资本主义发展起来之后，随着生产力的不断发展，在利润的驱动和竞争的压力下，资本家必须积聚更多的资本，并要求能在各职能部门之间转移，这就促进了信用制度的发展。随着银行业的产生，其作为现代信用的中介，使其他各种信用制度成为一个综合体系，这就促进了近代金融市场的产生。19世纪30年代末，英国完成工业革命后，成为世界上最大的商品和资本输出国，英镑随之成为世界性货币，伦敦便成为第二次世界大战前国际上最主要的金融中心。第二次世界大战以后，随着生产国际化，金融市场已超出本国的范围，形成了一天24小时交易的国际金融市场。

金融市场的形成需要具备以下条件。

（1）完善的金融制度

没有完善的金融制度，金融业务就无法有效地进行，现代金融制度条件下的中央银行、商业银行、专业银行和其他非银行金融机构都应该有明晰的产权关系、各自努力的目标、各自经营的范围，以适应不同层次、不同地区和不同行业融资的需要。

（2）健全的经济法规

由于金融市场进行的是信用活动，其资金和债权债务的转移数量之大、影响之深足以对一国经济甚至国际经济产生巨大影响。因此，以健全的法律约束交易双方的行为是十分有必要的。

（3）自由开放的经济体制

这主要包括自由开放的经济政策和宽松的外汇管制，在自由开放的经济环境下，资本可以自由流动，市场主体可以自由竞争，这可以使货币资本得到有效的配置。

（4）完备的信用制度

完备的信用制度包括三个方面的内容：一是商业信用、银行信用、国家信用、消费信用并存；二是有价证券品种多、数量大、买卖活跃；三是信用工具和信用主体多样化。

（5）市场利率的形成

金融市场是金融商品交易的场所，这一性质决定金融市场同其他市场一样，受价值规律的支配，金融商品的价格应随利率变动而发生变化。

（6）训练有素的金融人才

金融市场的有效运行主要是靠金融人才来操作的，训练有素的金融人才是建立金融市场的基础。

（7）通信和交通比较发达

交通便利、通信设施齐备、信息传递迅速是金融市场形成的必要条件。

2. 金融市场的功能

金融市场的功能是将稀缺的货币和资本从储蓄者手中转移到借款者手中，以满足借款者购买商品和服务、新机器设备的资金需要，以此实现全球经济的不断增长和人民生活水平与社会福利的不断提高和改善。通过发挥金融市场的功能，股票、债券和其他各种各样的金融工具得以交易，利率得以确定，金融产品和服务在世界范围内得以提供。

在市场经济条件下，金融市场是统一的市场体系的一个重要组成部分，它与生产资料市场、消费品市场、劳动力市场、技术市场等各类市场相互联系、相互依存，共同构成统一市场的有机体。在整个市场体系中，金融市场是联系其他市场的纽带，商品经济的持续、稳定、协调发展离不开完备的金融市场体系。因为无论是生产资料和消费品的买卖，还是技术和劳动力的流动，都要通过货币的流通和资金的运用来实现，都离不开金融市场的配合。因此，可以认为金融市场是市场经济的中枢和主导，它在市场体系中起着纽带和中介的作用，引导和协调其他各类市场的活动，透视和反映社会经济的状态。

8.1.3 金融市场的分类

在金融市场的形成和发展进程中，金融市场根据资金融通与金融产品交易的需要，其内在结构也在持续地发生着变化。按不同的标准可以将其划分为若干类市场。

1. 货币市场和资本市场

根据金融交易期限的不同，金融市场可以分为货币市场和资本市场。货币市场又称为短期金融市场，是指短期资金融通活动及其场所的总和。所谓短期，习惯上是指 1 年或 1 年以内。短期资金因偿还期限短、风险小以及流动性强而往往被作为货币的代用品，主要解决市场主体的短期性、临时性资金需求。在经济生活中，政府、企业、家庭和银行等金融机构都需要短期资金用于周转，因而成为短期金融市场的主体。货币市场使用的金融工具主要是货币头寸、存单、票据和短期债券（国库券）等。所以，货币市场包括同业拆借市场、票据市场、短期债券市场等。

资本市场又称长期金融市场，是指期限在 1 年以上的中长期资金融通活动及其场所的总和。长期资金大都参加社会再生产过程，在生产过程中发挥着资本的作用，主要是满足政府、企业等部门对长期资本的需求。资本市场的交易工具主要是各种有价证券，如政府公债、企业债券、股票等。这些金融工具偿还期长、流动性较差、风险较大。资本市场包括政府债券市场、公司债券市场、股票市场、银行中长期信贷市场等。

2. 现货市场、期货市场和期权市场

根据金融交易合约性质的不同，金融市场可以分为现货市场、期货市场和期权市场。现货市场是指现货交易活动及其场所的总和。一般而言，现货交易是交易协议达成后，立即办理交割的交易。

期货市场是指期货交易活动及其场所的总和。期货交易一般是指交易协议达成后，只有

在未来某一特定时间才能办理交割的交易。在期货市场上，成交和交割是分离的，在期货交易中，由于交割要按成交时的协议价格进行，而证券价格的升或降就可能使交易者获得利润或蒙受损失。期货市场对于交易的参加者而言，既具有套期保值功能，又具有投机功能。

期权市场是指各类期权交易活动及其场所的总和，它是期货交易市场的发展和延伸。期权交易是指买卖双方按成交协议签订合同，允许买方在交付一定的期权费用后取得在特定时间内按协议价格买进或卖出一定数量的证券的权利。如果直至协议合同到期，购买期权的一方没有行使该权利，则期权合同自动失效。

3. 一级市场和二级市场

根据发行和流通的先后顺序的不同，金融市场可以分为一级市场和二级市场。一级市场也称初级市场或发行市场，是初次发行的有价证券的交易市场。一级市场是金融市场的基础环节，其主要功能是为办公机械、设备和货物的新投资筹集金融资本。投资者购买一家公司新发行的股票，或为一个企业或家庭提供抵押或信用贷款的活动，均属于一级市场活动。

二级市场是指已经发行证券的交易市场，又称次级市场或流通市场，其主要功能在于为证券投资者提供流动性，也就是给金融产品的投资者提供一个将投资转换为现金的渠道。通常二级市场的交易规模远大于一级市场的交易规模，不过，一级市场和二级市场是互动的，二级市场证券价格的上涨，也会引起一级市场发行证券定价的提高。这是因为不同市场间套利机制的存在，使不同市场间价格与收益的利差趋于缩小直到消失。

4. 公开市场和协议市场

根据金融产品成交与定价方式的不同，金融市场可以分为公开市场和协议市场。所谓公开市场是指金融资产的交易价格通过众多的买者和卖者公开竞价而形成的市场。金融资产在到期偿付之前可以自由交易，并且只卖给出价最高的买者。公开市场一般是有组织的交易场所，如证券交易所、期货交易所等。

协议市场一般是指金融资产的定价与成交通过私下协商或面对面的讨价还价方式完成的市场，如未上市的有价证券、银行信贷、保险等交易，均通过此种方式进行。传统意义上的协议市场是交易范围有限、交易效率较低、交易并不十分活跃的市场，但是，随着现代计算机技术的普及和其在金融市场的应用，协议市场的交易效率已经大大提高，其市场范围和影响也日益扩大。

5. 有形市场和无形市场

根据有无固定场所划分，金融市场可以分为有形市场和无形市场。有形市场是指有固定交易场所的市场，如证券交易所等。这种市场通常只允许会员进场进行交易，非会员必须委托会员才能进行交易。

无形市场是指通过现代化的通信工具而形成的一种金融交易网络。它没有固定的集中场所，也没有固定的交易时间，而只是一种大型的网络，所以称为无形市场。在现实世界中大部分金融资产的交易都是在无形市场上进行的。

6. 国内金融市场和国际金融市场

根据地域的不同，金融市场可以分为国内金融市场和国际金融市场。国内金融市场是指融资交易活动的范围仅限于一国国境之内，即只有本国居民参加交易的金融市场。国际金融市场则是指融资交易活动并不仅限于一国国境之内，即允许非本国居民参加交易的金融市场。

8.2 货币市场

8.2.1 货币市场概述

1. 货币市场的概念与构成

货币市场是指融资期限在 1 年以内（包括 1 年）的资金交易市场，又称为短期资金市场。在货币市场上流通的金融工具主要是一些短期信用工具，如国库券、商业票据、银行承兑票据、可转让定期存单等。由于交易的期限较短、可变现性强、流动性高，因此短期金融工具又可称为准货币，所以将该市场称为"货币市场"。

根据货币市场上的融资活动及其流通的金融工具，可将货币市场划分为同业拆借市场、贴现市场、短期证券市场、回购市场、商业票据市场、大额可转让定期存单市场、短期政府债券市场和货币共同基金市场。

2. 货币市场的特点

相对于资本市场来说，货币市场有以下几个突出特点。

（1）融资期限短、流动性高、风险性小

货币市场是进行短期资金融通的市场，融资期限最短的只有 1 天，最长的也不超过 1 年，较为普遍使用的期限为 3～6 个月，所以该市场的一个显著特点就是融资期限短。由于融资期限较短，因此货币市场上的金融工具变现速度都比较快，从而使该市场具有较高的流动性。正是由于期限短、流动性高，因此货币市场工具的价格波动不会过于剧烈，风险性较小。此外，货币市场工具的发行主体大多为政府、商业银行及资信较高的大公司，所以其信用风险也较小。

（2）批发的市场

由于交易额很大，资金周转速度快，一般投资者难以涉足，因此货币市场的主要参与者大多数是机构投资者，他们深谙投资技巧，业务精通，能在巨额交易和瞬变的行情中获取利润。

（3）创新的市场

由于货币市场的管制历来比其他市场要宽松，因此任何一种新的交易方式和方法，只要可行就可能被采用和发展。

3. 货币市场的功能

货币市场产生和发展的初始动力是为了保持资金的流动性，它借助于各种短期资金融通工具将资金需求者和资金供应者联系起来，既满足了资金需求者的短期资金需求，又为资金供应者的暂时闲置资金提供了获取盈利的机会。不过，这只是货币市场的表面功能，将货币市场置于金融市场以至市场经济的大环境中可以发现，货币市场的功能还远不止此。货币市场既能从微观上为银行、企业提供灵活的管理手段，使它们在对资金的安全性、流动性、营利性相统一的管理上更方便灵活，又能为中央银行实施货币政策以调控宏观经济提供手段，从而为推进金融市场的发展发挥巨大的作用。

（1）短期资金融通功能

市场经济条件下的各种经济行为主体客观上有资金盈余方和资金不足方之分，从期限上可分为 1 年期以上的长期性资金余缺和 1 年期以内的短期性资金余缺两大类，相对于资本市场为中长期资金的供需提供服务,货币市场则为季节性、临时性资金的融通提供了可行之径。相对于长期投资性资金需求来说,短期性、临时性资金需求是微观经济行为主体最基本的、最经常的资金需求,因为短期的临时性、季节性资金不足是由日常经济行为的频繁性所造成的,是必然的、经常的,这种资金缺口如果不能得到弥补,就连社会的简单再生产也不能维系,或者只能使商品经济处于初级水平,短期资金融通功能是货币市场的一个基本功能。

(2)管理功能

货币市场的管理功能主要是指通过其业务活动的开展,促使微观经济行为主体加强自身管理,提高自身的经营水平和盈利能力。

① 同业拆借市场、回购市场等有利于商业银行业务经营水平的提高和利润最大化目标的实现。同业拆借和回购是商业银行在货币市场上融通短期资金的主渠道。充分发达的同业拆借市场和回购市场可以适时有度地调节商业银行准备金的盈余和亏缺,使商业银行无须为了应付提取或兑现而保有大量的超额准备金,从而将各种可以用于高收益的资产得以充分运用,可谓一举两得。为此,商业银行要运用科学的方法进行资金的流动性管理,这使商业银行资产负债管理跃上了一个新的台阶。

② 票据市场有利于以营利为目的的企业加强经营管理,提高自身信用水平。票据市场从票据行为上可以分为票据发行市场、票据承兑市场、票据贴现市场,从签发主体上可以分为普通企业票据和银行票据。只有信誉优良、经营业绩良好的主体才有资格签发票据并在发行、承兑、贴现各环节得到社会的认可和接受,不同信用等级的主体所签发和承兑的票据在权利与义务关系上有明显的区别,如利率的高低、票据流动能力的强弱、抵押或质押的金额的大小等。所以,试图从票据市场上获得短期资金来源的企业必须是信誉优良的企业,而只有管理科学、效益优良的企业才符合这样的条件。

(3)政策传导功能

货币市场具有传导货币政策的功能。众所周知,市场经济国家的中央银行实施货币政策主要是通过再贴现政策、法定存款准备金政策、公开市场业务等的运用来影响市场利率和调节货币供给量以实现宏观经济调控目标的,在这个过程中货币市场发挥了基础性作用。

① 同业拆借市场是传导中央银行货币政策的重要渠道。首先,同业拆借利率是市场利率体系中对中央银行的货币政策变化最为敏感和直接的利率,成为中央银行货币政策变化的"信号灯"。这是因为在发达的金融市场上,同业拆借活动涉及范围广、交易量大、交易频繁,同业拆借利率成为确定其他市场利率的基础利率。国际上已形成在同业拆借利率的基础上加减协议幅度来确定利率的方法,尤其是伦敦同业拆借利率已成为国际上通用的基础利率。

② 票据市场为中央银行提供了宏观调控的载体和渠道。传统观念认为票据市场仅限于清算,甚至短期资金融通功能也经常被忽略。实际上,除了上述两个基本功能,票据市场还为中央银行执行货币政策提供了重要载体。

首先,再贴现政策必须在票据市场实施。一般情况下,中央银行提高再贴现率,会起到收缩票据市场的作用,反之则会起到扩展票据市场的作用。同时,中央银行通过反馈的票据市场信息,适时调整再贴现率,通过变动货币政策中介目标来达到实现货币政策最终目标的目的。另外,随着票据市场的不断完善和发展,票据市场的稳定性不断增强,会形成一种处于均衡状态下随市场规律自由变动的、供求双方均能接受的市场价格,反映在资金价格上就是市场利率,它无疑是中央银行利率政策的重要参考。

其次,多种多样的票据是中央银行进行公开市场业务操作的工具之一,中央银行通过买进或卖出票据投放或回笼货币,可以灵活地调节货币供给量,以实现货币政策的最终目标。

③ 国库券等短期债券是中央银行进行公开市场业务操作的主要工具。公开市场业务与存款准备金政策和再贴现政策相比有明显优势，它使中央银行处于主动地位，其规模根据宏观经济的需要可大可小，交易方法和步骤可以随意安排，不会对货币供给产生很大的冲击，同时，其操作的隐蔽性不会改变人们的心理预期，因此易于达到理想的效果。不过，进行公开市场业务操作需要中央银行具有相当规模、种类齐全的多种有价证券，其中国债尤其是短期国债是主要品种。因为国债信用优良、流动性高，适应了公开市场业务操作的需要，同时公开市场业务操作影响的主要是短期内货币供给量的变化，所以对短期债券和票据有较多要求。因此，具有普遍接受性的各种期限的国库券就成为中央银行进行公开市场业务操作的主要工具。

（4）促进资本市场尤其是证券市场发展的功能

货币市场和资本市场作为金融市场的核心组成部分，前者是后者规范运作和发展的物质基础。首先，发达的货币市场为资本市场提供了稳定充裕的资金来源。从资金供给角度看，资金盈余方提供的资金层次是由短期到长期、由临时性到投资性的，货币市场在资金供应者和资本市场之间搭建了一个"资金池"，资本市场的参加者必不可少的短期资金需求可以从货币市场得到满足，而从资本市场退出的资金也能在货币市场找到出路。因此，货币市场和资本市场就如同一对"孪生兄弟"，不可偏废任何一方。其次，货币市场的良性发展减少了由于资金供求变化对社会造成的冲击。从长期市场退下来的资金有了出路，短期游资对市场的冲击力大减，投机活动受到了最大限度的抑制。因此，只有货币市场发展了，金融市场上的资金才能得到合理的配置，从世界上大多数发达国家金融市场的发展历程中，可以总结出"先货币市场，后资本市场"这一金融市场发展的基本规律。

由以上分析可以看出，货币市场在金融市场和市场经济的良性发展中发挥着重要的作用，是微观主体和宏观经济正常运行的基础环节。货币市场是金融市场和市场经济良性发展的前提，金融市场和市场经济的完善又为货币市场的正常发展提供了条件，三者是相辅相成的统一体。在这一关系中，货币市场起着基础性作用。全面认识货币市场在整个金融市场以及市场经济中的基础功能与作用，对于社会主义市场经济的完善和金融市场的正常发展具有现实的、长远的深刻意义。

8.2.2 货币市场的类型

1. 同业拆借市场

同业拆借市场是指银行及非银行金融机构之间进行短期性的、临时性的资金调剂所形成的市场。

同业拆借市场最早出现于美国，其形成的根本原因在于法定存款准备金制度的实施。按照美国1913年通过的《联邦储备法》的规定，加入联邦储备银行的会员银行，必须按存款数额的一定比率向联邦储备银行缴纳法定存款准备金；而由于清算业务活动和日常收付数额的变化，总会出现有的银行存款准备金多余、有的银行存款准备金不足的情况。存款准备金多余的银行需要合理运用多余部分，以获得利息收入，而存款准备金不足的银行又必须设法借入资金以弥补准备金缺口，否则就会因延缴或少缴准备金而受到中央银行的经济处罚。在这种情况下，存款准备金多余和不足的银行，在客观上需要互相调剂。于是，1921年在美国纽约形成了以调剂联邦储备银行会员银行的准备金头寸为内容的联邦基金市场。

在经历了20世纪30年代的资本主义经济危机之后，西方各国普遍强化了中央银行的作用，相继引入了法定存款准备金制度作为控制商业银行信用规模的手段，与此相适应，同业拆借市场也得到了较快发展。在经历了长时间的运行与发展过程之后，当今西方国家的同业拆借市场，较之形成之时，无论是在交易内容、开放程度方面，还是在融资规模等方面，都发生了深刻变化。拆借交易不仅仅发生在银行之间，还扩展到银行与其他金融机构之间。从拆借目的看，已不仅仅限于补足存款准备金和轧平票据交换头寸，金融机构如在经营过程中出现暂时的、临时性的资金短缺，也可进行拆借。更重要的是同业拆借已成为银行实施资产负债管理的有效工具。由于同业拆借的期限较短、风险较小，因此许多银行都会把短期闲置资金投放于同业拆借市场，以利于及时调整资产负债结构，保持资产的流动性。特别是那些市场份额有限，承受经营风险能力较弱的中小银行，更是把同业拆借市场作为短期资金经常性运用的场所，力图通过这种做法提高资产质量、降低经营风险、增加利息收入。

相对于其他市场而言，同业拆借市场有以下几个主要特征。

（1）同业拆借主要限于金融机构参加

同业拆借的参加者主要是商业银行。西方国家的许多大型商业银行都会把拆入资金作为一项经常性的资金来源，或者通过循环拆借的方式（今日借明日还，明日再借次日再还），使其贷款能力超过存款规模；或者减少流动性高的资产（如库存现金、各种短期证券等），以扩大高盈利资产的规模，而在需要额外清偿能力时就进行拆借。与此同时，许多中小商业银行出于各种原因会经常保存超额准备金，为使这部分准备金能带来收益并减少风险，它们往往通过同业拆借市场向大银行拆出。于是，同业拆借又成为中小商业银行一项经常性的资金运用。

（2）拆借期限短

同业拆借的期限一般为1年以内。不过，由于拆借目的的不同，同业拆借在期限上存在着较大的差别，最短的只有1天（今日拆入，明日归还），最长的可达1年。根据拆借目的的不同，一般将同业拆借市场上的交易分为两种：一种是同业头寸拆借，主要是指金融机构为了轧平头寸、补充存款准备金和票据清算资金而在同业拆借市场上融通短期资金的活动，一般拆借期限为1天；另一种是同业短期拆借（或同业借贷），主要是指金融机构之间为满足临时性的、季节性的资金需要而进行的短期资金拆借，这一类的拆借期限相对较长。

（3）拆借利率市场化

同业拆借利率一般由拆借双方协商决定，而拆借双方又都是经营货币资金的金融机构，所以同业拆借利率最能反映市场资金供求状况，并对货币市场上的其他金融工具的利率变动产生导向作用，这就使得同业拆借利率由此成为货币市场上的核心利率。正是基于同业拆借利率在利率体系中的这种重要地位，在现代金融活动中，同业拆借利率已被视为观察市场利率走势的风向标。

同业拆借市场不仅为银行之间调剂资金提供了方便，更重要的是，它为社会资金的合理配置提供了有利条件。当外部资金注入银行体系后，通过银行同业拆借市场运行，这些资金能够较均衡地进入经济社会的各个部门和单位。

2. 回购市场

回购市场是指通过回购协议进行短期资金融通的市场。所谓回购协议是指证券持有人在出售证券的同时，与证券购买商约定在一定期限后再按约定价格购回所售证券的协议。例如，某交易商为筹集隔夜资金，将100万元的国库券以回购协议卖给甲银行，售出价为999 800元，约定第二天再购回，购回价为100万元。在这里，交易商与甲银行进行的就是一笔回购交易。注意，在回购交易中先出售证券、后购回证券称为正回购；先购入证券、后出售证券则为逆回购。如该例中交易商所做的即为正回购，而甲银行所做的则为逆回购。回购交易实际上是一种以有价证券（大多为国债）为抵押品的短期融资活动。在回购交易中，证券持有者通过出售证券融入资金，而证券购买者通过买入证券融出资金。

回购市场有以下几个主要特征。

（1）参与者的广泛性

回购市场的参与者比较广泛，包括商业银行、非银行金融机构、中央银行和非金融机构（主要是企业）。一般而言，大型银行和证券交易商是回购市场上的主要资金需求者，它们通过出售所持有的证券，可以暂时获得一定的资金来源，以弥补流动性不足。

（2）风险性

尽管在回购交易中使用的是高质量的抵押品，但是仍会存在一定的信用风险。这种信用风险主要来源于当回购到期时，正回购方无力购回证券，那么逆回购方只能保留证券，若遇到抵押证券价格下跌，则逆回购方会遭受一定的损失。

（3）短期性

回购期限一般不超过1年，通常为隔夜（今日卖出证券，明日再买回证券）或7天。

（4）利率的市场性

回购利率由交易双方确定，主要受回购证券的质地、回购期限的长短、交割条件、货币市场利率水平等因素的影响。

1988年，我国开办了国债回购业务。1991年上半年，全国证券交易自动报价系统（STAQ系统）制定了证券代保管制度，同年7月宣布试行回购业务。1991年9月14日，在STAQ和上海证券交易所两家系统成员之间完成了第一笔回购交易。随后，武汉、天津证券交易中心也相继开展了国债回购业务。1993年下半年，上海证券交易所开设了国债回购品种，回购市场规模也开始急剧膨胀。2020年，银行间市场信用拆借、回购交易总成交量1106.9万亿元，其中，同业拆借累计成交147.1万亿元，质押式回购累计成交952.7万亿元，买断式回购累计成交7万亿元。

我国证券回购的交易主体主要有商业银行、信托投资公司、证券公司等金融机构，回购交易品种主要是国库券、国家重点建设债券和金融债券，回购期限一般在1年以下。回购交易主要采用两种交易方式：一种是场内交易，即在证券交易中心和交易所内会员单位之间进行的交易；另一种是场外交易（柜台交易），即金融机构、非金融机构和个人在有形市场之外进行的交易，业务很不规范，监管难度大。从回购资金的基本流向上看，是从银行系统和证券公司流入非银行金融机构。

3. 票据市场

这里的票据指商业票据。所谓商业票据是指工商企业签发的以取得短期资金融通的信用工具，包括交易性商业票据和融资性商业票据。

交易性商业票据是在商品流通过程中，反映债权债务关系的设立、转移和清偿的一种信用工具，包括商业汇票和商业本票。商业汇票是由出票人签发的、委托付款人在见票时或者在指定日期无条件地将确定金额支付给收款人的凭证。商业本票是由出票人签发的、承诺在一定时间内将确定金额支付给收款人的凭证。

融资性商业票据是由信用级别较高的大型企业，向市场公开发行的无抵押担保的短期融资凭证。由于融资性商业票据仅以发行者的信用作为保证，因此不是所有的公司都能够发行融资性商业票据，通常只有那些规模巨大、信誉卓著的大型公司才能发行。这种商业票据一般具有面额固定且金额较大（10万美元以上）、期限较短（一般不超过270天）的特点，而且都采用贴现方式发行。

票据市场是以商业票据作为交易对象的市场。其有狭义与广义之分,狭义的票据市场仅指交易性商业票据的交易市场,广义的票据市场则包括融资性商业票据和交易性商业票据。在票据市场中,资金融通的特点是期限短、交易灵活、参与者众多、风险易于控制,可以说票据市场是一个古老、大众化、基础性的市场。中国的票据市场,明清时期曾有相当的规模。中华人民共和国成立初期,在商品交易过程中,仍然广泛使用票据,只是到了 20 世纪 50 年代初,才在全国实行信用集中,取消商业信用,以银行结算划拨取代商业票据。从此,票据融资和票据市场的概念从社会经济生活中消失了。1986 年,中国人民银行开始从发展市场经济的需要出发,重新推行"三票一卡",试图把银行结算转移到以商业票据融资为基础的轨道上来,但实施中阻力很大,一度不得不重新恢复"托收承付结算"。1996 年,中国人民银行再度倡导发展票据市场,经过几年的努力,票据融资逐步升温,各商业银行也争相开办票据贴现业务,不少大中型企业从中体验到了票据融资的特点和优点,票据业务受到普遍欢迎,市场交易量有了明显的进展,票据市场崭露头角。2021 年,票据市场克服了宏观经济冲击等不利因素,各项业务保持平稳增长。全年票据市场业务总量 167.32 万亿元,同比增长 12.87%。其中,承兑金额 24.15 万亿元,同比增长 9.32%;背书金额 56.56 万亿元,同比增长 19.84%;贴现金额 15.02 万亿元,同比增长 11.93%;转贴现金额 46.94 万亿元,同比增长 6.41%;回购金额 22.98 万亿元,同比增长 14.98%。票据承兑余额 14.98 万亿元,占同期社会融资规模存量的比重为 4.77%;票据贴现余额 9.88 万亿元,占同期企业人民币贷款余额的比重为 8.20%。

以下从广义角度介绍票据市场的构成。

(1)票据承兑市场

所谓承兑是指商业汇票签发后,经付款人在票面上签字盖章,承诺到期付款的一种票据行为。凡经过承兑的汇票统称为"承兑汇票"。如果是经付款人本人承兑的,则为"商业承兑汇票",如果是由银行承兑的,则为"银行承兑汇票"。由于银行的信誉要比一般付款人的信誉高,因此银行承兑汇票的安全性及流动性都要好于商业承兑汇票,所以在票据承兑市场上流通的大多为银行承兑汇票。

银行承兑汇票既可在国内贸易中由银行应购货人请求而签发,也可在国际贸易中由出口商出票、经进口商银行承兑而形成。由于汇票经银行承兑后,银行要承担最后付款责任,实际上是银行将其信用出借给了承兑申请人,因此承兑申请人要向银行交纳一定的手续费。可见,银行通过承兑汇票可以增加经营收入。

(2)票据贴现市场

贴现是指商业票据(大多为承兑汇票)持票人为获取流动性资金,向银行(或其他金融机构)贴付一定利息后,将未到期的票据转让给银行(或其他金融机构)的票据行为。具体而言,即持票人在票据未到期而又急需现款时,以经过背书的未到期票据向银行申请融通资金,银行审查同意后,扣除自贴现日起至票据到期日止的利息,将票面余额支付给贴现申请人。由此可见,通过贴现活动,持票人可将未到期的票据提前变现,从而满足融资的需要。

从表面上看,票据贴现是一种票据转让行为,但实质上它构成了贴现银行的授信行为,实际上是将商业信用转化成了银行信用。银行办理票据贴现后,如果遇到头寸不足,可持已贴现的但尚未到期的票据再向其他银行或中央银行办理贴现。贴现银行持票据向其他银行申请贴现,称为"转贴现"。贴现银行持票据向中央银行申请贴现称为"再贴现"。

（3）商业票据市场

商业票据市场的参与者主要是工商企业和金融机构。发行者一般为一些规模大、信誉高的金融公司和非金融公司，发行目的是筹措资金，前者主要是为了扩大消费信用，后者主要是为了解决短期资金需求及季节性开支，如支付工资、交纳税金等问题。商业票据的投资者主要是保险公司、投资公司、商业银行、养老基金及地方政府等。尽管该种商业票据没有抵押担保，但是由于发行者的声誉较高，风险较低，因此上述机构比较乐于投资商业票据。商业票据的发行一般采用贴现方式，其发行价格可用公式表示为：

$$发行价格=面额-贴现金额$$
$$贴现金额=面额\times 贴现率\times 期限/360$$

(8.1)

例：某公司拟发行票面金额为 100 000 美元、年贴现率为 6%、期限为 60 天的商业票据，则该商业票据的发行价格为：

$$发行价格=100\,000-(100\,000\times 6\%\times 60/360)=99\,000（美元）$$

4. 大额可转让定期存单市场

大额可转让定期存单是一种由商业银行发行的有固定面额、可转让流通的存款凭证。大额可转让定期存单于 1961 年由美国花旗银行首次在世界上推出。最初是美国商业银行为逃避金融管理条例中对存款利率的限制、稳定银行存款来源而进行的一项金融业务创新，后由于大额可转让定期存单的实用性很强，既有益于银行，又有益于投资者，因此很快发展为货币市场上颇受欢迎的金融工具。

从形式上看，银行发行的大额可转让定期存单也是一种存款凭证，是存款人的债权凭证，与普通定期存款单似乎无异，但实际上大额可转让定期存单有着不同于普通定期存款单的特点，主要表现在以下几个方面。

（1）不记名

普通定期存款单都是记名的，而大额可转让定期存单不记名。

（2）可转让

普通定期存款单一般要求由存款人到期提取存款本息，不能进行转让，而大额可转让定期存单可以在货币市场上自由转让、流通。

（3）金额大且固定

普通定期存款单的最低存款数额一般不受限制，且金额不固定，可大可小，有整有零，而大额可转让定期存单一般有较高的金额起点，且都是固定的整数。

（4）期限短

普通定期存款单的期限可长可短，由存款人自由选择，而大额可转让定期存单的期限规定在 1 年以内，利率较高。大额可转让定期存单的利率由发行银行根据市场利率水平和银行本身的信用确定，一般高于相同期限的普通定期存款利率，而且资信越低的银行发行的大额可转让定期存单的利率往往越高。

大额可转让定期存单市场具有以下两个主要特征。

（1）利率趋于浮动化

20 世纪 60 年代初，大额可转让定期存单主要以固定利率发行，存单上注明特定的利率，并在指定的到期日支付。进入 20 世纪 70 年代后，随着市场利率波动的加剧，发行者开始增加浮动利率大额可转让定期存单的发行。1990 年的大额可转让定期存单如图 8-1 所示。

（2）收益与风险紧密相连

大额可转让定期存单虽然由银行发行，但是也存在一定的信用风险和市场风险。信用风险主要来自大额可转让定期存单到期时其发行银行无法偿付本息。市场风险主要是在持有者急需资金时却无法在二级市场上立即转让大额可转让定期存单或不能以合理的价格转让。由于大额可转让定期存单的风险要高于国库券，甚至要高于同期的普通定期存款，因此其利率通常也要高于同期的国库券和普通定期存款。

在金融市场发达的国家，大额可转让定期存单市场已成为货币市场的重要组成部分。对于银行来

图 8-1 1990 年的大额可转让定期存单

说，发行大额可转让定期存单无疑是一种较好的筹资办法，它可以使银行获得稳定的资金来源，同时也为银行提高自身的流动性管理能力提供了一种有效手段，银行可以通过主动发行大额可转让定期存单来增加负债，以满足扩大资产业务的需要。对于投资者来说，大额可转让定期存单是由银行发行的，信用较高，且到期前可以转让变现，并有较高的利息收入，故投资于大额可转让定期存单可使投资者获得一种流动性高、收益性高的金融资产。此外，大额可转让定期存单市场的存在对于中央银行的信用调节也具有积极意义，中央银行可通过调整基准利率以影响市场利率水平，由此影响大额可转让定期存单的利率，并进而影响大额可转让定期存单的发行量，从而达到间接调控银行信用创造的目的。

定期存单、债券和认购确认书

5. 短期政府债券市场

短期政府债券是一国政府部门为满足短期资金需求而发行的一种期限在 1 年以内的债务凭证。

在政府遇到资金困难时，可通过发行政府债券来筹集社会闲散资金，以弥补资金缺口。从广义上看，政府债券不仅包括国家财政部门发行的债券，还包括地方政府及政府代理机构发行的债券；从狭义上看，政府债券仅指国家财政部门发行的债券。在西方国家一般将财政部发行的期限在 1 年以内的短期债券称为国库券。所以狭义地说，短期政府债券市场就是指国库券市场。

短期政府债券市场具有以下几个特征。

（1）贴现发行

国库券的发行一般采用贴现发行，即以低于国库券面额的价格向社会发行。

（2）违约风险低

国库券是由一国政府发行的债券，它有国家信用作为担保，故其信用风险很低，通常被誉为"金边债券"。

（3）流动性强

由于国库券的期限短、风险低且易于变现，因此其流动性很强。

（4）面额较小

相对于其他的货币市场工具，国库券的面额比较小。目前，美国的国库券面额一般为 10 000 美元，远远低于其他货币市场工具的面额（大多为 10 万美元）。

国库券市场的存在和发展具有积极的经济意义。第一，对政府来说，无须增加税收就可以解决预算资金不足的问题，有利于平衡财政收支，促进社会经济的稳定发展；第二，对商业银行来说，国库券以其较高的流动性为商业银行提供了一种非常理想的二级准备金，有利于商业银行实行流动性管理；第三，对个人投资者来说，投资国库券不仅安全可靠，而且可以获得稳定的收益，且操作简便易行；第四，对中央银行来说，国库券市场的存在为中央银行进行宏观调控提供了重要手段，中央银行通过调节在国库券市场上买卖的数量，不仅可以直接左右市场货币供给量，而且还可以借助于对市场利率水平所产生的影响来达到调节市场货币供给量的目的。

专栏【8-1】

改革开放以来我国货币市场的发展

改革开放以来，我国客观上采取了"先资本市场，后货币市场"的发展思路，一方面是由于对货币市场的功能认识不足，另一方面是由于发展金融市场的动因不是从完善金融市场以实现经济和金融的可持续发展出发，而是从救急出发。改革开放以来，制约我国经济发展的最主要的因素是资金问题，尤其是长期资金问题，而通过资本市场所筹集的正是长期资金和永久性资金，恰恰能够解决这一问题，因此资本市场成为金融市场发展的重点，而货币市场的发展则明显滞后。具体来说，从时间顺序上来看，我国从1981年发行国库券到20世纪80年代末发行股票，并于1990年成立了沪深两大证券交易所，到现在为止，已经历了20余年的时间，资本市场发展已相对成熟，而最早发展的货币市场子市场——同业拆借市场直到1986年才有了比较明显的发展，其他子市场的发展则更加滞后。从年交易规模来看，拆借市场以万亿计、票据市场以千亿计，资本市场则以千万亿计。从发展状况来看，股票市场、国债市场发展虽有所起伏，但总体上呈平稳发展并不断提高的态势，而拆借市场则"三起三落"，从1999年起才规范地发展起来，票据市场目前仍处在起步阶段。由于货币市场在发展上的严重滞后，客观上造成了整个金融市场的"瘸腿"现象，破坏了货币市场和资本市场的协调发展，阻碍了金融市场的完善并弱化了其对社会主义市场经济的推动作用。因此，我们有必要全面分析货币市场的功能，重新审视它在金融市场和市场经济中的作用，给货币市场一个应有的评价，充分重视货币市场的发展。

（资料来源：百度百科。）

8.3 资本市场

8.3.1 资本市场的概念与特点

资本市场是指以期限1年以上的金融工具为媒介，进行长期性资金交易活动的市场，又称长期资金市场。其主要参与者有个人、企业、金融机构和政府。近年来，保险公司、养老基金等金融机构，作为机构投资者也活跃于资本市场。

资本市场主要有以下四个特点。

① 资本市场所交易的金融工具期限长，至少1年，最长可达10年甚至10年以上；股票则没有偿还期限，可以长期交易。

② 交易的目的主要是满足长期投资性资金的供求需要。所筹措的长期资金主要用于补充固定资本，提高生产能力，如开办新企业、更新改造或扩充厂房设备、加大对国家长期建设性项目的投资力度。

③ 资金借贷量大，以满足长期投资项目的需要。

④ 作为交易工具的有价证券与短期金融工具相比，虽收益较高但流动性差，价格变动幅度大，有一定的风险性和投机性。

资本市场对经济最大的贡献就是提供了一条储蓄向投资转化的有效途径。它通过价格机制合理地引导资金和分配资金。因此，资本市场的完善与否影响到一国投资水平、投资结构、资源的合理分配和有效利用，乃至国民经济的协调增长。

8.3.2 资本市场的结构

1. 证券市场和中长期借贷市场

根据资本市场资金交易双方所体现的不同关系，一般把资本市场分为中长期借贷市场和证券市场。

（1）中长期借贷市场

中长期借贷市场的核心是银行，银行一方面接受信用，通过各种形式向社会广泛地筹集中长期资金，然后再把它贷放给中长期资金需求者。银行中长期信贷主要用于固定资产的更新、扩建或新建，一般需要以机器设备、土地、建筑物为担保品，贷款期限一般在5年以上。中长期贷款市场之所以是资本市场的一部分，不仅仅是由它的期限决定的，更重要的是因为在这个期限内企业通过运用资本金和这笔贷款资金所创造的经济效益，在满足按期还本付息要求后，将有一笔新的净资产增加，这些净资产属于企业的资本性资金范畴。

（2）证券市场

证券市场是经营股票、公司债券和国家公债等有价证券交易的场所。证券市场通过发行买卖各类债券、股票，组织吸引国内外长期资金，提供政府和工商企业所需要的财政资金和长期建设资金，是长期资本借贷的一种重要方式。证券市场又可以分为中、长期债券市场，股票市场和投资基金市场。

① 中长期债券市场。债券市场是发行和交易债券的市场，它是金融市场的一个重要组成部分。按债券期限划分，债券市场可分为短期债券市场和中长期债券市场。其中，中长期债券市场是资本市场的一个重要组成部分。

② 股票市场。股票市场是影响力较大的金融市场之一。它向投资者出售公司股票，为公司筹集运营资本，作为回报，投资者获得公司股份，并分享公司的利润。股票市场存在的目的是把企业集中起来，筹集资金持有人的资金，而这些人也正在寻找相应的投资机会。企业需要资本，也许是为了扩大当前的业务，或者是为了筹建一个全新的企业，同时投资者也在寻求更高的投资回报（高于存入银行获取的利息）。

股票市场同任何市场一样，允许买卖双方通过货币进行交易或交换产品(有时称为商品)。股票市场中的商品是个人股份，或是公司的股票。这些股份对投资者具有吸引力，因为它们的价值随着公司的财务状况和发展潜力的波动而变化，如果公司业绩良好，股份的持有人将享有定期获得利润或股息的权利。

股票市场一般分为发行市场（又称一级市场）和流通市场（又称二级市场）。股票发行市场是指股票发行者将发行的股票出售给投资者以筹集资金的场所。发行市场是流通市场的基础,有了发行市场的股票供应,才会有流通市场的股票流通,发行股票的种类、数量决定着流通市场的种类和规模。股票流通市场是指已经发行的股票按时价进行转让、买卖流通的场所。股票流通市场的存在是发行市场正常发展的必要条件,没有流通市场的转让出售活动,股票就会失去流动性。相对而言,流通市场比发行市场更复杂,其作用和影响也更大。

③投资基金市场。这是利用投资基金为金融工具进行融资的市场。目前,美国的投资基金市场是全球最发达的,也是政府监管最为严格的投资基金市场。

2. 主板市场和创业板市场

（1）主板市场和创业板市场的含义

根据上市公司的发育状况,资本市场可以分为主板市场和创业板市场。主板市场是一个传统的资本市场；创业板市场则有着不同的含义,又称为另类股票市场、二板市场,是指交易所主板市场以外的另一个资本市场。从广义上看,创业板市场是指与针对大型成熟公司的主板市场相对应,面向中小公司的股票市场,包括科技板、创新板、另类股票市场、新市场、增长性股票市场、店头和备案市场等市场类型；从狭义上看,创业板市场是指协助高成长的新兴公司尤其是高科技公司筹资的市场。

创业板市场最大的特点是降低了企业上市的门槛,帮助有潜力的中小公司获得融资的机会。从国外的情况看,创业板市场与主板市场的主要区别是：不设立最低营利的规定,以免高成长的公司因营利低而不能挂牌；提高对最低公众持股量的要求,以保证公司有充裕的资金周转；设定主要股东的最低持股量及出售股份的限制,如两年内不得出售名下的股份等,以使公司管理层在发展业务方面保持对股东的承诺。此外,创业板市场使用公告板作为交易途径,不论公司在何地注册成立,只要符合要求即可获准上市。

从创业板市场与主板市场的关系看,全球目前的创业板市场在组织模式上存在三种主要模式,即附属模式、相对独立模式和完全独立模式。

（2）国内外创业板市场的发展历程

在常规的股票市场之外设立独立的创业板（高科技板）股票市场,是发达国家发展创业投资体系为中小企业直接融资的通行做法。创业板市场的上市条件较之于主板市场要低,非常有利于中小企业、高新技术企业上市。

20世纪70年代以来,为了扶持中小企业和高新技术企业发展,世界上不少国家和地区纷纷探索设立创业板市场,以建立一种有利于支持高新技术产业化、有利于中小企业融资的金融体系。成立于1971年2月的美国纳斯达克市场,就是一个支持技术创新的全球创业板市场的典型。美国的纳斯达克市场对成熟的风险型高新技术企业走向证券市场、使风险资本退出风险企业以实现投资收益和继续滚动投资具有至关重要的意义,美国具有成长性的公司中有90%以上在该市场上市。直接融资渠道的开辟与拓展,在一定程度上促进了发达国家中小企业筹资来源的多元化。此后以美国纳斯达克为样板,欧洲、日本、加拿大等相继设立了为中小企业及高新技术企业服务的创业板市场,满足以高科技为主导的产业转型需要。

进入20世纪80年代后,亚洲等新兴市场国家和地区也仿照纳斯达克设立了专门服务于成长性的中小高新技术企业的股票市场。例如,新加坡自动报价与交易系统（SESDAQ）于1987年2月开始运行,它主要是为那些尚不能符合主板市场上市要求的公司而设立的。中国台湾的证券柜台买卖中心（OTC）亦属创业板市场范畴,1994年,它进一步放松了对高科技企业的上市标准,市场发展迅速,现已成为世界上较大的场外交易市场之一,为中国台湾的产业结构调整起到了积极的作用。1999年11月,中国香港创业板市场（GEM）正式启动,为处于创业阶段的中小高成长性公司尤其是高新技术公司服务。

20世纪90年代中期建立的创业板还有伦敦证券交易所另类投资市场（AIM，1995）等。这一阶段的二板市场发育和运作远强于20世纪70年代开始的第一阶段，大多数发展较顺利，其中，美国纳斯达克和韩国科斯达克的交易量甚至一度超过了主板市场。不过，从整体上看，二板市场的市场份额还是低于主板市场，也有的二板市场（如欧洲的欧洲证券经纪商协会自动报价系统）曾一度陷入经营困境。

我国建立创业板的时间要晚一些。1999年8月，中共中央、国务院出台的《中共中央、国务院关于加强技术创新，发展高科技，实现产业化的决定》指出，要培育有利于高新技术产业发展的资本市场，适当时候在现有的上海、深圳证券交易所专门设立高新技术企业板块。时隔10年后，2009年3月31日，中国证监会正式发布了《首次公开发行股票并在创业板上市管理暂行办法》，该办法自2009年5月1日起实施。2009年9月17日，中国证监会召开首次创业板发审会，首批7家企业上会。这7家公司分别为：北京立思辰科技股份有限公司、北京神州泰岳软件股份有限公司、乐普（北京）医疗器械股份有限公司、青岛特锐德电气股份有限公司、上海佳豪船舶工程设计股份有限公司、南方风机股份有限公司、重庆莱美药业股份有限公司。2009年10月23日，中国创业板举行开板启动仪式。数据显示，首批上市的28家创业板公司，平均市盈率为56.7倍，而市盈率最高的宝德股份达到81.67倍，远高于全部A股市盈率以及中小板的市盈率。2009年10月30日，中国创业板正式上市。

中国资本市场极简史

8.3.3 资本市场的效率

1. 资本市场效率的定义

资本市场效率是指资本市场实现金融资源优化配置功能的程度。具体来说，资本市场效率包括两个方面：一是市场以最低交易成本为资金需求者提供金融资源的能力，二是市场的资金需求者使用金融资源向社会提供有效产出的能力。高效率的资本市场，应是将有限的金融资源配置到效益最好的企业及行业，进而创造最大产出，实现社会福利最大化的市场。

2. 资本市场效率的类型

有效市场理论中的市场效率并不是指市场的运作效率，而是强调市场的信息效率，即市场价格对信息及时、充分、准确地反映。有效资本市场是指资本市场上的价格能够同步地、完全地反映全部的可用信息。在有效资本市场中，价格会对新的信息做出迅速充分的反应。美国经济学家法玛（Fama）将市场效率划分为三个层次：弱式有效、半强式有效和强式有效。

（1）弱式有效

弱式有效是指证券价格反映了证券历史上的价格和交易量的信息。

（2）半强式有效

半强式有效是指证券价格充分反映了所有的公开信息（包括历史信息和交易量情况，但不局限于此），如上市公司的年度和季度报告、分配方案、盈利预测等。

（3）强式有效

强式有效是指证券价格反映了所有公开和不公开（内幕）的市场信息。当一个市场符合强式有效假设时，意味着即便掌握所谓的内幕信息，也无法获得任何超常收益。

专栏【8-2】

股票发行定价的方式

根据《中华人民共和国公司法》第一百四十八条的规定，面额股股票的发行价格可以按票面金额，也可以超过票面金额，但不得低于票面金额。股票发行价格等于票面金额的，称为等价发行或面额发行；股票发行价格超过票面金额的，称为溢价发行。一般情况下，我国股票采用溢价发行。实行溢价发行的好处是公司通过发行股票可以筹集到超过票面金额的资本，从而增加公司的总资本，用较少的股份筹集到较多的资金；同时，承销商可以获得较高的手续费。溢价发行又可分为时价发行和中间价发行。时价发行又称市场价发行，是指发行公司以同种或者同类股票的市场流通价格为基准来确定股票的发行价格。中间价发行是指发行公司按照介于股票面额与市场流通价格之间的一定价格水平来发行股票。目前，我国上市公司对股东配售时，大多采用中间价发行。

▶ 8.4 外汇市场

8.4.1 外汇市场的概念

外汇市场是指在国家之间从事外汇买卖，调剂外汇供求的交易场所，是经营外币和以外币计价的票据等有价证券买卖的市场，是金融市场的重要组成部分。

一方面，国际上因贸易、投资、旅游等经济往来，难免会产生货币收支关系，但各国货币制度不同，要想在国外支付，必须先以本国货币购买外币；另一方面，从国外收到外币支付凭证也必须兑换成本国货币才能在国内流通。这样就发生了本国货币与外国货币的兑换问题。两国货币的比价称汇价或汇率。西方国家中央银行为执行外汇政策，影响外汇汇率，经常买卖外汇。所有买卖外汇的商业银行、专营外汇业务的银行、外汇经纪人、进出口商，以及其他外汇供求者都经营各种现汇交易及期汇交易，并由这些外汇业务组成一国的外汇市场。

外汇市场的主要参与者有中央银行、外汇银行、外汇经纪人、贴现商号、外汇交易商、跨国公司、外汇投机者、进出口商和其他外汇供求者。以上外汇市场的主要参与者，归纳起来就是中央银行、外汇银行、外汇经纪人和外汇市场的客户四大部分。

8.4.2 外汇市场的分类

1. 按外汇市场的外部形态分类

按外汇市场的外部形态分类，外汇市场可以分为无形外汇市场和有形外汇市场。无形外汇市场，也称为抽象的外汇市场，是指没有固定、具体场所的外汇市场。这种市场最初流行于英国和美国，故其组织形式被称为英美方式。现在，这种组织形式不仅扩展到了加拿大、日本东京等地区，而且也渗入欧洲大陆。无形外汇市场的主要特点是：第一，没有确定的开盘与收盘时间；第二，外汇买卖双方无须进行面对面的交易，外汇供给者和外汇需求者凭借电传、电报和电话等通信设备与外汇机构联系；第三，各主体之间有较好的信任关系，否则，这种交易难以完成。

有形外汇市场，也称为具体的外汇市场，是指有具体的固定场所的外汇市场。这种市场最初流行于欧洲大陆,故其组织形式被称为大陆方式。有形外汇市场的主要特点是:第一,固定场所一般指外汇交易所,通常位于世界各国金融中心;第二,从事外汇业务经营的双方都在每个交易日的规定时间内进行外汇交易。

2. 按外汇所受管制程度分类

按外汇所受管制程度分类,外汇市场可以分为自由外汇市场、外汇黑市和官方市场。自由外汇市场,是指政府、机构和个人可以买卖任何币种、任何数量外汇的市场。自由外汇市场的主要特点是:第一,买卖的外汇不受管制;第二,交易过程公开。例如,美国、英国、法国、瑞士的外汇市场皆属于自由外汇市场。

外汇黑市,是指非法进行外汇买卖的市场。外汇黑市的主要特点是:第一,外汇黑市是在政府限制或法律禁止外汇交易的条件下产生的;第二,交易过程具有非公开性。由于发展中国家大多执行外汇管制政策,不允许自由外汇市场存在,因此这些国家的外汇黑市比较普遍。

官方市场,是指按照政府的外汇管制法令来买卖外汇的市场。这种外汇市场对参与主体、汇价和交易过程都有具体的规定。在发展中国家,官方市场较为普遍。

3. 按外汇买卖的范围分类

按外汇买卖的范围分类,外汇市场可以分为外汇批发市场和外汇零售市场。外汇批发市场,是指银行同业之间的外汇买卖行为及其场所。外汇批发市场的主要特点是交易规模大。外汇零售市场,是指银行与个人及公司客户之间进行的外汇买卖行为及场所。

8.4.3 外汇市场的功能

外汇市场的功能主要表现在三个方面。

1. 实现购买力的国际转移

国际贸易和国际资金融通至少涉及两种货币,而不同的货币在不同的国家形成不同的购买力,这就要求将本国货币兑换成外币来清理债权债务关系,使购买行为得以实现。这种兑换就是在外汇市场上进行的。外汇市场所提供的就是这种购买力转移交易得以顺利进行的经济机制,它的存在使各种潜在的外汇售出者和外汇购买者的意愿能联系起来。当外汇市场汇率变动使外汇供应量正好等于外汇需求量时,所有潜在的出售和购买愿望都会得到满足,外汇市场处于平衡状态之中。这样,外汇市场便提供了一种购买力国际转移机制。同时,发达的通信工具已将外汇市场在世界范围内联成一个整体,使得货币兑换和资金汇付能够在较短时间内完成,购买力的这种转移也会变得更加迅速和方便。

2. 提供资金融通

外汇市场向国家之间的交易者提供了资金融通的便利。外汇的存贷款业务集中了各国的社会闲置资金,从而能够调剂余缺,加快资本周转。外汇市场为国际贸易的顺利进行提供了保证,当进口商没有足够的现款提货时,出口商可以向进口商开出汇票,允许延期付款,同时以贴现票据的方式出售汇票,拿回货款。外汇市场便利的资金融通功能也促进了国际借贷和国际投资活动的顺利进行。

3. 提供外汇保值和投机的机制

在以外汇计价成交的国际经济交易中,交易双方都面临着外汇风险。因为市场参与者对外汇风险的判断和偏好不同,有的参与者愿意花费一定的成本来转移风险,而有的参与者则愿意承担风险以实现预期利润,所以产生了外汇保值和外汇投机两种不同的行为。在金本位制和固定汇率制下,外汇汇率基本上是平稳的,因而不会形成外汇保值和投机的需要及可能;而在浮动汇率制下,外汇市场的功能得到了进一步的发展,外汇市场的存在既为套期保值者提供了规避外汇风险的场所,又为投机者提供了承担风险、获取利润的机会。

8.4.4 外汇市场的主要业务

1. 即期交易

即期交易也称现汇交易或现汇买卖,是指外汇交易双方以当时外汇市场的价格成交,并在成交后2个营业日内办理有关货币收付交割的外汇交易方式。即期交易是外汇市场上最常见、最普遍的买卖形式。由于交割时间较短,因此所受的外汇风险较小。

2. 远期交易

远期交易是指在外汇买卖成交时,双方先签订合同,规定交易的币种、数额、汇率以及交割的时间、地点等,并于将来某个约定的时间按照合同规定进行交割的外汇交易方式。远期交易的期限按月计算,一般为1个月到6个月,也可以长达1年,通常为3个月。

3. 掉期交易

掉期交易是指同时买进和卖出相同金额的某种外汇,但买和卖的交割期限不同的外汇交易方式。进行掉期交易的主要目的在于避免汇率波动的风险。

4. 外汇期货交易

外汇期货交易是指按照合同规定在将来某一指定月份买进和卖出规定金额外币的外汇交易方式。目前,世界主要金融中心都设立了金融期货市场,外汇期货现在已经成为套期保值和投机的重要工具。

5. 外汇期权交易

外汇期权是一种以一定的费用(期权费)获得在一定的时刻或时间内拥有买入或卖出某种外汇的权利的合约。期权合同的买方可以在期权到期日之前按合同约定的汇率买进或卖出约定数量的外汇,但也有不履行这一合同的权利。

▶ 8.5 保险市场

8.5.1 保险市场的含义

保险市场是金融市场的一种形式,是保险商品交换关系的总和或是保险商品供给与需求关系的总和。它既可以指固定的交易场所如保险交易所,也可以是所有实现保险商品让渡的交换关系的总和。在保险市场上,交易的对象是保险人为消费者所面临的风险提供的各种保险保障。

8.5.2 保险市场的要素

1. 保险市场的主体

保险市场的主体是指保险市场交易活动的参与者,包括保险市场的供给方和需求方及充当供需双方媒介的中介方。保险市场就是由这些参与者缔结的各种交换关系的总和。

（1）保险市场的供给方

保险市场的供给方是指在保险市场上提供各类保险商品，承担、分散和转移他人风险的各类保险人，如国有保险人、私营保险人、合营保险人、合作保险人、个人保险人。通常保险人必须是经过国家有关部门审查认可并获准专门经营保险业务的法人组织。

（2）保险市场的需求方

保险市场的需求方是指保险市场上所有现实的和潜在的保险商品的购买者，即各类投保人。根据保险消费者不同的需求特征，可以把保险市场的需求方划分为个人投保人、团体投保人、农村投保人、城市投保人等。根据保险需求的层次还可以把保险市场的需求方划分为当前的投保人与未来的投保人等。

（3）保险市场的中介方

保险市场的中介方既包括活动于保险人与投保人之间，充当保险供需双方的媒介、把保险人和投保人联系起来并建立保险合同关系的人，也包括独立于保险人与投保人之外，以第三者身份处理保险合同当事人委托办理的有关保险业务的公证、鉴定、理算、精算等事项的人，具体有保险代理人（或公司）、保险经纪人（或公司）、保险公估人（或行）、保险律师、保险理算师、保险精算师、保险验船师等。

2. 保险市场的客体

保险市场的客体是指保险市场上供求双方具体交易的对象，这个交易对象就是各类保险商品。这是一种特殊形态的商品。保险商品形式是保险合同，保险合同实际是保险商品的载体，其内容是保险事故发生时提供经济保障的承诺。保险费是保险商品的价格，它是被保险人为取得保险保障而由投保人向保险人支付的价款。

8.5.3　保险市场的类型

1. 原保险市场和再保险市场

按保险业务承保的程序不同，保险市场可分为原保险市场和再保险市场。原保险市场，也称直接业务市场，是保险人与投保人之间通过订立保险合同而直接建立保险关系的市场；再保险市场，也称分保市场，是原保险人将已经承保的直接业务，通过再保险合同转分给再保险人的方式形成保险关系的市场。

2. 人身保险市场和财产保险市场

按保险业务的性质不同，保险市场可分为人身保险市场和财产保险市场。人身保险市场，是专门为社会公民提供各种人身保险商品的市场；财产保险市场，是从事各种财产保险商品交易的市场。

3. 国内保险市场和国际保险市场

按保险业务活动的空间不同，保险市场可分为国内保险市场和国际保险市场。国内保险市场，是专门为本国境内提供各种保险商品的市场，按经营区域范围又可分为全国性保险市场和区域性保险市场；国际保险市场，是国内保险人经营国外保险业务的保险市场。

4. 自由竞争型保险市场、垄断型保险市场、垄断竞争型保险市场

按保险市场的竞争程度不同，保险市场可分为自由竞争型保险市场、垄断型保险市场、垄断竞争型保险市场。自由竞争型保险市场，是保险市场上存在数量众多的保险人、保险商

品交易完全自由、价值规律和市场供求规律充分发挥作用的保险市场。垄断型保险市场，是由一家或几家保险人独占市场份额的保险市场，包括完全垄断和寡头垄断型保险市场。垄断竞争型保险市场，是大小保险公司在自由竞争中并存，少数大公司在保险市场中分别具有某种业务的局部垄断地位的保险市场。

8.5.4 保险市场的功能

1. 合理分散风险，维护社会稳定的功能

保险市场通过保险商品交易合理分散风险，提供经济补偿，在维护社会稳定方面发挥着积极的作用。

2. 聚集、调节资金，优化资源配置的功能

保险资金收入和支出之间有一个时间差，保险市场通过保险交易对资金进行再分配，从而充分发挥资金的时间价值，为国民经济的发展提供动力。

3. 实现均衡消费，提高人民生活水平的功能

保险市场为减轻居民消费的后顾之忧提供了便利，使居民能够妥善安排生存型消费，提高人民生活的整体水平。

4. 促进科技进步，推动社会发展的功能

保险市场运用科学的风险管理技术，为社会的高新技术风险提供保障，由此促进新技术的推广应用，加快科技现代化的发展进程。

▶ 8.6 黄金市场

8.6.1 黄金市场及其特点

黄金市场是世界各国进行黄金买卖的交易场所。进行黄金交易的有世界各国的公司企业、银行、私人及各国的官方机构。参与黄金交易的目的主要是工业用金、私人贮藏、官方增加储备、投机商投机牟利，以及握有闲置资金者投资于黄金等。黄金市场具有以下几个特点。

1. 黄金市场是国际金融市场的重要组成部分

黄金以其稀有贵重的自然属性和社会属性成为财富的象征，而且作为国家之间的最后支付手段，执行世界货币的职能，因此黄金市场一直是国际金融市场的一个重要组成部分。黄金非货币化后，黄金市场虽然恢复了商品市场的地位，但由于黄金保值作用的存在，黄金市场无法割断其与其他金融市场的联系。这主要表现为：黄金一直作为世界货币发挥作用，黄金仍然是中央银行干预外汇市场的重要手段和国际储备的重要组成部分。

2. 黄金市场的地位和作用取决于黄金在货币制度中的地位和作用

在典型的金本位体制下，黄金市场在金融领域中起着非常重要的作用，主要表现为通过黄金市场来稳定币值（黄金自由铸造、融化有利于币值稳定）以及通过黄金自由输出/输入来稳定汇价两个方面。随着金本位制在20世纪30年代的崛溃，黄金的货币职能大为削弱，黄金市场在金融市场中的地位也逐步下降。在第二次世界大战后的布雷顿森林体系中，黄金市场与金融市场的联系靠黄金与美元的固定比价关系来维持。1976 年，《牙买加协议》切断了黄金与货币的固定联系，黄金逐渐丧失其货币的职能，成为普通的贵重商品，至此，黄金市场恢复其商品市场的本来面目。

3. 黄金市场经久不衰

黄金是贵金属，在历史上它曾一度独占货币商品的地位。随着货币制度的演变，黄金已退出货币商品的历史舞台。但在国际经济往来中，黄金仍然执行着货币的部分职能，是清偿国际债权债务关系的最后手段。同时，黄金仍然是外汇储备的主要形式，黄金价格的波动仍然对国际金融秩序有重要影响，因此各国政府都十分重视黄金的生产、储备和买卖。

《牙买加协议》签定后，各国放松了对黄金的管制，黄金交易在世界许多地区得到了发展。除欧洲外，在中东、东亚许多国家和地区也成立了地区性甚至世界性的黄金市场，20 世纪 80 年代，黄金市场的全球一体化基本形成。

8.6.2 黄金市场的交易主体

1. 金融机构

参与黄金市场的重要金融机构有两类。一类是中央银行。世界黄金存量的一半掌握在各国中央银行及各种官方机构。其目的是通过持有黄金储备并通过买卖黄金来安排国际储备资产和调节国际收支，持有量一般较为稳定。另一类是商业银行。商业银行虽然不生产和消费黄金，但其市场重要程度甚至超过了黄金生产商和黄金首饰加工商。因为商业银行是一个居市场中枢地位的多重功能角色。作为服务商，它为黄金买卖者提供黄金交易服务和黄金交易的融资服务；作为风险承担者，商业银行在国际黄金市场中还充当做市商，积极参与交易活动；作为产品的设计者，商业银行从交易市场的需求出发，不断推出新的品种，用于黄金投资和规避价格风险。

2. 金商和经纪人

专门经营黄金买卖的各国金商和经纪人是黄金期货市场上的大主顾。金商的黄金流动成本包括利息、储存与保险费用。如果其固定成本高于其流动成本，则他们就会买进黄金现货，而卖出期货合同。这样，他们既能有效地储备黄金，同时又能贷款给市场。反过来，如果其固定成本低于其流动成本，他们就会卖出黄金现货，买进期货，在有效地出让黄金的同时，向市场借款。

3. 其他主体

除金融机构、金商和经纪人外，黄金生产商、黄金首饰加工商、居民等也是黄金市场的重要参与者。

8.6.3 黄金市场的分类

1. 黄金现货市场

黄金现货市场又称实物黄金市场，是指黄金买卖成交后即期交割的市场。所买卖的实物黄金有各种形式，主要是各种成色的金条和金块。

2. 黄金期货市场

黄金期货市场是指成交后在未来规定日期交割的市场。目前，在世界主要的黄金期货交易所中,黄金期货交易的单位一般为 100 盎司的精炼黄金,其成色不得低于 99.5%。黄金期货合约的月份从 1 个月到 12 个月不等。其报价方式一般是以每盎司精炼黄金报多少美元来表示。黄金期货的价格与现货的价格相差不多,差价主要由利率和供求关系决定。国际黄金市场的交易活动无论是现货交易还是期货交易,一般都通过经纪人成交。

3. 黄金期权市场

黄金期权市场是在 20 世纪 70 年代初发展起来的。包括买权和卖权。所谓买权就是买方支付一定的权利金,获得在一定时间内以一定的价格买入某种商品的权利。买方无义务行使这种买权。所谓卖权就是买方支付一定权利金,获得在一定时间内以一定的价格卖出某种商品的权利。同样,买方也无义务行使这种卖权。

中国黄金市场简介

小 结

1. 金融市场是指资金供应者和资金需求者双方通过信用工具进行交易而融通资金的市场。在市场经济条件下,金融市场是统一的市场体系的一个重要组成部分,它与生产资料市场、消费品市场、劳动力市场、技术市场等各类市场相互联系、相互依存,共同构成统一市场的有机体。金融市场是市场经济的中枢和主导,它在市场体系中起着纽带和中介的作用,引导和协调其他各类市场的活动。

2. 金融市场的构成要素包括交易主体、交易对象与交易工具、交易的组织形式、交易价格。交易主体,即参与金融市场交易的机构或个人,具体可分为居民个人与家庭、工商企业、政府机构、金融机构、中央银行。交易的对象只有货币资金一种,交易工具即金融工具,是指金融市场上制度化、标准化的融资凭证。交易的组织形式有交易所形式和场外交易形式。交易价格体现为利率。

3. 金融市场根据金融交易期限的不同,可以分为货币市场和资本市场;根据金融交易合约性质的不同,可以分为现货市场、期货市场和期权市场;根据发行和流通的先后顺序的不同,可以分为一级市场和二级市场;根据金融产品成交与定价方式的不同,可以分为公开市场和协议市场;根据有无固定场所,可以分为有形市场和无形市场;根据地域的不同,可以分为国内金融市场和国际金融市场。

4. 货币市场是指融资期限在 1 年以内(包括 1 年)的资金交易市场,又称为短期资金市场。其具有融资期限短、流动性高、风险性小等特点。货币市场的功能体现为短期资金融通功能、管理功能、政策传导功能、促进资本市场尤其是证券市场发展的功能。

5. 货币市场的类型有为:同业拆借市场、回购市场、票据市场、大额可转让定期存单市场、短期政府债券市场等。

6. 资本市场是指以期限 1 年以上的金融工具为媒介,进行长期性资金交易活动的市场,又称长期资金市场。其主要参与者有个人、企业、金融机构和政府,具有金融工具期限长、资金借贷量大、收益高、流动性差、风险高等特点。资本市场根据交易双方所体现的不同关系,可以分为中长期借贷市场和证券市场;根据上市公司的发育状况,可以分为主板市场和创业板市场。

7. 外汇市场是指在国家之间从事外汇买卖，调剂外汇供求的交易场所，是经营外币和以外币计价的票据等有价证券买卖的市场，是金融市场的重要组成部分。外汇市场根据外部形态不同，可以分为无形外汇市场和有形外汇市场；根据外汇所受管制程度不同，可以分为自由外汇市场、外汇黑市和官方市场；根据外汇买卖的范围不同，可以分为外汇批发市场和外汇零售市场。

8. 外汇市场的功能主要表现在三个方面：实现购买力的国际转移，提供资金融通，提供外汇保值和投机的机制。外汇市场的主要业务有即期交易、远期交易、掉期交易、外汇期货交易、外汇期权交易等。

9. 保险市场是金融市场的一种形式，是保险商品交换关系的总和或是保险商品供给与需求关系的总和。保险市场的主体是指保险市场交易活动的参与者，包括保险市场的供给方和需求方及充当供需双方媒介的中介方。保险市场的客体是指保险市场上供求双方具体交易的对象，即各类保险商品。

10. 保险市场按保险业务承保的程序不同，可分为原保险市场和再保险市场；按保险业务的性质不同，可分为人身保险市场和财产保险市场；按保险业务活动的空间不同，可分为国内保险市场和国际保险市场；按保险市场的竞争程度不同，可分为自由竞争型保险市场、垄断型保险市场、垄断竞争型保险市场。

11. 黄金市场是世界各国进行黄金买卖的交易场所。黄金市场的交易主体有金融机构、金商和经纪人以及其他主体。黄金市场包括黄金现货市场、黄金期货市场、黄金期权市场三个类型。

思 考 题

1. 金融市场的含义与作用是什么？
2. 金融市场的构成要素有哪些？
3. 金融市场是如何分类的？
4. 货币市场的特点和功能各是什么？
5. 资本市场的概念、特点和结构分别是什么？
6. 外汇市场的主要功能是什么？
7. 保险市场的具体类别有哪些？
8. 黄金市场的交易主体有哪些？

案 例 简 介

案例【8-1】

科创板助力资本市场服务实体经济

科创板于 2018 年 11 月 5 日在首届中国国际进口博览会开幕式上宣布设立，是独立于现有主板市场的新设板块,并在该板块内进行注册制试点。设立科创板并试点注册制是提高服务科技创新企业能力、增强市场包容性、强化市场功能的一项资本市场重大改革举措。

2019年7月22日,科创板在上海证券交易所正式开市。在上海证券交易所新设科创板,坚持面向世界科技前沿、面向经济主战场、面向国家重大需求,主要服务于符合国家战略、突破关键核心技术、市场认可度高的科技创新企业。重点支持新一代信息技术、高端装备、新材料、新能源、节能环保,以及生物医药等高新技术产业和战略性新兴产业,推动互联网、大数据、云计算、人工智能和制造业深度融合,引领中高端消费,推动质量变革、效率变革、动力变革。

截至2022年7月22日,科创板上市公司313家,总市值逼近5万亿元,平均市盈率74.47倍。作为注册制的先行者,科创板的成功实践,为我国资本市场的全面深化改革积累了宝贵的经验,收获了多维度创新成果,政策与制度建设层面愈加完善。两周年以来,科创板共有61家保荐机构一路为科创企业"风雨护航"。其中,中信证券80家、华泰联合证券55家、海通证券53家、中金公司51家、中信建投51家,位列保荐机构保荐科创板企业项目数量的前五位。

(资料来源:百度百科。)

问题:

科创板的设立对完善我国资本市场有哪些作用?

简要提示:

1. 从市场功能看,科创板实现了资本市场和科技创新更加深度的融合。科技创新具有投入大、周期长、风险高等特点,间接融资、短期融资在这方面常常难以达到预期效果,科技创新离不开长期资本的引领和催化。设立科创板,为有效解决这个问题提供了更大可能。补齐资本市场服务科技创新的短板,是科创板从一开始就要肩负的重要使命。

2. 从市场发展看,科创板为资本市场基础制度改革开辟了一条创新性的路径。监管部门已明确,科创板是资本市场的增量改革。增量改革可以避免对庞大存量市场的影响,而在一片新天地中"试水"改革举措,可以快速积累经验,从而助推资本市场基础制度的不断完善。

3. 从市场生态看,科创板体现出更加包容、平衡的理念。资本市场是融资市场,也是投资市场。科创板通过在盈利状况、股权结构等方面的差异化安排,将增强对创新企业的包容性和适应性。

案例思政元素分析:

首先,科创板推动了国家科技创新。经济学理论认为,在劳动和资本等要素投入既定的情况下,技术是长期经济增长的决定性因素。现实中,科技创新既要依靠实验室,也要依托生产线。三次工业革命的历史充分证明,科技创新离不开金融市场的桥梁作用,科技与金融结合是实现创新驱动的重要途径。设立科创板是落实创新驱动和科技强国战略、推动高质量发展、支持上海国际金融中心和科技创新中心建设的重大改革举措,让创新成为推动发展的第一动力,是适应和引领我国经济发展新常态的现实需要。

其次,进一步完善了金融市场制度。科创板是一块改革"试验田",将为资本市场改革发展积累有益经验。科创板从中国的国情和发展阶段出发,借鉴成熟市场经验,在发行上市、保荐承销、市场化定价、交易、退市等方面进行制度改革的先试先行,通过实践与创新,这块注册制"试验田"已成长为中国资本市场的重要组成部分。承载着企业转型升级与中国经济高质量发展之重任,科创板也正在重构中国资本市场结构与经济发展的新业态。

案例【8-2】

外汇管理部门多措并举为中小微外贸企业发展保驾护航

江苏是外贸大省,进出口总额常年稳居全国第二位。2022年上半年人民币汇率大幅波动,中小微外贸企业汇率风险敞口加大。但企业又缺乏专门人才管理风险,怎么办?

"我们公司以前都是即期结汇,对汇率风险管理的认识不够,也不懂如何办理外汇套期保值,汇率波动产生的损失对我们小微企业的利润影响非常大,往往接单时测算是盈利的,到了收款时就是亏损的了。"在谈及汇率波动对企业生产的影响时,江阴市东辉特种纱线有限公司总经理说:"我们公司年收汇量在450万美元左右,之前我们对汇率风险管理认识不足,作为小企业也没有专业的员工了解外汇衍生品,都是随用随结,汇兑损失风险比较大。"

针对汇率风险敞口较大企业,尤其是之前从未办理过外汇套保企业,江阴农商行逐一上门走访,针对企业汇率避险需求,提供综合化、定制化的金融解决方案。在精细化服务下,江阴市东辉特种纱线有限公司管理层逐渐树立了汇率风险中性意识,"通过外汇局和银行专家的多次宣传指导,我们对外汇套保有了新认识,尝试办理套期保值业务,锁定汇率后,可以安心投入生产,也不用整天担心汇率波动了。"

为减轻汇率波动对中小微外贸企业生产经营的影响,国家外汇管理局江苏省分局靠前发力、主动作为,联合江苏省商务厅开展"中小微外贸企业汇率避险扶持专项行动",推出一系列有温度、有力度的支持政策,推动银行发挥服务企业汇率避险的主渠道作用,完善工作机制,统筹资源调配,聚焦广大中小微企业,不断提高银行服务企业汇率风险管理的水平,增强市场主体应对困难的底气,为经济平稳运行提供有力支持。

(资料来源:国家外汇管理局江苏省分局。)

问题:

汇率波动对外贸企业的发展主要有哪些影响?

简要提示:

汇率波动影响企业利润空间,外贸企业利润率较低,往往通过提高出口量带动利润增长。人民币对美元汇率升高会减少企业利润,反之,会影响海外客户下订单的决心;汇率波动增加了企业经营难度,外贸企业往往会采用外汇衍生品对冲汇率风险,但双向波动加剧后,需要企业根据自身情况去动态管理外汇敞口。

案例思政元素分析:

首先,金融助力外贸企业"乘风破浪"。作为我国外贸和国民经济的重要组成部分,中小外贸企业不仅创造了大量就业岗位,且对全球需求变化适应性强,创新活跃。例如,近几年,跨境电商等外贸新业态持续增长,成为我国外贸发展的新亮点和新引擎。外贸企业面临的金融风险,尤其是汇率风险和利率风险值得关注,金融机构要增强服务的主动性和创新性,针对不同类型的中小外贸企业开展产品创新和服务模式创新,充分有效利用好金融工具及外汇管理政策为中小外贸企业纾困解难、提高企业核心竞争力,助力国家经济高质量发展。

其次,努力践行金融工作的政治性和人民性。党的十八大以来,党中央鲜明提出了坚持以人民为中心的发展思想,把增进人民福祉、促进人的全面发展,朝着共同富裕方向稳步前进作为经济发展的出发点和落脚点。外汇管理部门以高质量发展服务高水平开放,努力践行金融工作的政治性和人民性,不断加强对中小微外贸企业的服务支持保障。

第 9 章

国 际 金 融

本章学习要点

通过本章的学习,掌握国际收支的概念、国际收支失衡的原因及调节措施,外汇的概念、汇率的概念;理解国际储备的概念、作用、结构和管理;了解国际货币体系的演变过程、国际金融机构的概念、产生和发展。

本章学习重点与难点

重点是国际收支的概念,国际收支失衡的原因及调节措施,外汇的概念,汇率制度的含义及种类,国际储备的概念、作用和结构;难点是国际收支平衡表的结构和汇率的标价方法。

本章基本概念

国际收支、国际收支平衡表、外汇、汇率、汇率制度、国际储备、国际货币体系、国际金融机构。

9.1 国际收支与外汇

9.1.1 国际收支

1. 国际收支的概念

国际收支是指一个国家或地区在一定时期内(通常为 1 年)与其他国家或地区所发生的所有国际经济交易的总和。它反映了该国居民在发生对外经济交易时的国际收入与国际支出的总和。

国际收支通常包括两层含义。在现代全球经济领域内,每个国家在发展对外经济活动时需要办理资金结算,都不可避免地会造成资金的跨国转移,从而引起不同国家经济主体之间债权债务关系的变化,表现为外汇资本的流入或流出,也就形成了狭义概念的国际收支。因此,从狭义上来说,国际收支反映了一个国家或地区在一定时间内与其他国家或地区所发生的贸易、投资、资本跨国转移等国际经济交易所引起的国际债权债务的结算,或者说是对外经济交易所引起的外汇收入与支出的结算。狭义的国际收支更多地关注使用现金进行国际债权债务关系的结算。

广义的国际收支不再局限于国际经济活动中的现金结算，而更强调国际经济交易的业务基础。一些不需要使用现金进行结算的国际贸易，以赊销赊购为基础的信用交易，以及无须货币偿付的如国际援助、捐赠等国际经济交易，都可以纳入广义的国际收支。国际货币基金组织采用的是广义的国际收支概念，根据2008年12月国际货币基金组织公布的《国际收支和国际投资头寸手册》（第六版）（BPM6），"国际收支是某个时期内，居民与非居民之间的交易汇总统计表"。

2. 国际收支平衡表的概念

国际收支平衡表是系统记录一国在一定时期内，所有国际经济活动收入与支出的统计报表。一国与别国发生的所有经济活动，不论是否涉及外汇收支部分，必须记入该国的国际收支平衡表中。各国编制国际收支平衡表的主要目的是全面了解本国的对外经济情况，并以此进行经济分析、制定合理的对外经济政策。

根据《国际收支和国际投资头寸手册（第六版）》，国际收支平衡表中的全部账户可分为经常账户、资本账户和金融账户及净差错与遗漏三项。

（1）经常账户

经常账户又称经常项目，是本国与他国进行经济交易时经常发生并在整个国际收支总额中占有重要比重与地位的项目，是国际收支平衡表中最基本、最重要的项目。它包括货物和服务、初次收入及二次收入三个明细账户。

① 货物和服务。货物和服务包括货物贸易和服务贸易。货物贸易包括通过海关进出口的所有货物以及一些虽然不经过海关，但属于国际经济交往的货物交易，如飞机、船只等在境外港口购买的燃料、物料，远洋渔船向其他国家出售其所捕获的海产品等。服务贸易涉及的项目比较繁杂，包括运输、旅游、建筑承包、通信、金融、保险、计算机、信息、专利使用、版权、广告中介、专业技术、文化和娱乐等形式多样的商业服务以及一部分政府服务。

② 初次收入。初次收入包括雇员报酬和投资收益两项。雇员报酬是指在别国居住不满1年的个人从别国所取得的合法收入。投资收益与资本和金融项目直接相关，是指与投资、资本流动相关的利息、股息、利润及红利等收入。

③ 二次收入。二次收入又称经常转移或单方转移，是指不以获取收入或者支出为目的的单方面交易行为，包括侨汇、无偿援助和捐赠、国际组织收支及居民收支等。这种转移收支与贸易收支在性质上不同，贸易收支要求等价交换或偿付，而转移收支则是一种单方面的价值转让。

（2）资本账户和金融账户

① 资本账户记录的是资本性质的转移和非生产性、非金融性资产的获得或者出让。资本性质的转移包括生产设备的无偿转移、国外投资款项的汇入和向国外投资款项的汇出以及单方面的债务减免等。非生产性、非金融性资产的获得或者出让是指专利、版权、商标等资产的一次性买断、卖断。

② 金融账户分为非储备性质的金融账户和储备资产两类。非储备性质的金融账户记录的是影响一国对外资产和负债所有权变动的所有交易。按资金流向构成的债权、债务分为资产、负债；按投资方式分为直接投资、证券投资、金融衍生工具和其他投资四项。直接投资是指一国的自然人、法人或其他经济组织在其他国家的境内创立新企业，或收购现有企业，并且拥有有效管理控制权的投资行为。证券投资是指一个国家的企业、个人、团体等对其他国家

所发行的有价证券进行投资的行为。金融衍生工具又称金融衍生工具和雇员认股权，用于记录一国居民与非居民金融衍生工具和雇员认股权的交易情况。其他投资是指除直接投资、证券投资、金融衍生工具和储备资产外居民与非居民之间的金融交易，主要包括进出口贸易融资、贷款、现金、存款、保险和养老金及金融性租赁等项目。

储备资产是指有的是由中央银行或由财政部门持有的，并可随时直接使用的金融资产，包括货币黄金、特别提款权、在国际货币基金组织的储备头寸、外汇储备以及其他储备资产。

（3）净误差与遗漏

国际收支平衡表是按复式簿记原则编制的，每一笔经济交易要同时记入有关项目的借方和贷方，并且金额相等。但在实践中，由于不可能完全跟踪每一笔经济交易进行记录，因此国际收支平衡表的编制是通过对各个子项目的统计进行的。由于各个子项目的统计数据来源不一、时间不同等原因，借方合计与贷方合计之间总是存在一定的差额。为此，就需要有一个平衡项目——净误差与遗漏。当贷方大于借方时，就将差额列入该项目的借方；当借方大于贷方时，就将差额列入该项目的贷方。

3. 国际收支失衡的原因

国际收支失衡是经常的、绝对的，而平衡却是偶然的、相对的，因此国际收支的调节无时不在进行着。为了顺利而有效地调节国际收支，首先必须研究国际收支失衡的原因，然后才能采取相应的措施进行调节。由于各国的经济状况不同，国际收支失衡的原因繁多而复杂，西方经济学家根据原因的不同将国际收支失衡分为五种类型。

（1）周期性失衡

周期性失衡是一国经济周期波动引起该国国民收入、价格水平、生产和就业变化而导致的国际收支失衡。这是世界各国国际收支失衡常见的原因之一。经济发展过程中，各国经济不同程度地处于周期波动之中，出现繁荣、衰退、萧条、复苏的循环。经济周期的不同阶段对国际收支会产生不同影响。在经济衰退阶段，国民收入减少，总需求下降，物价下跌，会促使出口增长，进口减少，从而出现顺差；而在经济繁荣阶段，国民收入增加，总需求上升，物价上涨，则使进口增加，出口减少，从而出现逆差。

（2）货币性失衡

货币性失衡是指一国货币供给、商品成本和物价水平发生较大变化而引起的国际收支失衡。这种失衡主要由国内通货膨胀或通货紧缩引起，表现为价格水平的不一致，故又称为价格性失衡。例如，一国发生通货膨胀，其出口商品成本上升，使用外国货币计价的本国出口商品价格上涨，从而削弱本国商品在国际市场上的竞争力，抑制出口。相反，由于国内商品物价普遍上升，进口商品就会相应便宜，这样就鼓励了外国商品的进口，从而出现贸易逆差。需要注意的是，通货膨胀还会引起该国货币汇率一定程度的贬值，但汇率贬值的幅度一般比物价上涨的幅度小，因而其影响也较小，只能缓和但不会改变通货膨胀对国际收支的影响。货币性失衡可以是短期的，也可以是中期的或长期的。

（3）结构性失衡

结构性失衡是指当国际分工的结构（或世界市场）发生变化时，一国经济结构的变动不能适应这种变化而产生的国际收支失衡。由于地理环境、资源分布、技术水平、劳动生产率差异等经济条件和历史条件不同，世界各国形成了各自的经济布局和产业结构，从而形成了各自的进出口商品和地区结构，这些综合起来构成了国际分工结构。在原有的国际分工结构下，一国的进出口尚能平衡，但如果在某一时期，世界市场对该国出口的需求或对该国进口的供给发生变化，则该国势必要改变其经济结构以适应这种国际变化，即原有的相对平衡和经济秩序受到了冲击。如果该国经济结构不能灵活调整以适应国际分工结构的变化，则会产生国际收支的结构性失衡。

（4）收入性失衡

收入性失衡是指各种经济条件的恶化引起国民收入的较大变动而导致的国际收支失衡。国民收入变动的原因很多，一种是经济周期波动所致，这属于周期性失衡，另一种是经济增长率的变化而产生的失衡，它具有长期性。一般而言，国民收入的大幅增加会提高全社会消费水平，扩大社会总需求。在开放型经济下，这种总需求的扩大，通常不一定会表现为价格上涨，而会表现为增加进口，减少出口，从而导致国际收支出现逆差；反之，当经济增长率较低、国民收入减少时，会导致国际收支出现顺差。

（5）临时性失衡

临时性失衡是指由短期非确定或偶然因素引起的国际收支失衡。例如，1990年伊拉克入侵科威特后，国际社会对伊拉克实行全面经济制裁，世界各国一度中止与伊拉克的一切经济往来，导致伊拉克的石油输出骤减，引起出口收入剧减，贸易收入恶化；相反，由于国际市场石油短缺，石油输出国增加了石油出口，从而改善了这些国家的国际收支。这种性质的国际收支失衡程度一般较轻，持续时间也不长，带有可逆性，因此临时性失衡可以认为是一种正常现象。

4．国际收支失衡的调节

国际收支失衡对一国经济会产生诸多不良影响，而市场本身对国际收支失衡的调节是一个缓慢的过程。因此，政府有必要采取政策措施对国际收支失衡进行调节，使之趋于或达到均衡状态。政府调节国际收支的政策措施主要有五个方面。

（1）外汇缓冲政策

外汇缓冲政策是指一国通过动用外汇储备或临时向外借款，以抵消超额外汇需求或供给，调节国际收支。当国际收支出现逆差时，货币当局应减少外汇储备，弥补超额外汇需求；反之，当国际收支出现顺差时，货币当局应在外汇市场上购进外汇，增加外汇储备，消除超额外汇供给。

（2）经济政策

经济政策具体包括财政政策与货币政策。财政政策主要是通过改变税收和政府支出来调节总需求的。当国际收支出现逆差时，政府可以采取紧缩性的财政政策，如减少政府公共支出、提高税率或增加税收。反之，当国际收支出现顺差时，应采取扩张性的财政政策。

（3）汇率政策

汇率政策是指政府运用汇率的变动来调节国际收支。当国际收支出现逆差时，货币当局可以采取本币贬值的措施。本币贬值，一方面，本国出口商品的外币价格下跌，从而提高其在国际市场上的竞争力，刺激出口，增加国际收入；另一方面，进口商品的本币价格上升，从而削弱其在本国市场上的竞争力，抑制进口，减少国际支出。在两方面因素的综合作用下，国际收支逆差必会逐步缩小乃至消除。反之，当国际收支出现顺差时，货币当局可以采取本币升值的措施。

（4）直接管制措施

运用财政政策、货币政策和汇率政策调节国际收支是通过市场机制来发挥作用的，但政策效应时滞较长，难以立竿见影，特别是对国际收支结构性失衡的调节难以收到良好效果。

因此,在国际收支出现结构性逆差时,许多国家往往采取直接管制措施。直接管制措施是指政府通过发布行政命令等手段对本国的对外经济交易进行干预,以期解决国际收支失衡,具体措施包括外贸管制、外汇管制、数量管制和价格管制等。

(5)国际经济合作措施

由于国与国之间经济的相互性,为有效地解决一国国际收支失衡问题,还需要当事国寻求广泛的国际合作,这样才能更有针对性地解决这一问题。由于各国之间仍存在着利益冲突和矛盾,要实现真正意义上的国际经济合作,关键在于建立公平的国际经济新秩序。

9.1.2 外汇与汇率

1. 外汇的概念

在国际金融领域,外汇是一个最基本的概念,因为它已成为各国从事国际经济活动及其他相关事务不可缺少的媒介和工具。要准确地把握外汇的内涵,应从两个方面来理解,即动态外汇和静态外汇。

(1)动态外汇的定义

从历史上来看,外汇最早是指国际汇兑,即通过银行等金融机构把一国货币换成另一国货币,实现资金转移或债权债务清算的一种专门性经营活动或行为。动态外汇是指把一国的货币兑换成另一国货币,然后以一定的方式(如汇款或托收等)对国家间债权债务关系进行非现金结算的专门性经营活动,是国际汇兑的简称。汇兑的主要方式有电汇、信汇和票汇等,人们往往通过汇兑活动来实现资金的国际转移。

这种以国际汇兑作为考察对象外汇含义是外汇概念的渊源。随着世界经济的发展、国际经济活动的日益活跃,国际汇兑也逐渐由一个动态概念演变为静态概念,成为一种国际性的支付手段或资产。

(2)静态外汇的定义

静态外汇是指外币或以外币表示的可用于国际结算的交付手段或资产,它强调的是国际汇兑过程中所使用的支付手段。

静态的外汇有广义与狭义之分。我国外汇管理法令所称的外汇就是广义的外汇,它泛指一切对外金融资产。我国现行的《中华人民共和国外汇管理条例》第三条规定,外汇是指下列以外币表示的可以用作国际清偿的支付手段和资产:①外币现钞,包括纸币、铸币;②外币支付凭证或者支付工具,包括票据、银行存款凭证、银行卡等;③外币有价证券,包括债券、股票等;④特别提款权;⑤其他外汇资产。

狭义的外汇是指以外币表示的用于国际结算的支付手段。只有被各国普遍接受的以某种货币表示的支付手段,才能用于国际结算。

2. 外汇的特征

(1)外币性

外币性,即外汇必须以外国货币来表示,这是外汇的基本特点,本币及以本币表示的资产不能视为外汇。例如,美国的进口商用美元购买日本的商品,这对美国境内的美国人来说不是外汇,但对日本出口商来说则是外汇。

(2)自由兑换性

自由兑换性是指一种外币要成为外汇,必须能自由兑换成其他形式的资产或支付手段。

这是外汇的又一种基本特征。如果一种货币不能自由兑换，就不可能将一国的购买力转换为另一国的购买力，也无法偿付对外债务，因此该种货币及以其表示的其他资产不能算作外汇。

（3）普遍接受性

普遍接受性指一种外币在国际经济往来中被各国普遍接受和使用。一种货币以及以这种货币表示的各种票据与有价证券能否成为国际支付手段，并不取决于该货币价值的大小，而是取决于其是否被国际承认并普遍接受。如果一种货币以及以这种货币表示的各种票据与有价证券不能被普遍接受，那么它就无法实现国际支付的职能，也就不能成为外汇。

（4）可偿付性

可偿付性是指一种外币资产可以保证得到偿付。空头支票、拒付的汇票等均不能视为外汇。另外，各国对外汇的范围有着不同的理解，并且这一概念本身也在不断发展中。

3. 汇率的概念

汇率，也称为汇价或外汇行市，是指两种不同货币相互兑换的比率或两种不同货币之间的比价。它是一种价格，即一种货币用另一种货币表示的价格。由于世界各国货币的名称不同、币值不同，因此一国货币兑换其他国家的货币要规定一个兑换率，这就产生了汇率问题。有了货币的兑换率，一种货币才能顺利地兑换成另一种货币，从而实现国际货币收支及债权债务的清偿。货币兑换如同商品买卖，只是这里把外汇作为一种特殊的商品来买进或卖出。这种买卖外汇的价格即汇率或汇价或外汇行市。

要确定两种不同货币之间的比价，首先要确定用哪个国家的货币作为标准，是以外国货币表示本国货币的价格，还是以本国货币表示外国货币的价格，这就涉及汇率的标价方法问题。

4. 汇率的标价方法

在计算和使用汇率时，首先应确定以何种货币为标准。由于标准不同，存在着汇率的两种标价方法：直接标价法和间接标价法。此外，根据外汇市场惯例，还有美元标价法与非美元标价法。现分别介绍如下。

（1）直接标价法

用1个单位或100个单位的外国货币作为基准，折算为一定数额的本国货币，叫作直接标价法，又称为价格标价法或应付标价法。在直接标价法下，外国货币为基准货币，本国货币为标价货币；标价货币（本国货币）数额随着外国货币或本国货币币值的变化而改变。

（2）间接标价法

用1个单位或100个单位的本国货币作为基准，折算为一定数额的外国货币，叫作间接标价法，又称为数量标价法或应收标价法。在间接标价法下，本国货币为基准货币，其数额不变，而标价货币（外国货币）的数额则随本国货币或外国货币币值的变化而改变。

（3）美元标价法与非美元标价法

美元标价法与非美元标价法是国际外汇市场买卖外汇报价的习惯做法，已在国家之间约定俗成，形成惯例。

9.1.3 汇率制度

1. 汇率制度的含义

汇率制度，又称为汇率安排，是指一国货币当局对本国汇率变动的基本方式所做的一系列安排或规定。

汇率制度的内容如下。

① 确定汇率的原则和依据。例如，一个国家的汇率是由官方决定的还是由市场决定的，其货币本身的价值以什么作为依据等。

② 维持与调整汇率的办法。例如，一个国家对本国货币升值或贬值采取怎样的调整方法，是采用公开法定升值或贬值的办法，还是采取任其浮动或官方有限度干预的办法。

③ 管理汇率的法令、体制和政策等。例如，一个国家对汇率管理是采取严格的还是松动的或不干预的办法，以及其外汇管制中有关汇率及其适用范围的规定。

④ 制定、维持与管理汇率的机构。例如，一个国家把管理汇率的权责交给中央财政还是货币当局或专门机构等。

2. 汇率制度的种类

汇率制度的种类是研究和选择汇率制度的基础，而对汇率制度与宏观经济关系的考察，首先在于对汇率制度如何分类。不同的分类可能有不同的结论，导致汇率制度的选择成为宏观经济领域最具争议性的问题。

（1）固定汇率制

固定汇率制，是指以本位货币本身或法定含金量为确定汇率的基准，是汇率比较稳定的一种汇率制度。固定汇率制可以分为1880—1914年金本位体系下的固定汇率制和1944—1973年布雷顿森林体系下的固定汇率制（也称为以美元为中心的固定汇率制）两个阶段。固定汇率制的主要特点是，由于汇率相对固定，避免了汇率频繁剧烈波动，为市场提供了一个明确的价格信号，稳定了预期，有利于对外贸易结算和资本的正常流动，减少了经济活动的不确定性。它通过发挥"政府主导市场"的作用，由政府来承担市场变化的风险。但是，由于政府的担保，市场参与者丧失了风险意识和抵抗风险的能力，容易诱导短期资本大量流入。在资本大量流入的情况下，货币当局往往被迫对本国货币实行升值或贬值政策，引发金融动荡；同时，也使本国货币政策缺乏独立性，导致固定汇率有时会变得非常不稳定，汇率水平会突然变化。如果一个国家迫于市场压力放弃原先的目标汇率而实行新的汇率，则称为汇率的再安排。之所以实施汇率再安排，有时是为了解决长期性的经常项目赤字或盈余问题。汇率再安排可以是本币的升值，也可以是本币的贬值，但如果对汇率的再安排过于频繁，那么汇率制度会丧失可信性，也会失去固定汇率制的内在优势。

（2）浮动汇率制

一般来讲，自1973年3月以后，全球金融体系中以美元为中心的固定汇率制度不复存在，被浮动汇率制所代替。浮动汇率制是指一国不规定本币与外币的黄金平价和汇率上下波动的界限，货币当局也不再承担维持汇率波动界限的义务，汇率随外汇市场供求关系变化而自由上下浮动的一种汇率制度。在浮动汇率制下，各国不再规定汇率上下波动的幅度，中央银行也不再承担维持波动上下限的义务，各国汇率根据外汇市场中的外汇供求状况自行浮动和调整。

浮动汇率制的主要特点是汇率波动频繁且幅度变化剧烈。在浮动汇率制下，由于各国政府不再规定货币的法定比价和汇率界限，也不承担维持汇率稳定的义务，汇率完全由市场供求决定。其波动之频繁、波幅之大是固定汇率制下所远不能比的。有时一天波动的幅度在5%以上，一周的波动幅度甚至超过10%。遇到政治、经济形势变动时，其波动幅度更大，汇率的频繁剧烈波动，给国际经济秩序带来了不稳定的影响。

但是，浮动汇率制可以发挥汇率杠杆对国际收支的自动调节作用，减少国际经济状况变化和外国经济政策对本国的影响，降低国际游资冲击的风险。它通过发挥"市场修正市场"的作用，让市场参与者自己承担风险。

（3）其他汇率制度

除了固定汇率制、浮动汇率制，当前的国际汇率制度体系中，还有处于中间地带的其他汇率制度形式和趋势。

① 爬行钉住汇率制。爬行钉住汇率制是指汇率可以经常、小幅度调整的固定汇率制。这种汇率制度有两大特点：其一，该国负有维持平价的义务，使其属于固定汇率制；其二，这一平价可以做小幅经常性调整，使其区别于一般可调整的固定汇率制。这种汇率制度使汇率具备调节国际收支的作用，而且由于每次汇率调整的幅度不大，出现货币大规模投机的可能性也比较小。

爬行钉住汇率制在 20 世纪 60 年代以后引起了国际社会的重视，并有一些国家相继采用了这一制度。截至 2019 年 4 月底，实行爬行钉住汇率制的国家有洪都拉斯、尼加拉瓜和博茨瓦纳 3 个国家。

② 货币局制度。货币当局通常是指一个国家的中央银行。但在今天，世界上仍有一些国家和地区没有中央银行，而是设立货币委员会或独立的货币管理局来执行货币当局的职能。在这种情况下，该国的汇率制度常常被称为"货币局制度"。所谓货币局制度，是指在法律中明确规定本国货币与某一外国可兑换货币保持固定的兑换率，并且对本国货币的发行做特殊限制以保证履行这一法定义务的汇率制度。货币局制度通常要求货币发行必须以一定的（通常是 100%）外国货币作为准备金，并且要求在货币流通中始终满足这一准备金的要求。截至 2019 年 4 月底，实行货币局制度的国家和地区有多米尼加、中国香港等。

专栏【9-1】

货币局制度的表现：香港的联系汇率制

我国香港特别行政区实行的是货币局制度，又称为联系汇率制。香港的货币当局被称为金融管理局，于 1993 年由外汇基金管理局和银行业监理处合并而成，是香港的金融监管机构，但不拥有发钞权。发钞权掌握在汇丰银行、渣打银行和中国银行手中，这些机构的发钞运行机制由联系汇率制来安排。香港的联系汇率制产生于 1983 年 10 月 15 日，当时的港英政府在取消港元利息税的同时，对港元发行和汇率制度做出新的安排：要求发钞银行在发行港元现钞时，必须按 1 美元兑 7.8 港元的固定汇率向外汇基金缴纳 100%的美元，以换取港元的负债证明书，作为发钞的法定准备金。发钞银行也可以同样的汇率用港元向外汇基金换回美元及负债证明书。其他银行向发钞行取得港元时，也要以 100%的美元向发钞行进行兑换，但是比价用的是市场汇率。这一安排标志着香港联系汇率制的诞生。因此，香港的联系汇率制实质上是美元汇兑本位制。这样，香港就形成了两个平行的外汇市场：由外汇基金与发钞银行之间形成的公开外汇市场，以及发钞银行与其他挂牌银行之间形成的同业外汇市场。相应地，香港存在两种汇率，联系汇率（官方汇率）和市场汇率。当联系汇率与市场汇率不一致时，银行的套汇和套利活动使市场汇率围绕官方汇率上下波动并趋于后者。例如，当市场汇率低于联系汇率时，如港元贬值至 USD1=HKD7.9，公众会抛售港元购买美元。这时，发钞行按 USD1=HKD7.8 向外汇基金以港元换取美元，再到市场上以 USD1=HKD7.9 抛售美元，导致市场上美元供给增加，美元汇率下跌，港元汇率上升，直至回到 USD1=HKD7.8 的汇率水平

（在这一过程中，发钞行赚取了 0.1 港元的套利收入）。因此，香港的联系汇率制通过套利机制形成了内在的自我调节机制，有利于香港金融的稳定，而市场汇率围绕联系汇率窄幅波动的运行也有助于巩固和加强香港国际金融中心、国际贸易中心和国际航运中心的地位。当然，联系汇率制也存在一些弊端，如使香港的经济行为以及利率、货币供给量等指标过分依赖和受制于美国，从而严重削弱了运用利率和货币供给量杠杆调节本地区经济的能力。同时，联系汇率制也使通过汇率调节国际收支的功能无从发挥。

③ 汇率目标区

汇率目标区的含义可分为广义与狭义两种。广义的汇率目标区泛指将汇率浮动限制在一定区域内（如中心汇率的上下各 10%）的汇率制度。狭义的汇率目标区特指美国学者威廉姆森（Williamson）和伯格斯坦（Bergsten）于 1983 年提出的以限制汇率波动范围为核心，包括中心汇率及变动幅度的确定方法、维系目标区的国内政策搭配、实施目标区的国际政策协调等一整套内容的国际政策协调方案。

汇率目标区与其他管理浮动汇率制的区别主要有两点：第一，在目标区中，当局在一定时期内对汇率波动制定出比较确定的区间限制；第二，在目标区中，当局要更为关注汇率变动，必要时要利用货币政策等措施将汇率变动尽可能地限制在目标区内。

④ 美元化

美元化是一种比货币联盟更加极端的汇率制度。作为一种制度，美元化是指一个国家或经济体的政府让美元逐步取代自己的货币，并最终自动放弃货币或金融主权的现象。更广义的说法，美元化是指一个国家或经济体使用其他国家货币的现象，而不仅仅是使用美元作为本国的法定货币。

▶ 9.2 国际储备

9.2.1 国际储备的概念

1. 国际储备的含义

国际储备是一国货币当局为弥补国际收支逆差、维持本国货币汇率稳定，以及应付各种紧急支付而持有的、能为世界各国所普遍接受的资产。

当前，经济全球化浪潮以不可阻挡之势席卷全球的每一个角落，各国的生产、贸易、金融、服务等领域越来越紧密地联系在一起，成为一个不可分割的整体。在这一背景下，各国国际收支规模不断扩大，国际收支平衡对一国经济发展的影响也越来越大。

然而，一个国家的国际收支并不总是能自动达到平衡，而是多种因素共同作用，导致国际收支失衡。虽然大多数情况下各国的国际收支是处于非平衡状态，只要这种非平衡不超出一定程度，对经济的影响也将在经济体系的承受范围之内。但当一国国际收支超出某种限度时，它就会对该国的汇率、货币供求、物价水平、国际贸易乃至经济发展产生严重影响，甚至引发金融危机。正是为了避免此类情形的发生，各国都储备有一定数量的资产作为国际储备，用于调节国际收支，干预外汇市场，以便把国际收支失衡与汇率波动的幅度控制在可接受的范围之内，确保国家经济的正常运行不受负面影响。

2. 国际储备资产的特征

一个国家用于国际储备的资产通常被称为国际储备资产。一种资产须具备四个特征，才能成为国际储备。

（1）官方持有性

作为国际储备资产，必须是掌握在一国货币当局手中的资产，非官方金融机构、企业和私人持有的黄金和外汇尽管也是流动资产，但不能算是国际储备资产。

（2）自由兑换性

作为国际储备资产，必须能够与其他货币相兑换，并在国家之间被普遍接受。

（3）流动性

作为国际储备资产，必须是随时可以动用的资产，以便在需要时用来弥补国际收支逆差或干预外汇市场。

（4）无条件获得性

作为国际储备资产，必须是一国货币当局能够无条件获得的资产。为此该国政府不仅要拥有这些资产的使用权，而且要拥有其所有权。

3. 国际储备与国际清偿力

与国际储备相近但有所区别的概念是国际清偿力。根据国际储备的含义，国际储备有广义和狭义之分。通常所讲的国际储备是狭义的国际储备，即自有储备，主要包括一国的货币用黄金储备、外汇储备、在国际货币基金组织的储备头寸和特别提款权，其数量反映了一国在涉外货币金融领域中的地位。广义的国际储备即国际清偿力，是一国的自有储备和借入储备之和，反映了一国货币当局干预外汇市场、弥补国际收支赤字的总体融资能力。它不仅包括一国货币当局已持有的四种资产，还包括该国从国际金融机构和国际资本市场融通资金的能力，该国商业银行所持有的外汇，其他国家希望持有该国资产的愿望以及该国提高利率时可以引起资金流入的程度等。实际上，它是一国弥补国际收支赤字而无须采取调节措施的能力。比较而言，狭义的国际储备只限于无条件的国际清偿力（自有国际储备），而不包括有条件的国际清偿力（一国潜在的借款能力）。

9.2.2 国际储备的作用

1. 从世界范围来考察国际储备的作用

随着经济全球化的深入发展，国际贸易迅速发展，国际储备也相应增加，发挥着国际商品和金融资产流动的媒介作用。

2. 从单一国家角度来考察国际储备的作用

（1）调节国际收支差额

当一国国际收支出现短期的、暂时性的困难时，通过运用外汇储备来减少国际货币在国际货币基金组织的储备头寸和特别提款权持有额，或在国际市场上变卖黄金来弥补赤字所造成的外汇供求缺口，可以使国内经济免受调整政策产生的不利影响，有助于实现国内经济目标。如果国际收支失衡是长期的、巨额的、根本性的，国际储备也可以起到一定的缓冲作用，使政府有时间渐进地推进其财政货币调节政策，避免因过激的调节措施而引起国内社会震荡。

（2）干预外汇市场，调节本国货币汇率

当本国货币汇率在外汇市场上发生变动或波动时，尤其是因非稳定性投机因素引起汇率波动时，政府可运用国际储备来缓和汇率波动，甚至改变其变动方向，使汇率朝着有利的方向浮动。例如通过出售储备购入本币，可促使本币汇率上升；反之，通过购入储备抛出本币，可增加市场上本币的供应，从而使本国货币汇率下浮。这种干预的另一个作用是向市场发出政府希望汇率波动方向的信号，从而影响市场预期心理。汇率波动在很多情况下是由短期因素引起的，因此外汇市场干预能对稳定汇率乃至稳定整个宏观金融和经济秩序起到积极作用。事实上，掌握丰厚的国际储备能在心理上和客观上稳定本国货币在国际上的信誉。

（3）充当对外举债保证

丰厚的储备资产是吸引外资流入的重要条件之一，而且一国拥有的国际储备资产状况是国际金融机构和国际银团评估其国家风险的重要指标之一。当一国对外贸易状况恶化而国际储备资产不足时，其外部筹资就会受到影响。同时，一国的国际储备资产状况还可以表明其还本付息能力，国际储备是债务国到期还本付息最可靠的保证。如果一国要争取外国政府贷款、国际金融机构信贷或在国际资本市场上进行融资，其良好的债信和稳定的偿债能力是十分重要的前提条件，而一国能支配的储备资产的数量便是其一项重要的保证。

9.2.3 国际储备的结构

1. 黄金储备

黄金储备是一国货币当局持有的作为金融资产的货币黄金。非货币性黄金不属于国际储备资产。黄金作为国际储备资产的历史较长，然而从第二次世界大战以后，黄金在国际储备资产中所占的比重不断下降，目前黄金储备在国际储备总额中的比重不到2%。虽然黄金作为国际储备的作用大大削弱，但由于其保值性和不受干预性，世界各国仍然把黄金作为国际储备的重要组成部分。2021年1月全球官方黄金储备量排名见表9-1。

表9-1　2021年1月全球官方黄金储备量排名

排名	国家（或国际货币基金组织）	黄金储备/t	黄金储备占外汇储备比例/%
1	美国	8 133.5	78.0
2	德国	3 362.4	75.2
3	国际货币基金组织	2 814.0	—
4	意大利	2 451.8	69.6
5	法国	2 436.1	64.9
6	俄罗斯	2 298.5	22.5
7	中国	1 948.3	3.3
8	瑞士	1 040.0	5.8
9	日本	765.2	3.1
10	印度	672.9	6.6

（资料来源：根据全球经济数据网址资料整理。）

2. 外汇储备

外汇储备也称为外汇存底，是指一国政府所持有并可以随时兑换外币的资产，其具体形式包括政府在国外的短期存款或其他可以在国外兑现的支付手段，如外国有价证券、外国银行的支票、期票、外币汇票等。外汇储备已经成为当今国际储备的主体，是一个国家国际清偿能力的重要组成部分，同时对于平衡国际收支、稳定汇率具有重要作用。

3. 在国际货币基金组织的储备头寸

在国际货币基金组织的储备头寸也称普通提款权（General Drawing Right，GDR），是指国际货币基金组织的成员按规定从基金组织普通资金账户中提取一定数额款项的权利，其数额的大小主要取决于该成员在国际货币基金组织认缴的份额，成员可使用的最高限额为份额的125%，最低为0。成员只要向国际货币基金组织提出申请就可以无条件提取其储备头寸用于解决国际收支失衡问题，但储备头寸不能用于成员贸易和非贸易的经常项目支付。

4. 特别提款权

特别提款权（Special Drawing Right，SDR）是国际货币基金组织为弥补国际储备资产不足，按成员在基金中的份额分配给成员的记账单位，也称为"纸黄金"。特别提款权用于解决成员国际收支失衡问题，当成员发生国际收支逆差时，可以用它向国际货币基金组织指定的其他成员换取所需的外汇，以偿付国际收支逆差或偿还国际货币基金组织贷款。特别提款权还可将其与黄金、自由兑换货币一起作为一国的国际储备。

专栏【9-2】

人民币加入 SDR

2015年11月30日，国际货币基金组织执董会批准人民币加入特别提款权（SDR）货币篮子，新的货币篮子于2016年10月1日正式生效。

国际货币基金组织当天发表声明称，执董会当天完成了五年一度的SDR货币篮子审议，认为人民币符合"入篮"的所有现有标准。自2016年10月1日起，人民币被认定为可自由使用货币，并与美元、欧元、日元和英镑一道构成SDR货币篮子。国际货币基金组织认为，人民币"入篮"将使货币篮子多元化并更能代表全球主要货币，从而有助于提高SDR作为储备资产的吸引力。国际货币基金组织还将篮子货币的权重调整为：美元占41.73%，欧元占30.93%，人民币占10.92%，日元占8.33%，英镑占8.09%。时任国际货币基金组织总裁的克里斯蒂娜·拉加德（Christine Lagarde）在当天执董会结束后表示，人民币"入篮"是中国经济融入全球金融体系的重要里程碑，也是国际货币基金组织对中国过去几年改革货币和金融体系的认可。

人民币加入 SDR

人民币纳入SDR被解读为国际货币基金组织对人民币作为可自由使用货币的官方背书，同时也标志着中国在国际金融市场中日益凸显的重要性得到了国际认可，这还将进一步推动中国国内金融改革以及资本项目开放进程。

9.2.4 国际储备的管理

国际储备必须控制在适度的规模上，合理的国际储备有利于促进经济发展。国际储备的管理包括规模管理和结构管理两个方面。

1. 国际储备的规模管理

国际储备的规模管理是发挥国际储备使用效益和作用的前提条件。国际储备不是越多越好，也不是越少越好，规模适度才好。如果国际储备过多，超过平衡国际收支的需要，等于放弃了利用这项资金的机会，造成资源的浪费；如果国际储备过少，则会削弱其平衡国际收支和应付各种支付的能力。因此，必须确定适度的国际储备规模。按照国际惯例，国际储备的总额应相当于当年进口额的25%，以能满足3个月的进口需要为宜。

2. 国际储备的结构管理

国际储备的结构管理包括：外汇储备货币结构的管理，即实现储备货币的多元化和币种结构的合理性；国际储备货币资产运用形式的管理，即中央银行将储备货币适当地运用于不同的资产形式；黄金储备数额的管理。国际储备资产的管理归根结底是处理好安全性、流动性和营利性三者之间的关系。所谓安全性是指储备资产的价值不因汇率变动或其他政治、经济等不测事件的影响而遭受损失；所谓流动性是指储备资产可在需要动用时立即兑换成所需外币并进行灵活调拨，不受任何限制；所谓营利性是指储备资产作为一种金融资源，能够取得相应的收益。

▶ 9.3 国际货币体系

9.3.1 国际货币体系的概念与作用

1. 国际货币体系的概念

为适应国际贸易与国际支付的需要，各国政府对货币在国际范围内发挥世界货币职能所确定的原则、采取的措施和建立的组织形式就是国际货币体系。它一般包括以下几个方面内容。

（1）各国货币比价的确定

根据国际交往与国际支付的需要，以及使货币在国际范围内发挥世界货币职能，各国政府要规定：本国货币与外国货币之间的比价、货币比价确定的依据、货币比价波动的界限、货币比价的调整、维持货币比价采取的措施以及是否实行多元化比价等。

（2）各国货币的兑换性与国际结算的原则

一国货币能否自由兑换，在结算国家之间的债权债务时采取怎样的结算方式，以及对支付是否加以限制等。

（3）国际储备资产的确定

为平衡国际收支的需要，一国需要有一定数量的国际储备。保存一定数量的、为世界各国普遍接受的国际储备资产是国际货币体系的一项重要内容。

（4）黄金、外汇的流动与转移是否自由

各国在不同时期有不同的规定和限制措施。

2. 国际货币体系的作用

（1）理想的国际货币体系能促进国际贸易和国际资本流动的发展

理想的国际货币体系能促进国际贸易和国际资本流动的发展。这主要体现在：能够提供足够的国际清偿能力并保持国际储备资产的信心，以及保证国际收支失衡能够得到有效且稳定的调节。国际清偿能力应保持与世界经济和贸易发展相当的增长速度，过快的增长会加剧世界性的通货膨胀，而过慢的增长会导致世界经济和贸易的萎缩。保持清偿能力的适量增长也是维持储备货币信心的关键。所谓信心是指各国政府和私人都愿意继续持有国际储备资产，而不发生大规模地抛售国际储备货币的危机。

（2）理想的国际货币体系需要有良好的国际收支调节机制

良好的国际收支调节机制能使各国公平合理地承担调节国际收支失衡的责任，并使调节付出的代价最少。良好的国际收支调节机制可以确保世界的稳定和各国经济的平衡增长。该调节机制涉及汇率机制、对国际收支逆差国的资金融通机制，以及对国际货币（储备货币）发行国的国际收支纪律约束机制等不同方面。

9.3.2 国际金本位体系

金本位制是以一定成色及重量的黄金为本位货币的一种货币制度，黄金是货币体系的基础。在国际金本位制下，黄金充分发挥了世界货币的职能。一般认为，1880—1914 年的 35 年间是国际金本位体系的黄金时代。

1. 国际金本位体系的特点

（1）黄金充当国际货币

在金本位制下，金币可以自由铸造、自由兑换，黄金可以自由进出口。由于金币可以自由铸造，金币的面值与黄金含量就能保持一致，金币的数量就能自发地满足流通中的需要；由于金币可以自由兑换，各种金属辅币和纸币就能够稳定地代表一定数量的黄金进行流通，从而保持币值的稳定；由于黄金可以自由进出口，因此本币汇率能够保持稳定。

虽然国际金本位体系名义上要求黄金充当国际货币，但由于黄金运输不方便、风险大，且黄金不能生息，还需支付保管费用，再加上当时英国在国际金融、贸易中占据绝对的主导地位，因此人们通常以英镑代替黄金，由英镑充当国际货币的角色。

（2）严格的固定汇率制

在金本位制下，各国货币之间的汇率由它们各自的含金量比例——金平价决定。当然，汇率并非正好等于铸币平价，而是受供求关系的影响，围绕铸币平价上下窄幅波动，其幅度不超过两国黄金输送点，否则黄金将取代货币在两国流动。实际上，英国、美国、法国和德国等主要国家的货币汇率平价在 1880—1914 年一直没有变动，从未升值或贬值。

（3）国际收支的自动调节机制

英国经济学家休谟（Hume）提出了价格——铸币流动机制：当一国国际收支出现逆差时，黄金流出本国，货币供给量减少，导致国内物价水平下降，从而起到刺激出口、抑制进口的作用。结果使国际收支渐趋平衡，黄金流出放缓，直到国际收支平衡，黄金流出停止，国内货币供应和物价达到新的平衡。

2. 国际金本位体系的评价

在 1914 年爆发的第一次世界大战和 1929—1933 年的经济大危机的相继冲击下，英国、美国、法国等主要国家先后放弃金本位制。至 1936 年，金本位体系彻底崩溃，各国货币汇率开始自由浮动。

国际金本位体系的积极作用是在自由资本主义发展最为迅速的时代，严格的固定汇率制有利于生产成本的核算和国际支付，有利于减少国际投资风险，从而推动了国际贸易与对外投资的发展。

但是，随着时代的发展，国际金本位体系发挥作用的一系列前提条件，如稳定的政治经济局面、黄金供应的持续增加、英国雄厚的经济实力等相继失去后，国际金本位体系的缺点逐渐暴露出来并最终导致其崩溃。产生这种现象的主要原因为：第一，黄金增长远远落后于各国经济增长对国际支付手段的需求,因而严重制约了世界经济的发展;第二,金本位体系所体现的自由放任原则与资本主义经济发展阶段所要求的政府干预职能相违背,从而从根本上动摇了金本位体系存在的基础。金本位的存在已经成为各国管理本国经济的障碍。

9.3.3 布雷顿森林体系

第二次世界大战结束前夕,英美两国从各自利益出发,设计了新的国际货币体系。1944年7月1日—22日,44个同盟国家的300多位代表在美国新罕布什尔州的布雷顿森林召开了"联合和联盟国家国际货币金融会议",通过了美国提出的以"怀特计划"为基础的《国际货币基金协定》和《国际复兴开发银行协定》,二者总称为"布雷顿森林协定"。布雷顿森林协定确立了第二次世界大战后以美元为中心的固定汇率体系的原则和运行机制,因此把第二次世界大战后以固定汇率制为基本特征的国际货币体系称为布雷顿森林体系。

1. 布雷顿森林体系的主要内容

(1)建立一个永久性的国际金融机构,即国际货币基金组织

国际货币基金组织的建立,旨在促进国际货币合作,为国际政策协调提供了适当的场所。国际货币基金组织是第二次世界大战后国际货币制度的核心,它的各项规定构成了国际金融领域的基本秩序,有利于成员方融通资金并维持国际金融形势的稳定。

(2)建立以美元为中心的汇率平价体系

布雷顿森林体系提出了"双挂钩"的汇率平价体系,即规定美元与黄金挂钩,各国货币与美元挂钩。其具体内容是:①美元与黄金挂钩,美国政府按规定的黄金官价(35美元1盎司黄金)向各国货币当局承诺自由兑换黄金,各国中央银行或政府可以随时用美元向美国按官价兑换黄金。②各国货币与美元挂钩,各国政府承诺维持各国货币与美元的固定比价(外汇平价),各国对美元的波动幅度为平均上下各1%,各国货币当局有义务在外汇市场上进行干预以保持汇率的稳定。只有当成员方出现国际收支失衡时,经国际货币基金组织批准才能改变外汇平价,所以又称为可调整的固定汇率制。

(3)美元充当国际储备货币

基于美国强大经济实力,在布雷顿森林体系下,美元实际上等同于黄金,充当国际储备货币,可以自由兑换为任何一国的货币,具有充当价值尺度、流通手段和价值储藏的作用,成为最主要的国际货币。

2. 布雷顿森林体系的运行和内在缺陷

自20世纪50年代开始,美国国际收支逐年出现逆差,到20世纪60年代这一状况愈发严重,导致黄金储备大量外流。随着美国的对外流出不断增加,人们对美元与黄金之间的可兑换性产生了越来越多的怀疑,频繁爆发美元危机。每次美元危机的爆发原因类似。即对美元与黄金可兑换性的怀疑引起大量投机性资金在外汇市场上抛售美元,导致市场动荡。每次美元危机爆发后,美国与其他国家通过互相提供贷款、限制黄金兑换、美元贬值等一系列协调措施来应对,但这些措施并不能从根本上解决布雷顿森林体系在制度安排上的缺陷,因此只能带来暂时的效果。1971年8月15日,美国尼克松政府被迫实施"新经济政策",停止美元兑换黄金,终止每盎司35美元的官方兑换关系。至此,布雷顿森林体系的固定汇率制宣告崩溃。

布雷顿森林体系崩溃的原因可归纳如下。

（1）特里芬难题

美国经济学家特里芬（Triffen）早在 1960 年就指出，在布雷顿森林体系下，美元承担的两项责任，即保证美元按官价兑换黄金和维持各国货币与美元的固定汇率是相互矛盾的。由于美元与黄金挂钩，而其他国家货币与美元挂钩，美元因此取得了国际货币的地位。然而，这也意味着各国为了发展国际贸易，必须用美元作为结算与储备货币。这种情况会导致流出美国的美元在海外不断沉淀，从而引发美国长期贸易逆差。另一方面，美元作为国际货币的前提是必须保持币值稳定与坚挺，这又要求美国成为长期贸易顺差国。由于这两个要求互相矛盾，构成了一个悖论，即特里芬难题。

（2）汇率体系僵化

各国经济发展的起点不同，发展程度与速度也不同，客观上要求有适应不同国情的宏观经济政策以应对不同的问题，但布雷顿森林体系的固定汇率体制起到了限制国别经济政策的作用。相反，大国的财政金融政策往往传导至其他国家，严重影响了独立国别政策的实施，这种僵化的状态违背了"可调整的固定汇率体系"的初衷，矛盾的积累最终使布雷顿森林体系崩溃。

（3）国际货币基金组织协调解决国际收支失衡问题的能力有限

由于汇率制度的不合理，各国国际收支失衡问题日益严重，超过了国际货币基金组织所能提供的财力支持。从全球看，除少数国家的国际收支为顺差外，绝大部分国家都出现了积累性的国际收支逆差。事实证明，国际货币基金组织并不能妥善地解决国际收支失衡问题。

3. 布雷顿森林体系的评价

布雷顿森林体系的建立，营造了一个相对稳定的国际金融环境，对世界经济的发展起到了一定的促进作用。

（1）促进了第二次世界大战后国际贸易和国际投资的迅速发展

布雷顿森林体系实行可调整的固定汇率制，汇率基本稳定，消除了原来汇率急剧波动的现象，大大降低了国际贸易与金融活动中的汇率风险，为世界贸易、国际投资和国际信贷活动的发展提供了有利条件。

（2）在一定程度上解决了国际清偿力短缺的问题

由于美元作为国际储备货币等同于黄金，弥补了国际储备的不足，在一定程度上解决了国际清偿力短缺的问题。

（3）营造了一个相对稳定的国际金融环境

布雷顿森林体系是国际货币合作的产物。它消除了第二次世界大战前各个货币集团之间相对立的局面，稳定了第二次世界大战后国际金融混乱的动荡局势，开辟了国际金融政策协调的新时代。其中，国际货币基金组织在促进货币国际合作和建立多边支付体系方面做了许多工作，尤其是为国际收支暂时失衡的成员方提供了各种类型的短期和中期贷款，缓解其压力。

9.3.4　牙买加体系

布雷顿森林体系崩溃后，国际金融形势动荡不安。各国为建立新的国际货币体系进行了长期的讨论与协商，最终各方就一些基本问题达成了共识，并于 1976 年 1 月在牙买加首都金斯顿签署了《牙买加协议》。同年 4 月，国际货币基金组织理事会通过了《国际货币基金协定第二次修正案》，从此形成了新的国际货币制度，人们称为牙买加体系。

1.《牙买加协议》的主要内容

《牙买加协议》的主要内容包括对黄金、储备货币和汇率制度的规定。

（1）浮动汇率合法化

取消汇率平价和美元中心汇率，确认浮动汇率制，成员方可以自行选择汇率制度。

（2）黄金非货币化

废除黄金条款，取消黄金官价，确认黄金非货币化。各成员方中央银行可以按照市价自由进行黄金交易，取消成员方相互之间以及成员方与国际货币基金组织之间须用黄金清算债权债务的义务。国际货币基金组织逐步处理其持有的黄金。当然，黄金仍然是国际储备资产之一。

（3）国际储备多元化

牙买加体系削弱了美元作为单一储备货币的地位，各国储备货币呈现出以美元为首的多元化状态，包括美元、原联邦德国马克（后德国马克）、英镑、日元、黄金和特别提款权等。特别提款权的作用得到了增强，它可以在成员方之间自由交易，国际货币基金组织的账户资产一律用特别提款权表示。

（4）提高国际货币基金组织的清偿力

通过增加成员方的基金缴纳份额，提高国际货币基金组织的清偿力，即由292亿特别提款权提高到390亿特别提款权，主要增加的份额来自石油输出国组织的成员方。

（5）扩大对发展中成员方的融资

国际货币基金组织用出售黄金的收入建立信托基金以扩大对发展中成员方的融资，改善其贷款条件。

2. 牙买加体系的运行

（1）储备货币多元化

与布雷顿森林体系国际储备货币结构单一、美元十分突出的情形相比，在牙买加体系下，国际储备呈现出多元化的局面。尽管美元仍是主导的国际货币，但其地位明显下降，不再垄断外汇储备。随着德国和日本经济地位的提升，德国马克和日元成为重要的国际储备货币，同时特别提款权的作用也不断上升。各国为了尽量减少风险暴露，会根据自身的具体情况，在多种货币中进行选择，构建自己的多元化国际储备。

（2）汇率安排多样化

浮动汇率制与固定汇率制同时存在。一般而言，多数发达工业国家会采取单独浮动或联合浮动，但有的国家也会采取盯住自选的货币篮子，单独浮动的很少。不同汇率制度各有优劣，各国可以根据自身的经济实力、开放程度、经济结构等因素权衡利弊，选择合适的汇率制度。例如，美元、日元、英镑等货币选择单独浮动，即它们在外汇市场上各自根据供求关系进行汇率调整；而另一些国家由于对外贸易过分依赖某一个国家，采取盯住单一货币的浮动方式；还有一些国家由于与多个国家保持广泛的贸易联系，选择采取盯住一篮子货币的浮动汇率。

（3）多渠道调节国际收支

在牙买加体系下，调节国际收支的渠道是多样的，主要有以下几种。

① 运用国内经济政策。国际收支作为一国宏观经济的有机组成部分，受到国内其他因素的影响。运用国内经济政策可以改变国内需求与供给，从而消除国际收支的失衡。例如，在

资本项目逆差的情况下，可提高利率以吸引外资流入，弥补国际收支缺口。

② 运用汇率政策。在浮动汇率制或可调整的盯住汇率制下，汇率是调节国际收支的重要工具。其原理是：经常项目赤字引起本币汇率下跌，而本币汇率下跌可以增强外贸竞争力，结果是出口增加、进口减少，从而可能消除经常项目赤字。

③ 通过国际融资平衡国际收支。在布雷顿森林体系下，这一功能主要由国际货币基金组织完成。在牙买加体系下，国际货币基金组织的贷款能力有所提高。更重要的是，伴随石油危机的爆发和欧洲货币市场的迅猛发展，各国逐渐转向欧洲货币市场，利用该市场优惠的贷款条件融通资金、调节国际收支的顺逆差。

④ 加强国际协调。以国际货币基金组织为桥梁，各国政府通过这一平台就国际金融问题达成共识与谅解，共同维护国际金融形势的稳定与繁荣。西方七国（美国、加拿大、英国、德国、法国、意大利、日本）通过多次会议达成共识，多次合力干预国际市场，虽然主观上是为了各自的利益，但客观上也促进了国际金融与经济的稳定与发展。

⑤ 通过外汇储备的增减来调节。一般情况下，盈余国增加外汇储备，赤字国减少外汇储备。然而，这一方式往往会影响一国货币的供应量及结构，从而引发其他问题。

3. 牙买加体系的评价

（1）牙买加体系的积极作用

应当肯定的是，牙买加体系对维持国际经济运转和推动世界经济发展发挥了积极作用，具体表现在以下几个方面：

① 多元化的储备结构摆脱了布雷顿森林体系下各国货币间的僵硬关系，为国际经济提供了多种清偿货币，在一定程度上解决了特里芬难题。

② 多样化的汇率安排适应了多样化的、不同发展程度的世界经济，为各国维持经济发展与稳定提供了灵活性与独立性，同时有助于保持国内经济政策的连续性与稳定性。

③ 多渠道调节国际收支，使国际收支的调节更为有效与及时。在牙买加体系的运行过程中，国际经济交往得到了迅速发展，这主要体现在国际贸易与国际投资的迅速发展；各国的政策自主性得到了加强，各国开放宏观经济的稳定运行得到了进一步保障，这主要体现在各国可以充分利用汇率调整与资金流动等条件发展本国经济，而很少因承担某种对外交往中的义务而受到掣肘。牙买加体系经受住了各种因素带来的冲击，始终显示了比较强的适应能力。

（2）牙买加体系的缺陷

牙买加体系本身也有一些不完善的地方，突出表现在以下几个方面。

① 多元化的国际储备格局下，各货币当局在进行储备货币结构调整时，汇率变动更加剧烈，尤其是当货币危机发生时，对各国实现内外均衡目标非常不利。

② 多元化的汇率安排导致汇率大起大落、变动不定，汇率体系非常不稳定。结果增加了外汇风险，在一定程度上抑制了国际贸易与国际投资活动，对发展中国家而言，这种负面影响尤为突出。

③ 国际收支调节机制并不健全。虽然可通过多种途径调节国际收支，但是各种现有的渠道都有各自的局限，牙买加体系并没有解决全球性国际收支失衡问题。因此，在这个"无制度的体系"下，美元、欧元、日元"三足鼎立"，发达国家稳步前行，亚洲、拉丁美洲的发展中国家纷纷崛起。与此同时，汇率波动剧烈，资本流动日益频繁，金融危机频发，尤其是1997年亚洲金融危机之后，国际学术界开始反思国际金融自由化规则，改革现有国际货币体系的呼声此起彼伏。

9.4 国际金融机构体系

9.4.1 国际金融机构概述

1. 国际金融机构的概念

国际金融机构,是指从事国际金融管理以及国际融资业务的超国家性质的组织机构。它的成员通常由参加国政府或政府机构组成,是一种政府间的金融合作组织。国际金融机构在世界经济与金融、区域经济与金融方面作用重大,主要表现在:组织商讨国际经济和金融领域中的重大事项,协调各国间的行动;提供短期融资,缓解有关国家的国际收支困难,稳定汇率;提供长期贷款,促进成员方的经济发展等。

2. 国际金融机构的产生和发展

(1) 第二次世界大战前组建的国际清算银行

国际金融机构的发端可以追溯到1930年5月在瑞士巴塞尔成立的国际清算银行,它是由英国、法国、德国、意大利、比利时、日本等国的中央银行与代表美国银行界利益的摩根银行,纽约和芝加哥的花旗银行组成的银团,根据《海牙协定》共同组建的。

(2) 第二次世界大战后的布雷顿森林体系,建立了全球性国际金融机构

1944年,反法西斯同盟取得第二次世界大战的胜利已成定局,美、英、法、中等国家的代表在美国新罕布什尔州的布雷顿森林召开会议旨在建立一个新的国际货币体系。在该会议上签订的《布雷顿森林协议》中要求创立国际货币基金组织和世界银行。国际货币基金组织的职责是监察货币汇率和各国贸易情况,提供技术和资金协助,确保全球金融制度运作正常。世界银行在建立之初主要致力于战后欧洲经济复兴,后来主要是向成员方提供长期贷款,以推动其经济的恢复与发展,推动并促进国际贸易的发展。

(3) 20世纪50—70年代,区域性国际金融机构建立

20世纪50—70年代,欧洲、亚洲、非洲、拉丁美洲和中东地区的国家为发展本地区经济,通过互助合作的方式,先后建立起区域性国际金融机构,如亚洲开发银行、非洲开发银行等。

3. 国际金融机构的类型

国际金融机构按照成员覆盖的范围,可以分为以下三种类型:

一是全球性国际金融机构,如国际货币基金组织、世界银行、国际开发协会及国际金融公司,其成员来自世界的大多数国家。

二是区域性国际金融机构,如欧洲投资银行、阿拉伯非洲经济开发银行及欧洲中央银行,其成员由一定区域内的国家组成。

三是半区域性国际金融机构,如国际清算银行、亚洲开发银行及非洲开发银行,其成员主要由某一区域内的国家组成,同时也吸收部分区域外的国家参加。

9.4.2 国际货币基金组织

1. 国际货币基金组织的成立和宗旨

国际货币基金组织是根据1944年7月签订的《国际货币基金组织协定》于1945年12月

27 日与世界银行同时成立的。该组织于 1947 年 3 月 1 日开始运作,并于 1947 年 11 月 15 日起成为联合国的一个专门机构,总部设在美国华盛顿,在经营上具有独立性。截至 2012 年 4 月,该组织有 188 个成员,拥有来自 140 个国家和地区的约 2700 名员工,国际货币基金组织的宗旨是:促进国际货币合作;稳定国际汇兑,协助建立多边支付制度;协助成员方克服国际收支困难。其资金来源于各成员方认缴的份额。成员方的份额由该组织根据各成员方的国民收入、黄金和外汇储备、进出口贸易额以及出口的波动性等经济指标确定。成员方的主要权利是按照所缴份额的比例借用外汇。

2. 国际货币基金组织的运行

国际货币基金组织的最高权力机构为理事会,由各成员方派正、副理事各 1 名组成,一般由各成员方的财政部部长或中央银行行长担任。执行董事会负责处理该组织的日常工作,行使理事会委托的一切权力。总裁由执行董事会推选,负责基金组织的业务工作,任期 5 年,可连任,其下设有副总裁协助负责该组织的运营。历任总裁按照惯例由欧洲人担任。

在加入国际货币基金组织时,成员方要根据其在国际经济交往中的重要性和国际贸易额交纳一定的基金份额,成员方的投票权根据其基金份额的比例确定。基金份额每 5 年修订一次,以保证国际货币基金组织拥有足够的可支配资金,截至 2021 年,国际货币基金份额和投票权排名前八的国家见表 9-2。

表 9-2 国际货币基金份额和投票权排名前八的国家

国 家	份 额	投 票 权
美国	17.44%	16.51%
日本	6.48%	6.15%
中国	6.41%	6.08%
德国	5.6%	5.32%
法国	4.24%	4.03%
英国	4.24%	4.03%
意大利	3.17%	3.02%
印度	2.76%	2.63%

(资料来源:根据国际货币基金组织官网数据资料整理。)

1969 年,国际货币基金组织创立了特别提款权,它是国际货币基金组织分配给成员方的一种使用资金的权利,仅是一种账户资产。成员方分得特别提款权后,即列为本国储备资产。特别提款权采用一篮子货币的定值方法。货币篮子每 5 年复审一次,以确保篮子中的货币是国际交易中所使用的那些具有代表性的货币,各货币所占的权重反映其在国际贸易和金融体系中的重要程度。但由于特别提款权只是一种记账单位,不是真正的货币,它不能直接用于贸易或非贸易的支付,只能用于成员方政府之间的往来。

中国于 1945 年加入国际货币基金组织,是该组织的创始国之一。1980 年 4 月 17 日,该组织正式恢复中国的代表权。1991 年,国际货币基金组织在北京设立常驻代表处。

9.4.3 世界银行

1. 世界银行的产生和含义

世界银行成立于 1945 年 12 月 27 日,1946 年 6 月开始营业。与国际货币基金组织类似,世界银行也是 1944 年布雷顿森林会议的产物,总部设在华盛顿特区。创立之初,它的使命是帮助在第二次世界大战中被破坏的国家进行重建；如今，它的使命是帮助发展中国家消除贫困，促进其可持续发展。

世界银行有两层含义：从广义上讲，它是世界银行集团的简称，由五个机构组成，包括国际复兴开发银行（IBRD）、国际开发协会（IDA）、国际金融公司（IFC）、多边投资担保机构（MIGA）和国际投资争端解决中心（ICSID）。从狭义上讲，世界银行是国际复兴开发银行和国际开发协会的合称。

2. 世界银行的运行

世界银行按股份公司的原则设立。成立之初，世界银行的法定资本为 100 亿美元，全部资本为 10 万股，每股 10 万美元。凡是成员方都要认购世界银行的股份，一般来说，一国认购股份的多少根据该国的经济实力，同时参照该国在国际货币基金组织交纳的份额大小而定。世界银行的重要事项都需成员方投票决定，投票权的大小与成员方认购的股本成正比，与国际货币基金组织有关投票权的规定相同。世界银行每一会员国拥有 250 票基本投票权，每认购 10 万美元的股本即增加 1 票。世界银行的最高权力机构是理事会，由每个成员方选派理事和副理事各 1 人组成，一般由成员方的财政部部长、中央银行行长或级别相当的官员担任。执行董事会是世界银行负责处理日常业务的机构。美国是世界银行最大的股东，自成立以来，世界银行行长一般由美国总统提名，并由美国人担任。

世界银行的资金来源主要是：第一，各成员方交纳的股金；第二，向国际金融市场的借款；第三，发行债券和收取贷款利息。其资金运用主要是向发展中国家提供长期贷款和技术协助，来帮助这些国家实现它们的反贫穷政策。

中国于 1945 年加入世界银行，是该组织的创始国之一。1980 年 5 月 15 日，中国恢复了在世界银行的代表权。2010 年，世界银行会议通过的改革方案，使中国在世界银行的投票权从 2.77%提高到 4.42%。中国成为世界银行第三大股东，仅次于美国和日本。

9.4.4 国际清算银行

1. 国际清算银行的创立及宗旨

国际清算银行是一个独立的国际金融组织，总部设在瑞士巴塞尔，成立于 1930 年。国际清算银行最初创办的目的是处理第一次世界大战后德国的赔偿支付及有关的清算等业务问题。第二次世界大战后，它成为经济合作与发展组织成员之间的结算机构，该行的宗旨也逐渐转变为促进各国或地区中央银行（或金融管理当局）之间的合作，为国际金融业务提供便利，并接受委托或作为代理人办理国际清算业务。

2. 国际清算银行的运行

国际清算银行是以股份公司的形式建立的，组织机构包括股东大会、董事会、办事机构。国际清算银行的最高权力机关为股东大会，股东大会每年 6 月在巴塞尔召开 1 次，只有各成员方中央银行（或金融管理当局）的代表参加表决，选票按有关银行认购的股份比例分配。董事会是国际清算银行的经营管理机构。董事会设主席 1 名，副主席若干名，每月召开 1 次例会，审议银行日常业务工作。董事会主席和银行行长由 1 人担任。董事会根据主席建议任命 1 名总经理和 1 名副总经理，负责银行的业务经营。

国际清算银行的资金主要来源于三个方面：第一，各成员方交纳的股金；第二，向各成员方中央银行（或金融管理当局）的借款，以补充该行自有资金的不足；第三，接受各国或地区中央银行（或金融管理当局）的黄金存款和商业银行的存款。

从 1960 年起，国际清算银行成为一个重要的国际货币组织，其作用与日俱增。国际清算银行是许多国际金融协议的受托人，并监督这些协议的执行。它在确认、磋商及管理有关银行监管国际标准的问题上很活跃。国际清算银行致力于建立金融机构的国际信息披露标准，并且支持各国和各地区为促进经济发展而开展的安全且正确的金融业务。

国际清算银行以各国或地区中央银行（或金融管理当局）、国际组织为服务对象，不办理私人业务，这对联合国体系内的国际货币金融机构起着有益的补充作用。各国或地区中央银行（或金融管理当局）在该行存放的外汇储备，其货币种类可以转换，并可以随时提取而无须声明理由。存放在国际清算银行的黄金储备是免费的，而且可以用作抵押，从国际清算银行取得黄金价值 85%的现汇贷款。同时，国际清算银行还代理各国或地区中央银行（或金融管理当局）办理黄金购销业务，并负责保密。此外，国际清算银行还作为各国或地区中央银行（或金融管理当局）的俱乐部，是各国或地区中央银行（或金融管理当局）之间进行合作的理想场所。

9.4.5 亚洲开发银行与亚洲基础设施投资银行

1. 亚洲开发银行

亚洲开发银行简称亚行，是一个致力于促进亚洲及太平洋地区发展中成员经济和社会发展的区域性政府间金融开发机构，成立于 1966 年 11 月 24 日，总部位于菲律宾首都马尼拉。目前亚行有 68 个成员。中国于 1986 年 3 月 10 日加入亚行。按各方认股份额，中国居第三（6.44%），日本和美国并列第一（15.60%）；按各方投票权，中国也是第三位（5.45%），日本和美国并列第一（12.78%）。美日两国在这个组织中都是第一大出资国，拥有一票否决权。

建立亚行的宗旨是：通过发展援助帮助亚太地区发展中成员消除贫困，促进亚太地区的经济和社会发展。亚行对发展中成员的援助主要采取四种形式——贷款、股本投资、技术援助、联合融资和担保，以实现"没有贫困的亚太地区"这一终极目标。亚行主要通过开展政策对话，提供贷款、担保、技术援助和赠款等方式支持其成员在基础设施、能源、环保、教育和卫生等领域的发展。

亚行最高的决策机构是理事会，一般由各成员财长或中央银行行长组成，每个成员在亚行有正、副理事各 1 名。亚行理事会每年召开 1 次会议，通称年会。理事会的主要职责是：①接纳新会员；②改变注册资本；③选举董事或行长；④修改章程。同时，亚行设行长（总裁）1 名，负责主持董事会，管理亚行的日常工作。

2. 亚洲基础设施投资银行

亚洲基础设施投资银行简称亚投行（见图 9-1），是一个政府间性质的亚洲区域多边开发机构，重点支持基础设施建设。其成立宗旨是促进亚洲区域的建设互联互通和经济一体化进程，并且加强中国及其他亚洲国家和地区的合作。其总部设在北京，法定资本为 1 000 亿美元。

2013 年 10 月 2 日，中国国家主席习近平提出筹建亚洲基础设施投资银行（亚投行）的倡议。2014 年 10 月 24 日，包括中国、印度、新加坡等在内的 21 个首批意向创始成员国财长和授权代表在北京签约，共同决定成立亚投行。2015 年 4 月 15 日，亚投行的意向创始成员国确定为 57 个，其中域内国家 37 个、域外国家 20 个。2015 年 6 月 29 日，《亚洲基础设施投资银行协定》签署仪式在北京举行，亚投行的 57 个意向创始成员国财长或授权代表出席了签署仪式。2015年12月25日，亚投行正式成立，全球迎来首个由中国倡议设立的多边金融机构。2016年1月16日—18日，亚投行开业仪式暨理事会和董事会成立大会在北京举行。截至2023年9月，亚投行成员达109个。

图9-1　亚洲基础设施投资银行

亚投行的治理结构分为理事会、董事会、管理层三层。理事会是最高决策机构，每个成员在亚投行有正、副理事各1名。董事会有12名董事，其中域内9名、域外3名。管理层由行长和5位副行长组成。

亚洲基础设施银行成立

作为由中国提出创建的区域性金融机构，亚投行的主要业务是援助亚太地区国家的基础设施建设。在全面投入运营后，亚投行将运用一系列支持方式，为亚洲各国的基础设施项目提供融资支持，包括贷款、股权投资以及提供担保等，以振兴包括交通、能源、电信、农业和城市发展在内的各个行业投资。

小　结

1. 国际收支是指一个国家或地区在一定时期内（通常为1年）与其他国家或地区所发生的所有国际经济交易的综合情况，是一个流量概念。

2. 西方经济学家按发生国际收支失衡原因的不同，将国际收支失衡分为五种类型，即周期性失衡、货币性失衡、结构性失衡、收入性失衡、临时性失衡。

3. 调节国际收支失衡的政策措施有外汇缓冲政策、经济政策、汇率政策、直接管制措施、国际经济合作措施。

4. 动态外汇是通过银行等金融机构把一国货币换成另一国货币，实现资金转移或债权债务清算的一种专门性经营活动或行为；静态外汇是指外币或以外币表示的可用于国际结算的交付手段或资产。

5. 汇率，也称为汇价或外汇行市，是指两种不同货币相互兑换的比率或指两种不同货币之间的比价。它是一种价格，即一种货币用另一种货币表示的价格。

6. 在计算和使用汇率时，首先应确定以何种货币为标准。由于标准不同，汇率共有三种标价方法：直接标价法、间接标价法和美元标价法与非美元标价法。

7. 为适应国际贸易与国际支付的需要，各国政府对货币在国际范围内发挥世界货币职能所确定的原则、采取的措施和建立的组织形式就是国际货币体系。

8. 理想的国际货币体系能促进国际贸易和国际资本流动的发展，理想的国际货币体系需要有良好的国际收支调节机制。

9. 国际金融机构，是指从事国际金融管理以及国际融资业务的超国家性质的组织机构。它的成员通常由参加国政府或政府机构组成，是一种政府间的金融合作组织。

思 考 题

1. 何谓国际收支？
2. 国际收支平衡表的概念和主要内容是什么？
3. 国际收支失衡的原因有哪些？
4. 调节国际收支失衡的政策措施有哪些？
5. 外汇的特征有哪些？
6. 汇率的概念、汇率的标价方法是什么？
7. 国际储备的含义、国际储备资产的特征及国际储备构成的四种类型是什么？
8. 国际储备的作用、国际储备的管理包括哪些？
9. 国际货币体系的作用有哪些？
10. 国际金融机构有哪些？体系包含什么？所起的作用是什么？

案 例 简 介

案例【9-1】

2020年的中国外汇收支

经常账户和非储备性质的金融账户呈现"一顺一逆"。2020年，我国经常账户顺差2 740亿美元，非储备性质的金融账户逆差778亿美元，货物贸易顺差扩大。按国际收支统计口径，2020年，我国货物贸易出口24 972亿美元，较2019年增长5%，进口19 822亿美元，略降0.6%；贸易顺差5 150亿美元，增长31%。

服务贸易逆差收窄。2020年，服务贸易收入2 352亿美元，较2019年下降4%；支出3 805亿美元，下降25%；逆差1 453亿美元，下降44%。其中，运输项目逆差381亿美元，下降35%；旅行项目逆差1 163亿美元，下降47%。

初次收入呈现逆差。2020年，初次收入项下收入2 417亿美元，较2019年下降12%，支出3 469亿美元，增长11%，逆差1 052亿美元。其中，投资收益为主要项目，我国对外投资的收益为2 244亿美元，外商来华投资的利润利息、股息红利等合计3 315亿美元，投资收益总体为逆差1 071亿美元。

二次收入保持小幅顺差。2020年，二次收入项下收入376亿美元，较2019年增长45%；支出281亿美元，增长80%；顺差95亿美元，下降8%。

直接投资顺差增加。按国际收支统计口径，2020年，直接投资顺差1 026亿美元，较2019年增长1倍。我国对外直接投资（资产净增加）1 099亿美元，下降20%；境外对我国直接投资（负债净增加）2 125亿美元，增长14%。

证券投资保持顺差。2020年，证券投资顺差873亿美元，其中，一季度小幅逆差，二季度以后恢复顺差。2020年，我国对外证券投资（资产净增加）1 673亿美元，较2019年增长87%；境外对我国证券投资（负债净增加）2 547亿美元，增长73%，反映双向证券投资更趋活跃。

其他投资呈现逆差。2020年，存贷款、贸易应收应付等其他投资逆差2 562亿美元，发挥了平衡跨境资本流动的作用。2020年，我国对外的其他投资净流出（资产净增加）3 142亿美元，主要是境内外汇流动性相对充裕，境内主体的多元化资产需求上升；境外对我国的其他投资净流入（负债净增加）579亿美元，2019年为净流出（负债净减少）437亿美元。

储备资产保持稳定。2020年，因交易形成的储备资产（剔除汇率、价格等非交易价值变动影响）增加280亿美元。其中，交易形成的外汇储备上升262亿美元，保持基本稳定。综合考虑交易、汇率折算、资产价格变动等因素后，截至2020年年末，我国外汇储备余额32 165亿美元，较2019年年末增加1 086亿美元。

（资料来源：国家外汇管理局官网。）

问题：
2020年我国国际收支呈现出哪些主要特点？

简要提示：
首先，我国国际收支保持基本平衡。2020年上半年，但我国稳外贸、稳外资等政策措施积极推进，经济发展稳定恢复，有效促进了国际收支基本平衡。

其次，经常账户顺差继续处于合理均衡区间。2020年上半年，我国经常账户仍处于合理均衡区间。其中，一季度小幅逆差，二季度后转为顺差并呈现较快增长。

最后，跨境双向投融资活跃。一方面，外商来华各类投资（主要包括直接投资、证券投资、存贷款等其他投资）较2019年增长幅度较大。其中，来华直接投资增长，体现了我国经济稳步恢复、营商环境不断优化，对外资保持长期吸引力。来华证券投资，主要是金融市场开放稳步推进、中国债券逐步被纳入全球主要债券指数，人民币资产更受青睐，境外投资者持有的境内债券快速增长。另一方面，我国对外各类投资5 983亿美元，说明境内主体境外投资渠道不断拓宽，有效满足了居民多元化配置境外资产的需求；跨境存贷款、同业拆借等对境外其他投资起到了平衡跨境资本流入的作用。

案例思政元素分析：
首先，我国外汇收支形势总体稳定。这些数据体现了我国国内外汇市场的开放度和成熟度不断上升，反映了我国不断扩大开放的政策效果。当前，人民币汇率弹性的增强，也有利于发挥汇率的自动调节作用，有效促进外汇市场供求平衡，应对外部冲击的能力明显增强。

其次，我国国内经济运行稳定。2020年，我国制造业产能继续推进，经常账户顺差逆势增加，表现出较强的稳定性，体现了贸易结构优化和出口市场多元化的效果。未来，随着全球经济贸易活动逐步活跃，国内经济结构持续优化，我国经常账户保持平衡的基础将进一步巩固。

案例【9-2】

人民币国际化

2008年，国际金融危机爆发，美元、欧元、日元等主要国际储备货币汇率大幅波动，企业和个人对人民币跨境使用的需求越来越高。人民币国际化在市场呼声中启动。特别是党的十八大以来，人民币加入特别提款权，国际货币地位初步奠定，资本项目可兑换有序推进，金融市场开放成效显著。

一国货币的国际化是指该国所发行的主权货币能够正常地在国际上进行流通及使用。国际化的货币不仅成为国际上通用的工具货币（支付手段），而且被赋予了很多新的重要功能，主要包括价值储藏、交易媒介、记账单位等。人民币国际化就是要实现五个目标：一是人民币可在境内外自由兑换成外币；二是在国际贸易合同中可以人民币为计价单位；三是在国际贸易结算中可采用人民币作为支付货币；四是人民币可作为国际投资和融资的货币；五是人民币可作为储备货币。

稳步推动人民币国际化是我国积极参与世界经济活动的重要战略举措，也是我国经济金融事业蓬勃发展的必然要求。经过四十多年的改革开放，我国已然成为世界第二大经济体、第一大工业国、第一大货物贸易国、第一大外汇储备国，金融体系及人民币的稳定性更是史无前例地得到了印证。扩大金融业对外开放是我国对外开放的重要方面。要合理安排开放顺序，对有利于保护消费者权益、有利于增强金融有序竞争、有利于防范金融风险的领域要加快推进。要有序推进资本项目开放，稳步推动人民币国际化，继续完善人民币汇率形成机制，保持人民币汇率在合理均衡水平上的基本稳定。

（资料来源：2020年中国国际收支报告。）

问题：
人民币国际化对世界经济的影响是什么？

简要提示：
首先，人民币国际化有利于将中国纳入全球经济治理框架。进入全球经济治理框架将激励中国加快国家治理现代化，增加政策和数据透明度，继续推进贸易投资自由化、便利化。

其次，人民币国际化有利于促进国际货币体系多极化发展。多元的国际货币体系能更好地分散风险，这是现行国际货币体系的诸多改革方案中唯一取得实质性进展的方面。

最后，人民币国际化有利于其他国家更好地分享中国经济金融快速成长带来的红利。人民币国际化水平提升，能丰富境外主体在贸易、投融资和金融交易中的币种选择，有助于其多样化资产配置、分散风险，可以更好地分享中国经济发展和改革开放红利。

案例思政元素分析：

首先，人民币国际化是我国综合经济实力的最终体现。人民币国际化进程的不断推进，正是由改革开放以来国际经济金融格局的变化和我国在世界经济地位的提高决定的。改革开放以来，国际经济金融格局变迁，推动了人民币的国际化进程。同时，在金融全球化背景下，未来进一步推动人民币国际化，还需要我国发挥健全人民币全球使用的金融基础设施系统、培育有深度的人民币金融产品市场。

其次，人民币的国际化符合马克思国际货币理论。马克思认为国际货币既是一般商品流通的产物，又是国际扩展流通的手段。随着国际贸易往来愈加广泛频繁，国际货币职能形式发生转变，即由贵金属逐渐演化为纸币。伴随着布雷顿森林体系的解体，这种演化使得当前国际货币体现了很强的国家主权属性，最终形成美元霸权的国际货币体系与秩序。但是，由于美元霸权所引发的金融危机越来越严重，在这样的背景下，人民币国际化发展模式不同于美元传统主权货币的国际化路径选择。人民币国际化程度大幅的提升是国际社会在深受美元主导国际货币体系负面影响，继而要求形成包括人民币在内的多元国际货币体系的内在诉求自发催生的。因此，人民币的国际化是维护世界利益格局公平正义的发展，是重塑国际货币秩序的和平发展。随着人民币跨越国界，在境外流通并获得国际广泛认可与使用，人民币的国内货币职能自发向外延伸拓展，即在国际贸易和国际金融领域全面发挥国际货币的计价单位、交换媒介和价值储藏的功能，成为国际结算货币、投资货币和储备货币。

第 10 章

货币需求

本章学习要点

通过本章的学习,掌握货币需求的决定因素,西方学者的货币需求理论;理解货币需求的经济含义;了解货币需求的分类,货币需求函数的含义、作用及货币需求函数中的变量。

本章学习重点与难点

重点是对货币需求概念的理解、西方学者货币数量学说研究及对比分析,难点是凯恩斯的货币需求理论、流动性陷阱的基本理论和弗里德曼的货币需求理论。

本章基本概念

货币需求、宏观货币需求、微观货币需求、名义货币需求、实际货币需求、货币需求函数、剑桥方程式、费雪方程式、交易需求、预防需求、投机需求、流动性陷阱。

▶ 10.1 货币需求概述

10.1.1 货币需求的概念

1. 货币需求的定义

货币需求是指在既定的收入或财富范围内,不同利率水平下社会各阶层(个人、企业单位、政府)愿以货币形式持有的财产的数量。从货币职能角度来讲,它也是社会各阶层对执行流通手段、支付手段和储藏手段的需求。通常表现为一国在既定时间内社会各部门所持有的货币量。

货币是提高经济运行效率的必然产物。社会各部门需要持有一定的货币进行商品交换、支付服务费用、偿还债务、从事投资或保存价值,因此便产生了对货币的需求。该需求派生于商品交易,是一个商业经济的范畴,随商品经济及信用化的发展而发展。由于货币是一种财富,公众主观上总是希望持有货币越多越好;但总财富量是给定的,公众多持有货币资产就必须减少其他资产的持有量,公众必须考虑各种资产的流动性和回报率,选择最优的货币持有量。在产品经济及半货币化经济条件下,货币需求强度(货币发挥自身职能作用的程度,货币与经济的联系即在经济社会中的作用程度,以及社会公众对持有货币的要求程度)较低;在发达的商品经济条件下,货币需求强度较高。

另外,对于货币需求含义的理解,还需要把握以下几点。

(1)货币需求是一个存量概念

它考察某个时点社会各阶层在其拥有的全部资产中愿意以货币形式持有的数量,而不是在某一时间段各部门所持有的货币数额的变化量。因此,货币需求是个存量概念,而非流量概念。

(2)经济学意义上的需求指的是有效需求

需求不仅是一种心理上的欲望,而是一种能力和愿望的统一体。货币需求作为一种经济需求,理当是由货币需求能力和货币需求愿望共同决定的有效需求,这是一种客观需求。它以收入或财富的存在为前提,是在具备获得或持有货币的能力范围之内愿意持有的货币量。因此,只有同时满足两个基本条件才能形成货币需求:一是有能力获得或持有货币,二是必须愿意以货币形式保有其资产。

(3)货币需求中的"货币"是广义货币

广义货币即通常所说的M_2,是潜在购买力和现实购买力的总和,它不仅包括现金,也包括由银行系统创造的存款货币。

(4)货币需求是一种派生需求

一部分货币需求来自商品交易对交易媒介、支付手段和流通手段产生的需求,需求量在很大程度上受商品交易量的影响;另一部分货币需求来自因组织生产或投机对资本品的需求,需求量主要受利润率和利率的影响。

2. 货币需求的分类

(1)宏观货币需求和微观货币需求

① 宏观货币需求是指一个国家在一定时期内的经济发展与商品流通所必需的货币量,这种货币量既能满足社会各方面的需要,又不至于引发通货膨胀。

② 微观货币需求是指从企业、个人或家庭等微观主体的持币动机、持币行为的角度进行考察,分析微观主体在既定的收入水平、利率水平和其他经济条件下保持多少货币,才能使机会成本最小、所得收益最大。

(2)主观货币需求和客观货币需求

① 主观货币需求是指经济主体在主观上或动机上希望拥有的货币量,是一种持币愿望,具有无限性。

② 客观货币需求是指在现有社会经济、技术条件下,经济主体为获得最大的经济利益,希望并已经形成的货币需求量,是各经济主体在一定的约束条件下应该占有和可以占有的货币量。

(3)名义货币需求和实际货币需求

在现代经济运行中,价格波动是经常性的,所以区分名义货币需求与实际货币需求有利于正确理解货币需求理论。

① 名义货币需求是指个人或家庭、企业等经济单位或整个国家货币需求的名义值,是用货币单位表示的货币量。它是按现行价格计算的,与物价水平成正比,即物价水平上涨之后,对名义货币的需求也会随之增加。

② 实际货币需求是指各经济单位或整个国家所持有的货币量在扣除物价变动因素之后

的余额。如果名义货币量为 M_d，那么用某一具有代表性的物价指数 P 进行平减后，就可以得到实际货币需求量 M_d/P。

3. 货币需求与货币需求量

所谓货币需求量，是指在特定的时间和空间范围内，某特定利率水平下社会各个部门（政府、企业、事业单位和个人）对货币需要持有量的总和。它反映特定利率与特定需求量间的对应关系。

货币需求量通常是从存量角度计量的。然而，货币存量与流量和速度密切相关，因此在货币需求量的研究中，需要把存量与流量结合起来考察，做静态与动态的全面分析。

相比较而言，货币需求更强调利率变动对需求量变动的影响，反映二者一一对应的函数关系，说明在影响货币需求量的诸多因素中，利率水平是重要的关系变量。

10.1.2 货币需求的决定因素

1. 市场利率

在正常情况下，货币需求与市场利率呈负相关关系。市场利率上升，货币需求减少；反之则相反。当市场利率上升时，一方面会增加人们持有货币的机会成本，另一方面会使有价证券价格下降，吸引投资者购买有价证券，以便在未来有价证券价格回升时，获取资本利得，所以人们将减少货币需求量；而当市场利率下降时，一方面会减少人们持有货币的机会成本。另一方面会使有价证券的价格上升，人们为避免将来证券价格下降而遭受资本损失，就会抛售有价证券，转而持有货币，从而使货币需求量增大。

2. 收入

收入又可分解为收入水平、收入时间间隔和收入分配结构三个方面。

（1）收入水平

一般情况下，货币需求与收入水平成正比，这是因为人们以货币形式持有的财富是其总财富的一部分，而收入水平往往决定着总财富的规模及其增长速度。同时，收入对支出也有决定性影响，收入多则支出多，而支出多则需要持有的货币量也多。

（2）收入时间间隔

人们取得收入的时间间隔越长，则人们的货币需求量就会越大；反之则越小。因为在一般情况下，收入通常是定期地取得，而支出则是经常陆续地进行，在两次收入的间隔中，人们要持有随时用于支出的货币。两次收入的间隔越长，人们需要持有的货币越多。

例如，某人的总收入为月工资 5 000 元，不存银行，全部用于当期支出，且假设支出是均匀的。那么，在每个月支付一次工资的情况下，其平均货币持有额就是其月工资的一半，即 2 500 元；而在每半个月支付一次工资的情况下，虽然其月工资仍为 5 000 元，但由于每次支付的工资只有月工资的一半，其平均货币持有额也就只有每次支付工资的一半，即 1 250 元。之所以有这样的结论，是因为在每个月只支取一次收入的情形中，人们必须持有足以应付整个月支出所需的货币额；而在半个月取得一次收入的情形中，人们只需持有足以应付半个月支出所需要的货币额。在全部收入用于当期支出而没有节余的假设条件下，其平均货币持有额即货币需求额。所以，即使人们的收入水平一定，其取得收入的时间间隔也将对货币需求产生明显的影响。

(3) 收入分配结构

在现实经济生活中，货币需求实际上是各部门因对其所分配到的社会产品或收入进行支配的需要而发生的。因此，收入在各部门分配的结构，必然决定货币总需求中各部分需求的比重或结构。

3. 货币流通速度

货币流通速度对货币需求的影响可用以下表达式说明：

$$M = \frac{\sum PQ}{V} \tag{10.1}$$

式中，M 代表货币需求量，P 代表物价水平，Q 代表社会商品数量，V 代表货币流通速度。从表达式中可以看到：货币流通速度与货币总需求是反向变动的关系，货币流通速度越快，单位货币所实现或完成的交易量就越多，完成一定的交易量所需要的货币量就越少；反之，货币流通速度越慢，需要的货币量就越多。在不考虑其他因素的条件下，二者之间的变化存在相对固定的比例关系。

4. 物价水平和通货膨胀率

从本质上来看，价格是特定市场环境下单位商品的货币价值。价格调整体现为交易单位商品所需货币数量的变动，当商品供给总量不变的条件下，较高价格将产生更多的货币需求。因此，价格和货币需求之间是同方向变动关系。

名义货币需求依赖于通货膨胀率：一方面，通货膨胀率的上升提高了物价水平，相应地提高了公众收入和支出的名义值，从而增加了公众的名义货币需求；另一方面，货币的名义回报率为零，持有商品的名义回报率等于通货膨胀率，持有其他生息资产的名义回报率等于名义利率（通货膨胀率和实际利率之和），因此通货膨胀率的上升提高了持有货币的机会成本，个体将减少货币资产的持有。上述两种效应是反向的，名义货币需求与通货膨胀率之间的相关性要看这两种效应哪一种占优势。在恶性通货膨胀时期，由于通货膨胀率非常高，货币的快速贬值使得人们在得到货币后会迅速购买不贬值的商品，甚至回到物物交换的情形。

5. 全社会商品和劳务的总量及供求结构变化

商品和劳务的供给量越大，对货币的需求量就越多；反之则越少。货币需求也会随商品供求结构的变化而发生变化。一方面，商品供给决定于产出的效率和水平；另一方面，商品供给又受制于人们对它的需求，只有真正满足人们需求的商品供给，才会产生真实的货币需求。

6. 金融业的发达程度

通常情况下，金融业的发达程度与货币需求呈负相关。个体之所以愿意持有收益率为零的货币资产，是因为交易时需要货币，持有货币可以起到预防作用，作为一种较安全的资产，货币在投资组合中可以降低风险。

在一个信用制度健全、金融业发达的经济中，相当一部分交易可通过债权债务的相互抵消来了结和清算，从而减少了对作为流通手段和支付手段的货币的需求量。另外，在这样一种成熟经济中，人们可以用收入中暂时不用的部分购买短期债券、股票等资产，需要支付时迅速出售以换回现金。在金融业比较落后的经济中，往往缺乏适当的短期证券可供购买，即使能购买到这样的证券，在需要时也无法快速地变为现金，并且交易成本比较高，因此人们通常会将收入中准备用于支付的货币较长时间地保存在手中。特别是在一些边远地区，因为信用制度落后、金融机构缺乏，人们甚至以窖藏现金的形式进行储蓄。

7. 其他因素

如人口数量、人口密集程度、产业结构、城乡关系及经济结构、社会分工、交通运输状况等客观因素。人口越密集地区，货币需求量就越大，人口的就业水平提高，货币需求就会增加；生产周期长的部门占整个产业部门的比重大，资金周转慢，对货币的需求量就大；社会分工越细，进入市场的中间产品越多，经营单位也越多，货币需求就越大；交通、通信等技术条件越好，货币支付所需的时间就越短，货币周转速度就越快，对货币的需要量就越少等。

专栏【10-1】

信息技术的发展与货币需求

电子货币的发展及其对金融体系产生的影响，受到越来越多的关注。电子货币对货币需求的影响至少体现在以下几方面。

1. 货币需求的结构将发生变化。由于电子货币的出现和广泛使用，以前经常使用现金进行支付的交易将越来越多地采用电子货币支付，现金需求的增长应相对减缓。

2. 货币需求的不稳定性增强。随着电子货币的出现和广泛使用，将出现越来越多的既具有交易功能，又具有投资功能的新型账户。而投资性货币需求受利率、汇率等市场因素的影响较多，因此造成整个货币需求的不稳定。

3. 货币流通速度将发生变化。由于电子货币便捷的支付功能，货币媒介商品和服务交易的速度将大大加快，从而某些口径的货币的流通速度将发生显著改变。

〔资料来源：黄达，张杰. 金融学（第四版）：货币银行学（第六版）[M]. 北京：中国人民大学出版社，2017.〕

10.1.3　货币需求函数

1. 货币需求函数的含义

货币需求函数，指表达货币需求量与决定货币需求的各种因素之间关系的函数，通常将决定和影响货币需求的各种因素作为自变量，而将货币需求本身作为因变量。通过选择影响货币需求的主要变量，并对变量及函数做出假设，这样可以反映货币需求决定机制中的主要经济关系。

2. 货币需求函数的作用

建立货币需求函数主要有以下三个作用：一是可用于分析各种因素对货币需求的不同影响，包括影响的方向和影响的程度；二是可用于验证货币需求理论分析的结果；三是可用于预测一定时期内全社会货币需求量及其变化的方向，作为制定货币政策、调节货币供给的依据。

3. 货币需求函数中的变量

影响和决定货币需求函数中的变量有多种，大致可分为三类：规模变量、机会成本变量和其他变量。其中，规模变量是指决定货币需求规模的变量，这类变量主要有财富和收入两种。机会成本变量是指债券的预期收益率、股票的预期收益率和实物资产的预期收益率，其中实物资产的预期收益率可用通货膨胀率来反映。除上述各种变量外，影响货币需求函数中的变量的因素还有可测量和不可测量的因素。可测量的因素有货币自身收益率，不可测量的因素有制度因素、宏观经济政策等。

比较典型的货币需求函数有：传统货币数量论的交易方程式、剑桥方程式、凯恩斯的货币需求函数以及弗里德曼的货币需求函数。我们将在下文各节中进行详细的介绍。

▶ 10.2 马克思货币需求理论与古典货币数量论

10.2.1 马克思的货币需求理论

在 1867 年出版的《资本论》第一卷中，马克思提出了金属货币制度基础上的货币需求量或必要量的基本公式：

$$M_d = PT/V \tag{10.2}$$

式中：M_d 表示货币需求量；P 表示商品价格；T 表示商品交易量；V 表示货币流通的平均速度。公式表明：货币需求量取决于价格的水平、进入流通的商品数量和货币流通速度三因素。

货币需求量或必要量的基本公式从根本上揭示了商品经济中决定货币流通量的本质因素，即商品流通决定了货币流通，商品流通的规模决定了货币流通的需求量或必要量，货币只起交换媒介作用。在这种因果本质联系基础上建立了货币需求量或必要量的基本公式。

马克思揭示的纸币流通规律如下。

① 在金币流通条件下，流通中货币需要量是由待销售的商品价格总额决定的。

② 在纸币流通条件下，纸币发行总量受到制约，因为单位纸币代表的价值量由金属货币需求量所限制。

马克思揭示了货币发行与货币流通量必须与社会经济发展的需要相适应的基本规律，对现代市场经济运行具有指导意义。

10.2.2 古典货币数量论

19 世纪末 20 世纪初，由古典经济学家发展和完善的货币数量论是一种探讨货币需求与名义国民收入之间关系的理论。代表理论为美国经济学家欧文·费雪（lrving Fisher）提出的现金交易说和英国经济学家阿尔弗雷德·马歇尔（Alfred Marshall）、阿瑟·塞西尔·庇古（Arthur Cecil Pigou）等提出的现金余额说。

1. 现金交易说

1911 年，费雪在出版的《货币的购买力》中对货币数量论做了清晰的阐述。其理论内容主要反映在费雪交易方程式中：

$$MV = PT \tag{10.3}$$

该方程式表示货币数量乘以货币使用次数必定等于名义收入。费雪认为，M 是一个由模型之外的因素决定的外生变量；V 由于由社会制度和习惯等因素决定，因此长期内比较稳定，视为常数；在充分就业条件下，社会商品和劳务总交易量 T 也是一个相当稳定的因素。这样，交易方程式就转化为货币数量论。而且，货币数量论提供了价格水平变动的一种解释：价格水平变动仅源于货币数量的变动，当 M 变动时，P 做同比例的变动。如果用货币需求量 M_d 表示，可以写成：

$$M_d = PT/V \tag{10.4}$$

费雪由该方程式得出结论，在货币流通速度与商品交易量不变的条件下，物价水平随流通货币数量的变动而成正比例地变动。同时，名义收入决定了其所引致的货币需求量 M_d，因此货币需求仅为收入的函数，利率对货币需求没有影响。

费雪认为，人们持有货币的目的在于交易，这样，货币数量论揭示了对于既定的名义总收入下人们所持的货币数量，它反映的是货币需求数量论，又称为现金交易数量论。费雪的交易方程式在西方货币金融理论研究的历史上占有非常重要的地位，它既是前人货币数量说的总结，也是现代货币银行学的基础。其能够成立的基础是 V 和 T 不受 M 变动的影响，而这一前提是货币中性论。费雪方程式在一定程度上反映了对货币经济和实物经济的简单"二分法"的传统思想。

费雪方程式有两个重大缺陷。

① 它将商品和货币在经济运行中的关系描述为简单直接的——对应关系，在微观层次中对货币职能的考察不够全面。

② 它认为货币的流通速度 V 是一个常数，基本上是不变动的，这样货币数量的增加和物价的上升是成正比例的，产生这一结论的原因在于当时缺乏经济统计分析和翔实的经济资料。

2. 现金余额说

以马歇尔、庇古为代表的经济学家对货币数量论进行了新的描述。他们的货币理论被称为剑桥方程，也称为现金余额方程，其内容和分析方法主要反映在"剑桥方程式"中，该方程式可以写成：

$$M = KPY \tag{10.5}$$

式中，M 表示人们手中持有的货币数量，即现金余额，Y 代表总产量，P 表示一般价格水平，K 表示以货币形式保持的财富在全部财富中所占的比例，K 是常量。

现金余额数量论从货币需求量和货币持有量的角度来进行分析，认为货币除具有交易媒介的职能外，还具有资产的性质，也是一种盈利的工具，并且货币流通速度 V 与人们手中持有的货币数量密切相关。人们手中持有的货币数量越多，对减慢流通速度 V 的影响越大。反之，人们手中持有的货币数量越少，对加快货币流通速度的影响越大。而 K 是稳定的，可假定为常数。若货币供给量增加，持有的货币会多于人们愿意持有的货币，结果是人们将花掉自己手中多余的货币，导致整体物价水平上升，货币的实际购买力下降。这一过程会一直继续下去，直至增加后的货币数量与增加前的货币数量买到相同的实际商品为止。

在剑桥方程式中，货币需求与名义收入成比例，如果以费雪方程式中的 $1/V$ 表示 K，则有：

$$M = \frac{1}{V} PY \tag{10.6}$$

3. 剑桥方程式与费雪方程式的异同

从以上内容可看出，剑桥方程式和费雪方程式在形式上基本相同，但两者在研究方法上、内容上仍有本质的区别。

① 对货币需求分析的侧重点不同。费雪方程式强调货币的交易手段职能，侧重于商品交易量对货币的需求；剑桥方程式强调货币作为一种资产的职能，侧重于收入对货币的需求。

② 费雪方程式侧重于货币流量分析，剑桥方程式侧重于货币存量分析。

③ 两个方程式对货币需求的分析角度和所强调的决定货币需求因素有所不同。费雪方程式是对货币需求的宏观分析，剑桥方程式是从微观角度对货币需求进行分析。马歇尔和庇古

不仅仅将交易水平和影响人们交易方式的制度作为研究人们持有货币的关键要素，还探讨了货币作为财富的一种被人们选择所持有的原因和对货币需求量的影响。既然货币被人们选择所持有，就不能排除利率的影响。

总体来说，剑桥方程式和费雪方程式差异很小，体现了货币中性论，即经济中的实物经济和货币经济的"二分法"思想。

▶ 10.3 凯恩斯的货币需求理论及发展

10.3.1 凯恩斯的货币需求理论

专栏【10-2】

凯恩斯简介

约翰·梅纳德·凯恩斯（John Maynard Keynes，1883—1946），如图10-1所示，1905年毕业于英国剑桥大学，并在该校任教多年。在第一次世界大战当中，凯恩斯在英国财政部主管对外财务工作，1919年作为财政部的首席代表出席了巴黎和会；1944年，凯恩斯又以英国代表团团长的身份出席了布雷顿森林会议。凯恩斯主持过英国内阁的财政经济顾问委员会，出任过英格兰银行董事、国际货币基金组织与国际复兴开发银行的董事，还创办过投资公司，成功地从事过外汇和证券投机等金融实务活动。凯恩斯的政治活动和金融实践对他在理论上的建树起了重要的作用。他一生大部分时间潜心于经济学特别是货币金融理论的研究，著述众多，尤以《货币论》（1930年）、《就业、利息和货币通论》（1936年）最为著名。

图10-1 凯恩斯

〔资料来源：李健. 金融学（第三版）[M]. 北京：高等教育出版社，2018.〕

在货币需求的分析上，凯恩斯放弃了古典学派将货币流通速度视为常数的观点，强调利率的重要性，反对将实物经济和货币经济分开的"二分法"，提出了流动性偏好的货币需求理论。流动性偏好理论的特点是以人们愿意持有货币的动机作为划分货币需求的依据，对流动性陷阱进行了描述。这一理论在西方货币需求理论中占有重要地位，既发展了古典货币需求理论，又开创了新的研究方法。

1. 货币持有动机

凯恩斯的货币需求理论，首先从对货币的动机开始分析。按照《就业、利息和货币通论》的论述，人们持有货币的动机包括交易动机、预防动机和投机动机。

（1）交易动机

交易动机，是指人们通过持有流动性较高的货币资产以满足日常的交易活动。在该活动中，货币行使了支付手段和流通手段的职能。通常情况下，公众可以采用多种方式来满足自己的交易需求。例如，公众可以将自己的全部收入以货币的形式持有，在需要时支付货币购物。这样做的好处是不会因为手里没钱而错过购物机会，也可以避免因投资于证券等流动性较差的资产而在变现时需要支付手续费、车旅费和花费时间；缺点是损失了一些利息收益。另一种极端情形是在获得收入时立即将它全部用于投资，然后在需要支付货币时卖出证券或者取出存款。这样做可以最大限度地得到利息收益，但经常买卖证券要支付大量费用，前往银行取款也需要付出时间和精力，同时还可能错过心仪的商品。

理性公众在获得收入后将在交易便利和利息收益之间进行权衡，以决定收入中多少以货币形式持有，多少用于投资。出于交易动机的货币需求量依赖以下两个因素：一是投资成本，即包含在投资及随后出售证券或准货币中的费用和不便；二是持有货币的机会成本，即因为持有货币所损失的投资在证券或准货币上可获得的利息收益，与市场利率正相关。对于大多数人来说，在一个工薪期内将自己的部分工资收入投资于证券或准货币的收益是很小的；而对于大额货币持有者来说，如亿万富翁，即使把多余的货币投资一天也是值得的，利率越高，他们越有可能这样做。对于普通家庭来说，他们会将部分财富储蓄起来以购买大宗消费品，如房子、汽车等，利率越高，越有可能将积蓄以证券或准货币的形式持有。

交易动机可以分为个人的收入动机和企业的营业动机。前者表示个人收入的取得与支出的发生之间并非完全吻合，为此，个体需要保持一定数量的货币以保证对商品和劳务的购买；后者表示企业的销售收入与各项支出在时间和数量上存在差异，为维持企业运转需要保持一定的流动性资金。

（2）预防动机

预防动机，是指人们需要货币是为了应对不测之忧，如为了支付医疗费用、应对失业和各种意外事件等。预防动机的货币需求来自经济中的不确定性。在某一特定时期，个体通常无法保证其货币收入和货币支出与事先预料的完全相同，其实际支出可能超过实际收入，同时无法排除意外事件的发生以及临时急需现金的可能，为稳妥起见，人们实际持有的货币量总是比预期的需求量多一些，其中的超额部分就是出于预防动机的货币需求。

（3）投机动机

投机动机，是指个体将货币当作一种资产用于投资活动。该动机涉及货币的储藏手段职能。持有货币、债券和股票的期望收益率不同，风险也不同，出于追求高回报和分散风险的考虑，理性个体将会在收益率和风险之间做出抉择，选择最优投资组合，分别部分地持有货币、债券、股票和其他不动产。

在持有货币的三种动机中，交易动机是首要的，这与作为货币最基本职能的流通手段相一致；货币的储藏手段职能蕴含了持有货币的投机动机；货币的储藏手段职能与流动性的提供蕴含了持有货币的预防动机。

一般而言，交易动机和预防动机主要影响狭义货币，狭义货币包括现金和活期存款，现金比活期存款具有更强的流动性。如果货币的持有是为了商品的交易动机，或者是为了预防不确定的商品交易，那么此时的货币一般充当交换媒介和执行支付手段的职能。然而，执行支付手段这一职能必定要求这种货币具有较强的流动性，狭义货币正好具备这一特点。交易动机更多地影响现金需求。另外，预防动机对现金的需求大部分可以通过活期存款替代。活期存款转化为现金比较便利且成本较低，很多情况下活期存款也可以直接取代现金进行交易，特别是在金融机构不断扩展、银行卡逐渐普及的情况下，这种替代效应会更加明显。

投机动机影响广义货币。如果为了投机动机而持有货币，那么此时货币一般执行储藏手段职能。这对流动性的要求不是很高，但有收益要求，广义货币正好具备这一特点。

2. 货币需求函数

凯恩斯提出与货币持有动机相对应的货币需求学说，认为货币需求主要包括交易需求、预防需求和投机需求。

（1）交易需求

交易需求量取决于人们的收入水平。在个人偏好、社会局势等不变的前提下，用于交易的货币需求量与收入水平存在稳定的正相关关系。收入越多，货币需求越大；收入越少，货币需求也就越小。可用下列公式表示：

$$M_d = f(Y) \tag{10.7}$$

式中：M_d 表示货币的交易需求；Y 表示收入；f 为一阶导数大于 0 的函数形式，即表示货币的交易需求与收入正相关。

（2）预防需求

依赖于收入水平的货币需求还可能出于"预防动机"，即为了应对可能遇到的意外支出等而持有货币的动机。

交易动机和预防动机所决定的货币需求对利率的变化都很不敏感。

（3）投机需求

投机动机产生的货币需求取决于利率水平。投机动机的货币需求是指人们为了在未来某一适当时间进行投机活动而保持的一定数量的货币，这里的投机活动最典型的就是买卖债券。

投机动机的货币需求的大小取决于三个因素：当前利率水平、投机者心目中的正常利率水平及投机者对未来利率变化趋势的预期。如果整个经济中有许多投机者，而且每个投机者所拥有的财富对于所有投机者的财富总额是微不足道的，那么投机动机的货币需求就成了当前利率水平的减函数。可见，投机性货币需求同利率之间存在着负相关的关系。

因此，凯恩斯的货币需求就由下列两个部分组成：

$$M = M_1 + M_2 = L_1(Y) + L_2(r) \tag{10.8}$$

式中：$L_1(Y)$ 代表与收入 Y 相关的交易需求和预防需求；$L_2(r)$ 代表与利率 r 相关的投机性货币需求。

式中的 L_1 和 L_2 代表"流动性偏好"函数的代号。凯恩斯的"流动性偏好"概念是指人们的货币需求行为。理由是：货币最具有流动性，有货币在手，则机动灵活；放弃货币也就是放弃机动灵活。由这个判断出发，他还提出了著名的"流动性陷阱"假说：当一定时期的利率水平降低到不能再低时，人们就会产生利率上升而债券价格下跌的预期，货币需求弹性就会变得无限大，即无论增加多少货币都会被人们储存起来。

凯恩斯的货币需求理论被称为西方经济理论的革命，其突出贡献如下。

① 深入探讨了货币需求动机，提出了以投机需求为中心的流动性偏好理论，从而把利率变量引入货币需求函数之中，这一"革命"为中央银行运用利率杠杆调节货币供给量提供了理论依据。

② 凯恩斯把货币需求量与名义国民收入和市场利率联系在一起，这就否定了传统数量论者关于货币数量直接决定商品价格的说法，使货币成为促进宏观经济发展的重要因素，从而对通过收入政策和利率政策调控货币供给量、促进经济增长的做法有重要借鉴意义。

10.3.2 凯恩斯的货币需求理论的发展

1. 鲍莫尔的货币需求理论

鲍莫尔（Baumol）提出交易性货币需求会受到利率的影响。他指出，企业或个人的经济行为都是以利益最大化为目标的，因此没必要让所有用于交易的货币都以现金的形式存在，可以将暂时不用的现金转化为生息资产，只要利息收入超过变现的手续费即可，因此货币的交易需求与利率不但有关，而且关系很大。

2. 托宾的资产组合理论

托宾指出了凯恩斯货币投机需求理论的漏洞。凯恩斯在货币投机需求理论中认为，人们对未来利率变化的预计是自信的，并在自信的基础上决定自己持有货币还是债券。由于个人预计不同，因此总是有一部分人持有货币，另一部分人持有债券，二择其一而不二者兼有。然而现实情况却与凯恩斯的理论不相吻合，投资者对自己的预计往往是犹豫不定的。一般人都是既持有货币，同时又持有债券。

3. 新剑桥学派的需求动机理论

新剑桥学派提出了包括产出流量动机等货币需求七动机理论，并将七种动机归纳为三类：第一类为商业性动机，包括产出流量动机、货币-工资动机和金融流量动机，这些主要取决于人们收入中的支出部分；第二类为投机性动机，包括预防和投机动机、还款和资本化融资动机以及弥补通货膨胀损失动机，这些主要取决于人们对未来的预期；第三类为公共权力动机，这取决于政府如何分配额外的货币这些，如果将额外的流通货币投向商业性流通，那么受到冲击的将会是商品市场的价格，如果投向金融性流通，金融市场也将受到冲击。

▶ 10.4 弗里德曼的货币需求理论

10.4.1 弗里德曼的货币需求理论的内容

专栏【10-3】

弗里德曼简介

米尔顿·弗里德曼（Milton Friedman，1912—2006）是货币学派创始人，如图 10-2 所示。1912 年生于美国纽约，自 1948 年起长期在芝加哥大学任经济学教授，与此同时，他几乎一直在美国全国经济研究所从事研究工作。1977 年退休后任斯坦福大学胡佛研究所高级研究员。弗里德曼不仅热衷于经济和货币金融问题研究，而且积极参政议政，曾在美国财政部等政府机构任职，还担任过尼克松总统的经济顾问，1976 年获得诺贝尔经济学奖。弗里德曼的著作很多，最主要的有《消费函数理论》（1957 年）、《价格理论》（1962 年）、《货币最优数量和其他论文》（1969 年）、《自由选择：个人声明》（1980 年）等。

图 10-2　弗里德曼

〔资料来源：李健. 金融学（第三版）[M]. 北京：高等教育出版社，2018.〕

1956 年，弗里德曼发表的《货币数量论——一种重新的表述》一文，标志着现代货币数量论的诞生。弗里德曼将货币视为资产的一种形式，用消费者的需求和选择理论来分析人们对货币的需求。影响人们货币需求的因素有以下三类。

① 第一类因素是预算约束,也就是说,个人所能持有的货币以其总财富量为限,并以恒久收入作为总财富的代表。恒久收入是指过去、现在和将来的收入的平均数,即长期收入的平均数。弗里德曼注意到在总财富中有人力财富和非人力财富。人力财富是指个人获得收入的能力,非人力财富即物质财富。弗里德曼将非人力财富占总财富的比率作为影响人们货币需求的一个重要变量。

② 第二类因素是货币及其他资产的预期收益率,包括货币的预期收益率、债券的预期收益率、股票的预期收益率、预期物价变动率。

③ 第三类因素是财富持有者的偏好。

弗里德曼将货币视同各种资产中的一种,通过对影响货币需求因素的分析,强调货币需求与恒久收入和各种非货币性资产的预期回报率等因素之间存在着函数关系,并认为由此形成的货币需求函数具有稳定性的特点。

$$\frac{M_d}{P} = f\left(Y, W; r_b, r_e, r_m, \frac{1}{p} \cdot \frac{dp}{dt}; U\right) \quad (10.9)$$

式中:M_d 为名义货币需求量;P 为一般物价水平;$\frac{M_d}{p}$ 为实际货币需求量。

Y 是实际恒久性收入。恒久性收入不同于人们经常使用的"统计收入"概念,它是"统计收入"与"临时收入"的代数和,换言之,恒久性收入的统计量是统计收入的几何加权平均值。恒久性收入与 M_d 的相关关系如同凯恩斯的收入与 M_d 的关系一样,呈正相关关系。

W 为非人力财富占个人财富的比率,它与货币需求负相关,这是货币主义者列出的独特变量,但并未得到进一步论证。

r_m 为预期货币名义收益率,r_b 为固定收益的证券收益率,r_e 为非固定收益的证券收益率。$\frac{1}{p} \cdot \frac{dp}{dt}$ 为预期物价变动率,它属于机会成本变量,与货币需求负相关。将它明确列入函数式,与强调通货膨胀的发生有关。

U 为影响持有货币效用的其他随机因素,如偏好、与货币有关的制度变化等。显然,由于 U 的随机性,它与 M_d 的关系不确定。

弗里德曼认为,货币需求函数具有稳定性,理由是:影响货币供给和货币需求的因素相互独立;在函数式的变量中,有些自身就具有相对的稳定性;货币流通速度是一个稳定的函数。因此,货币对于总体经济的影响主要来自货币的供应方面。

一方面,弗里德曼基本承袭了传统货币数量论的长期结论,即非常看重货币数量与物价水平之间的因果关系;另一方面,弗里德曼接受了剑桥学派和凯恩斯的以微观经济主体行为作为分析起点,同时将货币量视为受利率影响的一种资产的观点。

10.4.2 弗里德曼对货币需求理论的贡献

① 将货币视为一种资产,从而将货币理论纳入了资产组合选择理论的框架,摒弃了古典学派视货币为纯交易工具的狭隘理念。

② 在一般均衡的资产组合理论中,特别强调货币量在经济中的枢纽作用,纠正了凯恩斯学派忽视货币量的偏颇。

③ 在货币需求函数中,设置了预期物价变动率这一独立变量,确定了预期因素在货币理

论中的地位。

④ 严格地将货币需求名义量和货币需求实际量加以区分。

⑤ 特别强调实证研究的重要性，改正了以往学者在经济理论，尤其是在货币理论中只顾抽象演绎的缺陷，使货币理论更向可操作的货币政策靠拢了。

10.4.3 弗里德曼的货币需求理论与凯恩斯的货币需求理论的不同点和相同点

1. 不同点

（1）背景不同

凯恩斯所处的时代是 20 世纪 30 年代经济危机的大萧条时期。当时的经济背景是有效需求不足，经济发展缺乏动力，而且需求的增加不会导致价格的上升。弗里德曼所处的时代是 20 世纪 70 年代的经济"滞胀"时期。当时的情况是生产停滞，经济没有增长，但价格却在不断上涨。二者背景完全相反。

（2）假设不同

在经济学理论中，假设是很重要的一部分，任何经济学派所做的经济理论分析都离不开一定的假设。在不同的假设基础上得出的结论可能截然相反。凯恩斯学派与弗里德曼学派的分析前提——假设就有一定的差别。首先，凯恩斯假定他所做的是短期分析，这就意味着价格不变。短期内只要有效需求增加，经济就能上升；而弗里德曼的分析基于长期分析，人们的价格预期对经济的发展有重大影响。其次，凯恩斯理论对货币的定义是在 M_1 层次上无收益的货币，注重的是货币的交易手段媒介功能和储藏手段功能；相比之下，弗里德曼以严格的计量经济学方法，测定出货币的定义应该是在 M_2 层次上的，这样一来货币的定义更加广泛。

（3）结论与运用不同

经济学的理论分析必然具有一定的政策目的或主张。凯恩斯的货币需求理论的结论可简单概括为，在"流动性陷阱"中，即在需求不足、生产相对过剩的情况下，政府运用的财政政策对经济恢复有很好的效果，而货币政策则基本无用。弗里德曼的主张是：在经济高涨时期，货币政策对经济的控制更加有效。可见，前者强调运用财政政策，后者主张运用货币政策。当然，前者针对的是萧条问题，而后者要解决的是滞胀问题。

（4）分析方法与思路不同

凯恩斯理论最大的特点就是大胆假设。凯恩斯的"流动性陷阱"假说虽然在现实中还没有实际发生过，但是他的这一大胆假设对经济学的分析却有着很重要的意义。弗里德曼则注重实证分析，强调以实证方法进行分析，得出实际的结论。这是两个人在研究过程中的主要差异。

2. 相同点

由于弗里德曼理论是建立在前人分析的基础之上的，所以有很多与凯恩斯的分析相同或相似的地方，大概有以下几点。

① 弗里德曼采纳了凯恩斯视货币为一种资产的思想，两者都认为持有货币的成本是一种间接成本，是一种机会成本；但是由于人们对货币的不同功能的需要，所以持有一定货币是必然的。

② 弗里德曼认为持有货币是有收益的，这主要包括两个方面，一是直接收益，二是间接

收益,其中的间接收益是指持有货币带来的交易便利和享受的优惠。这与凯恩斯的"货币的交易需求"或流动性偏好有一定相似之处。

③ 弗里德曼的货币需求理论函数在形式上受凯恩斯的一定影响。通过凯恩斯的货币需求理论函数算出来的货币需求量,依然是收入的一个部分,即 $M_d=kY$,k 是一个变量。弗里德曼的货币需求函数中,可将括号内的决定因素用 K 表示,简写为 $M_d/P=KY$,可见,弗里德曼的 k 也不是一个常数,而是一个复杂的函数。

货币需求理论

小 结

1. 货币需求的实质是市场需求,是市场体系的重要构成要素。它受市场规律制约,对市场经济发展具有重要影响。这种需求派生于商品交易,考察某个时点社会各阶层在其拥有的全部资产中愿意以货币形式持有的数量,是金融学中的重要经济变量。

2. 根据分析角度不同,货币需求可以分为宏观、微观货币需求,主观、客观货币需求等类型。这种概念上的区分可以根据不同的研究需要进行应用。货币需求量也是货币需求概念范畴下的一个重要概念,二者之间的关系近似于需求与需求量之间的关系。货币需求反映货币市场活动中人们持有货币愿望与利率间的函数关系,而货币需求量则是货币需求在特定条件下的数量反映。

3. 货币需求作为经济系统中的重要变量,其变化受到多种因素的影响。市场利率、收入、货币流通速度等变量与货币需求之间形成互动关系,共同组成了庞大复杂的经济网,决定着资源配置的效率和经济运行的趋势。

4. 货币需求的决定是货币理论当中的重要组成部分,也是理论界争论的主题之一。古典和新古典学派的学者认为,决定货币需求的主要是名义收入,利率对其并无影响;而马克思则认为价格的水平、进入流通的商品数量和货币流通速度三因素共同决定货币需求。

5. 凯恩斯的货币需求理论占有很重要的地位,对宏观经济理论产生的影响也不容忽视。凯恩斯从货币需求结构的角度出发,对货币需求进行了分解,认为其中的预防需求、交易需求是收入的函数,而投机需求是利率的函数。

6. 凯恩斯货币需求理论中也存在一定的缺陷,其追随者对这一理论进行了补充和修正。这些后续理论或者对凯恩斯给出的结论进行了补充,或者扩大了其所研究的货币需求动机的范围,也有学者对其分析方法与思路进行了调整,这些都是对其理论的有益补充。

7. 弗里德曼站在货币主义者的立场,对货币需求进行了重新阐释。他建立了更为复杂的货币需求函数,其自变量中除包括传统的收入等因素外,还将资产收益率纳入其中,重视货币作为资产的属性。弗里德曼通过分析给出了和凯恩斯截然相反的结论,否认财政政策的有效性,宣扬自由主义的政策主张。

8. 弗里德曼之所以给出与凯恩斯不同的分析结论,一部分原因来自两人所处经济时代的不同。经济环境的变迁产生了更为复杂的经济现象,这时,理论的假设和分析角度等都会发生相应的变化。虽然结论不同,但两人的理论都有一定的适应性,可以根据不同的市场环境做出不同的理论选择。

思考题

1. 什么是货币需求及货币需求量？二者有何区别和联系？
2. 试分析经济主体对货币需求量大小的决定因素。
3. 什么是货币需求函数？其中包括哪些自变量？
4. 试比较马克思的货币需求理论与古典货币需求理论。
5. 运用古典货币需求理论说明货币需求数量是如何决定的。
6. 凯恩斯的货币需求理论的内容是什么？
7. 弗里德曼的货币需求理论中的需求函数是如何决定的？试分析主要变量对货币需求的影响。
8. 弗里德曼对货币需求理论的贡献有哪些？
9. 弗里德曼的货币需求理论与凯恩斯的货币需求理论的不同点表现在哪些方面？

案例简介

案例【10-1】

大学毕业生的货币需求动机

小明和小欣是一对感情不错的情侣，同时从一所名牌大学毕业，小明进了某国家机关，待遇也很不错，月薪在 5 000 元左右，可惜，因为住房政策的改革，不能分到房子，这是美中不足。而小欣进了一家国际贸易公司，做对外贸易工作，工资和奖金加起来，月薪大概有 9 000 元。看起来，这对情侣的前途一片光明。不过，他们为了将来存钱的问题着实大吵了一架。

小明认为现在他们刚刚大学毕业，虽然单位都不错，工资也不低，但将来用钱的地方还很多，所以要从毕业开始，除了留下平常必需的花费以及预防发生意外事件的钱，剩下的钱要定期存入银行，不能动用，这样就可以获得稳定的利息收入，又没有损失的风险。而小欣则以为，上学苦了这么多年，一直过着很节俭的日子，现在终于自己挣钱了，考虑那么多将来干什么，更何况银行利率那么低。她说发下个月工资后，先要买几件名贵服装，再美美地吃上几顿，然后留下一部分钱用来炒股票，等着股市形势一好，立即进入。大学时看着别人炒股她一直很羡慕，这次自己也要试试。但小明却认为中国股市行情太不稳定，运行不规范，所以最好不要进入股市，如果一定要做，那也只能投入很少的钱。

（资料来源：2017 年《宏观经济学》考研案例分析题目，新东方在线网。）

问题：
根据上面两个人的争论，说明有哪些货币需求动机。每个动机导致的货币需求的决定因素是什么？

简要提示：
人们的货币需求主要是出于三种动机，即交易动机、预防动机、投机动机。交易需求决定于收入水平和商业制度,而商业制度在短期内一般可假定为固定不变,所以,一般来说这一货币需求量主要决定于收入水平,二者正相关。个人对货币的预防需求主要取决于对意外事件的看法,但从全社会来看,这一货币需求大体上也和收入水平成正比,是收入的函数。人们对货币的投机需求取决于市场利率,与市场利率呈反方向变动。

案例思政元素分析:

首先,大学生要理性消费。大学生毕业参加工作后有了自己支配的财力,切忌盲目消费支出。尤其是随着网络信息技术的飞速发展,网络购物使国民消费热情和消费冲动一次次攀升,高校大学生已然成为购物消费的主流群体之一,也出现了一些非理性消费行为,如超前消费、攀比消费、享乐消费,究其背后的原因是多方面的,不仅与社会大环境的负面影响有关,如网络平台过度宣传的诱导、攀比从众心理作祟等,更与家庭、学校的教育引导缺失有关。因此,在净化网络环境、主动加强自我教育的基础上,还要注重家校联合,发挥家庭教育的引领价值,尤其要发挥学校教育的主渠道作用。采取有效的措施强化引导,同时传播正能量,弘扬中华民族的传统美德,帮助高校大学生树立正确的消费观念,为这一特殊群体营造健康、和谐的消费环境。

其次,要正确看待持有货币的需求。货币作为交换媒介,依据其流通、支付、储藏手段等职能成为人们日常生活、工作和学习中不可或缺的工具。人们常说,货币不是万能的,但没有货币是万万不能的。我们也要看到,人们的资产尤其是金融资产可以以不同形态存在。货币虽然为人们提供了充足的流动性,但收益性却不如证券类等其他资产。所以,每个人要考虑自身的不同需求,从流动性和收益性等方面权衡利弊,合理安排资产结构,理性持有货币。

案例【10-2】

老龄化如何影响居民家庭的货币需求

目前,我国已经进入老龄化社会。我国20世纪60年代的人口爆发式增长带来的一代"婴儿潮"开始进入老年人阶段。这意味着大概从2020年开始,我国老龄化会进一步加剧。在未来,我国可能步入一个人口负增长与人口老龄化互相叠加的时代。

人口老龄化加剧将深刻影响我国的宏观经济。出于预防动机和保守的投机策略,老年人更倾向于持有现金和储蓄存款。当老龄化加剧时,居民会增加对现金和储蓄存款这类安全性金融资产的需求。因此,老龄化有助于解释进入老龄化社会后我国的高货币需求现象。笔者基于2005—2017年的中国31个省级地区的面板数据,进行了老龄化对货币需求影响的实证分析。实证结果表明:老龄化对货币需求存在正向影响关系;老龄化对不同地区货币需求的影响具有异质性;人口老龄化对经济发达地区的货币需求有正影响;对经济发展程度中等和较低地区的货币需求有负影响。

〔资料来源:吴华奋. 老龄化对货币需求影响的研究——基于省级面板数据[J].
浙江金融,2021(7):70-78.〕

问题:

1. 我国高货币需求现象的原因有哪些?
2. 为什么老龄化对不同地区货币需求的影响不同?

简要提示：

1. 20世纪90年代以来，我国的货币增长率长期高于国内生产总值（GDP）和通货膨胀增长率，这意味着我国的M_2/GDP的比例逐年持续升高，即"中国货币之谜"。研究表明，造成这一现象的因素是变动的，如货币化进程、资产多元化、资产结构转型、人口老龄化等。

2. 不同社会经济发展程度下地区的老龄化对货币需求的影响机制可能不同。在社会经济发展程度较高的地区，其社会保障水平一般也较高。这意味着老年人有稳定的年金收入，有助于刺激老年人的当期消费并增加老年人持有的预防性储蓄。但是经济欠发达的地区缺失必要的社会保障或保障不足，老年人不得不减少自己的货币资产用于消费。同时，老年人依赖于子女养老，子女赡养的责任会压缩子女的当期消费，进而减少货币需求。

案例思政元素分析：

首先，正视老龄化问题。我国老龄化对货币需求的影响会逐步加深；而且伴随着我国区域协调发展，老龄化带来的影响也会逐步扩大。老龄化带来的影响是全方位的。2019年，中共中央、国务院印发的《国家积极应对人口老龄化中长期规划》提出，人口老龄化是我国未来较长时期内的基本国情，积极应对人口老龄化对实现经济高质量发展、维护国家安全和社会和谐稳定具有重要意义。

其次，政策要有针对性。党的二十大报告指出，要"实施积极应对人口老龄化国家战略"。考虑到老龄化对我国不同地区货币需求存在异质性影响，有关机构要有针对性地采取政策以协调区域金融发展。随着越来越多的社会资产聚集到老年人手中，要提高面向老年人的金融服务水平，政策制定者要积极引导金融中介机构发展养老金融业务，以便及时适应金融市场需求端的变化。

第 11 章

货 币 供 给

本章学习要点

通过本章的学习,掌握货币供给的含义,不同国家货币供给层次的划分;了解西方货币供给模型和理论,基础货币和货币乘数对货币供给量的重要影响;理解货币供给的形成机制。

本章学习重点与难点

重点是对货币供给两个主要影响因素的分析、货币供给形成机制的分析,难点是对西方学者建立的货币供给模型的理解、货币供给的形成机制、货币乘数的决定。

本章基本概念

货币供给、货币供给层次、广义货币、原始存款、派生存款、基础货币、货币乘数、法定存款准备金率、现金漏损率、超额准备金率。

▶ 11.1 货币供给概述

11.1.1 货币供给与货币供给量

1. 货币供给与货币供给量的含义

货币供给是指中央银行和商业银行等货币供给主体向流通领域投入(或回笼)、扩张(或收缩)一定货币量的行为与过程。它主要包括货币供给的变量及其层次、货币供给控制机制与控制工具、货币供给与货币收支、货币供给量的决定机制等。

货币供给量是一定时点上一国经济中的货币存量的总额,包括中央银行等金融机构供应的存款货币和现金货币。货币供给量由政府、企事业单位、社会公众等分散持有,是银行体系所供应的债务总量。研究货币供给量的目的是使银行体系实际提供的货币量与社会经济总体对货币的需要量保持一致,并能不断保持经济的稳定增长。

2. 货币供给的主体

在现代信用货币制度下,货币供给过程一般涉及中央银行、商业银行、存款人和借款人四个行为主体。其中,在货币供给过程中起决定作用的是银行体系。流通中的货币都是通过银行供给的，货币供给与中央银行和商业银行的资产负债活动密切相关。

在实行中央银行制度的金融体制下，货币供给量是通过中央银行创造基础货币和商业银行创造存款货币而注入流通的。这一供应过程具有三个特点。

① 货币供给形成的主体是中央银行和商业银行。
② 两个主体各自创造相应的货币，即中央银行创造基础货币，商业银行创造存款货币。
③ 非银行金融机构对货币供给有重要影响。

3. 货币供给的客体

（1）现金

从形式上看，"现金"是纸质货币，实质上它是银行的一种负债，债权人是现金持有者（单位和个人）。

（2）各种存款

不管各种存款的流动程度和使用方向如何，都是银行对存款者的负债。其中，绝大部分活期存款是信用货币的初始形态，因而它是货币供给量调控的主要对象。除活期存款外，还包括定期存款。

（3）银行自有资金

从内容上看，银行自有资金是指国家财政历年拨给的信贷基金和银行历年留用的利润积累两大部分。

（4）银行结算中的资金

银行结算中的资金是银行对收付双方在清算时因时间差所造成的货币资金的短暂的利用，也是一种负债关系。在现实经济生活中，人们通过在银行账面上债权债务的转移实现价值的转移、积累或贮存。除了作为债权债务凭证，这些资金又表现为价值符号，同时又是一种支付手段和交易媒介，执行货币的基本职能，因而是在银行体系内派生出来的新的"货币"。它是一种债务货币，表现为银行债务的转移，其供给量是随着银行资产业务的规模变化而变化的。

11.1.2　货币供给层次的划分

所谓货币供给层次划分，是指对流通中各种货币形式按不同的统计口径进行划分。

货币供给层次的划分

1. 划分货币供给层次的必要性

虽然现金货币、存款货币和各种有价证券均属于货币范畴，但是它们的流动性，即转化为现实购买力的能力是不同的，从而对商品流通和经济活动的影响有别，因此有必要对这些货币形式进行科学分类，以便分别对待，提高宏观调控的有效性。同时，随着金融创新的风起云涌，新的金融工具不断出现，并在一定程度上具有了"货币性"，有的可以直接发挥货币的作用，有的稍加转化就能执行流通手段或支付手段职能。货币形式的多样性给货币的计量带来了问题，也给中央银行的货币政策操作带来了困难。

在这种情况下，出现了对货币供给层次的划分。对货币供给层次进行划分首先出现在20世纪60年代的美国，联邦储备系统为了更好地实施货币政策，对货币供给进行了层次的划分，此后世界上其他国家的中央银行也纷纷效仿。虽然各国不同层次货币包含的内容不尽相同，但划分货币供给层次的原则是一致的,即按照不同形式货币的流动性,或者按照不同金融工具所发挥的货币职能的效率确定货币层次。

2. 不同货币供给层次的划分

在此我们只介绍国际货币基金组织、美国、日本和中国的货币供给层次划分的内容。

(1) 国际货币基金组织的货币供给口径

按照流动性的强弱,国际货币基金组织把货币划分为三个层次。

① M_0(现钞)。M_0 不包括商业银行的库存现金,是指流通于银行体系之外的现钞,即居民和企业手中持有的现金。因为这部分货币可以随时作为流通手段和支付手段,所以流动性最强,为第一层次。

② M_1(狭义货币)。M_1 包括 M_0 和银行活期存款,因为银行活期存款可以签发支票进行转账结算而直接成为支付手段,所以也具备较强的流动性。人们平时在各种统计资料上见到的"货币"指的就是 M_1。M_1 作为现实的货币购买力对社会经济生活有广泛而直接的影响,所以各国都把控制货币供给量的主要措施放在这一层面上,使之成为货币政策调控的主要对象。

③ M_2(广义货币)。M_2 包括 M_1 和准货币。准货币一般指银行的定期存款、储蓄存款、外币存款,以及各种短期信用工具,如银行承兑汇票、国库券等。准货币本身虽然不是货币,但由于在经过一定手续后能比较容易地转化为现实购买力,增加流通中的货币量,所以也称为近似货币。M_2 层次的确立,对研究货币流通总体状况有重要意义,特别是对金融制度发达国家的货币计量及对未来货币流通走势的预测都有重要作用。

(2) 美国的货币供给层次划分

美国联邦储备系统的货币供给层次有四个。

① M_1=流通中的现金+旅行支票+活期存款+其他支票存款。

具体来说,包括:处于国库、联邦储备系统和存款机构之外的通货;非银行发行的旅行支票;商业银行的活期存款,不包括存款机构、美国政府、外国银行和官方机构在商业银行的存款;其他各种与商业银行活期存款性质相似的存款〔如 NOW 账户(附息支票账户)、ATS 账户(自动转账服务账户)等〕。

② M_2=M_1+储蓄存款+小额定期存款+零售货币市场共同基金余额+调整项(为避免重复计算)。

M_1 以外的部分主要包括:存款机构发行的隔夜回购协议和美国银行在世界上的分支机构向美国居民发行的隔夜欧洲美元;货币市场存款账户;储蓄和小额定期存款(10 万美元以下,含零售回购协议);货币市场互助基金余额(最低初始投资 5 万美元)等。

③ M_3=M_2+大额定期存款+所有存款机构发行的回购负债+调整项。

M_2 以外的部分主要包括:大额定期存单(10 万美元以上);隔夜和定期的限期回购协议和欧洲美元;机构持有的货币市场共同基金余额(最低初始投资 5 万美元)等。

④ L=M_3+其他短期流动资产。

L 是大于货币的一种口径,它等于 M_3 加非银行公众持有的储蓄债券、商业票据、银行承兑汇票、短期政府债券等,它意味着货币供给口径之上的直接延伸。

另外,还有一个层次的货币概念 Debt,它是一个比 L 更大的口径,但并不与货币供给的统计直接联系,它是指国内非金融部门在信用市场上未清偿的债务问题,包括各级政府的债务和私人非金融部门的债务（如公司债券、抵押契约、消费信用、商业票据、银行承兑汇票等债务工具）。

（3）日本的货币供给层次划分

① M_1=现金+活期存款。现金是指银行券发行额和辅币之和减去金融机构库存现金后的余额；活期存款包括企业活期存款、活期储蓄存款、通知存款、特别存款和通知纳税存款。

② $M_2+CD=M_1$+准货币+可转让存单。其中，准货币指活期存款以外的一切公私存款。

③ $M_3+CD=M_2+CD$+邮政、农协、渔协、信用合作和劳动金库存款+货币信托和贷方信托存款。

④ L（广义流动性）=M_3+CD+回购协议债券、金融债券、国家债券、投资信托和外国债券。

（4）中国的货币供给层次划分

中国人民银行公布的《中国人民银行货币供给量统计和公布暂行办法》中规定的中国货币供给层次划分如下：

① M_0=流通中的现金。

② $M_1=M_0$+企业存款（企业存款扣除单位定期存款和自筹基建存款）+机关团体部队存款+农村存款+个人持有的信用卡类存款。

③ $M_2=M_1$+城乡居民储蓄存款+企业存款中具有定期性质的存款（单位定期存款和自筹基建款）+信托类存款+外币存款。

④ $M_3=M_2$+金融债券+商业票据+大额可转让定期存单等。

式中，M_1是狭义货币供给量，M_2是广义货币供给量，M_2减M_1是准货币。

专栏【11-1】

货币供给量 M_0、M_1、M_2 的解读

M_0：与消费密切相关，其数值高代表老百姓手头宽裕、富足。M_1：反映经济中的现实购买力，代表着居民和企业资金松紧变化，是经济周期波动的先行指标，流动性仅次于 M_0。M_2：同时反映现实购买力、潜在购买力，流动性偏弱，反映社会总需求的变化和未来通货膨胀的压力状况。

一般而言，我们可以通过 M_1 和 M_2 增长率的变化来揭示宏观经济的运行状况：若 M_1 增速较快，则消费和终端市场活跃；若 M_2 增速较快，则投资和中间市场活跃；若 M_1 过高、M_2 过低，则表明需求强劲、投资不足，存在通货膨胀风险；若 M_2 过高、M_1 过低，则表明投资过热、需求不旺，存在资产泡沫风险。

（资料来源：简书网。）

专栏【11-2】

2016—2021年中国货币供给量

2016—2021 年，中国货币供给量呈稳步上升态势。其中 2021 年，中国 M_0 货币供给量为 90 825.15 亿元，同比增长 7.7%，M_1 货币供给量为 647 443.35 亿元，同比增长 3.5%，M_2 货币供给量为 2 382 899.56 亿元，同比增长 9%（中国人民银行从 2001 年 7 月起，将证券公司客户保证金计入广义货币供给量 M_2），2016—2021 年中国货币供给量如图 11-1 所示。

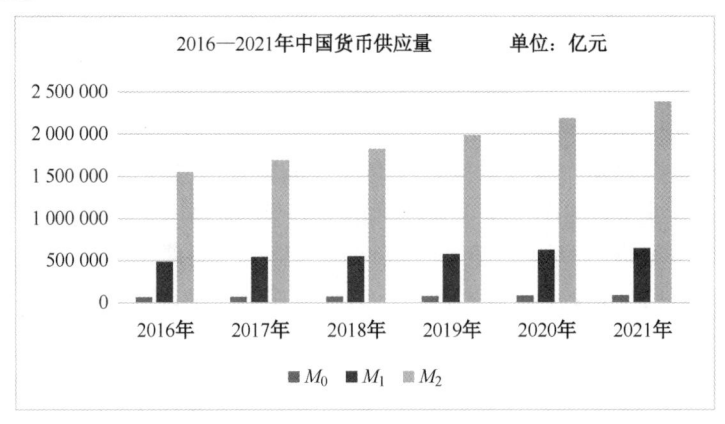

图 11-1　2016—2021 年中国货币供给量

（资料来源：根据东方财富网数据整理。）

3. 中央银行的控制重点

因为不同层次的货币反映了各层次货币流动性的不同，所以中央银行在实施货币政策、控制货币供给量时，会把侧重点放在流动性强的货币供给层次上，也就是上面所讲到的 M_0 或 M_1，而对 M_2 的关注程度则低得多。

▶ 11.2　货币供给模型与理论

货币供给理论是研究货币供给量由哪些因素决定以及如何决定的理论。在过去较长时期内，货币供给量这一重要的经济变量和政策指标被视为可由金融当局绝对加以控制的外生变量。20 世纪 60 年代以后，随着货币主义的兴起和货币政策日益被人们所重视，经济学家和金融学家普遍重视货币供给理论的研究，使之迅速发展。

西方货币供给理论主要经历了凯恩斯及凯恩斯学派的货币供给分析、新古典综合派对货币供给理论的分析以及货币学派的货币供给理论分析和新经济自由主义学派的货币供给理论分析的沿革。我们重点介绍货币学派及其之后新形成的理论。

11.2.1　货币供给模型

1. 货币学派的弗里德曼-施瓦茨货币供给模型

弗里德曼和安娜·雅各布森·施瓦茨（Anna Jacobson Schwartz）在 1963 年出版的《美国货币史（1867—1960）》中提出了货币供给模型。这一模型考察的货币为广义货币，包括社会公众持有的通货和商业银行存款两部分。若假设 M 为货币存量、C 为通货、D 为商业银行存款，则有：

$$M = C + D \tag{11.1}$$

货币存量中能为中央银行直接控制的部分为"高能货币"。它由两部分组成，一部分为社会公众持有的通货，另一部分为商业银行准备金，也即基础货币。若假设 H 为高能货币、R 为商业银行准备金，则有：

$$H = C + R \tag{11.2}$$

由（11.1）和（11.2）两式整理可得：

$$\frac{M}{H} = \frac{C+D}{C+R} = \frac{(D/R)(1+D/C)}{D/R + D/C} \tag{11.3}$$

或

$$M = H \cdot \frac{(D/R)(1+D/C)}{D/R + D/C} \tag{11.4}$$

若记 $\frac{(D/R)(1+D/C)}{D/R + D/C}$ 为 m，则有 $M=Hm$，其中 m 为货币乘数。

这表明，影响货币乘数的变量为两个：商业银行存款与其准备金的比率 D/R，商业银行存款与非银行公众所持有通货的比率 D/C，这两个变量和高能货币为货币存量的大致决定因素。

由于高能货币的供给由货币当局的行为决定，存款与准备金的比率取决于商业银行的意愿，存款与通货持有量之间的比率主要取决于公众的行为。因此，决定货币供给的主体有三个：货币当局、商业银行和社会公众。

通过对这一模型的分析，弗里德曼认为，货币需求是相对稳定的，要保证货币需求与供给的平衡就必须保证货币供给的稳定性。因此，他反对凯恩斯提出的需求管理，认为应当把重点放在货币供给上。货币政策应该是一切经济政策中唯一重要的工具，其他经济政策如果不通过货币政策或没有货币政策的配合，就不可能取得预期的效果。

弗里德曼认为，货币供给量最终是一个外生变量。货币当局控制货币供给量的最佳选择是实行"单一规则"，即公开宣布并长期采用一个固定不变的货币供应增长率。实行"单一规则"需要解决三个问题：第一，如何界定货币数量的范围；第二，如何确定货币数量的增长率；第三，货币数量增长率在年内或季节内是否允许有所波动。关于货币数量的范围，应确定为流通中的通货加上所有商业银行的存款，即 M_2；货币增长率应与经济增长率大体相适应，一经确定就不能任意变动，若遇特殊情况必须更改时，应该事先宣布并尽量缩小变动的范围。

2. 卡甘的货币供给模型

美国经济学家菲利浦·卡甘（Phillip Cagan）于 1965 年出版了《1875—1960 年美国货币存量变化的决定及其影响》一书。书中提出的货币供给模型与弗里德曼-施瓦茨的货币供给模型略有不同：

$$M = \frac{H}{H/M} = \frac{H}{\frac{H \cdot D}{M \cdot D}} = \frac{H}{\frac{(C+R) \cdot D}{M \cdot D}} = \frac{H}{\frac{CD+RD}{MD}} = \frac{H}{\frac{CD+R(M-C)}{MD}}$$

$$= \frac{H}{\frac{CD+MR-RC}{MD}} = \frac{H}{\frac{C}{M} + \frac{R}{D} - \frac{C}{M} \cdot \frac{R}{D}} \tag{11.5}$$

式中，设

$$m = \frac{1}{\frac{C}{M} + \frac{R}{D} - \frac{C}{M} \cdot \frac{R}{D}}$$

这一模型与弗里德曼-施瓦茨的货币供给模型相似，但其有两个特点：一是卡甘将通货比率定义为 C/M，即通货与货币存量的比率，并以此取代存款与通货比率 D/C；二是将准备金

比率定义为 R/D，即准备金与存款的比率，并以此取代存款与准备金比率 D/R。由于 C/M、R/D 都小于 1，因而二者的乘积必然总小于其中任何一项。若假定这两项不发生改变，则高能货币 H 的增减变化会直接影响货币供给量的增减变化；反之，若高能货币不变，则 C/M 和 R/D 的变化必然造成货币紧缩或扩张。

3. 乔顿的货币供给模型

20 世纪 60 年代末，美国经济学家推导出了更为复杂的货币乘数模型。乔顿（Jordan）的货币供给模型中的货币只包括公众手持通货和私人活期存款，即狭义的货币 M_1。其模型推导过程如下：

$$\begin{aligned} M_1 &= C + D = \frac{C+D}{H} \cdot H = \frac{C+D}{C+R} \cdot H \\ &= \frac{kD + D}{kD + r(D+T+G)} \cdot H = \frac{kD + D}{kD + r(D+tD+gD)} \cdot H \\ &= \frac{1+k}{k + r(1+t+g)} \cdot H \\ m &= \frac{1+k}{k + r(1+t+g)} \end{aligned} \tag{11.6}$$

式中，r 代表各种存款的加权平均准备率，存款包括商业银行活期存款 D、私人定期存款 T 和政府存款 G；设社会公众持有的通货 C、定期存款 T、政府存款 G 与活期存款的比率分别为 k, t, g。

模型中，决定货币乘数的变量有 k, t, g, r。货币乘数是 t, g, r 的递减函数，商业银行的各种存款的平均准备金率、定期存款比率和政府存款比率的变化将对货币乘数产生负向的影响。

通过以上货币供给模型的推导与分析过程，可以给出以下公式：

$$\text{货币供给量} = \text{基础货币} \times \text{货币乘数} \tag{11.7}$$

在货币供给过程中，社会货币最终形成量由中央银行的初始货币提供量（基础货币）与货币乘数共同决定。货币乘数主要受通货、商业银行存款、存款准备金影响。由这三个变量派生形成的通货-存款比率、商业银行的存款与社会公众所持有通货的比率、通货与货币存量比率、政府存款比率等变量最终决定货币乘数的大小和变动方向。

11.2.2 基础货币与货币供给量

由上文分析的结论可知，基础货币是货币供给的重要组成部分，对货币供给规模具有直接的影响。基础货币的增加将导致货币供给成倍地增加。中央银行可以通过公开市场业务或再贴现手段控制基础货币的变化，从而影响货币供给量。

1. 基础货币

（1）基础货币的定义

基础货币又称为强力货币或高能货币，是指处于流通界为社会公众所持有的现金及银行体系准备金（包括法定存款准备金和超额准备金）的总和。基础货币作为整个银行体系内存款扩张、货币创造的基础，其数额大小对货币供应总量具有决定性的影响。

（2）基础货币的特征

① 它是中央银行的货币性负债，而不是中央银行资产或非货币性负债，是中央银行通过

自身的资产业务供给出来的。

② 它的流通性很强，即持有者能够自主运用，是所有货币中最活跃的部分。

③ 它是由中央银行直接控制和调节的变量，通过对它的影响，达到调节和控制供给量的目的。

④ 它是支撑商业银行负债的基础，商业银行不持有基础货币，就不能创造信用。

⑤ 在实行准备金制度下，基础货币通过整个银行体系的运用，能产生数倍于它自身的量。

（3）基础货币的公式

从用途上来看，基础货币表现为流通中的现金和商业银行的准备金。从数量上来看，基础货币由银行体系的法定准备金、超额准备金、库存现金以及银行体系之外的社会公众的手持现金等四部分构成。其公式为：

$$\text{基础货币}=\text{法定准备金}+\text{超额准备金}+\text{银行系统的库存现金}+\text{社会公众手持现金} \quad (11.8)$$

我国于1994年开始进行基础货币统计，当时对基础货币的定义为：

$$\text{基础货币}=\text{金融机构库存现金}+\text{流通中现金}+\text{金融机构准备金存款}+\text{金融机构特种存款}+\text{邮政储蓄转存款}+\text{机关团体在人民银行的存款} \quad (11.9)$$

2. 基础货币的分类

从基础货币来源角度对其进行分类，可分为非借入性基础货币和借入性基础货币。

① 非借入性基础货币，指中央银行通过出售证券注入流通领域的通货及增加的银行准备金。

② 借入性基础货币，指由中央银行的贴现窗口而增加的银行准备金。

公开市场上证券的买卖权掌握在中央银行手中，可是贴现贷款的发放数量虽然与中央银行制定的贴现率有关，但不完全取决于中央银行，而与商业银行的决策有密切的关系。因此，中央银行能够完全控制非借入性基础货币，而借入性基础货币不由中央银行完全控制。

3. 基础货币与货币供给量在数量上的关系

货币供给量（最大理论值）是基础货币量与货币乘数之积。现金量是基础货币和货币供给量的共同部分；它们的不同部分是公众在存款金融机构的存款属货币供给量，金融机构在中央银行的存款属基础货币。基础货币与货币供给量之间还存在着一个倍数扩张关系，即货币乘数。

11.2.3 货币乘数与货币供给量

货币乘数是研究货币供给量问题的基础。我们可以通过分析货币供应变动与基础货币变动之间的关系推导货币乘数，考察影响货币乘数的因素。

1. 货币乘数

货币乘数是货币供给量与基础货币量之比。一般用 m 表示，其公式为：

$$m=\text{货币乘数}=\frac{\text{货币供给量}}{\text{基础货币}}=M/B \quad (11.10)$$

2. 货币乘数的推导

假定：

① 流通中现金（C）和支票存款（D）的比率为现金漏损率 $c=C/D$。

② 非交易存款（T）和支票存款的比率为 $t=T/D$。

③ 银行持有的总准备金为 R；其中，超额准备金占支票存款的比率为 e。

④ 支票存款的法定准备金率为 r_d，定期存款的法定准备金率为 r_t。根据以上假设，可得到货币供给和基础货币的表达式为：

$$B = C + R \tag{11.11}$$

$$M = C + D \tag{11.12}$$

显然，总准备金 R 等于支票存款的法定准备金 $r_d \cdot D$ 和非交易存款的法定准备金 $T \cdot r_t$ 以及超额准备金 $e \cdot D$ 之和，即

$$R = r_d \cdot D + T \cdot r_t + e \cdot D \tag{11.13}$$

因为 $T = t \cdot D$，所以有

$$R = (r_d + t \cdot r_t + e)D \tag{11.14}$$

又因为 $C = c \cdot D$，所以有

$$m = \frac{M}{B} = \frac{C+D}{C+R} = \frac{(1+c)D}{(r_d + r_t \cdot t + e + c)D} = \frac{1+c}{r_d + r_t \cdot t + e + c} \tag{11.15}$$

这样，就推导出了货币供给 M_1 的乘数 m，类似地还可以得到 M_2 的乘数。

由上式可知，只有在 $(r_d + t \cdot r_t + e) < 1$ 时，货币乘数 $m > 1$，而这一条件一般是可以满足的，因此基础货币的增减将导致数倍的货币供给增减，基础货币与货币供给的关系如图 11-2 所示。

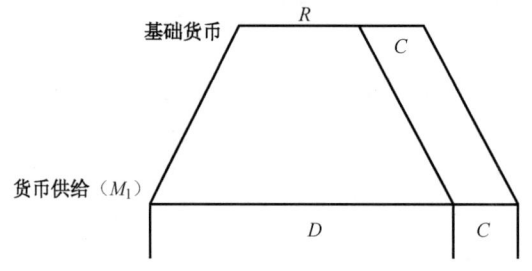

图 11-2 基础货币与货币供给的关系

需要注意的是，此处的货币乘数要小于存款货币乘数。基础货币由通货和准备金存款构成，虽然存在着存款的多倍扩张，但通货不存在类似的扩张。这样，如果基础货币增量中的一部分为通货，则这一部分就不会产生多倍扩张效应。

▶ 11.3 货币供给的形成机制

在现代经济中，现实生活中的货币都出自银行，财政、企业单位、机关团体以及个人等只是货币的运用者，不得发行货币，货币只能由银行发行又不断回归银行，所以银行是整个货币流通的中心环节。其中，中央银行对基础货币和存款货币中的原始存款均有影响，而商业银行主要影响派生存款。

11.3.1 中央银行与货币供给

1. 中央银行主要通过创造基础货币的方式影响货币供给数量

中央银行可以通过对以下几个因素的调整实现基础货币供给的扩张。

（1）商业银行等金融机构的债权

商业银行等金融机构的债权是影响基础货币的最主要因素。一般来说，中央银行的这一债权增加，意味着中央银行对商业银行再贴现或再贷款资产增加，同时也说明通过商业银行注入流通的基础货币增加，这必然引起商业银行超额准备金增加，使货币供给量得以多倍扩张。相反，如果中央银行对金融机构的债权减少，就会使货币供给量大幅收缩。通常认为，在市场经济条件下，中央银行对这部分债权有较强的控制力。

（2）国外净资产数额

国外净资产由外汇、黄金占款和中央银行在国际金融机构的净资产构成。其中，外汇、黄金占款是中央银行用基础货币来收购的。一般情况下，若中央银行不把稳定汇率作为政策目标的话，则对通过该项资产业务投放的基础货币有较大的主动权；否则，中央银行就会因为要维持汇率的稳定而被动进入外汇市场进行干预，以平抑汇率，这样外汇市场的供求状况会对中央银行的外汇占款有很大影响，造成通过该渠道投放的基础货币具有一定的被动性。

（3）政府债权净额

中央银行增加政府债权净额通常通过两条渠道：一是直接认购政府债券，二是贷款给财政以弥补财政赤字。无论哪条渠道都意味着中央银行通过财政部门把基础货币注入了流通领域。

（4）其他项目（净额）

其他项目（净额）主要是指固定资产的增减变化以及中央银行在资金清算过程中应收应付款的增减变化，它们都会对基础货币量产生影响。

2. 中央银行控制基础货币的主要方式

（1）公开市场业务

当中央银行在公开市场上出售有价证券时，无论是由社会公众还是由金融机构购买，都无异于向市场收回一定数量的基础货币，使商业银行准备金减少，从而紧缩货币供给量；反之，当中央银行在公开市场上购进有价证券时，无论是社会公众还是金融机构出售证券，都意味着中央银行向市场投放一定数量的基础货币，使商业银行准备金增加，从而扩张货币供给量。由于中央银行公开市场业务能够准确、及时地使基础货币数量产生增减变化，从而达到中央银行的预期目的，因此它成为许多发达国家中央银行控制货币供给量的重要手段之一。

（2）再贴现业务

中央银行主要通过调整再贴现率来影响商业银行或其他金融机构从中央银行贷款的成本，进而影响商业银行的准备金数量，以达到调节基础货币数量的目的。相比来看，中央银行采用的再贴现业务不如通过公开市场业务那样准确和及时。

（3）黄金、外汇储备的调节

中央银行通过黄金、外汇的买卖，吞吐基础货币，其影响和作用基本与公开市场业务相同。中央银行买进或卖出黄金、外汇相应地会增加或减少基础货币的数量。

11.3.2 商业银行与货币供给

1. 原始存款与派生存款

（1）原始存款

原始存款是指商业银行接受的现金存款或中央银行对商业银行贷款所形成的存款，包括商业银行吸收到的增加其准备金的存款。这部分存款不会引起货币供给总量的变化，仅仅是流通中的现金变成了银行的活期存款，存款的增加正好抵消了流通中现金的减少。

商业银行的准备金以两种形式存在：一是商业银行持有的应付日常业务需要的库存现金，二是商业银行在中央银行的存款。这二者都是商业银行持有的中央银行的负债，也是中央银行对社会公众总负债中的一部分。商业银行的准备金对商业银行来说是其所拥有的一笔资产，按照法律性质分为法定准备金和超额准备金。

（2）派生存款

派生存款是与原始存款相对应的概念。派生存款是指由商业银行以原始存款为基础运用转账方式发放贷款或进行其他资产业务而引申出来的超过最初存款的存款，是商业银行存款的重要组成部分。

2. 原始存款的形成机制

原始存款来源于中央银行投放的基础货币。

中央银行通过收购证券、外汇和黄金以及发放贴现贷款等方式投放基础货币，最终表现为银行准备和流通中现金两种形式。如果中央银行投放的基础货币为银行准备，商业银行将其贷放给工商企业，工商企业用这笔贷款向其他工商企业购买商品和劳务，其他工商企业将出售商品和劳务所得存入其他商业银行，商业银行因此获得原始存款；如果中央银行投放的基础货币为流通中现金，其持有者将现金存入商业银行，商业银行同样也获得原始存款。

3. 派生存款的形成机制

（1）商业银行存款货币的创造须具备两个基本条件

① 部分准备制，即银行对于所吸收的存款，不保留百分之百的现金准备，而只保留其中一定百分比以应付客户提现，其余部分则通过贷款等资产业务运用出去的准备制度。在部分准备制下，商业银行具有了创造存款货币的能力。

在存款准备制下，商业银行在吸收存款后，要按照法律的规定提取一定比例的准备金缴存于中央银行，这部分准备金为法定准备金，超出的部分为超额准备金。

② 部分非现金结算制，即转账结算制度，是指货币结算的双方通过银行把款项从付款人账户划转到收款人账户而完成的货币收付行为。这一制度导致了具有如下特点的经济行为。

第一，客户把现金存入银行后，并不一定再把现金全数提出，而是要求把款项记入自己的存款账户。

第二，取得支票者，可用于提取现金，也可委托自己开有存款账户的往来银行代收，收到的款项记入存款账户。

第三，各个银行由于自己的客户开出支票，因此应该付出款项；同时由于自己的客户交来支票委托收款，因此应该收入款项。应收款、应付款的金额很大，但二者之间的差额通常较小。经济相互联系越紧密，相互的支付义务就越多，应收款、应付款之间的差额就越小，这个差额才需要以现金结清。

第四，各个银行对现金的需要归结为两类：一类是客户从存款中提取现金用于发放工资、小额零星支付等必须使用现金的用途；另一类是结清支票结算中的差额。在长期的经营活动中，银行认识到现金的需要与存款之间有一定的比例关系，即只要按存款的一定百分比保持现金库存即可应付上述的现金需要，于是这个比率就成为银行用以调控自身业务规模的依据。

（2）形成机制

商业银行吸收客户的原始存款后，除按法定要求保留部分法定准备金外，其余部分可以用于发放贷款或购买证券，从而获取投资利润。在支票流通情况下，现金结算比重很小，客户取得贷款或证券价款后，不提取或很少提取现金，而是将大部分贷款或价款存入自己的存款账户，以便开支票对货物的卖方或债权人支付。这时就整个银行系统而言，在原有的原始存款之外，又出现了一笔新存款。接受这笔新存款的商业银行，除保留部分法定准备金外，剩余部分又可以用来发放贷款或购买证券，取得贷款和证券价款的客户将这部分收入再存入银行，又形成新的存款。这一过程依次持续下去，众多的商业银行通过自己的资产业务，对原始存款连续地运用，从而创造出数倍于原始存款的派生存款。因此，派生存款是由原始存款经过不同的商业银行的资产运用而创造出来的，它是原始存款的派生和扩大。

从理论上来讲，派生存款的创造不会无限持续下去，当准备金的累积额等于原始存款时，商业银行就不能再以这笔原始存款创造新的存款。

（3）派生存款创造的限制因素

派生存款创造的限制因素主要包括法定存款准备金率、现金漏损率、超额准备金率等。

① 法定存款准备金率（r）。派生存款扩大倍数与法定存款准备金率成反比，法定存款准备金率越高，商业银行创造存款的倍数越小；法定存款准备金率越低，商业银行创造存款的倍数越大。在实行法定准备金制度的国家，都要求各商业银行按一定比率将存款的一部分转存于中央银行，目的之一就在于限制商业银行创造存款的能力。不考虑其他因素变动的情况下，设 K 为银行体系创造派生存款的扩张乘数，两因素间的关系可用公式表示：

$$K = \frac{1}{r} \qquad (11.16)$$

② 现金漏损率（c）。前文中的论述隐含一个假定，即公众将所有货币收入都存入银行而不在手中持有现金，这是不现实的。现金漏损指银行在扩张信用及创造派生存款的过程中，部分现金流出银行系统，保留在人们手中而不再流回。现金的外流使得银行可用于放款部分的资金减少，因而削弱了银行体系创造存款货币的能力。由此可得到扩展的存款创造的扩张乘数公式：

$$K = \frac{1}{r+c} \qquad (11.17)$$

③ 超额准备金率（e）。在实际经营中为了保持流动性，银行实际具有的准备金总是大于法定准备金，这种差额称为超额准备金，但为了利润最大化，超额准备金所占比例通常很小。考虑超额准备后的存款创造的扩张乘数公式可调整为：

$$K = \frac{1}{r+c+e} \qquad (11.18)$$

④ 定期存款准备金。当企业的活期存款被转入定期存款（D_t）时，尽管不致使原持有的准备金额有所下降，但这种变动会对活期存款乘数 K 产生影响。因为法律规定，银行对定期存款也要按一定的法定准备金率（r_t）提留准备金。同时，定期存款同活期存款总额（D_d）会保持一定的比例关系。当令 $t=D_t/D_d$ 时，则（$r_t·D_t$）$/D_d=r_t·t$。也就是说，每一个货币单位的活期存款中就会有 $r_t·t$ 作为法定准备漏出，从而使乘数公式可进一步扩展为：

$$K = \frac{1}{r+c+e+r_t·t} \qquad (11.19)$$

(4) 存款货币创造的案例分析

假设甲银行接受客户 A 存入的 200 万元活期存款。法定准备金率为 20%，该银行需要提取 40 万元的准备金，并将剩余的 160 万元用于发放贷款。这样，甲银行的资产负债表见表 11-1。甲银行将 160 万元贷出后，客户用于购买或者其他支付。假设客户手中不持有现金，故收款人 B 又将这笔存款存入乙银行。乙银行得到活期存款并不保留超额准备的情况下，将提取 32 万元法定准备金，然后将其余款项贷放出去。乙银行的资产负债表见表 11-2。

表 11-1　甲银行的资产负债表（单位：万元）

资产	负债
准备金 40	存款 200
贷款 160	
总计 200	合计 200

表 11-2　乙银行的资产负债表（单位：万元）

资产	负债
准备金 32	活期存款 160
贷款 128	
总计 160	合计 160

这一过程如果持续下去，由最初客户存入甲银行的 200 万元原始存款经过银行系统的反复使用，存款货币就会成倍增长。从理论上来讲，这种扩张会一直持续到全部原始存款都已成为银行体系的存款准备金，从而任何一家银行都已没有任何剩余准备金可用于贷款为止。银行系统创造存款货币的过程见表 11-3。

表 11-3　银行系统创造存款货币的过程　　　　（单位：万元）

银行数	存款	法定准备金	贷款
1	200	40	160
2	160	32	128
3	128	25.6	102.4
4	102.4	20.48	81.92
……	……	……	……
总计	1 000	200	800

表 11-3 表明，在部分准备金制度下，一笔原始存款由整个银行体系运用扩张信用的结果，可产生大于原始存款若干倍的存款货币。扩张的数额主要决定于两个因素：一是原始存款的大小，二是法定准备金率的高低。原始存款量越多，创造的存款货币量越多；反之，则越少。法定准备金率越高，扩张的数额越少；反之，则越多。

需要注意的是，银行系统派生存款倍数创造原理在相反方向上也适用，即派生存款的紧缩也呈倍数紧缩。其不同之处仅在于：在扩张过程中，存款的变动为正数；在紧缩的过程中，存款的变动为负数。

小　结

1. 货币供给是指中央银行和商业银行等货币供给主体向流通领域投入（或回笼）、扩张（或收缩）一定货币量的行为与过程。它主要包括货币供给的变量及其层次、货币供给控制机制与控制工具、货币供给与货币收支、货币供应量的决定机制等。

2. 货币供给的主体有中央银行、商业银行、存款人和借款人,货币供给的客体有现金、各种存款、银行自有资金、银行结算中的资金。

3. 所谓货币供给层次划分,是指对流通中各种货币形式按不同的统计口径进行划分。虽然各国不同层次货币包含的内容不尽相同,但划分货币层次的原则是一致的,即按照不同形式货币的流动性,或者说不同金融工具发挥货币职能的效率高低确定货币层次。

4. 货币学派的货币供给模型有弗里德曼-施瓦茨货币供给模型,货币学派之后的货币供给模型有卡甘的货币供给模型、乔顿的货币供给模型。

5. 基础货币又称为强力货币或高能货币,是指处于流通界为社会公众所持有的现金及银行体系准备金(包括法定存款准备金和超额准备金)的总和。基础货币作为整个银行体系内存款扩张、货币创造的基础,其数额大小对货币供给总量具有决定性的影响。货币乘数是货币供给数量与基础货币量之比。

6. 中央银行主要通过创造基础货币来影响货币供给数量。中央银行控制基础货币的主要方式有公开市场业务、再贴现业务和黄金、外汇储备的调节。

7. 商业银行主要通过创造派生存款来影响货币供给数量。商业银行创造派生存款的基本条件是部分准备制和转账结算制度,影响因素主要包括法定存款准备金率、超额准备金率、现金漏损率等。

思 考 题

1. 什么是货币供给?货币供给的主体和客体各是什么?
2. 中国的货币供给层次是如何划分的?
3. 什么是基础货币?基础货币和货币供给量有什么关系?
4. 什么是货币乘数?
5. 中央银行控制基础货币的主要方式有哪些?
6. 什么是原始存款?原始存款的形成机制是怎样的?
7. 什么是派生存款?派生存款的形成机制是怎样的?

案 例 简 介

案例【11-1】

2022年上半年中国货币供给量水平

中国人民银行坚持以习近平新时代中国特色社会主义思想为指导,坚决贯彻党中央、国务院的决策部署,稳字当头、稳中求进,稳健的货币政策灵活适度,有效实施稳经济一揽子政策措施,坚决支持稳住经济大盘。

总体来看,政策效果显著。2022年上半年新增人民币贷款13.68万亿元,同比多增9 192

亿元；6月末广义货币（M_2）和社会融资规模存量同比分别增长11.4%和10.8%，较2021年末分别上升2.4个和0.5个百分点。金融对小微企业、科技创新等重点领域和薄弱环节支持力度加大，6月末普惠小微贷款余额和制造业中长期贷款余额同比分别增长23.8%和29.7%。6月企业贷款加权平均利率为4.16%，较2021年同期下降0.42个百分点，处于有统计以来的低位。人民币汇率双向浮动，在合理均衡水平上保持基本稳定。

（资料来源：2022年第二季度中国货币政策执行报告，中国人民银行官网。）

问题：

中国人民银行采取了哪些措施调节货币供给量？

简要提示：

中国人民银行可以采取降准、降息、公开市场业务等操作增加货币供给量。例如，2022年上半年降准0.25个百分点，引导公开市场7天期逆回购操作利率、中期借贷便利（MLF）利率、1年期和5年期以上LPR（贷款市场报价利率）适度下行，发挥LPR改革效能和指导作用。总之，2022年以来中国人民银行加大了稳健货币政策实施力度，为实体经济提供了有力的支持。

案例思政元素分析：

首先，中国政府采取的货币政策体现了大国担当。2022年以来，面对复杂严峻的国际环境和艰巨繁重的国内改革发展稳定任务，在以习近平同志为核心的党中央坚强领导下，统筹经济社会发展工作，加大宏观政策调节力度，经济社会发展取得新成绩。

其次，国民对未来经济的发展要有信心。虽然当前全球经济增长放缓、通胀高位运行，地缘政治冲突持续，外部环境更趋严峻复杂，国内经济恢复基础尚需稳固，结构性通胀压力可能加大。总的来看，我国经济长期向好的基本面没有改变，经济保持较强韧性，宏观政策调节工具丰富，推动经济高质量发展具备诸多有利条件，要保持战略定力，坚定做好自己的事。

案例【11-2】

人民银行渭南市中心支行：高效引流　精准滴灌　持续赋能区域经济高质量发展

人民银行渭南市中心支行党委坚持用党的二十大精神锤炼党性、指导实践，以助力渭南现代化建设为抓手，带领全辖干部职工持续为区域经济高质量发展加力赋能。截至2022年11月末，全市新增贷款201亿元，同比增速15.01%，增速高于全省平均增速4.77个百分点，排名全省第一位，在新征程上展现了新担当。

人民银行渭南市中心支行用足用好货币政策工具，引导金融机构做好增量、降价、扩面、提质"四篇文章"。全市使用扶贫再贷款、支农支小再贷款、科技创新再贷款、煤炭清洁高效利用再贷款、设备更新改造再贷款等合计38.39亿元，使用再贴现55.32亿元，撬动大量信贷资金投入渭南经济社会高质量发展。与市委金融办、银保监分局联合建立金融机构联络员制度，向金融机构进行推介，促成市级20个重点项目获贷24.21亿元。建立金融服务保障机制，帮助30家专精特新企业获得授信16亿元。深入开展中小微企业金融服务能力提升工程，创设1个市级、3个县级"四贷促进"金融服务站，入驻金融机构24家，发放贷款5.23亿元。开展"金融兴产强县"三年行动，建立"行长+链长"机制，在韩城、合阳、富平开展乡村振兴金融服务示范县创建活动，全省首支乡村振兴基金在富平县落地，全市涉农贷款同比增长13.22%。释放LPR形成机制改革效能等措施，全市金融机构向市场主体让利3.84亿元。银行业金融机构一般贷款加权平均利率 5.68%，同比下降 0.67 个百分点，企业贷款加权平均利率 4.40%，同比下降 0.56 个百分点，融资成本持续下降。

（资料来源：中国人民银行官网。）

问题：
结合案例谈谈调控货币供给量可以对经济发展起到哪些作用？

简要提示：
人民银行渭南市中心支行采取定向引流、精准发力的措施，在稳定企业发展、纾解融资困难中展现了金融担当。该行通过加大再贷款、再贴现力度，降低贷款市场利率，扩大贷款覆盖面等措施，向金融市场注入信贷资金，增加了货币供给量。这些资金将为当地经济发展提供大力支持，重点解决中小微企业的融资难题，通过支持农业发展、科技创新、节能减排等，最终将实现该地区乡村振兴、经济高质量发展的美好蓝图。

案例思政元素分析：
首先，充分发挥党在全面深化改革中的领导核心作用。该地区取得的显著成绩离不开党的领导。人民银行渭南市中心支行党委坚持从政治高度谋划、部署，推动金融工作，把"稳住经济大盘"作为"一把手"工程，开展"信贷增长看书记"活动，党委（组）书记主动担负起第一责任，对标对表抓落实。正因为有了这些正确的领导，才促进了当地经济的高质量发展。我们应以全面从严治党为强有力抓手，突出发挥党的政治优势、思想优势、组织优势和群众优势，持续加强党对金融工作的全面领导，为金融机构树牢"四个意识"、践行"两个维护"提供重要政治保障。

其次，全面发挥金融在经济发展中的重要作用。在现代经济生活中，货币资金作为一种重要的经济资源和财富，已成为连通整个社会经济生活的命脉和媒介。几乎所有的现代经济活动都离不开货币和资本的流动。金融也是现代经济中调节宏观经济的重要杠杆。所以，金融在现代经济中处于核心地位。金融工作应坚守初心、回归本源，始终把"金融为民"作为金融服务的出发点和落脚点，创新金融产品、优化服务方式，在提升效能中为经济高质量发展保驾护航。

第 12 章

通货膨胀与通货紧缩

💡 本章学习要点

通过本章的学习,掌握通货膨胀的定义、成因及治理对策;理解通货膨胀的衡量指标及特征;了解通货膨胀的分类方法。

✅ 本章学习重点与难点

重点是学习通货膨胀的成因及治理对策,难点是掌握通货膨胀的效应。

📔 本章基本概念

通货膨胀、居民消费价格指数、生产者价格指数、国内生产总值平减指数、需求拉动型通货膨胀、成本推动型通货膨胀、供求混合型通货膨胀、结构型通货膨胀、产出效应、强制储蓄效应、通货紧缩。

▶ 12.1 通货膨胀概述

12.1.1 通货膨胀的界定

有关通货膨胀的定义,目前理论界争议比较大。以前的教科书一般沿用苏联的定义。这些定义的特点是:①以金属货币流通下的货币必要量衡量纸币量;②将通货膨胀单纯与财政赤字挂钩;③认为通货膨胀是极具剥削性的手段。后来有了一定程度的改进,将通货膨胀与货币引起的物价上涨联系起来,把通货膨胀与物价上涨等同。

西方经济学家将通货膨胀定义为一般物价水平(商品和服务的货币价格总水平)在某一时期内,连续性地以相当的幅度上涨。

大体上,经济学家是以对整体经济活动的影响程度来界定是否出现了通货膨胀的现象。界定通货膨胀时,须注意理解以下几点。

(1)单一商品的涨价不是通货膨胀

如果只是某一种或某一类商品价格上涨,而其他商品的价格没有发生变化,这并不是通货膨胀,因为它只对某些人有影响,对整体经济影响不大。

（2）商品的价格上涨不是持续的也不是通货膨胀

虽然很多商品的价格都上涨了，但在一次调升后就停了下来，这也不算是通货膨胀。因为经济学家认为这种"涨一次即停"的现象对经济活动的冲击不大。

（3）涨幅不大也不能称为通货膨胀

在现代经济社会中，物价水平常有上扬的特性，在多数情况下，物价只升不降，这是"物价的刚性"。因此，如果幅度不大，也不能叫作通货膨胀。但是，如果许多商品的价格在某一段时间内，以一定的幅度一波波地、持续性地上涨，则会给整个经济社会带来一定的影响，这就是所谓的通货膨胀。

12.1.2　通货膨胀的度量

目前，世界大多数国家主要采用以下几种物价指数来衡量通货膨胀。

1. 居民消费价格指数

居民消费价格指数（CPI）是反映不同时期居民生活消费水平变动情况的指数，它反映了不同时期生活消费的商品和劳务项目价格变动的趋势和程度。居民消费价格指数也叫作消费者价格指数，通常是以零售价格指数和服务项目价格指数为基础编制的。

居民消费价格指数是衡量通货膨胀水平的重要指标，是反映城乡居民家庭购买并用于日常生活消费的一揽子商品和服务项目，价格水平随时间而变动的相对数。在实际运用中，使用上年价格水平计算得出的当年国内生产总值与上年国内生产总值的对比数据来计算居民消费价格指数。

按照统计制度要求和国际惯例，我国居民消费价格指数每五年进行一次基期轮换。每次轮换都会调整调查商品服务篮子、调查网点、代表规格品以及权数构成，目的是更及时、准确地反映居民消费结构的新变化和物价的实际变动。

专栏【12-1】

CPI 中的同比价格指数和环比价格指数

国家统计局公布的 CPI 数据有同比价格指数和环比价格指数。同比价格指数一般是指当年某月与上年同月相比计算的价格指数；环比价格指数是指在一个价格指数数列中，每个指数都以计算期的前期为基期而计算的价格指数。这两个指数的特点是基期随计算期的变动而有规律地变动，目的是观察物价变动的趋势和程度。常用的月环比价格指数，就是以上月价格水平为基数的价格指数。

CPI 描述中，去年同月一般是指"去年的这个月"，而去年同期则是指"去年1月至统计月"。CPI 中"上年同月=100"和"上年同期=100"分别被称为同比价格指数和累计平均价格指数。

以 2021 年 12 月的 CPI 为例，"上年同月=100"是指以 2020 年 12 月价格水平为对比基数的价格指数，即 2021 年 12 月价格水平与 2020 年 12 月价格水平相比的百分数；"上年同期=100"是指以 2020 年 1 月—12 月平均价格水平为对比基数的价格指数，即 2021 年 1 月—12 月平均价格水平与 2020 年 1 月—12 月平均价格水平相比的百分数。

例如：1 月猪肉价格为 20 元/千克，2 月为 22 元/千克，那么 2 月环比价格指数为 110，即上涨了10%；1月猪肉价格为20元/千克，2月为16元/千克，那么2月环比价格指数为80，即下降了20%；如果2月和1月的价格一致，则月环比价格指数为100。

（资料来源：根据中国人民银行官方网站资料整理。）

2. 生产者价格指数

生产者价格指数（PPI）是根据企业所购买商品的价格变化状况编写的。它反映了包括原材料、中间产品及最终产品等各种商品出厂价格的变化。因为生产者价格指数反映了企业经营成本的变动，所以为企业所关注。同时，由于企业生产经营成本上升的传递效应最终往往会在消费品的零售价格中反映出来，因此生产者价格指数在一定程度上预示着消费者价格指数的变化。在我国，生产者价格指数是指工业生产者出厂价格指数，反映工业品第一次出售时的出厂价格变化，不包含税费及运费。

3. 国内生产总值平减指数

国内生产总值平减指数（GDP deflator）是按当年价格计算的国内生产总值与按基年不变价格计算的国内生产总值的比率。国内生产总值平减指数一般不直接编制。名义上的国内生产总值是未经价格变动调整的产值按当时的市场价格计算，而实际上的国内生产总值（real GDP）则是扣除了价格变动因素的产值，以某一基准年的价格计算。若实际产出不变，但价格持续上升，名义上的国内生产总值亦会上升，意味着物价上涨。

国家统计局公布的国内生产总值平减指数使用的不变价格是1978年的。国内生产总值平减指数涉及范围包括全部生产资料、消费品和劳务费用的价格变动，尤其是与投资相关的价格水平在这一指标中具有更高的权重，因此可以较为全面地反映一个国家整体物价水平的变动趋势，是对价格水平的宏观测量。然而，国内生产总值平减指数的编制需要收集大量资料，难度较大，一般只能一年公布一次，时效性较差，因此不能迅速地反映通货膨胀的动向和程度。

12.1.3 通货膨胀的特征

1. 物价上涨与货币发行的相关性

通货膨胀初期，物价上涨速度慢于货币发行速度。在通货膨胀初期，物价刚开始上涨，人们往往会认为这是物价的暂时波动，一般会等待价格回落后再购买商品，而暂时将货币储存起来。其结果是造成市场上货币流通速度减慢，导致流通中货币必要量增多而增加货币发行量。

通货膨胀中期，物价上涨速度与货币发行速度互相接近。随着通货膨胀的发展，物价上涨速度逐步加快。人们在实践中已认识到了通货膨胀和物价上涨的存在和趋势，为了避免遭受货币贬值的损失，纷纷尽快抛出手中的货币，购买商品以保值。其结果是造成市场货币流通速度加快，导致流通中必要的货币量减少而货币量相对过多。此时，物价上涨速度加快，使其与货币发行速度接近。

通货膨胀后期，物价上涨速度快于货币发行速度。在货币流通速度加快之前，原有的市场上的货币量与商品流通基本上是适应的；货币流通速度加快之后，流通中所必需的货币量减少，货币流通与商品流通不适应，出现了过多的货币量，这时又增加了货币发行量，致使物价急剧上涨。而且，很多企业为了防止因物价上涨造成的损失，将未来的涨价因素也计算在价格内，采取提前涨价的办法从而加快了物价的上涨速度。因此，物价上涨与货币发行速度呈螺旋式上升。

2. 商品价格的非均衡性上涨

在物价总水平的上涨过程中，不同商品的价格上涨时间、速度和幅度不尽相同，均表现出非均衡性，其特点表现在以下几个方面：

① 紧俏商品价格上涨快于一般商品。

② 生活必需品的价格上涨快于非生活必需品。

③ 垄断组织的产品价格上涨快于非垄断组织的产品。这是因为垄断组织可以利用其独特地位操纵产品价格，甚至可以提前抬高价格，实现其预期；而非垄断组织的产品价格增长要经过一个货币量过多与商品流通不相适应的作用过程，经过一个价格上涨由慢转快的过程，往往不能一步到位。

④ 工业品的价格上涨快于农产品。这主要是因为工农业产品的价格上涨与其生产成本的提高有直接联系。工业品生产周期短，而成本的提高对农产品销售价格的影响要比工业品的影响相对滞后。

⑤ 国内商品的价格上涨快于出口商品。当一个国家或地区发生通货膨胀后，贸易往来国不会同时出现此现象。为了增强出口商品在国际上的竞争力，发生通货膨胀国家往往会控制出口商品的价格上涨。

⑥ 货币集中投放地区的商品价格上涨快于其他地区。货币集中投放地区往往是大城市或经济中心，这些地方商业集中，交通便利，信息灵通，当通货膨胀出现后，社会各界反应灵敏，通货膨胀预期强烈，因此商品价格上涨较快。

12.1.4 通货膨胀的分类

可以从不同的角度对通货膨胀进行不同的分类。

1. 按市场机制的作用来划分

按市场机制的作用来划分，通货膨胀可以分为公开型通货膨胀和隐蔽型通货膨胀。公开型通货膨胀又称开放型通货膨胀，是指在市场机制充分发挥作用和政府对物价不加控制的情况下所表现出来的通货膨胀。隐蔽型通货膨胀是指政府对社会的价格水平施以控制，但由于价格水平低，经济中存在过度的总需求，市场上出现严重的商品短缺现象。这种通货膨胀没有以物价上升的形式表现出来，因此又称为潜在型通货膨胀。

2. 按发生通货膨胀的程度或物价上涨速度与幅度的不同来划分

按发生通货膨胀的程度或物价上涨速度与幅度的不同来划分，通货膨胀可以分为爬行式、步行式、快步式和恶性通货膨胀。

爬行式通货膨胀又称温和的通货膨胀，其特点是：物价水平每年按一定比率缓慢且持续地上升，物价上涨年率不超过3%，人们存在货币幻觉，能够在一定程度上促进经济的增长。

步行式通货膨胀，其特点是：物价水平明显且持续地上升，物价上涨年率在 4%～9%，不会引起经济活动的严重失序，不会发生大规模的抢购和挤兑行为，经济还能够正常运行。

快步式通货膨胀又称小跑式通货膨胀，其特点是：物价水平急速上涨，物价上涨年率在10%～100%，会使人们对货币失去信心，经济陷入混乱。如巴西、阿根廷等许多拉美国家就曾经历过 50%～70%的高速通货膨胀。

恶性通货膨胀又称极度通货膨胀,其特点是:物价水平失去控制,物价上涨年率在100%~1 000%。在这种情况下,货币形同废纸,经济将完全瘫痪。国家大量印刷货币,公众想尽办法花掉手中的货币。第一次世界大战后的德国、第二次世界大战后的中国及20世纪80年代的巴西都曾经历过这种物价上涨。

3. 按通货膨胀预期来划分

按通货膨胀预期来划分,通货膨胀可以分为预期通货膨胀和非预期通货膨胀。

预期通货膨胀是指政府当局有意识地实行通货膨胀政策,使人们能据此预期未来的通货膨胀;非预期通货膨胀是指政府当局采取很隐蔽的方式增加货币供给量,由此造成的通货膨胀人们并不知道,也难以预期今后的通货膨胀趋势。

4. 按通货膨胀产生的原因来划分

按通货膨胀产生的原因来划分,通货膨胀可以分为需求拉动型通货膨胀、成本推动型通货膨胀、供求混合型通货膨胀和结构型通货膨胀等。这是最常见的通货膨胀划分方式,由此也产生了相关类型的通货膨胀理论,即需求拉动型、成本推动型、供求混合型、结构型等。

以上划分标准及特点在不同的经济条件和历史时期会有所不同,而且随着经济形势的不断变化,不同的经济学家也会有不同的看法。

▶ 12.2 通货膨胀的成因

12.2.1 需求拉动型通货膨胀

需求拉动型通货膨胀是产生最早、流传最广、影响最大的关于通货膨胀的观点。需求拉动型通货膨胀产生于20世纪50年代之前。需求拉动型通货膨胀又称超额需求通货膨胀,是指总需求超过总供给所引起的一般价格水平持续的和显著的上涨。这种通货膨胀出现的根本原因在于总需求大于总供给,形成膨胀性缺口,引起物价上涨。由于总需求表现为货币数量,因此需求拉动型通货膨胀又被解释为"过多的货币追逐过少的商品"。需求拉动型通货膨胀分为以下两类。

1. 凯恩斯学派的需求拉动型通货膨胀

凯恩斯学派认为,社会需求是由消费需求、投资需求和政府需求构成的。任何一部分的需求增加都会造成总需求的增加。当社会生产能力已经达到充分就业状态时,总需求的膨胀就会产生通货膨胀缺口,从而产生需求拉动型通货膨胀。

2. 货币学派的需求拉动型通货膨胀

货币学派认为,流通中的货币数量是价格变动的主要影响因素,因此通货膨胀是由于货币量过多造成的。在短期内,物价上涨可能源于多种原因,但物价长期上涨则无论何时何地都是货币量过多的结果。

凯恩斯学派的需求拉动型通货膨胀的突出缺陷在于假定通货膨胀只能在达到充分就业状态之后才能发生,因此无法解释物价上涨与失业并存的现象。根据货币学派的理论,货币量是一个外生变量,其变动必先于物价变动而发生,货币量不可能是适应物价变动的内生因素,通货膨胀纯粹是一种货币现象,该学派强调预期的作用。

12.2.2 成本推动型通货膨胀

成本推动型主要是从总供给或成本方面分析通货膨胀的生成机制。成本推动说理论认为,通货膨胀产生的原因并非总需求的过度增加,而是生产成本的上升。该理论是在 20 世纪 50 年代以后,特别是在 20 世纪 70 年代以后出现的。那时,一些西方发达国家在失业率居高不下、存在大量闲置资源的情况下,却出现了很高的通货膨胀率,即呈现出滞胀的局面,对此,需求拉上说显然无法解释此种现象。因此,许多经济学家转而从供给方面寻找原因,提出了成本推动型通货膨胀理论。

成本推动型通货膨胀可分为工资推动型通货膨胀、利润推动型通货膨胀和进口成本推动型通货膨胀三种类型。

1. 工资推动型通货膨胀

在一些国家,由于工会组织足够强大,工会的参与大大提高了工人的谈判力量,工人的工资明显高于完全竞争条件时的工资。这种过高的工资,进而引起生产成本的增加,公司为维持既定利润,必须提高价格,从而使物价水平上升,而物价上涨又会引起工资提高,形成工资-物价的螺旋式上升,从而形成工资推动型通货膨胀。

2. 利润推动型通货膨胀

利润推动型通货膨胀又称价格型通货膨胀,是指市场上具有垄断地位的厂商为了增加利润而提高商品价格所引起的通货膨胀。它的产生是以存在商品和劳务销售的不完全竞争市场为前提的。在完全竞争市场上,商品价格由供求双方共同决定,任何一方都不能操纵价格。但在存在垄断的不完全竞争市场条件下,卖方可能操纵价格,使价格上涨的速度超过成本支出上涨的速度,以赚取垄断利润。如果这种垄断作用达到一定程度,就会形成利润推动型通货膨胀。

3. 进口成本推动型通货膨胀

进口成本推动型通货膨胀是指在开放经济中,由于进口的原材料价格上涨而引起的通货膨胀。在这种情况下,一国的通货膨胀通过国际贸易渠道影响其他国家。发生这种通货膨胀时,物价上涨会导致生产减少,从而引起经济萧条。与进口成本推动型通货膨胀相对应的是出口型通货膨胀,即由于出口迅速增加,从而造成国内产品供给不足而引起通货膨胀。

12.2.3 供求混合型通货膨胀

供求混合型通货膨胀是指总需求和总供给均发生变化的情况下所引发的通货膨胀,即认为一般价格水平持续显著上涨的原因在于货币的超量发行,也在于供给的成本增加。该理论的主张者反对将通货膨胀的原因简单地区分为"需求拉动"或"成本推动",而认为实际通货膨胀率取决于货币需求和生产成本在制度结构方面的相互影响,即包含需求拉动和成本推动这两方面因素的作用,而不仅仅限于其中的一个方面。

在现实经济中,这样的论点也得到了佐证。当经济处于非充分就业均衡时,政府不会袖手旁观,为了避免失业和萧条恶化,必然会采取扩张性的货币政策和财政政策,以扩大总需求。逐渐地,失业率和产出可以恢复到充分就业水平,但物价则会进一步上涨。这说明成本推动与需求拉动并存的供求混合型通货膨胀在经济生活中的确是存在的。

12.2.4 结构型通货膨胀

结构型通货膨胀是指在总需求和总供给大体均衡的状态下，由社会经济结构方面的因素引起的通货膨胀。结构型通货膨胀主要有以下几种情况。

1. 需求结构转移型通货膨胀

在总需求不变的情况下，需求结构会不断发生变化，它会从一个部门迅速转移到另一个部门，而劳动力及其他生产要素的转移则需要时间。当需求从某些部门转移到其他部门，如从衰退部门转移到新兴部门时，原先处于均衡状态的经济结构可能因需求的转移而出现新的失衡。对于需求增加的部门，产品的价格和工人的工资将上涨；而对于需求减少的部门，由于价格和工资刚性（或黏性）的存在，产品的价格和工人的工资却未必会下降，结果是导致物价总水平的上升。

2. 部门差异型通货膨胀

在一国的经济生活中，总有一些部门的劳动生产率增长快于另一些部门，但它们的工资增长率却相同，由此所导致的整体物价水平的持续上升就称为部门差异型通货膨胀。为方便起见，我们将劳动生产率增长较快的部门称为先进部门，将劳动生产率增长较慢的部门称为落后部门。因此，当先进部门的工资由于劳动生产率的提高而上升时，落后部门的工资和成本也会相应地上升，进而推动物价总水平的持续上升，从而形成部门差异型通货膨胀。

3. 斯堪的纳维亚型通货膨胀

斯堪的纳维亚型通货膨胀也称输入型通货膨胀，是部门差异型通货膨胀的一种。但由于其典型性和特殊性，一些学者将其划为一种独立的通货膨胀类型。这种通货膨胀主要发生在"小国"，这里的"小国"是指国际市场上价格的接受者。将"小国"的经济部门划分为两大部门：一是开放经济部门，它生产出在世界市场上参加竞争的可交换商品，其产品价格由世界市场决定，这些部门有较高的货币工资增长率和劳动生产率；二是非开放经济部门，这些部门生产出的商品不在国际上进行交换，其产品价格完全由本国的需求情况和产品成本决定，货币工资增长率和劳动生产率较低。但是由于工资向上的刚性，两大部门的货币工资增长率趋于一致。因此，当发生世界性通货膨胀时，"小国"开放经济部门的成本和价格将会上升。在货币工资增长率的刚性作用下，非开放经济部门的工资和价格也会上升，导致该国的整体物价水平上升，从而引起通货膨胀。

▶ 12.3 通货膨胀效应分析

12.3.1 产出效应

通货膨胀效应分析

通货膨胀的产出效应实际就是通货膨胀对经济增长的影响。关于通货膨胀对经济的影响问题，经济学界存在着激烈的争论，主要观点大致可分为以下三种：通货膨胀可以促进经济发展的促进论、通货膨胀会损害经济发展的促退论和通货膨胀不影响经济发展的中性论。

1. 促进论

促进论者认为,通货膨胀具有正的产出效应,有利于经济增长。当经济处于有效需求不足时,实际经济增长率低于潜在经济增长率时,政府可以通过通胀政策增加赤字预算、扩大投资支出规模、提高货币供给增长率。而且,扩张性的财政和货币政策会增加投资,从而促进经济增长。同时,通货膨胀时收入分配倾向于富裕阶层,可以增加其储蓄,并转化为投资。在通胀期间,物价上涨,但人们的预期调整较慢,短期内不会要求涨工资,这样就可以增加企业利润,从而刺激投资。

应该指出,正如促进论者所言,短期内温和的通货膨胀的确是有利于经济增长,但这仅限于短期的温和通货膨胀,而长期或恶性的通货膨胀则不利于经济发展。

2. 促退论

促退论者认为,通货膨胀必然会损害经济增长,这主要是针对成本推动型通货膨胀和恶性通货膨胀而言。因为成本推动型通货膨胀在导致物价上涨的同时,会引起产出和就业率的降低。也就是说,当发生成本推动型通货膨胀时,原有的总需求所能购买的实际产品数量将会减少,即原有的总需求只能在市场上支持一个较小的实际产出。因此,实际产出会降低,失业率会提高,经济增长会受到影响。

3. 中性论

中性论者认为,由于公众预期在一段时间内他们会对物价上涨做出合理的行为调整,从而使通货膨胀的各种效应相互抵消,因此通货膨胀对产出和经济增长既不会促进,也不会损害。

美国温贝尔特大学的伍·江(W.Jong)和马歇尔(J.Marshall)于1986年用因果分析法研究了19个工业化国家(地区)、37个发展中国家1950—1980年之间的资料。结果表明:38例支持促退论,2例支持促进论。其中,19个工业化国家(地区)没有一例支持促进论,9个工业化国家支持促退论。

我国大部分经济学家认为,通货膨胀对经济的促进作用只存在于开始阶段的较短时间内,而且需要具备一定的条件。从长期来看,通货膨胀对经济只有危害,而没有促进作用。

12.3.2 强制储蓄效应

通货膨胀的强制储蓄效应,是指政府以铸币税的形式取得的一笔本应属于公众的消费资金。强制储蓄有两层含义:一是强制储蓄是由消费的非自愿减少或强制性减少造成的;二是强制储蓄的形成伴随收入在不同主体之间的转移。这里所说的储蓄,是指用于投资的货币积累,主要来源于家庭、企业与政府。

在正常情况下,上述三部分的储蓄有各自的形成规律。家庭的储蓄来源于收入减去消费后的部分。企业储蓄来源于其用于扩大再生产的净利润和折旧基金。政府的投资如果是用税收的办法从家庭和企业中取得的,那么这部分储蓄是从其他两部分的储蓄中"挤"出来的,全社会的储蓄总量并不增加。如果政府通过向中央银行借款解决投资资金问题的话,则会直接或间接导致增发货币,这种筹措建设资金的办法会强制增加全社会的储蓄总量,结果会是物价上涨。在公众名义收入不变的条件下,如果它们仍按原来的模式和数量进行消费和储蓄,则二者的实际金额均会随着物价的上涨而相应地减少,其减少的部分大体相当于政府运用通货膨胀实现的强制储蓄部分。这就是所说的通货膨胀的强制储蓄效应,这种强制储蓄效应带来的结果是物价水平的持续上涨。

12.3.3 收入分配效应

在通货膨胀期间，人们的名义货币收入与实际收入会存在差异。只有剔除物价因素，才能得知人们实际收入的变化。由于社会各阶层的收入来源不相同，因此在物价总水平上涨时，有些人的收入水平会下降，有些人的收入水平反而会提高。这种由物价上涨造成的收入再分配，就是通货膨胀的收入分配效应。具体来说，有以下几个方面。

1. 对浮动收入者有利，对固定收入者不利

对浮动收入者来说，如果其收入上涨在企业价格水平和生活费用上涨之前，则可从通货膨胀中获益，但对固定收入者不利。例如，产品价格上涨比工资和原材料价格上涨快，固定收入者随着货币购买力下降，实际收入减少，生活水平必然降低。最为明显的是那些领取救济金、退休金的人，以及靠福利和其他转移支付维持生活的人等。

2. 对实际财富持有者有利，对货币持有者不利

实际财富包括不动产、贵金属、珠宝、古董和艺术品，这些资产在通货膨胀时期通常会价格上涨。而货币财富包括现金、银行存款、债券，其实际价值因物价上升而下降。

3. 对债务人有利，对债权人不利

债务人获得货币进行及时使用，提高购买力；待其偿还时，同量货币的实际购买力已经下降。通货膨胀靠牺牲债权人的利益而使债务人获利。

12.3.4 财富再分配效应

财富再分配效应是指通货膨胀发生时，人们的实际收入和实际占有财富的价值会发生不同变化，有些人的收入与财富会提高和增加，有些人则会下降和减少。在充分预期的情况下，通货膨胀对收入和社会财富的再分配效应并不明显，因为各种生产要素的收益率都有可能与通货膨胀做同比例的调整，但实际上人们通常不能正确预期通货膨胀，因此就产生了通货膨胀的再分配效应。

在出现通货膨胀的情况下，工薪阶层和依赖退休金生活的退休人员等固定收入者的收入调整滞后于通货膨胀，因而会使其实际收入减少；而一些负债经营的企业和非固定收入者能够及时调整其收入，因而可从通货膨胀中获利。不过，随着通货膨胀的持续发展，员工工资和原材料价格相应上调，企业利润的相对收益会逐渐消失。因此，通货膨胀的最大受惠者实际上是政府，因为在累进所得税制度下，名义收入的增长会使纳税人所适用的边际税率提高，应纳税额的增长高于名义收入增长，纳税人实际收入将减少。当然，政府支出所购买的商品和劳务的价格也会同时上涨，所以政府是否真正从通货膨胀中受益还要看政府的名义收入增长是否快于物价上涨。

通货膨胀过程中，不同阶层消费支出的变化对社会财富的再分配也会产生重要影响。假定国民收入主要由工资和利润两部分组成，按照西方经济学理论，工薪收入者的边际支出倾向相对大于利润收入者的边际支出倾向。在通货膨胀时期，由于物价上涨和人们名义收入的提高，工薪收入阶层消费支出的增加相对大于利润收入阶层消费支出的增加，而工薪收入阶层实际收入的增加相对小于利润收入阶层实际收入的增加，因此社会财富的积累和再分配会向利润收入阶层倾斜。从另一方面来讲，员工工资是企业的成本，只要工资相对于物价的调整滞后，企业的利润就会增加，利润收入阶层就能获得好处。

12.3.5 资产结构调整效应

货币收入的结余可分为两部分：实物资产储蓄和金融资产储蓄。通货膨胀会通过资产价格的变化影响资产结构的调整。在通货膨胀时期，实物资产的货币价值一般是随着通货膨胀率的变动而相应升降，有些实物资产货币价值增长的幅度大于通货膨胀率，有些则小于通货膨胀率；同一实物资产在不同条件下，其货币价值的变动相较于通货膨胀率也有可能时高时低。金融资产的情况比较复杂，面值和收益稳定的各种金融资产，其价值随着物价上涨而下跌，因此持有这类资产的人会遭受损失；而对于收益和价值不定的金融资产，在通货膨胀时期价格可能会上升，但其收益增长与通货膨胀率并非一致，持有此类资产的人是否获益取决于二者的相对变化。正是由于各种资产在通货膨胀发生时的价值和收益会发生变动，资产持有者会根据市场情况对资产构成进行调整，直到达到新的均衡。如果某人原来持有的资产及其收益处于均衡状态，通货膨胀会导致其持有的某一项资产的收益率上升，这时，其他资产的收益就相对下降，从而引发一系列的资产调整，使其资产结构在新的比例安排下重新达到均衡。

12.3.6 社会就业效应

社会的就业水平在某种程度上代表着社会资源的利用程度，失业和就业是相对的一对概念。通货膨胀与失业都是市场经济下经常存在的经济现象，对它们之间关系的研究是西方通货膨胀理论的重要内容。

最早研究这一问题的人是英国经济学家威廉·菲利普斯（William Phillips）教授（见图 12-1），他于 1958 年发表了《1861—1957 年英国失业和货币工资变动率之间的关系》一文，研究发现失业率与货币工资上升率之间存在一种此增彼减的替换关系，在图上表现为一条向右下方倾斜的曲线，菲利普斯曲线如图 12-2 所示。菲利普斯的研究结果问世以后，立即引起经济学界的高度重视，许多经济学家对这一结论进行验证和注释。由于货币工资构成产品成本的一个固定比例，产品价格的变动率基本等同于货币工资的变动率，因此萨缪尔森（Samuelson）等人对菲利普斯曲线进行了修正，认为通货膨胀与失业之间同样存在互为消长的关系。经过修正的菲利普斯曲线表明，要想使失业率保持在较低的水平，就必须忍受较高的通货膨胀率，反之，要保持物价的基本稳定，就必须忍受较高的失业率，政府可以根据这一关系进行相机抉择，选择任何一个位于这一曲线上的通货膨胀率和失业率的组合。

图 12-1　威廉·菲利普斯

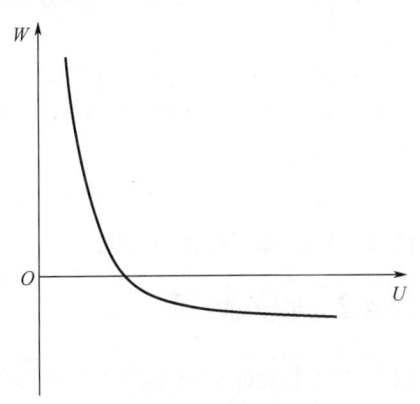

图 12-2　菲利普斯曲线

12.4 通货膨胀的治理

通货膨胀的治理

由于通货膨胀会对一国国民经济乃至社会、政治生活的各个方面产生严重的影响，因此各国政府和经济学家都将控制和治理通货膨胀作为宏观经济政策研究的重大课题加以探讨，并提出了治理通货膨胀的种种对策措施。

12.4.1 宏观紧缩政策

宏观紧缩政策是各国应对通货膨胀的传统政策调节手段，也是迄今为止在抑制和治理通货膨胀中运用得最多、最为有效的政策措施。其主要内容包括紧缩性货币政策和紧缩性财政政策。

1. 紧缩性货币政策

紧缩性货币政策又称抽紧银根，即中央银行通过减少流通中货币量的办法，提高货币的购买力，缓解通货膨胀压力。其具体政策工具和措施包括以下内容。

① 通过公开市场业务出售政府债券，以相应地减少经济体系中的货币存量。

② 提高贴现率和再贴现率，以提高商业银行存贷款利率和金融市场利率水平，缩小信贷规模。

③ 提高商业银行的法定准备率，以缩小货币发行的扩张倍数，压缩商业银行放款，减少货币流通量。在政府直接控制市场利率和信贷规模的国家，中央银行也可直接提高利率或直接缩小信贷规模。

2. 紧缩性财政政策

紧缩性财政政策可以直接从限制财政支出、减少社会需求等方面来缓解通货膨胀压力。紧缩性财政政策主要有以下措施。

① 减少中央政府支出。减少中央政府支出主要包括两个方面：一是削减购买性支出，包括政府投资、行政事业费等；二是削减转移性支出，包括各种福利支出、财政补贴等。减少中央政府支出可以尽量消除中央财政赤字，控制社会总需求的膨胀，消除通货膨胀的隐患。

② 增加国家税收。增加国家税收可以直接减少企业和个人的收入，减少投资支出和消费支出，以抑制社会总需求通胀。同时，增加国家税收还可以增加中央政府收入，减少因财政赤字引起的货币发行。

③ 发行国家债券。中央政府发行国家债券后，可以利用"挤出效应"减少民间部门的投资和消费，从而抑制社会总需求。

12.4.2 收入政策

收入政策主要针对成本推动型通货膨胀，通过对工资和物价上涨进行直接干预来治理通货膨胀。从发达国家的经历来看，收入政策主要采取了以下几种措施。

1. 自愿工资——物价指导线

政府根据长期劳动生产率的平均增长率来确定工资和物价的增长标准，并要求各部门将工资——物价的增长控制在这一标准之内。工资-物价指导线是政府估计的货币收入的最大增长限度，每个部门的工资增长率均不得超过这个指导线。只有这样，才能维持整个经济中每单位产量的劳动成本的稳定，因而预定的货币收入增长会使物价总水平保持不变。20 世纪 60 年代，美国的肯尼迪政府和约翰逊政府都相继实行过这种政策，但是因为指导线政策以自愿性为原则，仅能进行"说服"，而不能以法律强制实行，所以其实际应用效果并不理想。

2. 以税收为基础的收入政策

政府规定一个恰当的物价和工资增长率，然后运用税收的方式来惩罚物价和工资超过恰当增长率的企业和个人。如果工资和物价的增长保持在政府规定的幅度内，政府就以减少个人所得税和企业所得税作为奖励。例如，1977—1978 年，英国的工党政府曾经许诺，如果全国的工资适度增长，政府将降低所得税；澳大利亚也于 1967—1968 年实行过这一政策。

3. 工资——价格管制及冻结

政府颁布法令强行规定工资、物价的上涨幅度，甚至在某些时候暂时将工资和物价加以冻结。这种严厉的管制措施一般在战争时期较为常见，但当通货膨胀非常严重且难以应对时，和平时期的政府也可能采取这一措施。美国在 1971—1974 年就曾实行过工资-价格管制政策。特别是在 1971 年，尼克松政府还实行过三个月的工资-价格冻结政策。

12.4.3　收入指数化政策

鉴于通货膨胀现象的普遍性，而遏制通货膨胀又如此困难，弗里德曼等经济学家提出了一种旨在与通货膨胀"和平共处"的适应性政策——收入指数化政策。收入指数化政策是指将工资、利息等各种名义收入部分地或全部地与物价指数相联系，使其自动随物价指数的升降而升降，从而避免通货膨胀所带来的损失，并减少由通货膨胀带来的分配不均问题。显然，收入指数化政策只能减轻通货膨胀给收入阶层带来的损失，但不能消除通货膨胀本身。

自 20 世纪 70 年代以来，除联邦德国等少数国家外，多数发达国家都较为普遍地采用了收入指数化政策，尤其是工资指数化政策。实行这种政策具有如下好处：第一，收入指数化收入政策可以缓解通货膨胀造成的收入再分配不公平现象，从而消除许多不必要的扭曲；第二，收入指数化政策加重了作为净债务人的政府还本付息的负担，从而减少了政府从通货膨胀中获得好处的机会。由此可见，政府实行收入指数化政策的动机并不强烈；第三，当政府的紧缩性政策使得实际通货膨胀率低于签订劳动合同时的预期通货膨胀率时，收入指数化政策会使名义工资相应地下降，从而避免因实际工资上升而造成失业增加。同时，我们应注意的是，收入指数化政策的上述功能并不能充分发挥出来。收入指数化政策强化了工资和物价交替上升的机制，其结果往往是加剧了物价的不稳定性，而不是降低了通货膨胀率。

12.4.4　供给政策

供给政策是一种与抑制总需求相对应的措施和思路。凯恩斯和供应学派的一些经济学家认为，总供给的减少是造成经济停滞、物价上涨的主要原因，因此促进生产、扩大供给成为需要着急考虑的重要方面。改善供给的一般措施主要有以下几点。

1. 降低税率，以促进生产发展

20 世纪 80 年代初期，美国在治理通货膨胀时，里根政府就采取了在压缩需求的同时，降低平均所得税的措施。此外，还提高机器设备的折旧率，以刺激投资，促进生产发展，增加有效供给。

2. 实行有松有紧、区别对待的信贷政策

在压缩总需求的同时，货币当局要实行产业倾斜政策，对国民经济中的瓶颈部门、事关国计民生的主要产业和产品，要实行比较优惠的信贷政策。而对那些产品积压、投入多、产出少的产业或产品，要紧缩信用。只有这样，产业结构、产品结构才能得到优化，社会资源才能得到合理配置，货币流通状况才能得到根本好转。

3. 发展对外贸易，调整供给结构

通过对外贸易，不但可以调节供给总量，而且可以调整供给结构。当国内供求矛盾比较尖锐时，可动用黄金外汇储备进口商品，增加商品供给总量。当国内市场上某种商品供给过多，而另一些商品供不应求时，通过进口贸易，可以调整商品供给结构。

虽然不同经济学派对通货膨胀有不同的治理方法，如货币学派的单一规则，但治理通货膨胀是一个十分复杂的问题，涉及社会生活的方方面面，因此不可能有一个完美的方法，必须从各国的实际情况出发，采取一些针对性较强的有力措施，保持国民经济健康稳定发展。

▶ 12.5 通货紧缩

12.5.1 通货紧缩的含义

通货紧缩是指货币供给量少于流通领域对货币的实际需求量而引起的货币升值，从而导致商品和劳务的货币价格总水平的持续下跌现象。通货紧缩包括物价水平、货币供给量和经济增长率同时持续下降；通货紧缩是由市场上的货币减少，购买能力下降，导致的物价下跌现象；长期的货币紧缩会抑制投资与生产，导致失业率升高与经济衰退。对通货紧缩的概念理解应注意以下几点。

1. 从本质上说通货紧缩是一种货币现象

实体经济中的总需求对总供给的偏离或实际经济增长率对潜在经济增长率的偏离是产生通货紧缩的根本原因。当总需求持续低于总供给时，就会出现通货紧缩。

2. 通货紧缩表现为物价水平的持续、普遍下降

个别商品和服务的价格下降，不一定意味着通货紧缩，可能某些商品或服务供大于求或者技术进步、市场开放、生产率提高等原因所致。

3. 通货紧缩也是一种实体经济现象

它通常与经济衰退相伴，表现为投资的边际效益下降和投资机会减少，信贷增长困难，企业普遍开工不足，非自愿失业增加，收入增加速度持续放慢，各个市场普遍低迷。

在经济实践中，判断某个时期的物价下跌是否为通货紧缩，主要看两个方面：一是看消

费者物价指数是否由正转变为负；二是看这种下降的持续时间是否超过了一定时限。

有学者认为通货紧缩的标志是消费者物价指数转为负数，即物价指数与前一年相比下降；也有学者认为通货紧缩的标志是消费者物价指数连续下降，即物价指数月度环比连续下降。

12.5.2 通货紧缩的成因

导致通货膨胀和通货紧缩的根源都是一样的，即货币总供给与总需求的失衡，或实际经济增长率对潜在经济增长率的偏离。从世界各国发生通货紧缩的实际情况来看，在不同国家或同一个国家的不同时期，通货紧缩形成的具体原因不尽相同，主要原因有以下几点。

1．实施紧缩性货币财政政策

政府在实行反通货膨胀政策时，一般会采取压缩社会总需求的紧缩政策。但是，紧缩的货币政策和财政政策有一定的惯性，投资和消费的缩减可能形成社会需求的过分萎缩，使市场出现疲软。如果在经济高速增长时期为防止经济过热实行偏紧的货币、财政政策，而在经济增长已经趋缓时未能及时调整原有政策，那么通货紧缩的消极影响就很难避免。例如，20世纪30年代美国的通货紧缩就是典型的货币政策紧缩引起的通货紧缩。

2．有效需求不足

通货紧缩在实体经济中的根源是总需求对总供给的偏离，当总需求持续小于总供给，或现实经济增长率低于潜在经济增长率时，则会出现通货紧缩。在现实经济中，有效需求不足主要表现为消费需求和投资需求不足。当经济中出现紧缩苗头时，公众的预期会进一步推动通货紧缩的发生，消费者会因预期某物品未来价格趋于下降，而选择持币观望。同时，如果经济不景气，企业的投资回报率低，则企业会对未来的扩大再生产预期效果不乐观，造成企业投资动力不足，导致投资需求下降，继而企业开工不足，工人收入减少，从而使消费缩减。此外，因为政府开支和出口都是总需求的构成部分，有效需求不足还有可能与政府削减开支和出口减少有关。

3．生产能力过剩

在生产能力过剩的情况下，商品的供给大于需求，只要这个市场是竞争性的市场，产品的价格就会下降。有些企业就会被迫减产或裁减职工，这又必然会导致企业投资和居民消费减少，反过来加剧了市场需求不足，增加了物价下跌的压力；当经济中的大多数产业部门都出现了生产能力过剩时，在竞争条件下，一般物价水平的下降是不可避免的。

4．供给结构失调

如果前期经济中盲目扩张和投资，就会造成不合理的供给结构和过多的无效供给，当这种不合理的结构和无效供给积累到一定程度时，供求之间的矛盾就会加剧。一方面，许多商品会因其缺乏有效需求而无法实现其价值，迫使其价格下跌；另一方面，大量的货币收入会因商品供给结构不合理而无法转变成消费和投资，从而减少了一部分商品有效需求。在这一背景下，就会发生结构性通货紧缩。

5．金融体系效率低下

金融体系效率低下的主要诱因是银行不良贷款、呆账、坏账损失的增多。在这种情况下，银行为了避免倒闭，可能重新增加资本金。此时，银行就会减少贷款额度或者提高贷款利率，从而出现信贷紧缩。银行的行为抑制了社会投资需求的增加，社会总需求也会趋于减少，由此进一步发展成为通货紧缩。1990年以来，日本就是因为泡沫经济的影响和银行业严重的不良贷款的普遍存在，从而导致了全国范围的通货紧缩和长达10多年的经济衰退。

12.5.3 通货紧缩的治理

通货紧缩既是一种货币现象，更是一种社会经济现象。及时适度调动金融杠杆进行宏观调节，对缓解通货紧缩具有重要现实意义。然而，金融调控又不是唯一的政策手段。只有把金融调控、财政税收调控、法律规范等措施有机结合起来，才能起到显著效果。

1. 实行扩张性的货币政策和财政政策

通货紧缩实际上是物价水平处于通货膨胀的"另一端"，它违背了经济平稳发展对价格稳定的要求，并可能最终导致经济衰退。这就需要采取宽松的货币政策，制定有效措施，努力增加货币供给量，提高货币流通速度。扩张性货币政策的直接目标是使一般物价回到经济发展所需的平稳水平。从财政政策方面来看，应把扩大财政赤字、增加政府投资与开支、减轻税负、加大税收征管力度和增加收益调节税种结合起来。减轻税负主要指降低相关税目的征税税率，通过财政手段减少企业生产成本。加大税收征管力度是指在减税后要封住偷逃税行为，尽可能全部收缴应缴税款，以弥补减税后的财政损失。

协调货币政策与财政政策及其他宏观经济政策之间的关系，从而促进经济增长。要根据积极的财政政策要求，在利率政策、基础货币供给方面做出相应调整，充分发挥财政政策及其他宏观经济政策的作用。此外，货币政策要与税收政策、对外贸易政策、产业政策密切配合，使宏观经济中的各种政策工具实现有效组合。

2. 扩大需求以启动市场

防止出现持续性通货紧缩，最根本的是要努力启动国内市场。要研究制定有利于提高居民消费倾向的政策措施，进一步扩大消费信用，增加居民住房贷款、耐用消费品贷款和汽车贷款等。同时，为了解决企业投资不足的问题，商业银行要增加对产品有市场、有发展潜力的企业的贷款支持，促使这些企业增加投资，建立新型的银企关系，为实现国民经济的可持续发展创造良好的金融环境。

3. 加大产业结构调整的力度

短期内通过扩大内需以保持经济总量的平衡可以缓解通货紧缩的压力。但从长期来看，如果没有结构调整，通货紧缩就无法得到有效治理，并将成为经济发展的桎梏。产业结构调整应朝着高层次的方向努力，因为随着生活水平的提高，人们对产品的需求日趋多样化，档次也不断提高。产业结构高级化旨在改变单一、低档的产品供给结构，适应需求变化，以带动经济的回升。

专栏【12-2】

中国20世纪末的通货紧缩

20世纪末，亚洲金融危机爆发，世界经济在衰退的阴影中挣扎，中国经济也深受通货紧缩的困扰。物价持续下降，农产品过剩；国内需求不振，出口受阻；许多企业深受其困，下岗分流人员增加。

对此，我国政府连续出台政策。稳健的货币政策出场了：中国人民银行通过再贷款、再贴现和购买外汇，适度增加基础货币；调低存款准备金率，增加商业银行的资金来源；从1997年10月到2002年2月连续6次调低利率，极大地减轻了企业的利息负担；相关部门专门发布文件，支持个人消费信贷和住房信贷，以求扩大内需。

然而在通货紧缩面前，单独使用货币政策难有作为。虽然中央银行希望给社会注入更多货币，但经济低迷之时由于贷款风险很高，商业银行拒绝放贷，况且企业正受生产过剩（通货紧缩常常也表现为生产过剩）之苦，不敢借钱投资。利率再低，人们也更愿意将钱存起来，以防不测。

为促进经济增长，政府同时出台积极的财政政策：从1998年起，连续发行上千亿元长期建设国债，兴建一批重大基础性工程；这一年还发行了2 700亿元特别国债，以充实商业银行资本金，剥离商业银行不良资产；从1999年开始增加机关事业单位职工工资和离退休人员的退休金，增加城市居民生活保障支出，鼓励消费；政府还提高了出口退税税率，降低关税税率，减轻企业负担，鼓励投资。

稳健的货币政策与积极的财政政策协调配合，为经济注入了强大活力，推动经济稳健增长。到2003年，中国经济开始摆脱通货紧缩的阴影，进入新一轮的快速增长阶段，到2005年，中国进入稳健的货币政策与积极的财政政策并行的时代。

（资料来源：根据中国人民银行官方网站资料整理。）

小 结

1. 通货膨胀定义为一般物价水平（商品和服务货币价格总水平）在某一时期内，连续性地以相当的幅度上涨。

2. 目前，世界大多数国家主要采用居民消费价格指数、生产者价格指数和国内生产总值平减指数来衡量通货膨胀的水平。

3. 可以从不同的角度对通货膨胀进行不同的分类：一是按市场机制的作用来划分，通货膨胀可以分为公开型通货膨胀和隐蔽型通货膨胀；二是按发生通货膨胀的程度或物价上涨速度与幅度的不同来划分，通货膨胀可以分为爬行式、步行式、快步式和恶性通货膨胀；三是按通货膨胀预期来划分，通货膨胀可以分为预期通货膨胀和非预期通货膨胀；四是按通货膨胀产生的原因来划分，通货膨胀可以分为需求拉动型通货膨胀、成本推动型通货膨胀、供求混合型通货膨胀和结构型通货膨胀等。

4. 通货膨胀的效应有产出效应、强制储蓄效应、收入分配效应、财富再分配效应、资产结构调整效应和社会就业效应。

5. 通货膨胀的治理有宏观紧缩政策、收入政策、收入指数化政策和供给政策。

6. 通货紧缩是指货币供给量少于流通领域对货币的实际需求量而引起的货币升值，从而引起的商品和劳务的货币价格总水平的持续下跌现象。

7. 对通货紧缩的治理可以实行扩张性的货币政策和财政政策、扩大需求以启动市场、加大产业结构调整的力度等政策措施。

思考题

1. 什么是通货膨胀？如何衡量通货膨胀？
2. 简述通货膨胀的分类。
3. 试述通货膨胀的成因。
4. 简述收入分配与财富再分配效应的主要内容。
5. 简述通货膨胀对经济增长的影响。
6. 通货膨胀的治理措施有哪些？
7. 通货紧缩的成因有哪些？
8. 简述通货紧缩的治理措施。

案例简介

案例【12-1】

津巴布韦的通货膨胀

津巴布韦共和国，简称津巴布韦，是一个矿产资源丰富、土地肥沃的非洲南部国家，于1980年独立，曾经经济实力仅次于南非，被誉为"非洲面包篮"，来自津巴布韦的粮食养活了非洲的人民。然而，自总统穆加贝在2000年推行激进土地改革政策，强行将白人农场主的土地分配给黑人后，津巴布韦的农业、旅游业和采矿业一落千丈，经济逐渐濒于崩溃。

1. 津巴布韦元沦为垃圾货币

津巴布韦元（下文简称"津元"）最早比美元值钱。1980年独立时，津元与美元的汇率为1:1.47。在土地改革以后，由于经济崩溃，政府财政入不敷出，于是开始印钞。从2001年到2015年，描述津巴布韦通货膨胀程度的各种数据超出了一般人的理解能力，动辄出现百分之几百、几千的通货膨胀，最后甚至只能以指数来衡量。在这里，我们只能用货币面值来理解其通货膨胀的严重程度。2006年8月，津央行以1:1 000的兑换率用新元取代旧币。2008年5月，津央行发行1亿面值和2.5亿面值的新津元；时隔两周，5亿面值的新津元出现（大约值2.5美元）；再一周不到，5亿、25亿和50亿新津元纸币发行。同年7月，津央行发行100亿面值的纸币。同年8月，政府从货币上勾掉了10个零，100亿津元相当于1新津元。2009年1月，津央行发行100万亿面值新津元。同年4月，津巴布韦政府宣布新津元退出法定货币体系，以美元、南非兰特、博茨瓦纳普拉作为法定货币。以后的几年中，澳元、人民币、日元、印度卢比又加入津国法定货币体系。到此，从2001年100津元可以兑换1美元，到2009年1 031的新津元才能兑换到1美元。津元彻底沦为垃圾货币，津巴布韦通货膨胀如图12-3所示。

2. 恶性通货膨胀下的津巴布韦怪象：股市飞涨

当津元变得一无是处，津国超市货架上空空如也，百姓陷于饥荒，工业生产陷于停滞，公共交通、公共电力中断，津国经济陷入崩溃境地时，神奇的是股票市场却在一段时间内异常繁荣。

图 12-3　津巴布韦通货膨胀

在席卷全球的 2007 年全球金融危机里，津巴布韦股市的表现恐怕是一枝独秀和全球最佳。津巴布韦工业指数在 2007 年前四个月里涨幅达到 595%，在之前的 12 个月里涨幅达到 12 000%。到了 2008 年 10 月，工业指数一天内涨幅最高达到了 257%，有些公司的股价短时间内涨幅超过了 3 500%。在意识到纸币贬值之后，该国股民把存款从银行搬到股市，该国股市的涨幅远远超过同期通货膨胀的涨幅。当整个国家摇摇欲坠时，股民却笑逐颜开。津巴布韦证券交易所主席甚至公开表示："为什么还要把钱存在银行里？人们相信股市是唯一能够保存资产的地方。"

（资料来源：蒋先玲. 货币金融学：第 3 版[M]. 北京：机械工业出版社，2021.）

问题：
津巴布韦发生通货膨胀的原因是什么？请尝试提出治理津巴布韦通货膨胀的建议。

简要提示：
津巴布韦通货膨胀的起因源自粮食等生活必需品的减产供应不足，政府出现巨额财政赤字，为了弥补财政赤字，津巴布韦政府选择了财政赤字货币化的道路，导致更高的通货膨胀，政府对已形成的通货膨胀没有及时采取政策来遏制，反而采取了更加宽松的政策。针对津巴布韦通货膨胀，要从根本上消除贫困，建议采取加息、提高存款准备金率、抑制收入、增加税收、控制财政支出等政策。

案例思政元素分析：
首先，经济体制改革与稳定至关重要。津巴布韦的土地改革导致了农业、旅游业和采矿业的衰退，经济逐渐崩溃，最终引发了严重的通货膨胀和货币贬值。在进行经济体制改革时，必须谨慎评估其对各个行业和整体经济的影响，保持经济的稳定性，才能避免因政策失误导致的经济灾难。

其次，政府治理与财政管理要从实际出发。津巴布韦政府通过大规模印钞来弥补财政赤字，导致了极度通货膨胀和货币贬值，最终津元沦为"垃圾货币"。这突显了政府在治理国家经济时，必须具备科学的财政管理能力，采取负责任的财政政策，避免通过印钞等短期手段来解决财政问题，以维护货币和经济的稳定。

案例【12-2】

日本：20世纪90年代的通货紧缩

日本以通货紧缩为基本特征的危机始于1997年第四季度。这里所说的通货紧缩并不仅指物价下降，而是指在负债过度的情况下，经济由于物价下降而陷入萧条的一种动态过程。

在一定意义上，20世纪90年代日本经济基本上处于通货紧缩状态。1997年第四季度以来，日本经济的通货紧缩严重恶化的主要原因是不良债权问题的恶化和实行不合时宜的财政紧缩政策。

发生不良债权的直接原因是日本金融机构在泡沫经济期间为房地产开发商提供了大量贷款，泡沫经济破灭后，房地产价格暴跌，金融机构的贷款无法收回，形成不良债权。同时，日本银行的贷款一般是以不动产作为抵押的，房地产价格暴跌使银行除非忍受巨大损失，否则无法对不良债权进行处理，不良债权久拖不决。从金融体制上看，造成大量不良债权的原因则是日本金融制度缺乏透明度，对银行和其他金融体系监管不严，导致许多金融机构得以违规贷款以牟取暴利，从而对整个金融体系的安全造成严重影响。

日本实行不合时宜的财政政策。自20世纪90年代初泡沫经济崩溃后，为了刺激经济，日本政府采取了扩张性财政政策。1995年，日本政府推出了一项价值140 000亿日元（1 157亿美元）的"综合经济对策"。日本政府的松货币和松财政政策使经济在1996年出现明显回升；日经指数从1995年7月的14 485点的谷底上升到1996年6月的22 666点。然而，在经济景气好转的同时，由于税收的减少和财政支出的增加，导致日本的财政状况进一步恶化。

为了摆脱泡沫经济崩溃造成的不景气，并使商业银行保持较高的贷存利差以增强处理不良债权的能力，早从1991年7月起日本银行就开始降低公定贴现率，实行扩张性货币政策。然而，日本政府的扩张性货币政策对经济的刺激作用却越来越小，以致一些经济学家认为日本经济已陷入货币政策无效的"流动性陷阱"。

1997年下半年，在刚刚实施财政重建计划之后不久，由于经济形势的恶化，日本政府很快便放弃了这一大肆宣传的计划。1998年4月20日，桥本内阁宣布了一项日本历史上规模最大的价值166 500亿日元（1 281亿美元）的"综合经济对策"。该项综合经济对策有三大支柱：通过增加政府开支和临时减税刺激国内需求；调整国家的经济结构，增强国民经济的长期发展潜力；提供便利以加速不良债权的处理。"综合经济对策"涉及的资金可分三大类：1998—1999年度减少46 000亿日元的所得税和其他税收；增加各类公共工程开支77 000亿日元；增加其他各种政府开支43 500亿日元。大藏省人士估计，新的综合对策将能使日本1998年的名义GDP提高两个百分点。在提出上述综合经济对策后，日本政府又把财政政策的重心转到永久性减税上。新任首相小渊惠三在上任后的第一次施政演说中提出，最高税率将由65%降低到50%。法人税（公司税）的税率也将由46%降到40%，政府将增发国债为减税、增支计划融资。日本政府希望以减税来刺激居民消费并帮助企业恢复销售和利润水平。

〔资料来源：王洛林，余永定，李薇. 日本的通货紧缩[J]. 世界经济，1999（2）：32-38.〕

问题：
分析治理通货紧缩的政策措施。

简要提示：
通货紧缩会导致社会总需求不足，从而抑制经济的发展。治理通货紧缩的政策包括：

①政府实施扩张性货币政策。政府通过降低法定存款准备金率、降低再贴现利率、进行公开市场购买等方式增加货币供给量。②政府实施扩张性财政政策。政府通过基础设施投资建设，能在一定程度上拉动固定资产投资，带动相关产业的投资需求增加，还可增加就业和部分人的收入，促进消费增长。政府应通过减税方式鼓励企业投资，减税能增加企业的可用资金，减少由于财务困难陷入破产的企业数量，也可防范由于企业破产而出现的失业。政府应通过增加转移支付的方式增加一部分人的收入，这是刺激消费需求的重要途径。③政府调整产业政策。政府要进行产业结构调整，压缩供给过剩的产品生产以抑制此产业的扩张，支持适销对路、技术含量高和附加值高的产品生产；政府要优化产业结构，对重点产业给予优惠政策，解决因结构性供给过剩导致的消费需求和投资需求下降等问题，抑制通货紧缩的持续。

案例思政元素分析：

首先，应提高中央银行的独立性。一国货币当局运用货币政策进行宏观调控的水平直接关系到国家经济运行的稳定性，我国拥有丰富的宏观调控经验，但从长远来看，提高中央银行独立性，使其更为自由地选择合适的货币政策为我国经济保驾护航，这是我们努力的目标。

其次，应加强对中小企业融资的支持。日本通货紧缩出现后，日本政府并没有决心改革金融体制，而是仅仅希望以扩张性的财政政策和货币政策重新带动日本经济增长，但事与愿违，正因为对不良资产的担忧，银行惜贷现象严重，使得中小企业不易获得资金生存，进而使得扩张性政策对经济的刺激有限，也未能避免通货紧缩的危机。日本中小企业数量占比超过90%，需要灵活运用多种货币政策工具、加大信贷政策指导力度、引导金融机构满足中小企业的合理信贷需求，才能使日本经济逐渐摆脱通货紧缩。我国认识到中小企业在经济中的重要地位，加大对其融资支持力度。通过金融体制改革，确保银行在合理风险范围内积极放贷，灵活运用多种货币政策工具，探索创新融资渠道，加强对金融机构的监管和指导，激励银行加大信贷投放，形成多层次、多元化的融资体系，确保中小企业获得充足资金，推动经济稳定增长，避免通货紧缩困境。

第 13 章

货 币 政 策

本章学习要点

通过本章的学习,掌握货币政策的目标、货币政策操作性指标、货币政策中介指标以及货币政策工具等基本概念;了解影响货币政策效应的主要因素、货币政策和财政政策的配合;了解我国货币政策实践。

本章学习重点与难点

重点是货币政策的目标内容及其相互间的关系,难点是货币政策和财政政策的配合。

本章基本概念

货币政策目标、操作性指标、中介指标、法定存款准备金率、再贴现、公开市场业务、直接信用控制、间接信用控制、道义劝告、窗口指导、货币政策效应。

▶ 13.1 货币政策目标

13.1.1 货币政策目标的内容

1. 稳定物价

稳定物价的实质是稳定币值。稳定币值包括两点:一是稳定对内的币值,即稳定一般物价水平或物价指数,在短期内应没有显著的或急剧的波动。稳定物价并不是将物价固定在一个水平上绝对不动,而是将一定时期的物价水平增长幅度限制在一定的可接受范围内,一般的看法是把年物价上涨率控制在 2%~3%以内就可谓稳定。各国对物价的承受能力不同,对物价也没有统一标准。二是稳定对外的币值,即将外汇汇率稳定在一定幅度内。

当今社会,越来越多的国家把稳定物价作为其货币政策的首要目标甚至是唯一目标。这是因为越来越多的人意识到物价持续的不稳定会使整个社会和经济增长付出代价。例如,通货膨胀造成了经济中的不确定性,商品和劳务的价格中所包含的信息不准确,使人们更难以决策,从而减少投资;通货膨胀会混乱地重新配置国民收入,使一些固定收入者、债权人受到损失,进而会造成社会不同利益集团之间的冲突与紧张;通货膨胀会损害价格机制配置资源的效率等。因此，美国、欧盟等都把稳定物价作为其中心目标或唯一目标，可见这一政策目标的重要性。

2. 充分就业

充分就业是指各国能被利用的资源是否得到充分利用，通常是指凡有能力并自愿参加工作的人，都能在较合理的条件下随时找到适当的工作。充分就业通常用失业率来表示，失业率所统计的失业是指非自愿失业。充分就业的目标并不是失业率为零，有的经济学家认为，3%是合理的，有的则认为失业率在4%～5%以内比较好，美国多数经济学家认为，将失业率控制在5%以内就算充分就业。

两种失业是排除在充分就业之外的：一是摩擦性失业，即由短期内劳动力供求失调而难以避免的失业；二是自愿失业，即工人不愿意接受现行的工资水平而造成的失业。

一国政府之所以把充分就业列为政策目标是因为：一方面，过高的失业会给社会大众带来经济上的和心理上的痛苦，进而造成一系列的社会问题；另一方面，过高的失业率就意味着经济中不仅有赋闲的工人，还有闲置的资源，经济没有发挥应有的潜力。一个负责的政府，应当对充分就业予以关注。一般地，认为3%～5%的失业率是可以容忍的。

3. 经济增长

经济增长是一国一定时期内所生产的商品和劳务总量的增长。一国经济总量的大小表明一个国家生产能力和经济实力的强弱。一般用剔除价格因素的国内生产总值增长或人均国内生产总值来衡量。在现实中，影响经济增长的因素较多：劳动力数量和质量、资本的深化程度、资本产出比率、社会积累、技术革新等。可见，从长期来看，经济增长的主要决定因素简单地说是生产要素的数量和生产力，与中央银行的货币政策没有直接的关系，但货币政策可间接地促进经济增长，具体途径是引导较高水平的储蓄与投资，从而增加资本存量，或者改善投资环境和调整投资结构，从而提高资本和劳动的生产力。换句话说，中央银行的货币政策只能以其所能控制的货币政策工具，通过创造一个适宜经济增长的货币金融环境来促进经济增长。在评价货币政策对经济增长的影响时，经济理论界实际上存在很多分歧，争论的焦点是：货币政策是否能通过改变生产能力对经济增长有所贡献？一些国家的实践表明，试图运用货币政策推动经济增长似乎总会陷入困境，典型的后果是在短期内确实加快了增长速度，有时甚至出现了高速增长，但其代价是通货膨胀率迅速上升，国际收支迅速恶化，以及随之而来的经济增长速度下滑。因此，货币政策在促进经济增长方面的最大贡献莫过于保持物价稳定，降低通货膨胀率，以及避免国际收支危机。

4. 国际收支平衡

所谓国际收支平衡，是指一国对其他国家的全部货币收入和货币支出持平或略有顺差或逆差。国际收支平衡有利于推动一个国家国民经济的发展，特别是对于开放经济部门占总体经济比重较大的国家更是如此。国际收支平衡依赖良好的货币政策。因为，良好的货币政策能使国家在对外经济贸易方面保持外汇储备的适当流动性，从而保证对外经济活动的正常进行。另外，中央银行通过货币政策措施的具体实施，如稳定利率、调整汇率等，能够解决和预防国际收支的失衡问题。因此，保持国际收支平衡通常也是货币政策的目标之一。

13.1.2 各目标之间的关系

1. 稳定物价与充分就业

稳定物价与充分就业相互矛盾，要实现充分就业，就要忍受通货膨胀；要维持物价稳定，就要以高的失业率作为代价,二者不能同时兼顾。为了稳定物价,就需要抽紧银根,紧缩信用,降低通货膨胀率,其结果将会导致经济衰退与失业率上升;而为了增加就业,又需要扩张信用,放松银根,增加货币供应,以增加投资和刺激消费,其结果又会导致物价上涨和通货膨胀。英国著名经济学家菲利普斯,研究了1861—1957年近一百年英国的失业与物价变动之间的关系,并得出结论:失业率与通货膨胀率之间存在着一种此消彼长的关系。这一结论可用著名的菲利普斯曲线表示。

因此,失业率和通货膨胀率之间可能有以下几种选择:一是失业率较高的物价稳定;二是通货膨胀率较高的充分就业;三是在通货膨胀率和失业率的两极之间进行组合,即所谓的相机抉择。作为中央银行的货币政策目标,既不应选择失业率较高的物价稳定,也不应选择通货膨胀率较高的充分就业,而只能在物价上涨率与失业率之间相机抉择,根据具体的社会经济条件进行正确的组合。

如菲利普斯曲线所示,要保持充分就业,就必须扩大生产规模,增加货币供给量,则会导致物价上涨;而要降低通货膨胀率,就要紧缩银根,缩小生产规模,则会提高失业率。

2. 稳定物价与经济增长

稳定物价与经济增长之间是否存在矛盾,西方各国经济学家对此看法不一。一种观点认为,只有物价稳定,才能保持经济正常增长。因为生产的发展会使社会商品总量增加。由于生产率是随着经济发展而不断提高的,货币工资和实际工资也是随着生产率的提高而提高的,只要物价稳定,总供给和总需求便会相适应,整个经济就能正常运转,并维持其长期增长的势头。另一种观点认为,轻微的物价上涨能刺激经济增长。在轻微的通货膨胀之中,投资活跃,就业增加,则会促进经济增长。还有一种观点认为,经济增长能使物价稳定。因为经济增长主要取决于劳动生产率的提高和新的生产要素的投入,而在劳动生产率提高的情况下,一方面是产出的增加,另一方面是单位产品生产成本的降低。因此,随着经济的增长,价格可能趋于下降或稳定。所以,稳定物价目标与经济增长目标并不矛盾。

现代社会经济发展的历史证明,经济增长总是伴随着物价的上涨。其原因是上文分析稳定物价与充分就业之间的关系所说明的道理。在西方国家,凡是经济正常增长时期,物价水平都呈上升趋势。尤其是在第二次世界大战以后,各个国家在经济增长时期,物价水平均呈现出上涨的趋势。

现代经济实践证明,经济增长大多伴随着物价的上涨。也有人认为,稳定物价与经济增长并不矛盾,理由是经济增长率伴随着劳动生产率的提高而提高,而稳定物价恰恰为提高生产率和促进经济正常运行并保持良好势头创造了有利条件。

3. 稳定物价与国际收支平衡

在当前各国生产、经济与国际联系愈来愈紧密的情况下,一国的物价、外汇收支都要受到其他国家物价变动的影响。若一国的经济和物价相对稳定,而其他国家出现了通货膨胀,则会使本国的物价水平相对低于其他国家的物价水平,从而使本国的出口商品价格相对低于其他国家的商品价格,这样必然会使本国的出口增加,而进口减少,增加本国贸易顺差,从而造成国际收支失衡。同时,顺差增大,国家外汇储备增加,又会增加本国货币投放,从而影响本国的物价稳定。

一般来说,只有在全世界都维持大致相同的物价稳定程度,并且贸易状况不发生大的变动,这样稳定物价目标和国际收支平衡目标才能同时并存,如果这两个条件都不具备,稳定物价目标和国际收支平衡目标就可能随时出现矛盾。

国际收支平衡有利于金融的稳定,国际收支失衡,如贸易赤字和资本大量外流,将导致货币危机;金融的稳定也有利于国际收支平衡,金融动荡将加剧资本外流,加剧国际收支失衡。

4．充分就业与经济增长

通常经济增长能够创造更多的就业机会,但在某些情况下,二者也会出现不一致的情况。例如,以内涵型扩大再生产所实现的高经济增长,不能实现高就业;片面强调高就业,硬性分配劳动力到企业单位就业,会导致效益下降,出现经济增长速度放慢的情况。根据奥肯定律:失业率每提高 1%,经济的潜在产出与现实产出的缺口就会增大 3.2%。一般来说,要实现充分就业就必须采取刺激总需求的政策措施,即两者是正相关关系;若经济增长由劳动密集向资本密集转化,两者就有可能为负相关关系。

5．经济增长与国际收支平衡

在正常情况下,随着国内经济的增长,国民收入的增加和支付能力的增强通常会增加对进口商品及一部分本来用于出口的商品的需求,此时,如果出口贸易不能随进口贸易的增加而增加,就会使贸易收支情况恶化,产生贸易逆差。尽管有时由于经济繁荣而吸收若干外国资本,这种外资的注入可以在一定程度上调节贸易逆差造成的国际收支失衡,但并不一定能确保经济增长与国际收支平衡共存。一般来说,经济迅速增长往往使本国对进口商品的需求增长速度比出口贸易的增长速度更快,导致国际收支出现逆差;反之,则为顺差。

13.1.3　货币政策目标与货币政策工具和中介指标的关系

为实现货币政策的最终目标,中央银行要通过货币政策工具对操作目标进行直接调控。操作目标一方面连接货币政策的中介目标(货币量、中长期利率等)或指示变量,另一方面连接中央银行的政策工具。货币政策的目标是一个体系,具体而言,包括操作目标、中介目标和最终目标。最终目标即为中央银行想要实现的宏观经济运行状况,操作目标是中央银行能够通过货币政策工具(如公开市场业务、再贴现和再贷款、存款准备金率等)直接控制的目标(如基础货币供给量、短期利率等),而中介目标则是连接操作目标和最终目标的纽带,中介目标的选取十分重要,使用具体的货币政策工具实现操作目标之后,由于政策传导的滞后等因素,中央银行很难直接预计和观测到最终目标的实现情况,更加难以根据宏观经济的变化来及时调整政策以适应经济中的新情况。因此,在操作目标和最终目标之间需要设立中介目标,及时反映货币政策的实施效果和状况以及经济的变化,以便中央银行对货币政策做出相应的调整。货币政策工具和调控目标见表 13-1。

表 13-1　货币政策工具和调控目标

货币政策工具	操作目标	中介目标	宏观经济目标
公开市场操作(包括国债发行和二级市场上的交易) 中央银行对金融机构的再融资(数量和利率) 法定准备金率	准备金 短期利率 基础货币	货币量 中长期利率 信贷量 汇率	经济增长 稳定物价 国际收支平衡 充分就业

(资料来源:陆前进. 中国货币政策调控机制转型及理论研究[M]. 上海:复旦大学出版社,2019.)

13.2 货币政策工具

货币政策目标是通过货币政策工具的运用来实现的。货币政策工具又称货币政策手段，是指中央银行为实现货币政策目标所采取的措施和手段。按照性质和功能，可以将货币政策工具分成三类：一般性货币政策工具、选择性货币政策工具和其他货币政策工具。

13.2.1 一般性货币政策工具

作为传统的一般性货币政策工具，主要包括法定存款准备金率、再贴现政策和公开市场业务，其特点是经常使用且能对整个经济运行产生影响，而非个别部门或个别企业。

1. 法定存款准备金率

存款准备金及存款准备金率包括两部分：中央银行规定的存款准备金率被称为法定存款准备金率；超过法定准备金的准备金叫作超额准备金，超额准备金与存款总额的比例是超额准备金率。超额准备金的大小和超额准备金率的高低由商业银行根据具体情况自行掌握。在中央银行体制下，各国大多都建立了存款准备金制度。建立这一制度的初衷是在一定程度上确保银行存款的流动性，以提高银行等金融机构的清偿能力，从而保证存款人利益以及银行本身的安全。在现代信用制度下，中央银行还可通过调整法定存款准备金率来控制货币供给量。

根据商业银行派生存款的扩张倍数原理可知，当存款准备金率为零时，派生存款的扩张倍数是无穷大的，而提高存款准备金率则会引起派生存款的倍数减少。借助于存款准备金率与派生存款的倍数间的负相关关系，中央银行在需求过剩、信用膨胀时期可提高存款准备金率以紧缩银根，减少货币供给量；当需求不足、信用紧张时期，中央银行可通过降低存款准备金率以放松银根，增加货币供给量。

法定存款准备金率通过确定或改变货币乘数来影响货币供给，即使准备金率调整的幅度很小，也会引起货币供给量的巨大波动，因而其通常被认为是货币政策猛烈的工具之一，2007年以来法定存款准备金调整一览表见表13-2。

表13-2 2007年以来法定存款准备金调整一览表

生效日期	调整情况
2007年1月15日	上调存款类金融机构人民币存款准备金率0.5个百分点
2007年2月25日	上调存款类金融机构人民币存款准备金率0.5个百分点
2007年4月16日	上调存款类金融机构人民币存款准备金率0.5个百分点
2007年5月15日	上调存款类金融机构人民币存款准备金率0.5个百分点
2007年6月5日	上调存款类金融机构人民币存款准备金率0.5个百分点
2007年8月15日	上调存款类金融机构人民币存款准备金率0.5个百分点
2007年9月25日	上调存款类金融机构人民币存款准备金率0.5个百分点
2007年10月25日	上调存款类金融机构人民币存款准备金率0.5个百分点
2007年11月26日	上调存款类金融机构人民币存款准备金率0.5个百分点
2007年12月25日	上调存款类金融机构人民币存款准备金率1个百分点
2008年1月25日	上调存款类金融机构人民币存款准备金率0.5个百分点

续表

生效日期	调整情况
2008年3月25日	上调存款类金融机构人民币存款准备金率0.5个百分点
2008年4月25日	上调存款类金融机构人民币存款准备金率0.5个百分点
2008年5月20日	上调存款类金融机构人民币存款准备金率0.5个百分点
2008年6月15日和6月25日	上调存款类金融机构人民币存款准备金率1个百分点，于2008年6月15日和25日分别按0.5个百分点缴款
2008年9月25日	其他存款类金融机构人民币存款准备金率下调1个百分点，汶川地震重灾区地方法人金融机构存款准备金率下调2个百分点
2008年10月15日	下调存款类金融机构人民币存款准备金率0.5个百分点
2008年12月5日	下调工商银行、农业银行、中国银行、建设银行、交通银行、邮政储蓄银行等大型存款类金融机构人民币存款准备金率1个百分点，下调中小型存款类金融机构人民币存款准备金率2个百分点。同时，继续对汶川地震灾区和农村金融机构执行优惠的存款准备金率
2008年12月25日	下调金融机构人民币存款准备金率0.5个百分点
2010年1月18日	上调存款类金融机构人民币存款准备金率0.5个百分点。为增强支农资金实力，支持春耕备耕，农村信用社等小型金融机构暂不上调
2010年2月25日	上调存款类金融机构人民币存款准备金率0.5个百分点。为加大对"三农"和县域经济的支持力度，农村信用社等小型金融机构暂不上调
2010年5月10日	上调存款类金融机构人民币存款准备金率0.5个百分点，农村信用社、村镇银行暂不上调
2010年11月16日	上调存款类金融机构人民币存款准备金率0.5个百分点
2010年11月29日	上调存款类金融机构人民币存款准备金率0.5个百分点
2010年12月20日	上调存款类金融机构人民币存款准备金率0.5个百分点
2011年1月20日	上调存款类金融机构人民币存款准备金率0.5个百分点
2011年1月20日	上调存款类金融机构人民币存款准备金率0.5个百分点
2011年2月24日	上调存款类金融机构人民币存款准备金率0.5个百分点
2011年3月25日	上调存款类金融机构人民币存款准备金率0.5个百分点
2011年4月21日	上调存款类金融机构人民币存款准备金率0.5个百分点
2011年5月18日	上调存款类金融机构人民币存款准备金率0.5个百分点
2011年6月20日	上调存款类金融机构人民币存款准备金率0.5个百分点
2011年12月5日	下调存款类金融机构人民币存款准备金率0.5个百分点
2012年2月24日	下调存款类金融机构人民币存款准备金率0.5个百分点
2012年5月18日	下调存款类金融机构人民币存款准备金率0.5个百分点
2014年4月25日	下调县域农村商业银行人民币存款准备金率2个百分点，下调县域农村合作银行人民币存款准备金率0.5个百分点
2014年6月16日	对符合审慎经营要求且"三农"和小微企业贷款达到一定比例的商业银行（不含2014年4月25日已下调过准备金率的机构）下调人民币存款准备金率0.5个百分点。此外，为鼓励财务公司、金融租赁公司和汽车金融公司发挥好提高企业资金运用效率及扩大消费等作用，下调其人民币存款准备金率0.5个百分点
2015年2月5日	下调金融机构人民币存款准备金率0.5个百分点。同时，为进一步增强金融机构支持结构调整的能力，加大对小微企业、"三农"以及重大水利工程建设的支持力度，对小微企业贷款占比达到定向降准标准的城市商业银行、非县域农村商业银行额外降低人民币存款准备金率0.5个百分点，对中国农业发展银行额外降低人民币存款准备金率4个百分点
2015年4月20日	下调各类存款类金融机构人民币存款准备金率1个百分点。在此基础上，为进一步增强金融机构支持结构调整的能力，加大对小微企业、"三农"以及重大水利工程建设等的支持力度，自4月20日起对农信社、村镇银行等农村金融机构额外降低人民币存款准备金率1个百分点，并统一下调农村合作银行存款准备金率至农信社水平；对中国农业发展银行额外降低人民币存款准备金率2个百分点；对符合审慎经营要求且"三农"或小微企业贷款达到一定比例的国有银行和股份制商业银行可执行较同类机构法定水平低0.5个百分点的存款准备金率

续表

生效日期	调整情况
2015年6月28日	（1）对"三农"贷款占比达到定向降准标准的城市商业银行、非县域农村商业银行降低存款准备金率0.5个百分点。 （2）对"三农"或小微企业贷款达到定向降准标准的国有大型商业银行、股份制商业银行、外资银行降低存款准备金率0.5个百分点。 （3）降低财务公司存款准备金率3个百分点，进一步鼓励其发挥好提高企业资金运用效率的作用
2015年9月6日	下调金融机构人民币存款准备金率0.5个百分点，以保持银行体系流动性合理充裕，引导货币信贷平稳适度增长。同时，为进一步增强金融机构支持"三农"和小微企业的能力，额外降低县域农村商业银行、农村合作银行、农村信用社和村镇银行等农村金融机构准备金率0.5个百分点。额外下调金融租赁公司和汽车金融公司准备金率3个百分点，鼓励其发挥好扩大消费的作用
2015年10月24日	下调金融机构人民币存款准备金率0.5个百分点，以保持银行体系流动性合理充裕，引导货币信贷平稳适度增长。同时，为加大金融支持"三农"和小微企业的正向激励，对符合标准的金融机构额外降低存款准备金率0.5个百分点
2016年3月1日	下调金融机构人民币存款准备金率0.5个百分点
从2018年起实施	根据国务院部署，为支持金融机构发展普惠金融业务，聚焦单户授信500万元以下的小微企业贷款、个体工商户和小微企业主经营性贷款，以及农户生产经营、创业担保、建档立卡贫困人口、助学等贷款，人民银行决定统一对上述贷款增量或余额占全部贷款增量或余额达到一定比例的商业银行实施定向降准政策。凡前一年上述贷款余额或增量占比达到1.5%的商业银行，存款准备金率可在人民银行公布的基准档基础上下调0.5个百分点；前一年上述贷款余额或增量占比达到10%的商业银行，存款准备金率可按累进原则在第一档基础上再下调1个百分点
2018年4月25日	下调大型商业银行、股份制商业银行、城市商业银行、非县域农村商业银行、外资银行人民币存款准备金率1个百分点
2018年7月5日	下调国有大型商业银行、股份制商业银行、邮政储蓄银行、城市商业银行、非县域农村商业银行、外资银行人民币存款准备金率0.5个百分点
2018年10月15日	下调大型商业银行、股份制商业银行、城市商业银行、非县域农村商业银行、外资银行人民币存款准备金率1个百分点
2020年4月15日和5月15日	对农村信用社、农村商业银行、农村合作银行、村镇银行和仅在省级行政区域内经营的城市商业银行定向下调存款准备金率1个百分点，于4月15日和5月15日分两次实施到位，每次下调0.5个百分点，共释放长期资金约4000亿元
2021年12月15日	下调金融机构存款准备金率0.5个百分点（不含已执行5%存款准备金率的金融机构）。本次下调后，金融机构加权平均存款准备金率为8.4%
2022年4月25日	下调金融机构存款准备金率0.25个百分点（不含已执行5%存款准备金率的金融机构）。为加大对小微企业和"三农"的支持力度，对没有跨省经营的城商行和存款准备金率高于5%的农商行，在下调存款准备金率0.25个百分点的基础上，再额外多降0.25个百分点。本次下调后，金融机构加权平均存款准备金率为8.1%
2023年9月15日	下调金融机构存款准备金率0.25个百分点（不含已执行5%存款准备金率的金融机构）。本次下调后，金融机构加权平均存款准备金率约为7.4%
2024年2月5日	下调金融机构存款准备金率0.5个百分点（不含已执行5%存款准备金率的金融机构），本次下调后，金融机构加权平均存款准备金率约为7.0%

注：所有资料来源于中国人民银行网站。

存款准备金率

与其他货币政策工具相比,法定存款准备金率的运用具有如下优点。
① 中央银行在货币政策的制定上具有主动权,实施起来方便灵活。
② 法定存款准备金率的变动对货币供给量发生作用的时滞短,可以较快见效。
③ 法定存款准备金率调整的执行是强制性的,所以对所有金融机构产生的影响是相同的。
同时法定存款准备金率的运用又具有如下缺点。
① 法定存款准备金率的调整对于货币供给量的影响具有倍数放大效应,导致调整带来的后果过于激烈。对整个经济和社会心理预期都会产生显著的影响,一般不宜作为常用的货币政策工具,因此中央银行有将其固定化的倾向。
② 存款准备金对各种类别的金融机构和不同种类的存款的影响不一致,因而货币政策实现的效果可能因这些复杂情况的存在而不易把握。

2. 再贴现

贴现是票据持票人在票据到期之前,为获取现款而向银行贴付一定利息的票据转让。再贴现是商业银行或其他金融机构将贴现所获得的未到期票据再向中央银行进行的票据转让。贴现是商业银行向企业提供资金的一种方式,再贴现是中央银行向商业银行提供资金的一种方式。再贴现率是指中央银行对合格票据的贴现利率,即商业银行在向中央银行借款时所付的利率。再贴现政策是中央银行最早运用的货币政策工具,是指中央银行通过制定或调整再贴现率来干预和影响市场利率及货币市场的供给和需求,从而调节市场货币供给量的一种金融政策。其包括两方面的内容:一是再贴现率的调整,二是规定向中央银行申请再贴现的资格。前者主要着眼于短期,即中央银行根据市场的资金供求状况,随时调低或调高再贴现率,以影响商业银行借入资金的成本,刺激或抑制资金需求,从而调节货币供给量;后者着眼于长期,对要再贴现的票据种类和申请机构加以规定,如区别对待,可起到抑制或扶持的作用,改变资金流向。

再贴现政策作用过程一般遵循这样一个过程:当中央银行认为有必要紧缩银根减少市场货币供给量时,就提高再贴现率,使之高于市场利率,这样就会提高商业银行向中央银行借款的成本,于是商业银行就会减少向中央银行借款或贴现的数量,使其准备金缩减。商业银行就只能收缩对客户的贷款和投资,从而减少货币供给量,使银根紧缩,市场利率上升,社会对货币的需求也相应减少。

再贴现的政策效果体现在以下三个方面。
① 再贴现率的变动在一定程度上反映了中央银行的政策意向,有一种告示效应,从而影响商业银行和社会大众的预期。例如贴现率升高,意味着国家判断市场过热,有紧缩意向;反之,则意味着有扩张意向,这对短期市场利率常起导向作用。
② 通过影响商业银行的资金成本和超额准备金来影响商业银行的融资决策,使其改变贷款和投资行为。
③ 能决定对谁开放贴现窗口,可以影响商业银行的资金运用方向,还能避免商业银行利用贴现窗口进行套利的行为。

再贴现作为一种货币政策工具也有其局限性,主要体现在:中央银行在使用这一工具控制货币供给量时处于被动地位,商业银行是否贴现、贴现数量的多少及什么时候贴现都取决于商业银行,如果商业银行有更好的筹资渠道,它就完全可以不依赖中央银行;再贴现率的调整只能影响利率的总水平,而不能改变利率结构;贴现政策缺乏弹性,再贴现率经常调整,会使商业银行和社会公众无所适从,不能形成稳定的预期。

3. 公开市场业务

公开市场业务就是中央银行在金融市场上公开买卖各种有价证券，以控制货币供给量，影响市场利率水平的政策措施。

当金融市场上资金缺乏时，中央银行就会通过公开市场业务买进有价证券，这实际上相当于投放了一笔基础货币，这些基础货币如果流入社会大众手中，则会直接地增加社会货币供给量，如果是流入商业银行，会使商业银行的超额准备金增加，并通过货币乘数作用使商业银行的信用规模扩大，社会的货币供给量倍数增加。反之，当金融市场上货币过多时，中央银行就会卖出有价证券，以减少基础货币，使货币供给量减少，信用紧缩。

同前两种货币政策工具相比，公开市场业务有以下优点。

① 主动性强。中央银行公开市场业务能够影响商业银行准备金，从而直接影响货币供给量。通过公开市场业务，中央银行可以主动出击，而不像贴现政策那样处于被动地位。

② 灵活性高。公开市场业务能够使中央银行随时根据金融市场的变化进行经常性、连续性的操作，买卖数量可多可少，如发现前面操作方向有误，可立即进行相反的操作，如发现执行买卖力度不够，可随时增加买卖证券的数量。

③ 影响范围广。中央银行在金融市场上买卖证券时，如果交易对方是商业银行等金融机构，可以直接改变它们的准备金数额，如果交易对方是公众，则可以直接改变公众的货币持有量，这两种情况都会使市场货币供给量发生变化。同时，中央银行的操作还会影响证券市场的供求和价格，进而对整个社会投资和产业发展产生影响。

④ 调控效果和缓。由于公开市场业务的规模和方向可以灵活安排，中央银行可以运用它对货币供给量进行微调，而不会像存款准备金的变动那样，产生震动性影响。

总之，公开市场业务的效果非常显著，表现在对市场利率水平、利率结构、商业银行体系的准备金、货币供给量、公众预期等具有灵活及时、直接主动、经常连续有效的影响，而且不会给经济带来大的震荡。因此公开市场业务成为许多国家中央银行日常操作的、最重要的货币政策工具。

然而，公开市场业务要有效地发挥其作用必须具备以下条件。

① 中央银行必须具有强大的、足以干预和控制整个金融市场的资金实力。

② 中央银行对公开市场操作应具有弹性操纵权力，即中央银行有权根据客观经济需要和政策目标来自主决定买卖证券的种类、数量、时机等，不应受到来自其他方面的干预。

③ 金融市场要相对发达、完善，而且要具有全国性，这样才有利于中央银行的意图能够迅速在全国传播。

④ 金融市场上的证券数量要足够庞大、种类要齐全、结构要合理。

⑤ 必须有其他政策工具，如法定存款准备金政策的配合。

专栏【13-1】

主要国家和地区货币政策的制定和实施机构

1. 美国联邦公开市场委员会

美国联邦储备系统通过三种方式制定货币政策：公开市场业务、制定贴现率、制定法定准备金率。公开市场业务是美国的日常货币政策工具，在经济和金融运行中最常用且作用最大。美国联邦公开市场委员会作为货币政策的决策机构，实际上担负着制定货币政策、指导和监督公开市场操作的重要职责。美国联邦公开市场委员会由12名成员组成，分别是7名联邦储备系统理事会理事、12 位储备银行行长中的 5 位行长。其中，理事及纽约储备银行行长共 8 人为常任委员，剩下的 4 个席位每年在其余的 11 位行长中轮换。美联储理事会主席是联邦公开市场委员会主席，纽约储备银行行长习惯上是委员会的副主席。美联储理事会是美联储的最高管理机关，每一名理事都由总统直接任命，任期为 14 年。理事会主席、副主席由总统提名参议院通过，任期 4 年。美联储理事会的理事一般由专家、学者和名人组成。

2. 欧洲中央银行管理委员会

管理委员会是欧洲中央银行的最高决策机构，负责制定欧元区的货币政策，并且就涉及货币政策的中介目标、指导利率以及法定准备金等做出决策，同时确定其实施的行动指南。欧洲中央银行管理委员会由两部分人组成，一是欧洲中央银行执行理事会的 6 名成员，二是加入欧元区成员国的 12 名中央银行行长。成员国中央银行行长的任期最少不低于 5 年。每名管理委员会的成员各拥有一票投票权，如果支持与反对的票数相等，则欧洲中央银行行长的一票具有决定意义。管理委员会进行表决时至少应达到 2/3 的规定人数，如不满足这一最低要求时，可由欧洲中央银行行长召集特别会议来做出决定。

3. 日本银行政策委员会

1949 年，日本央行为进一步提高日本银行的自主性，设立了日本银行政策委员会，作为日本银行货币政策的决策机构。1997 年《日本银行法》修改后，日本银行政策委员会成员为 9 人，包括日本银行行长 1 人，副行长 2 人，审议委员 6 人。审议委员是来自工商业、金融或学术领域的人士，一旦成为审议委员，即成为日本银行的专职人员，与其他机构不再有关系。政策委员会成员由参众两院选举、内阁任命，任期为 5 年。政策委员会中，行长、副行长、审议委员独立行使职责。政策委员会成员选举产生委员会主席，历史上都是由日本银行行长担任。

（资料来源：中国人民银行网站。）

13.2.2 选择性货币政策工具

传统的三大货币政策工具都属于对货币总量的调节，以影响整个宏观经济。在这些一般性货币政策工具之外，还有选择地对某些领域的信用加以调节和影响的措施。选择性货币政策工具是只针对某个经济领域或用于特殊用途的信贷而采取的调节措施。例如，消费者信用控制、证券市场信用控制、不动产信用控制、优惠利率、预缴进口保证金等。

1. 消费者信用控制

消费者信用控制是指中央银行对不动产以外的各种耐用消费品的销售融资予以控制。其主要内容如下：

① 规定用分期付款购买耐用消费品时第一次付款的最低金额。
② 规定消费信贷购买商品的最长期限。
③ 规定可用消费信贷购买的耐用消费品种类，对不同消费品规定不同的信贷条件等，在消费信用膨胀和通货膨胀时，中央银行采取消费信用控制能起到抑制消费需求和物价上涨的作用。

2. 证券市场信用控制

证券市场信用控制是指中央银行对有关证券交易的各种贷款进行限制，目的在于抑制过度的投机。例如，规定一定比例的证券保证金率，并随时根据证券市场的状况加以调整。

3. 不动产信用控制

不动产信用控制是指中央银行对金融机构在房地产方面放款的限制措施，以抑制房地产投机。例如，对金融机构的房地产贷款规定最高限额、最长期限及首次付款和分期还款的最低金额等。

4. 优惠利率

优惠利率是指中央银行对国家重点发展的经济部门或产业，如出口工业、农业等，所采取的鼓励措施。优惠利率不仅在发展中国家多有采用，在发达国家也普遍采用。

5. 预缴进口保证金

预缴进口保证金是指中央银行要求进口商预缴相当于进口商品总值一定比例的存款，以抑制进口的过快增长。预缴进口保证金多为国际收支经常出现赤字的国家所采用。

13.2.3　直接信用控制

直接信用控制是指从质和量两个方面以行政命令或其他方式直接对金融机构尤其是商业银行的信用活动所进行的控制。其特点是依靠行政干预，具有强制性。其手段包括利率最高限制、信用配额、流动性比率和直接干预等。

1. 利率最高限制

利率最高限制是指规定存贷款最高利率限制，是最常使用的直接信用控制工具。其目的是防止银行用抬高利率的办法竞相吸收存款和为谋取高利而进行高风险存贷。

2. 信用配额

信用配额是指中央银行根据金融市场状况及客观经济的需要，分别对各个商业银行的信用规模加以分配，限制其最高数量。在多数发展中国家，由于资金供给相对于需求来说非常不足，因此，这种办法被广泛地采用。

3. 流动性比率

规定商业银行的流动性比率，也是限制信用扩张的直接管制措施之一。流动性比率是指流动资产对存款的比重。一般来说，流动性比率与收益率成反比。为保持中央银行规定的流动性比率，商业银行必须采取缩减长期放款、扩充短期放款和增加易于变现资产等措施。

4. 直接干预

直接干预是指中央银行直接对商业银行的信贷业务、放款范围等加以干预。例如，对业务经营不当的商业银行拒绝再贴现，或采取惩罚性利率，直接干涉商业银行对存款的吸收等。

13.2.4　间接信用控制

间接信用控制是指中央银行通过道义劝告、窗口指导等办法间接影响商业银行的信用创造。间接信用控制具有灵活性的特点，同时它要以中央银行具有较高的威望和地位，以及拥有控制信用的足够的法律权力和工具为前提。

1. 道义劝告

道义劝告指的是中央银行利用其声望和地位，对商业银行和其他金融机构经常发出通告、指示或与各金融机构的负责人进行面谈，劝其遵守政府政策并自动采取贯彻政策的相应措施。

例如，在国际收支出现赤字时中央银行劝告各金融机构减少海外贷款；在房地产市场与证券市场投机盛行时，中央银行要求商业银行缩减对这两个市场的信贷等。

2. 窗口指导

窗口指导的内容是中央银行根据产业行情、物价趋势和金融动向，规定商业银行每季度贷款的增减额，并要求其执行。如果商业银行不按规定的增减额对产业部门贷款，中央银行可削减向该银行的贷款甚至采取停止提供信用等制裁措施。虽然窗口指导没有法律约束力，但其作用有时也很大。第二次世界大战结束后，窗口指导曾一度是日本货币政策的主要工具。

间接信用控制的优点是比较灵活的，但要真正起作用，中央银行必须在金融体系中有较高的地位和威望，以及拥有控制信用的足够的法律权力和工具。

专栏【13-2】

建立并完善适合我国国情的
结构性货币政策工具体系：10 项结构性货币政策工具

支农再贷款。支农再贷款自 1999 年起向地方法人金融机构发放，引导其扩大涉农信贷投放，降低"三农"融资成本，发放对象为农村商业银行、农村合作银行、农村信用社和村镇银行，对符合要求的贷款，按贷款本金的 100%予以资金支持。该工具属于长期性工具。

支小再贷款。支小再贷款自 2014 年起向地方法人金融机构发放，引导其扩大小微、民营企业贷款投放，降低融资成本，发放对象包括城市商业银行、农村商业银行、农村合作银行、村镇银行和民营银行，对符合要求的贷款，按贷款本金的 100%予以资金支持。该工具属于长期性工具。

再贴现。再贴现是中央银行对金融机构持有的已贴现票据进行贴现的业务，自 1986 年开办，2008 年开始发挥结构性功能，重点用于支持扩大涉农、小微企业和民营企业融资，其发放对象包括全国性商业银行、地方法人银行和外资银行等具有贴现资格的银行业金融机构。该工具属于长期性工具。

普惠小微贷款支持工具。按照国务院常务会议决定，2021 年 12 月，中央银行创设普惠小微贷款支持工具，支持对象为地方法人金融机构，对其发放的普惠小微贷款，按照余额增量的 2%提供激励资金，鼓励持续增加普惠小微贷款。目前，实施期为 2022 年到 2023 年 6 月末，按季操作。该工具属于阶段性工具。

抵押补充贷款。2014 年，中央银行创设抵押补充贷款，主要服务于棚户区改造、地下管廊建设、重大水利工程、"走出去"等重点领域。发放对象为开发银行、农发行和进出口银行，对属于支持领域的贷款，按贷款本金的 100%予以资金支持。该工具属于阶段性工具。

碳减排支持工具。按照国务院常务会议决定，2021 年 11 月，中央银行联合国家发展和改革委员会、生态环境部创设碳减排支持工具，发放对象为 21 家全国性金融机构，明确支持清洁能源、节能环保、碳减排技术三个重点减碳领域，对于符合要求的贷款，按贷款本金的 60%予以低成本资金支持。目前，实施期为 2021 年到 2022 年年末，按季操作。该工具属于阶段性工具。

支持煤炭清洁高效利用专项再贷款。按照国务院常务会议决定，2021 年 11 月，中国人民银行联合国家发展和改革委员会、国家能源局创设支持煤炭清洁高效利用专项再贷款，发放对象为开发银行、进出口银行、工行、农行、中行、建行和交行共 7 家全国性金融机构，明确支持煤的大规模清洁生产、清洁燃烧技术运用等 7 个煤炭清洁高效利用领域，以及支持煤炭开发利用和增强煤炭储备能力。对于符合要求的贷款，按贷款本金的 100%予以低成本资金支持。目前，实施期为 2021 年到 2022 年年末，按月操作。该工具属于阶段性工具。

科技创新再贷款。按照国务院常务会议决定，2022 年 4 月，中央银行联合工信部、科技部创设科技创新再贷款，发放对象为 21 家全国性金融机构，明确支持"高新技术企业""专精特新中小企业"、国家技术创新示范企业、制造业单项冠军企业等科技创新企业，对于符合要求的贷款，按贷款本金的 60%予以低成本资金支持，按季操作。该工具属于阶段性工具。

普惠养老专项再贷款。按照国务院常务会议决定，2022 年 4 月，中央银行联合国家发展和改革委员会创设普惠养老专项再贷款，发放对象为开发银行、进出口银行、工行、农行、中行、建行和交行共 7 家全国性金融机构，明确支持符合标准的普惠养老机构项目，初期选择浙江、江苏、河南、河北、江西等 5 个省份开展试点。对符合要求的贷款，按贷款本金的 100%予以低成本资金支持，实施期暂定两年，按季操作。该工具属于阶段性工具。

交通物流专项再贷款。按照国务院常务会议决定，2022 年 5 月，中央银行联合交通运输部创设交通物流专项再贷款，发放对象为农发行、工行、农行、中行、建行、交行和邮储银行共 7 家全国性金融机构，明确支持道路货物运输经营者和中小微物流（含快递）企业。对于符合要求的贷款，按贷款本金的 100%予以低成本资金支持。目前，实施期为 2022 年，按季操作。该工具属于阶段性工具。

（资料来源：杜川. 央行详解结构性货币政策工具合计余额达 5.39 万亿[N]. 第一财经日报，2022 年 8 月 22 日第 A03 版。）

13.3　货币政策的操作性指标和中介指标

13.3.1　货币政策的操作性指标

操作目标是中央银行通过货币政策工具直接影响的指标，中央银行通过调控利率、存款准备金率、再贷款、再贴现以及公开市场业务等工具影响商业银行存款准备金（包括法定存款准备金和超额存款准备金）数量、基础货币、短期货币市场利率等操作目标，影响金融体系的流动性水平，这一过程是货币政策传导的第一步。货币政策的操作性指标包括准备金、基础货币、短期货币市场利率。

1. 准备金

准备金是中央银行货币政策工具影响中介指标的主要传递指标，也是中央银行可直接操作的指标。准备金主要有三种计量口径：准备金总额、法定准备金、超额准备金。法定准备金和超额准备金之和即为准备金总额。法定准备金的多少完全取决于中央银行自行决定的法定准备金率，具有很强的可测性、可控性、相关性和抗扰性。由于法定准备金率的调整震动太大，各国中央银行一般不做经常性调整，因此中央银行可直接操作的经常性指标是超额准备金。以超额准备金为操作指标，就是通过货币政策工具来调节、监控商业银行及其他各类金融机构的超额准备金水平。超额准备金的高低反映了商业银行等金融机构的资金紧缺程度。此项指标过高，说明金融机构资金宽松，已提供的货币供给量偏多，中央银行应采取紧缩措施，通过提高法定准备金率、公开市场卖出证券、收紧再贴现和再贷款等工具，使金融机构的超额准备金保持在理想的水平上；反之则相反。

2. 基础货币

基础货币包括流通中的现金和商业银行等金融机构在中央银行的存款准备金，可测性好。在中央银行提供基础货币的过程中，多种货币政策工具如法定准备金率、公开市场业务、再贴现和再贷款、发行中央银行票据等都可以作用于基础货币，可控性和抗干扰性较强。但是离货币政策最终目标较远，只有在经济机制充分发挥作用和货币乘数稳定的情况下，调控基础货币才能实现对货币总供求的调节，相关性较弱。

3. 短期货币市场利率

一些短期货币市场利率也经常被作为操作性指标。例如，同业拆借市场利率、回购协议市场利率、票据市场贴现率等。短期货币市场利率，其实是由短期资金市场上供求关系决定的利率。该利率因短期资金市场的供求变化而经常发生变化。因此，在市场机制发挥作用的情况下，由于自由竞争，短期信贷资金的供求会逐渐趋于平衡，处于这种状态的短期货币市场利率称为"均衡利率"，它能够迅速对中央银行货币政策做出反应，帮助中央银行判断货币政策的效果。

13.3.2 货币政策的中介指标

从货币政策工具的运用到货币政策目标的实现之间有一个相当长的作用过程，在这一过程中有必要及时了解政策工具是否得力，估计政策目标能否实现，这就需要借助于中介目标的设置。事实上，中央银行本身并不能直接控制和实现诸如经济稳定增长这些货币政策目标。它只能借助于货币政策工具，并通过对中介指标的调节和影响最终实现货币政策目标。因此，中介指标就成了货币政策作用过程中一个十分重要的中间环节，对它们的选择是否正确以及选定后能否达到预期调节效果，关系到货币政策最终目标能否实现。

1. 利率

作为中介指标，利率的优点表现在如下方面：

① 可控性强。中央银行可以直接通过再贴现率、公开市场业务、再贴现政策等调节市场利率走向。

② 可测性强。中央银行在任何时候都能够观察到市场利率的水平及结构。

③ 相关性强。利率影响投资和消费支出，从而调节总供求。

利率作为中介指标也有不足之处。利率往往具有双重性质：一方面，作为经济内生变量，它们的变动会受到社会经济状况的影响；另一方面，作为政策变量，它们的变动又带有政策性因素，这种状况往往会给中央银行的判断带来麻烦，使中央银行分辨不清这种变动是来自社会经济状况的影响，还是政策产生的效果，有时甚至会产生"误诊"。我国中央银行对利率的操作过程如图 13-1 所示。

降息的影响

2. 货币供给量

以货币供给量作为中介指标，首先遇到的困难是确定以哪种口径的货币供给量作为中介指标：是现金，是 M_1，还是 M_2？就可测性、可控性来说，三个指标均可满足相关要求，它们随时都可分别反映在中央银行和商业银行及其他金融机构的资产负债表上,可以进行测算和分析。现金直接由中央银行发行并注入流通,通过控制基础货币,中央银行也能有效地控制 M_1 和 M_2。问题在于相关性,到底哪一个指标更能代表一定时期的社会总需求和购买力,从而加强对它的调控来直接影响总供求。现金在现代经济生活中已经起不到这种作用了,问题是 M_1 和 M_2 的优劣比较,对此有颇不同的见解。对于抗干扰性来说,货币供给量的变动作为经济内生变量是顺循环的,而作为政策变量则应是逆循环的。因此,一般来说,政策性影响与非政策性影响不会互相混淆。

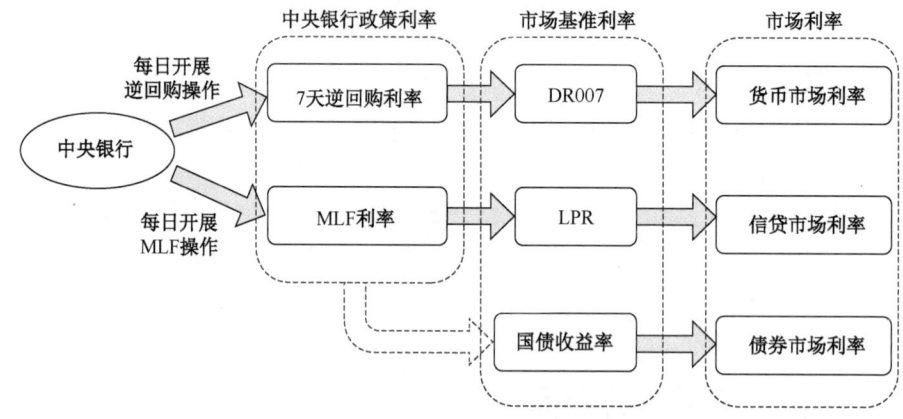

图 13-1 我国中央银行对利率的操作过程

3. 信贷量

信贷量通常又称信贷规模,具有较好的相关性、可测性和可控性。信贷量是利用行政手段而非经济手段发挥作用的,不利于市场机制作用的发挥;同时,当一国金融市场和直接融资较发达时,信贷量控制与最终目标之间的相关性就减弱了。

4. 汇率

对于一些对外经济依赖性大的小国和实行本币与某国货币挂钩的国家或地区来说,中央银行往往选择汇率作为中介指标。由于汇率的决定和影响因素比较复杂,可控性和抗干扰性较弱,同时因汇率的传导机制有较大的不确定性,其与最终目标之间的相关性也比较差。

专栏【13-3】

量化宽松货币政策:应对传统货币政策传导困境

2007 年,由于美国次贷问题引发的全球金融危机是一次系统性金融危机,不仅国际金融市场遭遇重创,而且全球经济陷入了"大萧条"以来最为严重的衰退。为了应对这个系统性金融风险,很多经济体出台了史无前例的政策措施以挽救崩溃的金融体系和失衡的经济体系,全球主要发达经济体货币政策纷纷走向宽松的政策框架。基准利率不断下降至零利率。面对名义利率为零的"零约束",美国、欧元区、日本等部分经济体陷入了传统政策的困境,面对不断恶化的经济状况和就业市场,美国、欧元区、英国、日本等发达经济体纷纷出台非常规货币政策,尤其是量化宽松货币政策。量化宽松货币政策实质上是相关货币当局在面对传统政策难题尤其名义利率"零约束"以及金融市场结构性问题日益凸显的情况下,开动"印钞机"以总量扩张的方式向市场输入流动性，同时还以各种资产规模计划变相为财政融资或为企业部门提供信用保障。在市场信心缺失、投资萎缩的情况下，量化宽松货币政策向市场释放巨量流动性，以缓释市场流动性紧张导致的估值体系崩溃和防止"明斯基时刻"引致的信用骤停，进而扭转投资信心，最后实质改善经济状况和就业状况。

〔资料来源：胡滨，郑联盛. 全球量化宽松之十年演进[J]. 金融博览，2019（17）：32-34.〕

▶ 13.4 货币政策的效应

13.4.1 影响货币政策效应的主要因素

货币政策效应是指货币供给量变动能够引起总需求和总收入水平的变化程度。这种效应取决于货币政策时滞、货币流通速度、微观经济主体的预期及其他经济政治因素之间的配合。

1. 货币政策时滞

任何政策从制定到取得主要的或全部的效果，必须经过一段时间，这段时间即称为时滞。货币政策时滞是指货币政策从制定到取得主要或全部效果的时间间隔。它是由内在时滞和外在时滞构成的。

内在时滞是指政策制定到中央银行采取行动这段时间。它分为两个阶段。

① 从形势变化需要中央银行采取行动到它认识到需要采取行动的时间间隔，称为认识时滞。

② 从中央银行认识到需要行动到实际采取行动的时间间隔，称为行动时滞。

内在时滞的长短取决于中央银行对经济形势发展的预见能力，以及体制、组织效率、决策水平、决定的调节方案出台的速度等，归根结底取决于中央银行本身。

外在时滞又称效应时滞，是指中央银行采取行动开始直到对政策目标产生影响为止这段时间。它分为两个阶段。

① 中央银行变更货币政策后，经济主体决定调整其资产总量与结构所耗费的时间。

② 从经济主体决定调整其资产总量与结构到整个社会的生产、就业等变化所耗费的时间。

外在时滞的长短主要是由客观的经济和金融条件决定的，它取决于经济主体对市场变化及信息的反应程度、货币政策实施的经济管理体制、当时的经济发展水平及宏观或微观经济背景、货币政策力度、货币政策实施时机、公众的心理预期等因素。

2. 货币流通速度

在实际生活中，货币流通速度的变化幅度很难被政策制定者准确地预测和估算。货币流通速度对货币政策的重要性在于，货币流通速度微小变动后，如果中央银行未曾预料并加以考虑，或在估算这个变动时出现误差，就有可能使货币政策出现严重偏差，甚至可能使本来正确的政策方向走向反面。

3. 微观经济主体的预期

由于微观经济主体对未来经济行情的变化已有周密的考虑和充分的思想准备，当一项货币政策提出时，它们会立即根据可能获得的各种信息预测政策的后果，从而很快地作出对策，而且很少有时滞，从而使货币政策的预期效果被合理预期的作用所抵消。

4. 其他经济政治因素

除以上因素外，其他外来因素、体制因素、政治因素等也对货币政策效果有一定的影响，中央银行在制定政策的过程中应予以统一考虑，如客观经济条件的变化等。一项既定的货币政策出台后总要持续一段时间，在这段时间内，如果经济条件发生某些始料不及的变化，而货币政策又难以做出相应的调整时，就可能出现货币政策效果减弱甚至失效的情况。政治因素对货币政策效果的影响也是巨大的。当政治压力足够大时，就会迫使中央银行对其货币政策进行调整。

13.4.2 货币政策和财政政策的配合

1. 货币政策与财政政策的关系

货币政策和财政政策是国家宏观经济政策中的两大政策，二者存在着共性和区别。

（1）两项政策的共性

两项政策的共性表现如下。

① 它们共同作用于本国的宏观经济方面。

② 它们都是需求管理政策，即着眼于调节总需求，使之与总供给相适应。

③ 它们追求的目标都是实现经济增长、充分就业、物价稳定和国际收支平衡。

（2）两项政策的区别

两项政策的区别表现如下。

① 政策的实施者不同。两项政策分别由中央银行和财政部门来具体实施。

② 作用过程不同。货币政策的直接对象是货币运动过程，而财政政策的直接对象是国民收入再分配过程，以改变国民收入再分配的数量和结构为初步目标，进而影响整个社会经济生活。

③ 政策工具不同。货币政策使用的工具通常与中央银行的货币管理业务活动相关，主要是存款准备金率、再贴现率、公开市场业务等；而财政政策所使用的工具一般与政府的收支活动相关，主要是税收、国债及政府的转移性支付等。

2. 货币政策与财政政策的搭配

货币政策与财政政策既有密切联系，又是不同质的两种宏观经济政策，其既有统一的一面，又有其特殊性。这就决定了它们在宏观经济管理中，面对不同的经济形势时存在不同的政策组合或配合。这种组合或配合就构成了两大政策之间的关系的基本内容。

货币政策与财政政策的搭配主要有四种政策配合模式。

（1）紧缩的货币政策与紧缩的财政政策，即"双紧"政策

紧缩的货币政策是指通过提高法定准备金率、提高利率来收缩信贷规模，减少货币供给量；紧缩的财政政策是指通过增税、削减政府支出规模等抑制消费与投资，从而控制社会总需求。这时，货币当局应加强回收货币，紧缩银根，压缩社会总需求；财政部门应压缩财政支出、增加在中央银行的存款，减少社会货币量。这双重压缩使社会上的货币供给量明显减少，社会总需求得以迅速收缩，从而有效地制止通货膨胀，但可能带来经济停滞的后果。

（2）宽松的货币政策与宽松的财政政策，即"双松"政策

宽松的货币政策是指通过降低法定准备金率、降低利率来扩大信贷规模，增加货币供给量；宽松的财政政策是指通过减税和扩大政策支出规模来增加社会的总需求。这种组合的政策效应是财政部门和银行都向社会注入货币，使社会的总需求在短时间内迅速得到扩张，对经济活动具有强烈的刺激作用。这种组合只有在社会总需求严重不足，社会经济中存在大量未被利用的资源时采用，如果没有足够的闲置资源，那么将导致通货膨胀。

（3）宽松的货币政策与紧缩的财政政策，即"松货币、紧财政"

宽松的货币政策在于保持经济的适度增长；紧缩的财政政策可以抑制社会总需求，防止经济过热和制止通货膨胀。这样就可以在控制通货膨胀的同时，保持适度的经济增长，但如果货币政策过松，就难以控制通货膨胀。

（4）紧缩的货币政策与宽松的财政政策，即"紧货币、松财政"

紧缩的货币政策可以避免过高的通货膨胀率，宽松的财政政策在于刺激社会总需求，对克服经济萧条较为有效。这种政策组合的效应是保持经济适度增长的同时，尽可能避免通货膨胀，但长期运用会积累起大量的财政赤字。

▶ 13.5 中国货币政策实践

13.5.1 21世纪以来中国货币政策实践的特点

1. 始终强调防范通胀

从全球范围看，中央银行普遍以维护物价稳定和金融稳定为主要目标，而货币政策则更加直接地关注物价水平稳定。《中华人民共和国中国人民银行法》明确规定，中国货币政策目标是保持货币币值稳定，并以此促进经济增长。不过，与其他经济体相比，由于中国经济具有"转轨"特征，需要更加关注经济过热和通货膨胀问题，并始终把防范通胀风险放在突出的位置上。

2. 坚持实行多目标制

作为一个处于经济转型期的发展中国家，中国既有一个改革和完善机制的过程，也有一个在改革过程中保持经济和就业稳定增长的任务，二者相辅相成。由于中国在市场化程度、货币政策运作和传导机制上不同于发达国家，也不同于一些市场化程度较高的新兴市场国家。因此单一目标制并不符合中国国情。中国的货币政策具有多重目标：一是维护低通胀；二是推动经济合理增长；三是保持较为充分的就业，维持相对低的失业率；四是维护国际收支平衡。防通货膨胀一直是中央银行最主要的任务和使命，在货币政策中分量最大。

3. 强调在线修复和紧急救助

中国政府一直高度重视金融稳定问题，并把金融稳定看作价格稳定的重要前提，注意发挥好中央银行"在线修复"金融体系、维护金融稳定的功能。之所以要在线修复，是因为经济运行无法中断，机器要继续运转，同时要更换问题部件。中央银行不应只是发挥好危机管理的职能，而是应在经济正常增长时期就着手制定金融市场的规则和标准，并持续维修、改

善金融体系，不断完善这台机器，及早提升防范系统性风险的能力。

4. 从计划手段转向强化货币政策

1993年11月，中国共产党第十四届中央委员会第三次全体会议通过的《中共中央关于建立社会主义市场经济体制若干问题的决定》提出，要建立以间接手段为主的完善的宏观调控体系，运用货币政策与财政政策，调节社会总需求与总供给的基本平衡，并与产业政策相配合，促进国民经济和社会的协调发展。宏观调控框架由此开始创建。从货币政策看，银行间同业拆借市场、债券市场、外汇市场、股票市场等逐步建立，市场配置金融资源的作用日益增强，为从直接调控向间接调控转变奠定了基础。1998年中国人民银行取消了信贷限额管理。进入21世纪以后在调控方式上逐步形成了以公开市场业务、存款准备金率、再贷款、再贴现和利率等构成的货币政策工具组合，确立了以间接手段为主的调控模式。

5. 重点做好流动性对冲

进入21世纪以来的绝大多数时间（国际金融危机时期例外），国际收支持续顺差和外汇储备大量积累是中国经济运行中的一个显著特征。国际收支顺差问题的解决需要一个过程，但在问题解决之前就已经对货币政策产生了重大影响，导致银行体系流动性过剩。因此，这个时期中国货币政策的主要任务和挑战，正是应对银行体系流动性过剩、抑制货币信贷过度膨胀和随之而来的通货膨胀压力。中国人民银行的应对之策是进行大规模的流动性对冲，而公开市场业务和存款准备金率等工具的灵活运用保证了对冲得以完成。

6. 率先启动宏观审慎政策框架丰富货币政策工具箱

宏观审慎政策以防范系统性金融不稳定为目标，重点针对金融体系的顺周期现象实施逆周期式的调节。实践中中国在实施宏观审慎政策方面具有一定的基础。中国人民银行既重视利率等价格型指标，也重视货币信贷增长状况，注重通过窗口指导等方式加强风险提示，并注意运用信贷政策、差别准备金、调整按揭成数等手段，这些做法实际上都蕴含着宏观审慎管理的理念。中国人民银行汲取国际金融危机教训，从2009年年中开始系统研究并试行宏观审慎管理。2011年引入了差别准备金动态调整制度，将信贷投放与宏观审慎要求的资本水平相联系，同时考虑了各金融机构的系统重要性、稳健状况及经济景气状况，并制定了透明的规则，有利于引导和激励金融机构自我保持稳健。从调控实践看，动态调整措施与传统货币政策工具相配合，取得了显著效果，有效提高了金融机构的稳健性和抗风险能力，使宏观审慎政策在中国得以率先实践。

7. 配合金融改革进程来把握利率市场化和利差形成

资金价格市场化是构建社会主义市场经济体制的重要组成部分，也是建立和完善货币政策传导机制的关键环节。利率市场化改革大致包括逐步放宽利率管制、培育基准利率体系、形成市场化利率调控和传导机制、建立存款保险制度以及发展利率风险管理工具等内容。以此衡量，中国利率市场化改革已取得重要进展，利率市场化的程度实际上要超出很多人的主观想象。

13.5.2 中国未来货币政策挑战与对策

货币政策是在特定经济金融环境中实施和发挥作用的。没有最好的货币政策框架，只有与一国一时特定经济金融环境及制度背景最相适应的货币政策框架。当前情况下，必须关注三方面因素变化对货币政策框架的影响：一是经济增速中枢下移，经济结构正在发生剧烈调整，宏观经济环境发生明显变化；二是金融市场快速发展，金融业务门类日趋复杂，"影子银行"体系盘根错节，宏观杠杆率明显抬升；三是随着中国经济由小型开放经济体演变为大国开放经济体以及金融开放度的提升，国内政策的"外溢效应"开始显现，外部掣肘增多，货币政策国际协调的必要性和困难程度均显著提高。

在国内外经济金融环境发生深刻变化的背景下，原有货币政策框架逐渐暴露出一些问题，面临的挑战集中体现在四个方面：其一，金融市场发展和科技进步导致支付手段和储蓄理财手段日趋多样化，货币的内涵与外延边界发生演化调整，导致传统数量型中介目标的可靠性降低；其二，利率传导不够顺畅，近年来屡次出现"中央银行下调政策利率，银行间市场利率随之下行，但实体企业融资成本居高不降"的不利局面；其三，资金在金融系统内部传导环节增加，传递链条加长，货币资金总体使用效率下降。中央银行货币政策操作释放的流动性中的一部分淤积于金融体系内部，未能有效转化为实体经济的投融资，其中流动性向中小微民营企业和"三农"部门的传导尤为不畅；其四，传统上各国中央银行依赖和盯住的通货膨胀指标对货币政策的敏感性降低，资产价格与金融稳定重要性凸显，而如何将资产价格与金融稳定因素纳入货币政策框架仍然是一个新课题。货币政策框架转型是一项系统性工程，既涉及政策目标、政策工具、传导机制等不同要素之间的彼此配合，又与利率市场化改革、汇率形成机制改革、国有企业改革、财税改革等问题相互交织。因此，货币政策框架转型对顶层设计的要求较高，需要从中国的实际出发，充分借鉴国际经验，加强统筹，协调推进。综合上文分析，下面分别从货币创造机制、货币政策目标、货币政策工具、货币政策规则、货币政策传导渠道等五个维度探讨货币政策框架的未来转型方向及相应的对策建议。

1. 货币创造机制

货币创造机制是一个国家货币政策框架的运行基础，建立与本国经济金融结构相适应的货币创造机制是优化货币政策框架的根本性前提。当前，在经济金融结构发生剧烈变化的情况下，优化货币政策框架的一项基础性工作就是调整和完善货币创造机制。

2. 货币政策目标

推动由多目标向双目标过渡，最终确立以通货膨胀和金融稳定为核心的货币政策双目标制。稳增长、调结构、惠民生等目标应主要由其他部门通过其他政策工具来完成。

3. 货币政策工具

首先，在协调搭配、综合运用好数量型工具和价格型工具的同时，更加注重发挥价格型工具的作用，最终实现货币政策由以数量型工具为主向以价格型工具为主的转型。其次，密切跟踪研判新型结构性货币政策工具的传导机制和政策效果，及时调整优化。最后，更加注重预期的作用，善于运用前瞻性指引工具。

4. 货币政策规则

"规则决策"理念和"相机抉择"理念各有优劣，并不矛盾和相互排斥，应当结合使用。长期以来，我国中央银行在相机抉择方面已经积累了丰富经验，不足之处在于缺乏可供参考的量化规则。未来应在充分研究和实践检验的基础上，逐步探索和建立适合中国实情的货币政策量化规则。这既有助于提高货币当局的公信力，也有助于引导市场预期，维护金融市场稳定。

5. 货币政策传导渠道

利率渠道是当前疏通货币政策传导渠道的重中之重，要多管齐下，提高利率渠道的货币政策效率。一是要疏通"政策利率—银行间市场利率—商业银行贷款利率"的传导，尤其是向中小微民营企业和"三农"部门的传导。二是要疏通"政策利率—信用债利率"的传导机制，要点在于改善信用评级和定价。三是要疏通短端利率向长端利率的传导机制，避免政策同时直接作用于收益率曲线的多个点而造成扭曲。

小 结

1. 货币政策目标的内容包括稳定物价、充分就业、经济增长和国际收支平衡。它们彼此之间的关系既相互联系，又相互矛盾。

2. 货币政策目标是通过货币政策工具的运用来实现的。货币政策工具又称货币政策手段，是指中央银行为实现货币政策目标所采取的措施和手段。按照性质和功能，可以将货币政策工具分成三类：一般性货币政策工具、选择性货币政策工具、其他货币政策工具。

3. 一般性货币政策工具作为传统的一般性货币政策工具，主要包括法定存款准备金率、再贴现政策和公开市场业务，其特点是经常使用且能对整个经济运行产生影响。

4. 选择性货币政策工具是指有选择地对某些领域的信用加以调节和影响的措施。它是只针对某个经济领域或用于特殊用途的信贷而采取的调节措施。例如，消费者信用控制、证券市场信用控制、不动产信用控制、优惠利率、预缴进口保证金等。

5. 货币政策的操作性指标是中央银行通过货币政策工具直接影响的指标，包括存款准备金（包括法定存款准备金和超额存款准备金）数量、基础货币、短期货币市场利率等；货币政策的中介指标是连接操作指标和货币政策最终目标的纽带。

6. 货币政策效应是指货币供给量变动能够引起总需求和总收入水平的变化程度。这种效应取决于货币政策时滞、货币流通速度、微观经济主体的心理预期以及其他经济政治因素之间的配合。

7. 货币政策和财政政策是国家宏观经济政策中的两大政策，二者存在着共性和区别。货币政策与财政政策的搭配主要有四种政策配合模式：紧缩的货币政策与紧缩的财政政策，即"双紧"政策；宽松的货币政策与宽松的财政政策，即"双松"政策；宽松的货币政策与紧缩的财政政策，即"松货币、紧财政"；紧缩的货币政策与宽松的财政政策，即"紧货币、松财政"。

8. 21 世纪以来，中国货币政策实践具有鲜明的特点，包括始终强调防范通胀；坚持实行多目标制；强调在线修复和紧急救助；从计划手段转向强化货币政策；重点做好流动性对冲；率先启动宏观审慎政策框架；丰富货币政策工具箱；配合金融改革进程来把握利率市场化和利差的形成。

9. 货币政策框架转型是一项系统性工程，既涉及政策目标、政策工具、传导机制等不同要素之间的彼此配合，又与利率市场化改革、汇率形成机制改革、国有企业改革、财税改革等问题相互交织。本章从货币创造机制、货币政策目标、货币政策工具、货币政策规则、货币政策传导渠道等五个维度提出货币政策框架未来转型方向及相应的对策建议。

思考题

1. 什么是法定存款准备金率？它有哪些优缺点？
2. 什么是再贴现政策？它有哪些效果？
3. 简述再贴现政策的作用过程。
4. 什么是公开市场业务？它有哪些优点？
5. 简述公开市场业务必须具备的条件。
6. 简述影响货币政策效应的主要因素。
7. 简述我国货币政策框架的未来转型方向。

案例简介

案例【13-1】

我国货币政策工具箱有能力应对任何超预期变化

据 2022 年 7 月 17 日经济日报文章报道：我国货币政策有充足空间应对超预期变化。近年来，我国一直坚持实施正常的货币政策，为应对超预期的新挑战、新变化留下了充足的政策空间。近年来，我国坚持做好跨周期调节，保持流动性合理充裕，金融支持实体经济力度稳固，金融体系自主性和稳定性增强。尤其是近些年，我国金融市场对外开放稳步推进，人民币汇率形成机制不断完善，跨境资金流动稳定性显著增强。外汇市场韧性更足，市场主体对于人民币汇率有涨有跌、双向波动的适应性和承受力有所增强，外汇市场成熟度不断提升，有更好的基础和条件抵御外部冲击风险。

货币政策应对不确定性的"工具箱"储备充足。从外部看，我国高度关注主要经济体货币政策加速收紧的情况。前期已经采取了调整外汇存款准备金率、加强跨境资本流动宏观审慎管理等措施进行了前瞻性应对，一定程度上降低了外部环境变化带来的负面外溢冲击。面对接下来的不确定性，我国仍有充分经验、充足工具予以应对，人民币汇率仍将在合理均衡水平上保持基本稳定。从内部看，我国接下来仍将加大稳健货币政策的实施力度，加快落实已确定的政策措施，为实体经济提供支持。当前金融机构加权平均存款准备金率为 8.1%，存款准备金率等工具仍有操作空间。前期出台的各项结构性货币政策工具将加快落地，继续配合总量工具的运用，支持国民经济重点领域与薄弱环节。政策性、开发性银行 3 000 亿元金融工具等将尽快形成实物工作量，助力实现扩投资、带就业、促消费综合效应，稳定宏观经济大盘。

我国国内货币和金融状况主要由国内因素决定，货币政策将继续坚持以我为主的取向，兼顾内外平衡，并根据国内形势把握好政策力度和节奏，增强人民币汇率弹性，发挥汇率调节宏观经济和国际收支自动稳定器功能，保持人民币汇率在合理均衡水平上的基本稳定，积极稳妥应对新挑战、新变化。

〔资料来源：金观平. 用好货币政策还有充足空间[N]. 经济日报，2022-07-17（1）.〕

问题：

为什么说我国货币政策有足够的操作空间应对经济超预期变化？

简要提示：

首先，前期国家保持强大战略定力为后续货币政策争取了操作空间。面对云谲波诡的国际市场，我国中央银行在党和国家的统一领导下，保持战略定力，采取积极有效的货币政策，稳定了经济增长，为我国后续货币政策实施预留了足够空间；其次，我国各项货币政策工具足够应对经济超预期变化。从实际情况来看我国加权平均存款准备金率为 8.1%，政策性、开发性银行 3 000 亿元金融工具等将尽快形成实物工作量，这些都还有进一步操作的空间，足够应对任何超预期变化。

案例思政元素分析：

首先，大国地位是我们实行独立自主货币政策的底气。我国的大国地位不仅体现在人口和经济上，更体现在民众对政府的支持上。2020 年，哈佛大学肯尼迪政府学院阿什民主治理与创新中心发布的报告显示，中国民众对中央政府的满意度高达 93.1%。民众的支持使得我们更有底气实施独立自主的货币政策。

其次，独立自主货币政策是维护国家金融安全和经济稳定的保障。党的二十大报告指出："反对保护主义，反对'筑墙设垒'、'脱钩断链'，反对单边制裁、极限施压。"在货币政策方面我国一贯奉行的以我为主的货币政策原则保障了货币政策实施的效果，在国际金融市场上树立了威信，增强了信心。

案例【13-2】

2022 年第二季度中国货币政策执行报告

2022 年以来，面对复杂严峻的国际环境和艰巨繁重的国内改革发展稳定任务，在以习近平同志为核心的党中央坚强领导下，统筹经济社会发展工作，加大宏观政策调节力度，经济社会发展取得新成绩。2022 年上半年国内生产总值（GDP）同比增长 2.5%，其中，二季度同比增长 0.4%，顶住压力实现正增长；上半年居民消费价格指数（CPI）同比上涨 1.7%，在全球高通胀背景下保持了物价形势的稳定。中国人民银行坚持以习近平新时代中国特色社会主义思想为指导，坚决贯彻党中央、国务院的决策部署，稳字当头、稳中求进，稳健的货币政策灵活适度，有效实施稳经济一揽子政策措施，坚决支持稳住经济大盘。一是保持流动性合理充裕。上半年降准 0.25 个百分点，上缴央行结存利润 9 000 亿元，并运用再贷款再贴现、中期借贷便利（MLF）、公开市场业务等多种方式投放流动性，增强信贷总量增长的稳定性；调增开发性政策性银行信贷额度 8 000 亿元，推动设立 3 000 亿元政策性开发性金融工具，支持中长期基础设施贷款投放。二是丰富和完善结构性货币政策工具箱。将普惠小微贷款支持工具提供的激励资金比例由 1%提高到 2%，增加 1 000 亿元支持煤炭清洁高效利用专项再贷款额度，出台科技创新、普惠养老、交通物流专项再贷款三项新的结构性货币政策工具，增加民航应急贷款，激励金融机构优化信贷结构，精准支持重点领域。三是促进企业综合融资成本稳中有降。引导公开市场 7 天期逆回购操作利率、MLF 利率、1 年期和 5 年期以上贷款市场报价利率（LPR）适度下行，发挥 LPR 改革效能和指导作用。建立存款利率市场化调整机制，加强存款利率监管，稳定银行负债成本。四是把握好内外平衡。深化汇率市场化改革，坚持市场在人民币汇率形成中起决定性作用，增强人民币汇率弹性，加强预期管理，发挥汇率调节宏观经济和国际收支自动稳定器功能。五是牢牢守住不发生系统性金融风险的底线，坚持市场化法治化原则处置风险，促进金融风险持续收敛。

（资料来源：中国人民银行网站。）

问题：

请利用所学知识对2022年第二季度我国货币政策进行解读。

简要提示：

面对经济增速下滑，中国人民银行把"稳经济"作为货币政策的最终目标。第一，通过各种货币政策工具包括准备金率、再贷款再贴现、中期借贷便利（MLF）、公开市场业务等来增加市场的流动性；第二，通过结构性货币政策工具对国家亟须发展或发展面临困难的行业进行政策倾斜；第三，通过LPR等货币政策工具来降低企业的融资成本；第四，对外汇进行预期管理，保持国际收支平衡；第五，严格控制金融风险。这些措施有力地稳定了我国经济，实现了经济的稳中向好。

案例思政元素分析：

首先，稳经济就是惠民生、促发展。党的二十大报告指出："加强财政政策和货币政策协调配合，着力扩大内需"，并强调"推动经济实现质的有效提升和量的合理增长"。我国是一个拥有14亿多人口的大国，只有像中国共产党这样全心全意为人民服务的执政党才能管理好。人口大国一旦经济出现问题，就涉及成千上万人民群众切身利益的问题，所以中国人民银行坚决贯彻党中央稳经济的要求，在货币政策方面，主动应对，靠前发力、用好用足政策工具箱，充分挖掘货币政策工具效能，保障经济稳定增长。

其次，我国的货币政策效率高于资本主义国家。在资本主义国家，货币政策往往成为各个利益集团和政治团伙的博弈对象，出台的政策往往是互相妥协的结果，没有人站在普通民众的角度考虑问题。我国的货币政策是由中国人民银行在党中央、国务院的统一领导下制定的，充分反映了党和国家的意志，代表了广大人民群众的利益，从体制上保证了一切政策从人民群众的根本利益出发，让人民群众获得实实在在的好处。

第 14 章

金融风险与金融监管

📖 本章学习要点

通过本章的学习,掌握金融风险的含义、特征、成因及分类;理解金融监管的含义、必要性及目标。

✍ 本章学习重点与难点

重点是金融风险的含义及分类、金融监管的目标,难点是金融风险的特征。

📓 本章基本概念

金融风险、系统性金融风险、非系统性金融风险、市场风险、利率风险、国际收支风险、政治风险、法律风险、关联风险、信用风险、流动性风险、资本风险、竞争风险、操作风险、声誉风险、金融监管。

▶ 14.1 金融风险概述

14.1.1 金融风险的含义

金融风险属于风险的范畴,在本质上也是一种引起损失的可能性,具体指的是经济主体在从事资金融通过程中遭受损失的可能性。随着经济货币化、证券化、金融化程度的不断提高,金融风险不仅客观存在,而且在一定程度上反映和显示了微观经济主体的经营风险和宏观经济的运行风险。

此外,金融风险是金融业务经营和管理中客观存在的、不确定的可能性导致某种形式损失的不利因素的总称。它既包括经营风险,也包括管理风险。管理风险包括微观的单个金融机构的管理风险和宏观的金融体系的管理风险。金融风险是金融业务中的一种客观存在和必然存在。因此,金融业务必然是一种风险经营和风险管理的业务。

专栏【14-1】

雷曼兄弟公司的倒闭

雷曼兄弟公司自1850年创立以来，已在全球范围内建立起了创造新颖产品、探索最新融资方式、提供最佳融资服务的良好声誉。雷曼兄弟公司是全球性多元化的投资银行，《商业周刊》评出的2000年最佳投资银行，其整体调研实力高居《机构投资者》排名榜首，被《国际融资评论》授予2002年度最佳投行。北京时间2008年9月15日，在次级抵押贷款市场危机（次贷危机）加剧的形势下，作为美国第四大投行的雷曼兄弟公司最终宣布申请破产保护。

雷曼兄弟公司破产是多种原因共同作用的结果，不可否认，其倒闭和自2007年夏天开始的美国次贷危机是分不开的，但投行的奖金激励方式极大地助长了管理层的道德风险。为追求高额奖金和红利，管理层盲目创新业务，无视内部控制过程中对风险的控制。例如，20世纪90年代后，固定收益产品和衍生品进入市场，雷曼兄弟公司为了筹集资金，也开始跟风做起债券生意，被称为"债券之王"。而在2000年后，房地产和信贷业务成为潮流，于是它将业务转到房地产债券领域，几乎成为住宅抵押债券和商业地产债券领域的代言人。结果是金融危机到来后，它的主要投资全部飞速贬值，亏损巨大，最后导致雷曼兄弟公司破产。

（资料来源：简书。）

14.1.2　金融风险的特征

认清金融风险的特征，可以帮助我们更好地识别金融风险、控制金融风险、减少金融风险损失乃至驾驭金融风险，更重要的是它可以帮助我们更好地理解和掌握金融风险、经营和风险管理之间的关系。

1. 金融风险是一种特殊的经济风险

经济风险是相对于自然风险、政治风险和社会风险而言的一种风险。金融风险的风险因素、风险事故及风险结果都是经济性的，金融行为主体是经济人，即理性的、追求利益最大化的经济单位，金融风险事故是经济因素发生在经济领域的意外变动，在很多情况下是市场变动引起的金融参数变动，而金融风险的结果是经济上的损益，因而金融风险的经济属性是非常明显的。金融风险的经济属性使它具有可选择性和可测算性。可选择性是指金融行为是一种谋取经济利益的活动，参与这种活动就有金融风险，不参与这种活动就没有金融风险。可测算性是指受险金融资产的数量、发生金融事故的概率、风险程度及防范风险的成本都是可以预测和计算的，经济主体可以依据这些测算结果去分析风险、防范风险、做出风险决策。总之，金融风险是一种经济行为引致的经济风险，可以用经济方法进行分析、管理和控制。

2. 金融风险是一种特殊的动态风险

动态风险是相对于静态风险而言的一种风险，是指由经济、社会及政治因素发生变动所引致的风险。静态风险则是自然环境因素发生不正常变动或发生意外人为事故所引致的风险。金融风险本身是社会现象，是由社会因素变动而引起的，无疑是动态风险。但是，金融风险有时也会源于自然变动，如2019年的超强台风"利奇马"于8月上旬从我国东部沿海登陆，在此期间，沪深两市主要指数均出现了大幅度震荡。在金融市场上，利率、汇率、价格等金融参数是非常敏感的，对来自社会及自然的各种因素的微妙变动都会做出相当灵敏的反应。金融参数的敏感性使金融风险的产生和存在非常复杂多变且不规则，比其他风险更难以准确预测和估计。金融风险的多变性体现在影响的风险因素、风险程度、风险结果随时随地处于变化之中，这既增加了风险管理的难度，也为风险爱好者增添了利用风险获取风险收益的机会。

3. 金融风险普遍存在于金融业务之中

从严格意义上来说，所有的金融业务都存在金融风险，百分之百无风险的金融业务是不存在的。若称某笔金融业务没有风险，大都是因为该业务风险非常低，乃至可以忽略不计，如购买国库券，其风险只有百分之几甚至低于百分之一。金融风险普遍存在的重要原因之一是金融在很大程度上以信用为基础，金融机构作为融资中介实质上是一个由多边信用共同建立的客体，信用关系的原始借贷关系通过这一中介机构后不再一一对应，而是相互交织、相互联动的。因此，金融风险的控制和防范是金融业务中贯穿始终的主题之一。

4. 金融风险具有很强的隐蔽性

由于金融机构具有一定的创造信用的能力，因此它可以在很长一段时间内通过不断创造新的信用来维持、掩盖或者补救已经失败的信用关系或者已经发生的金融风险或损失，而使其在"滚雪球"的过程中不被暴露出来，只有当这一现象发展到难以为继的时候，最终才以"总爆炸"的形式暴露出来。这种对风险和损失的隐蔽还可能因为政府或其他有影响的外部力量的干预而加强或延长，但相应带来的是社会资源的错配和浪费，以及金融中介职能破坏程度的加剧。金融风险的隐蔽性还可以为金融机构提供一些缓冲和弥补的机会，如果银行能够及时有效地采取措施对已发生的风险加以控制，它就可以利用金融风险隐蔽性的特点创造信用，进而提高金融机构生存和发展的能力。

5. 金融风险具有很高的传染性

高传染性主要表现为金融风险传导的速度快和波及范围广。一方面，通信手段的现代化带来了交易方式的现代化。通过电话、互联网，信息会在瞬间传遍全球；另一方面，国际金融创新，金融衍生工具的推陈出新使得国际资本流动性更趋灵活。以上两个方面都能导致金融风险具有很高的传染性。1997年7月，亚洲金融危机席卷泰国，不久，这场风暴迅速波及马来西亚、新加坡、日本、韩国和中国等地，冲击了亚洲各国的外贸企业，造成亚洲许多大型企业倒闭、工人失业、社会经济萧条，打破了亚洲经济急速发展的景象，亚洲一些经济大国的经济开始萧条，一些国家的政局也开始动荡。

6. 金融风险具有很强的破坏性

金融风险的高传染性和零距离化是导致强破坏性的重要因素。金融是现代经济发展的血液，特别是在市场经济日益自由化、市场化的今天，金融业的作用不断得到强化。因此，金融风险一旦发生，对国民经济的打击也是空前的。金融风险能够影响整个区域或全球社会再生产能否顺利进行以及经济能否持续地增长，并引起局部或全局性的强烈震荡与损害。2007年发生的"次贷危机"席卷美国、欧盟和日本等世界主要金融市场，以及2009年发生的欧洲主权债务危机对全球经济产生巨大的负面作用，加剧了国际金融市场的不确定性和动荡程度。

14.1.3 金融风险的成因

为了防范金融风险，首先应清楚金融风险的成因，然后对症下药。

1. 金融体系的内在脆弱性是金融风险发生的直接诱因

关于金融体系的内在脆弱性有两种不同的解释,一种是以明斯基(Minsky)和金德尔伯格(Kindleberger)为代表的周期性解释,另一种是以弗里德曼为代表的货币主义解释。前者认为,私人信用创造机构,特别是商业银行和其他贷款人的内在特性将使它们经历周期性的危机和破产,金融中介的风险被传递到经济的各个组成部分,产生宏观经济的动荡和危机。这是因为在繁荣时期,贷款人的贷款条件越来越宽松,借款人特别是投机性的借款人和高风险投资的借款人积极利用这种有利的贷款环境,大量借款以投资于价格不断上涨的股票、不动产业和回收期长的高风险项目,而一旦信贷资金没有及时流入生产部门,就会引起连锁的违约和破产事件的发生,由此导致的资金回流不畅,使银行和金融机构出现货币兑付困难和挤兑,最终导致银行和金融机构纷纷破产和倒闭。2007年因美国次贷危机引发的金融危机就是这样爆发的。后者则认为,货币政策的失误引发了金融风险的产生和积累,如果没有货币的过度供给就不会发生金融体系的动荡,金融动荡的基础在于货币政策。显然,这种解释过于片面,完全排除了非货币性因素产生金融动荡的可能性,而基于经济人非理性行为的周期性解释,从现象来说与亚洲金融危机的表现非常吻合。有学者认为,这种非理性金融决策的微观环境就是竞争压力,为了占有市场份额和取得高额利润,银行和金融机构在激烈的竞争中,不顾一切地向高风险的产业贷款和投资,从而使金融体系积聚了巨大的风险。在逃避金融管制的金融创新作用下,竞争更为激烈,不确定性更强、风险更高,这在泡沫经济中的日本和韩国都曾出现过。

2. 金融市场上信息的不对称性导致逆向选择和道德风险

逆向选择是指事前委托人与代理人的信息是不对称的,由"参与人错误报告信息引起的问题",使拥有的信息不真实或信息较少的一方,即不知情者会倾向于做出错误的选择——逆向选择。道德风险是由事后非对称信息引起的,某些参与人隐藏行动或隐藏信息,从而出现了"参与人选择错误行动引起的问题",即道德风险。逆向选择与道德风险既存在于银行客户与银行间、商业银行与中央银行间,又存在于股东与经理间及国际市场上的贷款者与借款者间的一切委托代理关系中。以股东与经理间的关系为例,投资者在购买某一上市公司的股票前,所拥有的信息不如公司中的内部人掌握的信息全面真实,因此可能做出不利于自己的选择,即逆向选择。成为股东后,由于经理等内部人隐瞒经营活动、隐瞒信息,股东会做出错误的决策。内部人则有恃无恐,把资金投资于高风险的项目,在缺乏激励机制和监管不严的情况下以及产权关系不明晰的情况下,上市公司会有无限的资金需求,但是投资效率却很低。即使出现财务亏空危机和破产风险,经理也很少受到损失。逆向选择与道德风险恶化了信用环境、加剧了信用风险。一旦有利空消息,股东就会抛卖股票,使资产价格暴跌,金融中介机构破产倒闭,从而造成整个金融体系的崩溃。

3. 虚拟经济与实物经济的严重脱节是导致金融危机的根本原因

经济过程是真实的,虚拟经济膨胀和投机猖獗必然会导致金融危机的爆发。虚拟经济是以实物经济为基础的,金融体系的可信度和稳定性取决于货币资产最后能否变成实物,以及虚拟财富有多大能力从下一层资产中取得收入。从这个意义上来说,虚拟经济既依靠实物经济又在和实物经济争夺有限的资金。它越脱离实物经济,实物经济基础越薄弱,金融风险越大,金融危机就越有可能爆发。实物经济的最高准则是劳动生产力的增长率,劳动生产力的增长率取决于科技进步率。当虚拟经济掠夺了科技投入的资本时,金融危机的爆发就是不可避免的。

系统性金融风险

14.1.4 金融风险的分类

按照金融机构经营活动的风险来划分，金融风险可分为系统性金融风险和非系统性金融风险。

1. 系统性金融风险

系统性金融风险一般是指由外部因素引起的而无法消除的对所有企业、所有投资产生相似影响的风险，具体包括市场风险、利率风险、国际收支风险、政治风险、法律风险和关联风险。

（1）市场风险

市场风险是指由市场价格波动而导致表内和表外头寸损失的风险。按照既定的会计准则，这类风险在银行的交易活动中最不明显，不管它们是与债务和股本有关，还是与外汇或头寸有关。对于金融业来说，市场风险具体表现为外汇市场汇率波动以及金融机构在投资买卖动产、不动产时由于市场价值的波动而对金融机构收益和净资产价值的影响。市场风险主要包括外汇风险和货币风险。

① 外汇风险。外汇风险是指经济实体或个人在从事国际经营、贸易、金融活动中以外币计价的资产或负债因外汇汇率变动而引起价值上升或下跌所造成损失的可能性。

② 货币风险。货币风险是指由于物价大幅上涨引发严重通货膨胀的风险。严重的通货膨胀会破坏国民经济的平稳运行，使经济发展速度放缓、停滞甚至倒退。

（2）利率风险

利率风险是指利率水平的不确定而导致经济主体遭受损失的可能性。利率是资金的价格，利率水平由政治、经济、金融状况来决定，经济发展情况、投资者预期及其他国家和地区的利率水平等都会对利率水平造成影响。它反映了货币市场供求关系，受到政府政策的控制。利率的调整会使银行的收益随之发生变化，金融机构的竞争也会随之发生变化。有些金融机构的立足点没有设在健全功能、加强服务上，而是随意抬高利率、乱拉客户、争夺存款，造成同行业之间无序竞争。有些银行客户就会严重流失，负债来源减少，资产质量下降，借贷利差缩小乃至利息倒挂。利率风险主要有以下几种。

① 重新定价风险。重新定位风险是最主要和最常见的利率风险形式，来源于银行资产、负债和表外业务到期期限（就固定利率而言）或重新定价期限（就浮动利率而言）所存在的差异。

② 利率变动风险。利率变动造成金融机构存放款利率差距缩小或发生负利差，给金融机构造成损失。

③ 基准风险。基准风险是当其他重新定价特点相同时，因所依据的基准利率不同而产生的风险。

④ 期权性风险。期权性风险产生于银行资产、负债和表外项目中的或隐含的各种期权风险。

（3）国际收支风险

国际收支风险是指国际收支失衡引发的风险。20 世纪 90 年代初，墨西哥政府为遏制通货膨胀，稳定比索汇率而实行了高利率政策。由于墨西哥比索定值过高，国际收支状况恶化，经常项目逆差每年约 230 亿美元，占 GDP 的 7%，超过国际公认的 5%的警戒线，国外投资者信心不足开始抽逃资本,最后墨西哥政府不得不在 1994 年 12 月 21 日宣布比索贬值 15%,从而引发了震撼全球的墨西哥金融危机。

(4)政治风险

政治风险是指政局变化、政权更替、战争、种族冲突、恐怖活动等给金融业造成的风险损失。对境外投资者而言,政治风险既包括政治局势的变化、投资环境的恶化使投资者收益受损的可能性,还包括外国政府因其政策变化而引起拖欠债务国贷款或无力履行其承诺的风险,这实质上是一种主权风险。

(5)法律风险

法律风险是指当金融机构正常的业务经营与法规变化不相适应时,该金融机构就面临不得不转变经营决策而导致损失的风险。银行要承受不同形式的法律风险,主要包括因不完善、不正确的法律意见而造成银行同预计的情况相比资产价值下降或负债增加的风险;现有法律可能无法解决与银行有关的一些法律问题;有关某一银行的法律案例可能对整个银行业务产生广泛的影响,从而增加该行业乃至其他银行的成本;影响金融机构的有关法律发生变化;在开拓新业务或交易对象的法律权利未能界定时,银行面临的法律风险。

(6)关联风险

关联风险是指由于相关产业或相关市场发生严重问题,而使行为人遭受损失的可能性。在现代经济中,各种经济实体间关系更加复杂,联系也更加密切,任何一个环节遭受损失,往往会引起整个市场产生连锁反应,导致市场混乱。对于处在经济枢纽地位的银行业更是如此,一家银行倒闭,就会引起银行支付链条的中断,由此可能引起"多米诺骨牌"效应而使其他银行也相应倒闭,从而诱发金融危机。

2. 非系统性金融风险

非系统性金融风险是指由个别企业投资本身的种种不确定性引起的,只对个别企业产生影响的风险,具体包括信用风险、流动性风险、资本风险、竞争风险、操作风险、声誉风险。

(1)信用风险

信用风险也称违约风险,是指债务人没有能力或不愿意偿付债务而使金融资产遭受损失的风险。信用关系出现以来,信用风险就一直存在,它是金融业的传统风险,也是最主要的风险。当前许多国家的银行因出现信用风险而被坏账、死账、呆账所困扰,已经严重影响到银行体系的稳定和经济的发展。造成信用风险的原因主要有以下几种情况:债务人没有偿还债务的意愿,金融机构内部人员的违法失职行为,金融机构内部人员与外部人员内外勾结作案。

(2)流动性风险

流动性风险是指银行等金融机构对客户提现或贷款需求的支付能力严重不足,从而引发清偿问题的可能性。在日常经济生活中,银行资产的流动性越低,资产变现的可能性就越小,应对突变的能力就越弱。严重的流动性危机甚至会导致银行破产。

(3)资本风险

资本风险是指银行资本过小,不能抵补亏损,难以保障银行正常经营的风险。《新巴塞尔协议》规定各国商业银行最低资本充足率应达到 8%,核心资本充足率应为 4%。

(4)竞争风险

竞争风险是指金融机构等在经营竞争中的风险。与一般企业一样,在激烈的市场竞争中,金融机构也有可能因竞争激烈导致亏损甚至倒闭，进而影响整个金融体系的稳定。

（5）操作风险

操作风险是指金融机构因错误的内部操作过程、人员、系统或外部事件导致直接或间接损失的风险。最重大的操作风险在于内部控制及治理机制的失效，这种失效可能因为失误、欺诈、未能及时做出反应而导致银行财务损失，或使金融机构的利益在其他方面受到损失。操作风险的其他方面包括信息系统的重大失效或其他灾难等事件，如火灾、遭劫、信息线路故障、计算机失灵、高级管理人员遭遇不测、日常工作差错等。

（6）声誉风险

声誉风险是指由于金融机构操作上的失误，违反有关法规和其他问题而使金融机构在声誉上造成的不良影响。因为金融机构的业务性质要求它能够维持存款人、贷款人和整个市场的信心，所以一旦遭受声誉风险，其损害非常大。

▶ 14.2 金融监管概述

14.2.1 金融监管的含义和必要性

1. 金融监管的含义

金融监管是金融监督和金融管理的合称，它是指一个国家（地区）政府对金融业的限制、管理和监督。金融监管主要对银行、保险、证券和其他从事金融活动的机构进行监督和管理，使其按照相关法律法规正常发展、稳健运行。金融监管的含义有狭义和广义之分。狭义的金融监管是指依据国家法律法规对整个金融业由中央银行或者其他的金融监管当局实施的监督管理。广义的金融监管除了上述内容，还包括金融机构的内部稽核与控制、社会中介组织的市场监督及同业自律组织的自律性监管等。

2. 金融监管的必要性

在当今全球一体化的时代，金融已成为现代经济的核心，关系到国民经济发展的全局。金融业是一个存在诸多风险的特殊行业，关系千家万户和国民经济的方方面面。金融安全是国家经济安全的重要组成部分，而实施金融监管是确保金融业和经济持续、稳定、健康运行的必要条件。金融监管有利于维护金融秩序、保护公平竞争、提高金融效率，是实施货币政策和金融调控的保障，也是整个社会经济发展的重要保障。

14.2.2 金融监管的目标与原则

1. 金融监管的目标

金融监管的目标在于通过对金融业的监管维护经济主体的共同利益以及金融系统的稳定和有效运行。这是由金融业在社会经济中举足轻重的地位和作用所决定的，具体来讲，金融监管的目标分为以下几个层次。

（1）维护金融体系的安全与稳定

随着金融全球化的发展，资本流动的范围越来越广，流动速度越来越快，一国金融市场遭受内外冲击而出现危机的可能性也越来越大。同时，金融机构之间的竞争也越来越激烈，金融机构的经营风险不断提高。因此，维护本国金融体系的安全稳定是金融监管当局进行金融监管的首要目标。

（2）维护存款人和公众的利益

金融机构作为信用中介，其资金主要来源于社会公众，维护金融体系的安全与稳定不仅是维护国家利益，也是维护广大存款人和公众的利益。

（3）保证金融机构竞争的有效与公平

竞争是市场经济的基本特征之一，它可以形成一种优胜劣汰的有效机制，但盲目竞争、不公平竞争或者非法竞争都会导致金融机构的破产倒闭，并形成金融业的垄断，从而危害经济的平稳发展。因此，金融监管当局有必要通过金融监管为金融机构创造一个合法、公平、高效、有序的竞争环境。

（4）保证中央银行货币政策的顺利实施

中央银行在实施货币政策目标时，是以金融市场上的金融机构特别是商业银行作为传导中介的。由于商业银行以盈利为经营目标，因此金融监管当局有必要通过一定的监管措施限制商业银行与中央银行政策目标不一致的经营活动，促使它们配合中央银行贯彻实施货币政策。

2. 金融监管的原则

为了实现金融监管的多元化目标，在金融监管的立法和实践活动中，一般需要遵循以下原则。

（1）依法管理原则

金融法规的完善与依法管理是金融监督有效实施的基本前提。只有有法可依、有法必依，有关各方权利和义务有明确的法律依据，这样才能确保金融监管的权威性、严肃性、强制性和一贯性，从而确保金融监管的有效性。

（2）外部监管与内部自律相结合的原则

金融监管当局的依法监管是金融业健康稳定发展的外部保证，而金融业的内部自律则是金融业安全运行的内在保证。相比之下，金融市场的各个主体以及金融业从业人员的自我约束、自我管理和自我教育是根本。只要金融机构和金融市场各主体的经营活动是合法合规的，金融监管当局就不应过多干预。反过来，若放松依法监管，而单纯依赖金融业的自我约束，监管也不可能奏效。因此，只有将外部监管与内部自律有机结合起来，才能获得有效的监管。

（3）适度竞争原则

竞争是市场经济的基本规律，是市场机制发挥作用的前提条件，但过度竞争必然会带有破坏性，只有适度竞争才能真正提高效率，而不至于造成市场混乱。因此，金融监管当局在实施金融监管过程中，必须遵循促进各金融机构适度竞争的原则。这一原则要求金融监管当局将金融监管重心放在为金融业创造适度竞争的环境上，避免形成金融垄断，防止出现过度竞争，从而做到"管而不死、活而不乱"，限制过度竞争又不消灭竞争。

（4）社会经济效益原则

与微观经济主体追求自身利益最大化不同的是，金融监管追求的是社会经济效益的最大化，即金融监管当局在实施金融监管的过程中，应当充分考虑金融机构的设立及其业务活动是否符合经济发展的客观需要，是否有利于提高社会经济效益；金融市场的运行状况及各个市场主体的行为是否有利于促进整个社会经济的稳定运行与健康发展。在此基础上，再确定监管重点和选择相应的管理手段。

14.2.3 金融监管对象

金融监管对象也称被监管者,是专门从事金融业经营和投资经济活动的企业、组织、单位和个人,包括金融机构、工商企业、基金组织、投资者和金融活动的关系人等。金融监管对象可以有不同的划分标准,按监管的行业划分,可以分为银行业监管对象、保险业监管对象及证券业、期货业监管对象。

1. 银行业监管对象

银行业监管对象是从事商业银行业务的金融机构,不管其称谓如何,凡是吸收存款,发放贷款,办理资金清算、信托投资、财务管理,参与货币市场融资交易活动等的机构都属于银行业监管对象。这些机构包括商业银行、政策性银行、信用合作机构、专业储蓄机构、专业信贷机构、信托投资公司、财务公司、金融租赁公司及典当行等。如果其他非银行金融机构(如保险公司、证券公司等)参与货币市场融资和交易活动,也将作为银行业特定的监管对象。

2. 保险业监管对象

保险业监管对象是从事保险经营和投资保险的企业、机构和个人,是保险产品的供给者和保险中介人。保险产品的供给者是指保险人,具体包括保险公司、保险公司分支机构,如保险公司、人寿保险基金等。保险中介人是指辅助保险人和被保险人从事保险业务活动的人,如保险代理人、保险经纪人和保险公估人。

3. 证券业、期货业监管对象

证券业监管对象是从事证券融资和交易活动的企业、机构和个人;期货业监管对象是从事期货投资交易活动的企业、机构和个人。另外,提供证券和期货交易场所的组织机构也是重要的监管对象。证券业监管对象主要包括证券经纪公司、上市公司、投资基金、投资者及证券交易所等。期货业监管对象主要包括期货经纪公司、期货交易所及其附属储备库等。

14.2.4 金融监管的方法

1. 直接监管

(1)现场监管

现场监管是由监管人员通过亲临现场对被监管金融机构的会计凭证、账簿、报表、现金、物资财产和文字资料进行检查、分析、鉴别,直接对有关人和事进行察访,掌握第一手真实资料。这种方式的优点是能够对具体的监管对象进行比较深入细致的了解,及时发现某些隐蔽性问题,特别是对一些欺诈行为尤为有效。这种方式的缺点是现场监管要付出大量的人力、物力和财力,而且受到时间和空间的限制。一时一地进行监管缺乏全面性,在具体操作上还带有片面性和滞后性,监管弹性比较大。现场监管一般主要集中于资本充足状况、资产质量、管理质量、收入和利润状况、清偿能力、法规的遵守程度等方面。

(2)非现场监管

非现场监管是指不需要亲自到被监管的金融机构,而是通过传送报表、资料、建立信息网络等方法进行监管。非现场监管不仅及时、全面、成本低,而且不受时间和空间的制约。通过分析、评价,可以对面临较大风险的单位发出预警信号,帮助其及时纠正违规行为;也可以为确定现场检查的范围提供帮助,提高现场监管的针对性。非现场监管的内容在我国主要是被监管单位的资产负债比例结构、资产流动性、资本充足性、资产质量、风险情况、财务状况、损益、负责人变动等。

2. 间接监管

（1）内部审计

内部审计是由金融机构自行组织实施的，主要涉及金融机构内部的各项管理工作实施情况，包括核查自身会计控制、营运控制、行政管理控制等的完整性与准确性，并参与检查和修改业务政策和业务程序。主要目的是保证资产的安全性和督促相关人员遵守法规，以提供高效准确的业务记录，评价管理控制的程序和有效性，并为制定政策提供参考。内部审计具有很强的连续性，是保证金融机构实施良好内部控制的基础，也是保证金融机构稳健经营、建立金融业风险安全防线的关键。因此，内部审计是金融监管体系的一个重要组成部分。

（2）外部审计

外部审计通常由社会上注册的会计师事务所来承担，会计师事务所是专门提供社会公证和技术服务而收取费用的法人组织，在接受中央银行或国家监管当局委托时，参与金融监管。外部审计在金融监管中的作用：一是可以提高金融监管的客观性和公正性，有效地避免舞弊、作假现象，防止内部审计的主观性和中央银行稽核的疏漏；二是减少中央银行或金融监管当局的工作量，使之可以集中力量进行针对性的监管。

（3）金融机构评级

对金融机构的评级也是金融监管的一个重要组成部分。评级制度是通过综合考察金融机构的资本充足性、资产质量、管理能力、盈利能力及流动性能力等因素，按评级结果将金融机构划分为几个等级，金融监管当局可根据评级结果采取相应的措施和政策，如在考察时根据其级别来确定考察的方式和深入的程度等。除了金融监管部门对金融机构的评级，还可利用社会上的资信评估机构。资信评估机构作为中介性组织，先对金融机构进行资信评估，然后通过新闻媒体向社会公布优质的金融机构，可以为优质的金融机构提供更多的发展机会。对存在问题的金融机构进行评级，有利于金融监管当局有重点地监督级别低的金融机构，提高监管的频次和效率。

（4）同业公会自律

对金融业的监管，离不开同业公会自律。同业公会自律是金融业自我管理、自我规范、自我约束的一种民间管理方式。它可以通过行业内部的管理，有效地避免各主体之间的不正当竞争，规范其行为，促进彼此的协作，与官方监管机构一起来维护金融体系的稳定与安全。由于金融业的特殊性，金融业的行业自律组织与别的行业相比，要求更严格、更有特点。它应由从事金融研究的学者、金融业从业人员以及政府金融管理者等组成，以"行业自律、协调和自我管理"的方式行使职权，以业务性指导和交流为主，表现出广泛性、行业性和自律性的特点。通过监管，可以促进行业管理的规范化，保证交易的公正性和竞争的充分性，维护正常的金融秩序。

小　结

1. 金融风险属于风险的范畴，在本质上也是一种引起损失的可能性，具体指的是经济主体在从事资金融通过程中遭受损失的可能性。

2. 经济风险是相对于自然风险、政治风险和社会风险而言的一种风险。金融风险的风险因素、风险事故及风险结果都是经济性的，金融行为主体是经济人，即理性的、追求利益最大化的经济单位，金融风险事故是经济因素发生在经济领域的意外变动，在很多情况下是市场变动引起的金融参数变动，而金融风险的结果是经济上的损益，因而金融风险的经济属性是非常明显的。

3. 动态风险是相对于静态风险而言的一种风险，是指由经济、社会及政治因素发生变动所引致的风险。金融风险本身是社会现象，是由社会因素变动而引起的，无疑是动态风险。

4. 金融风险的成因主要有金融体系的内在脆弱性、金融市场上信息的不对称性、虚拟经济与实物经济的严重脱节等。

5. 按照金融机构经营活动的风险来划分，金融风险可分为系统性金融风险和非系统性金融风险。

6. 系统性金融风险一般是指由外部因素引起的而无法消除的对所有企业、所有投资产生相似影响的风险，具体包括市场风险、利率风险、国际收支风险、政治风险、法律风险和关联风险。

7. 非系统性金融风险是指由个别企业投资本身的种种不确定性引起的，只对个别企业产生影响的风险，具体包括信用风险、流动性风险、资本风险、竞争风险、操作风险、声誉风险。

8. 金融监管是金融监督和金融管理的合称，它是指一个国家（地区）政府对金融业的限制、管理和监督。

9. 金融监管的目标在于通过对金融业的监管维护经济主体的共同利益以及金融系统的稳定和有效运行。

10. 为了实现金融监管的多元化目标，在金融监管的立法和实践活动中，一般需要遵循以下原则：依法管理原则、外部监管与内部自律相结合的原则、适度竞争原则和社会经济效益原则。

11. 金融监管对象也称被监管者，是专门从事金融业经营和投资经济活动的企业、组织、单位和个人，包括金融机构、工商企业、基金组织、投资者和金融活动的关系人等。

思 考 题

1. 金融风险的含义是什么？
2. 金融风险的特征有哪些？
3. 金融风险的成因是什么？
4. 什么是系统性金融风险？
5. 什么是非系统性金融风险？
6. 利率风险主要有哪几种？
7. 金融监管的含义是什么？
8. 金融监管的目标有哪些？
9. 金融监管的对象有哪些？

案例简介

案例【14-1】

河南村镇银行事件

2022年4月,上千名储户合计超过12亿元的存款无法取出,该事件被曝光后,引起了社会的广泛关注。这些储户有一个共同点,他们都是在相同的5家村镇银行办理了储蓄业务。经新闻媒体报道后,自然也让相关的其他储户心里亮起了警灯,结果所有人都无法正常取款,最后统计有397亿元存款不翼而飞。涉及范围之广、涉案金额之大,轰动全国。除5家河南村镇银行外,另有2家位于安徽的银行也牵涉其中。根据公安机关的侦查,认定是银行高管与股东里应外合,盗走了储户的存款。简言之,就是银行与第三方合作立项,成立一个金融平台并向储户推广。储户通过这个第三方平台办理银行业务,但实际的现金流并没有流入银行,也就是说储户从存钱的那一刻起,他们的钱就已经被偷走了。对于任何一个个人储户而言(如果是对公用户,受限于业务办理规则,一般情况下无法进行这类操作),只要储户选择了这家银行,就根本无法规避这个骗局。因为一切手续都是正规合法的,银行是真的,业务员是真的,手续也是真的,但唯独存进银行的钱变成了假的。

河南村镇银行事件发生后,中共中央政治局在2022年7月28日召开了会议,强调要保持金融市场总体稳定,妥善化解一些地方村镇银行风险,严厉打击金融犯罪。随后中国人民银行积极配合地方政府和监管部门稳妥应对,指导分支机构履行维护区域金融稳定的责任,做好流动性风险监测和应急保障。

(资料来源:腾讯网。)

问题:
结合河南村镇银行事件谈谈银行的操作风险。

简要提示:
操作风险是指金融机构由于不完善或有问题的内部操作过程、人员、系统或外部事件而导致的直接或间接损失的风险。商业银行操作风险的主要特征是损失事件主要集中在商业银行业务和零售银行业务,主要可以归因于内部欺诈、外部欺诈,其中占到损失事件比例最大的是商业银行业务中的内部欺诈。河南村镇银行储户无法取出存款,据调查原因为银行高管与股东里应外合,盗走了储户的存款,这明显属于银行的操作风险。为了应对操作风险,商业银行应加强员工日常思想道德教育,引导员工树立风险防范意识,用鲜活的案例教育员工珍惜现有岗位,告诫员工应当遵纪守法、远离各种诱惑。另外,要加强业务培训,尤其是对新员工、新业务的培训,让员工养成合规操作的习惯,增强对风险事件的判断力,使业务操作流程合规。

案例思政元素分析:
首先,党和政府坚决维护金融稳定大局。党的二十大报告提出,加强和完善现代金融监管,强化金融稳定保障体系,依法将各类金融活动全部纳入监管,守住不发生系统性风险底线。党和政府运用多种媒体平台开展普及金融知识、防范金融风险的宣传工作,及时将国家最新的金融政策法规传递给广大人民群众，同时地方政府官网设立金融政策专栏，介绍金融法规政策和金融风险知识、开展咨询与服务工作等，方便人民群众加强对金融风险知识的了解和掌握。这一系列举措表现出党和国家对防范金融风险的重视，体现出党和政府坚决维护金融稳定大局的决心。

其次，党和政府坚持以人民为中心的发展思想。党的二十大报告明确了前进道路上必须牢牢把握的"五个重大原则"，其中一个原则就是"坚持以人民为中心的发展思想"。金融活动时刻伴随着对风险的识别、防控和处置，而金融风险的积聚、外溢和传染会给国民经济造成巨大破坏，给个人和企业带来巨大损失，给国家安全构成重大威胁。提高人民的金融风险防范意识，是党和政府坚持以人民为中心的发展思想的生动体现。

案例【14-2】

互联网企业金融牌照整改

随着网络平台企业所从事的金融业务规模的持续扩大，传统监管制度显示出了滞后性，监管方式与当前的数字金融市场脱节，因此应当完善我国的金融监管制度，对数字金融业务实施穿透式监管，完善征信体系建设，使金融市场更健康地发展。

为深入贯彻落实中国共产党第十九届中央委员会第五次全体会议、中央经济工作会议及中央财经委员会第九次会议精神，进一步加强对网络平台企业所从事的金融业务的监管，强化反垄断和防止资本无序扩张，推动平台经济规范健康持续发展。2021年4月，"一行两会"等中国金融管理部门联合对部分从事金融业务的网络平台企业进行监管约谈，提出了自查整改工作要求。整改要求包括：金融活动全部纳入金融监管，金融业务必须持牌经营；断开支付工具和其他金融产品的不当连接，严控非银行支付账户向对公领域扩张；打破信息垄断，严格通过持牌征信机构依法合规开展个人征信业务等。2022年3月，国务院金融稳定发展委员会办公室（现中央金融委员会办公室）召开专题会议，会议强调，通过规范、透明、可预期的监管，稳妥推进并尽快完成大型平台公司整改工作。

2022年以来，互联网小贷牌照整合进程加速，清退与增资同步进行。据21世纪经济报道记者不完全统计，2022年以来，已有京东、度小满、携程、平安普惠等拥有多张互联网小贷牌照的公司，在开展相关牌照的整合清退。2022年6月，北京市地方金融监管局公示关于同意取消京东旗下北京京汇小额贷款有限公司试点资格的批复。彼时，京东科技方面对《21世纪经济报道》记者表示，本次取消试点系公司主动申请，主要是配合监管部门的指导，整合同类型地方金融牌照，小贷公司牌照主体最终仅保留一家。互联网平台尤其是已上市、拟上市企业正在加速金融类牌照整合。2022年下半年，京东旗下北京京汇小额贷款有限公司、上海京汇小额贷款有限公司均已完成经营范围变更，并进行了更名。

（资料来源：21世纪经济网。）

问题：

结合金融牌照谈谈金融监管的方式。

简要提示：

狭义的金融监管是指依据国家法律法规对整个金融业由中央银行或者其他的金融监管当局实施的监督管理。金融监管根据时段划分为事前监管、事中监管、事后监管，市场准入制度是事前监管的核心，金融许可证则是市场准入制度的常态表现。发放金融牌照应属于金融监管过程的事前监管。金融牌照指的是金融机构经营许可证，通常是由金融监管机构颁发的。金融机构只有具有金融牌照才能合法开展相关的业务，否则就是违法经营。目前，最有价值的金融牌照有银行、证券、保险、信托、基金、期货、租赁等。金融机构想要为客户提供全面的产品与服务，就必须持有金融牌照，因此企业拥有金融牌照的数量可以侧面证明企业的实力与可靠性。

案例思政元素分析：

　　首先，发挥好社会主义金融监管的优势。对"金融牌照"的监管和约束，能够体现出中国特色的监管优势，即由"一行两会"联手对网络平台企业从事金融业活动进行干预和监管，通过处置该领域风险，整治金融乱象，补齐制度短板，提前防范局部风险向系统性风险转变，坚决守住不发生系统性金融风险的底线。这体现了社会主义金融监管的特点和优势，有助于增强制度自信。

　　其次，强化金融监管有利于金融市场的稳定。党的二十大报告指出："深化金融体制改革，建设现代中央银行制度，加强和完善现代金融监管，强化金融稳定保障体系，依法将各类金融活动全部纳入监管，守住不发生系统性风险底线。"金融市场的稳定能创造良好的金融环境，提高金融中介的效率和实现资源的最优配置，促进经济健康有序发展。通过对"金融牌照"的监督和约束，有助于规范网络平台企业所从事的金融业务活动，降低金融风险，有助于金融市场的稳定，保护人民群众的利益。

第 15 章

金 融 创 新

本章学习要点

通过本章的学习，掌握金融创新的含义、国际背景和直接导因；了解金融创新与金融监管的关系、金融创新的内容。

本章学习重点与难点

重点是金融创新的含义、国际背景和直接导因，难点是金融创新的内容。

本章基本概念

金融创新、金融管制、金融风险。

▶ 15.1 金融创新的内涵

15.1.1 金融创新的含义

金融创新是指在金融领域内对各种金融要素实行新的组合。具体而言，是指金融机构为生存、发展和迎合客户的需要而创造的新的金融产品、新的金融交易方式，以及新的金融市场和新的金融机构。这个概念包括四个方面的内容：金融创新的主体是金融机构；金融创新的目的是盈利和效率；金融创新的本质是金融要素的重新组合，即流动性、收益性、风险性的重新组合；金融创新的表现形式是金融业务的创新、金融机构的创新。金融创新可以分为狭义的金融创新和广义的金融创新。

（1）狭义的金融创新

狭义的金融创新是以 1961 年美国花旗银行首次推出的大额可转让定期存单为典型标志，特别是 20 世纪 70 年代西方发达国家在放松金融管制之后而引发的一系列金融业务的创新。放松金融管制的措施包括放宽设立银行的条件、放松或取消利率管制、放松对商业银行的资产负债管理、允许银行和非银行机构实行业务交叉等，这种制度上和观念上的创新直接推动国际金融市场不断向深度和广度发展。同时，放松金融管制还加剧了金融中介机构之间的竞争，使其负债对利率的弹性大大提高，负债管理的创新理论也由此而产生。

（2）广义的金融创新

广义的金融创新不仅包括微观意义上的金融创新，还包括宏观意义上的金融创新，包括金融发展史上曾经发生的所有的金融创新。可以说，金融创新是一个历史范畴，自现代银行业诞生那天起，无论是银行传统的三大业务、银行的支付和清算系统、银行的资产负债管理，还是金融机构、金融市场，乃至整个金融体系、国际货币制度，都经历了一轮又一轮的金融创新。整个金融业的发展史就是一部不断创新的历史，这种金融创新是生产力发展后，对生产关系组成部分的金融结构进行调整而产生的。因此，从某种意义上讲，金融创新也是金融体系基本功能的建设，是金融体系不断创新成长的过程。

金融创新简介

15.1.2 金融创新与金融管制的关系

金融创新与金融管制是矛盾的统一体，金融管制是金融创新的障碍，也是金融创新的诱发原因，而金融创新的不断发展又促进了金融管制的不断完善。

1. 金融管制对金融创新的诱发作用

第二次世界大战后，西方国家为维持金融稳定而对金融机构的业务范围、利率、信贷规模、区域分布等采取的一系列的管制办法，成为诱发金融创新的重要原因。由于管制实际上是对金融机构的一种成本追加，或称隐含的税收，追求利润最大化的金融机构必然会想方设法来规避政府管制，于是金融创新应运而生。同时，金融创新也是有成本的，当创新所带来的利润大于成本时，金融创新才会成为现实。而当金融创新危及金融稳定和货币政策时，政府会更加严厉地管制，其结果是管制—创新—管制，两者互为因果。

由于金融创新和金融管制之间存在着高度的相关性，因此，一般来说，金融管制越严格，金融创新程度就越活跃。

2. 金融创新对完善金融管制的推动作用

金融创新使早期的金融管制失去了效率，并推动了20世纪80年代的金融自由化，但金融自由化和金融创新又加剧了金融风险，使金融体系出现新的不稳定因素。因此，各国政府必然要进一步完善金融管制，以维护金融秩序的稳定。

金融管制目标从单纯强调安全性向安全与效率并重转变。金融管制目标的确立是金融管制的核心问题，它决定了管制主体的临界管制和管制措施的制定与实施。20世纪70年代以前，世界各国的金融管制主要侧重于维护金融体系的安全性。这一目标的确立在理论上源于金融业的特殊性及金融危机的渗透性、扩散性和巨大的破坏性。特别是20世纪30年代大危机的经验教训，促使各国金融管制当局致力于建立并维持一个安全稳定的金融体系。这体现在措施上，主要是市场准入条件的限制、金融机构业务范围的划定、准备金率及利率上限的规定等。这些法规和管制措施的制定和实施在稳定金融秩序、促进金融机构谨慎经营、保护存款和投资者利益等方面起到了应有的作用，但也限制了金融机构的自由，造成金融机构经营效率的低下。特别是随着客观经济条件的变化，如20世纪70年代西方国家发生的高通货膨胀，上述限制性规定导致金融机构特别是商业银行经营困难，从而引发了金融创新与金融管制之间的博弈。各国当局充分认识到了这一点并相应地调整了管制目标，即从单纯强调安全性转变为寻求安全与效率的某种均衡。

15.2 金融创新的国际背景与直接导因

金融创新属于历史范畴,其发生和发展的轨迹与特定历史时期的经济发展背景密切相关。第二次世界大战以后,世界格局和经济形势发生了巨大的变化,经济高速增长,高新技术发展日新月异,所有这一切正日益深刻地影响和改变着公众的生存方式和经济行为。同时,金融市场的制度环境已经发生了很大的变化,正是这些因素促成了国际金融领域创新浪潮的涌起。

15.2.1 金融创新的国际背景

从当代经济发展史来看,对金融创新有较大影响的经济事件主要有:欧洲货币市场的兴起、国际货币体系的转变、石油危机与石油美元回流、国际债务危机等。

1. 欧洲货币市场的兴起

第二次世界大战后的二三十年中,世界经济发生了深刻变化,其中生产国际化带来了市场国际化和资金国际化,推动了欧洲货币市场的形成。

美国政府为了限制资本外流,采取了一系列措施,如课税、利率调整或贷款限制等。这些措施的出台迫使美国商业银行在国内的信贷业务受阻,其只能向国外市场寻求发展,导致美国资金大量外流,促使了欧洲货币市场业务的兴盛。欧洲货币市场作为一个离岸金融市场,其本身就是一个在逃避管制中创造出来的产物。可以说,欧洲货币市场的建立,开辟了当代金融创新的先河,其灵活多样的经营手段为以后的金融创新树立了典范。

2. 国际货币体系的转变

1944 年,英美等 44 个国家确立了第二次世界大战后的国际货币体系——布雷顿森林体系,但随着世界经济的不断复苏,布雷顿森林体系逐渐瓦解,浮动汇率制诞生。

国际货币体系由相对稳定的"双挂钩"制转变为不太稳定、易引发贬值、投机甚至传播通货膨胀的"浮动汇率制",给各国和世界经济带来了较大的风险,这当然也会使金融机构的经营面临更大的市场风险。所以国际货币体系的改变是促进金融创新的一个重要的环境因素。

3. 石油危机与石油美元回流

1973 年 10 月,第四次中东战争爆发,石油输出国组织(OPEC)以石油为武器,与西方发达国家抗衡,在加快石油国产化的同时,大幅度提高了油价,给世界经济带来了巨大的影响,形成了石油危机。随着 OPEC 石油价格的大幅提高,石油输出国的贸易收支出现了巨额顺差,由于石油贸易是以美元计价并结算的,而且美元在石油盈余资金中所占的比重最大,故称为石油美元。石油危机造成了全球性的国际收支的严重失衡,为了弥补国际收支失衡,逆差国纷纷进入欧洲货币市场和国际资本市场寻求资金。与此同时,石油输出国为了寻求有利的投资场所,也将巨额的石油美元投向了欧美金融市场。这样一来,石油美元从石油输出国返回到了石油进口国,形成了石油美元的回流。

石油美元的回流在一定程度上促进了国际金融市场的发展,但是,由于涌入国际金融市场的资金大部分是短期金融资金，流动性大，在浮动汇率的条件下，石油美元在国家之间大量、快速地流动，这在一定程度上助长了投机活动，加剧了金融市场的动荡，由此导致了利率、汇率的频繁波动，使融资双方要求有新的金融交易工具来规避日益加剧的市场风险。

专栏【15-1】

布雷顿森林体系

1944年7月，西方主要国家的代表在联合国国际货币金融会议上确立了第二次世界大战后以美元为中心的国际货币体系，因为此次会议是在美国新罕布什尔州布雷顿森林举行的，所以称之为"布雷顿森林体系"。关贸总协定作为1944年布雷顿森林会议的补充，连同布雷顿森林会议通过的各项协定，统称为"布雷顿森林体系"，即以外汇自由化、资本自由化和贸易自由化为主要内容的多边经济制度，构成资本主义集团的核心内容。布雷顿森林体系是以美元和黄金为基础的金汇兑本位制，其实质是建立一种以美元为中心的国际货币体系，基本内容包括美元与黄金挂钩、国际货币基金会员国的货币与美元保持固定汇率（实行固定汇率制度）。布雷顿森林体系的运转与美元的信誉和地位密切相关。布雷顿森林体系的建立，促进了战后资本主义世界经济的恢复和发展。但因美元危机与美国经济危机的频繁爆发，以及制度本身不可解脱的矛盾性，该体系于1971年8月15日被尼克松政府宣告结束。

（资料来源：百度百科。）

4. 国际债务危机

20世纪70年代以来，许多发展中国家为了加速本国经济的发展，对国际金融市场上的资金需求非常旺盛，但是由于一些发展中国家缺乏对债务结构、债务规模的宏观管理与控制的经验，常常因不顾自身偿债能力而盲目借入超过自身承受能力的外债，其结果必然是产生严重的债务问题。此外，石油涨价、利率提高及国际贸易中的保护主义盛行、发展中国家出口下降等原因，使这些债务国的偿债能力大打折扣。20世纪80年代初期，以南美发展中国家为主要债务国的债务危机最终爆发，从而加剧了国际金融的不稳定性，对国际金融业产生了深远的影响。

国际商业银行面对这场严重的债务危机，纷纷缩小融资规模，改革融资方式，促进一大批新的融资工具和融资方式的诞生，同时产生了许多解决债务问题的新办法，如债权转股权、购回旧债发行有抵押的新债、债务转债券、阶段性持股等，使债务危机得到了很大程度的缓解。

15.2.2 金融创新的直接导因

通过以上国际条件变化的背景分析，可以看出经济生活对金融创新有着巨大的需求。但是金融业作为一个特殊的行业，其各种创新的出现和广泛传播，还有一些复杂的原因和条件，正是这些因素构成了金融创新的直接导因。

1. 金融管制的放松

20世纪30年代，随着经济危机的爆发，西方国家为了维护金融体系的稳定，相继通过了一系列管制性的金融法令。严格的管制虽然促进了金融体系的稳定，但也造成了严重的"脱媒"现象。于是，政府的严格管制产生了逆效应——金融机构通过创新来规避管制，寻求管制以外的获利空间。

如果政府对金融机构的创新行为严加管制，则会使金融机构创新的空间日渐狭窄，不利于经济的发展；但如果采取默认的态度，任其打法律的"擦边球"，又有纵容其违法之嫌。所以，各国政府为了适应宏观市场的经济发展以及微观金融主体的创新之需，逐步放宽了对金融机构的管制，使得金融创新掀起了一股浪潮，成为推动国际金融业快速发展的内在动力。由此可见，金融创新需要一定程度的宽松的制度环境支持的，否则金融创新就会失去实践上的意义。

2. 市场竞争的日益尖锐化

竞争是市场经济的重要规律之一，没有竞争就没有市场经济。随着全球经济一体化、市场的国际化，金融领域的发展非常迅速。金融机构的种类、数量急剧增加，金融资本高度集中，同时向国外市场发展。由此伴随而来的金融机构之间的竞争也日趋尖锐，而且面临的风险更大，特别是当经济遭遇危机时，市场经济优胜劣汰的本能机制，在金融领域里演绎得更加充分，金融机构倒闭、合并、重组的事件屡见不鲜。所以，为了在竞争中求生存、谋发展，增加企业收益，从而在市场上立于不败之地，金融机构就需要进行不断的改革与创新。可以说，金融业的发展史就是一部创新史。

3. 科学技术的进步

20世纪70年代以来，一场以计算机等为根本特征的新技术革命席卷世界。20世纪90年代以后，以网络为核心的信息技术飞速发展，信息产业成为新兴产业。这些高新技术也被广泛应用到金融机构的业务处理过程之中，为金融创新提供了技术上的支持，成为技术性金融创新的原动力，促进了金融业的电子化发展。

▶ 15.3 金融创新的内容

金融创新的内容十分广泛，各种创新又有自己的目的与要求。所以，金融创新可以有不同的分类方法。例如，按创新主体来划分，金融创新可以分为市场主导型和政府主导型；按创新动因来划分，金融创新可以分为逃避管制型、规避风险型、技术推动型和理财型等；按创新内容来划分，金融创新可以分为工具的创新、机构的创新、业务的创新、制度的创新等。

本书主要从金融业务的创新、金融机构的创新方面进行分析。

15.3.1 金融业务的创新

金融业务的创新是把创新的概念进一步引申到金融机构的业务经营管理领域，它是金融机构利用新思维、新组织方式和新技术构造新型的融资模式，通过其经营过程取得并实现经营成果的活动。在金融业务的创新中，因为商业银行业务在整个金融业务中占据举足轻重的地位，所以商业银行的业务创新构成了金融业务创新的核心内容。此处，重点分析商业银行的业务创新。

1. 负债业务的创新

商业银行负债业务的创新主要发生在20世纪60年代以后，主要表现在商业银行的存款业务上。

① 商业银行存款业务的创新是对商业银行传统业务的改造、新兴存款方式的创设与拓展。其发展趋势表现在以下方面：存款工具功能的多样化、存款证券化、存款业务操作电算化等。

② 商业银行的新型存款账户的创新迎合了市场不同客户的需求。这些新型存款账户主要有：可转让支付指令账户（NOW）；超级可转让支付指令账户（Super NOW）；电话转账服务和自动转账服务（ATS）；股金汇票账户；货币市场互助基金；协议账户；个人退休金账户；定活两便存款账户（TDA）等。

③ 商业银行负债的范围、用途扩大化。商业银行的借入款一般适用于临时、短期的资金调剂，而现在却日益成为弥补商业银行资产流动性不足、提高收益、降低风险的重要工具，筹资范围也从国内市场扩大到全球市场。

2. 资产业务的创新

商业银行资产业务的创新主要表现在贷款业务上，具体表现在以下四个方面。

（1）贷款结构的变化

长期贷款业务，尤其是消费贷款业务，一直被商业银行认为是不宜开展的业务，但是，20世纪80年代以后，商业银行不断拓展长期贷款业务，在期限上、投向上都有了较大的改变。以美国商业银行为例，以不动产为主的长期贷款已经占到商业银行资产总额的30%以上；在消费贷款领域，各个阶层的消费者在购买住宅、汽车、大型家电及留学、修缮房屋等方面，都可以向商业银行申请一次性偿还或分期偿还的消费贷款。消费信贷方式已经成为不少商业银行的主要资产项目。

（2）贷款证券化

贷款证券化作为商业银行贷款业务与国债、证券市场紧密结合的产物，是商业银行贷款业务创新的一个重要表现，它增强了商业银行资产的流动性和变现能力。

（3）与市场利率联系紧密的贷款形式不断出现

在实际业务操作过程中，商业银行贷款利率与市场利率紧密联系并随之变动，有助于商业银行转移其资产因市场利率大幅度波动所引起的价格风险，这是商业银行贷款业务的一项重要创新。其具体形式有浮动利率贷款、可变利率抵押贷款、可调整抵押贷款等。这些贷款种类的出现使贷款形式更加灵活，利率更能适应市场变化。

（4）商业银行贷款业务"表外化"

为了规避风险，或为了规避管制，还可能是为了迎合市场客户之需，商业银行的贷款业务有逐渐"表外化"的倾向。其具体业务有回购协议、贷款额度、周转性贷款承诺、循环贷款协议、票据发行便利等。

创新金融服务方式
助推科技产业发展

3. 中间业务的创新

商业银行中间业务的创新，彻底改变了商业银行传统的业务结构，增强了商业银行的竞争力，为商业银行的发展找到了巨大的、新的利润增长点，对商业银行的发展产生了很大影响。商业银行中间业务创新的内容主要有以下几个方面。

（1）结算业务日益向电子转账发展

随着网络通信技术的进步，计算机被广泛应用于金融行业，由于计算机具有自动化、电子化、便利化等特点，且人们在办理资金划转或结算业务时可以时较少地使用现金、支票、汇票、报单等票据或凭证，于是人们更乐于通过计算机及其网络办理转账，从而提高了结算业务的办理效率。

（2）信托业务的创新与私人银行的兴起

随着金融管制的放松和金融自由化的发展，商业银行信托业务与传统的存、贷、投资业务等逐步融为一体，并大力拓展市场潜力巨大的私人银行业务，如生前信托、共同信托基金等。通过向客户提供特别设计的、全方位的、多品种的金融服务，改善了商业银行的盈利结构，拓展了业务，使商业银行的竞争力大大提高。

（3）商业银行自动化服务的创新

随着科技的不断进步，从"IT+金融"到"互联网+金融"阶段，再到现在正经历的以人工智能、大数据、云计算等为代表的"新科技+金融"阶段，每个金融阶段持续的时间越来越短，金融科技的创新速度越来越快。同时，随着电子化、自动化的全方位、全天候的金融服务的普及，商业银行业务发生了巨大的变革，主要包括银行卡业务、自助银行、网络银行、手机银行、自动柜员机、居家银行服务等。

专栏【15-2】

网络银行

网络银行，又称网上银行或在线银行，是指一种以信息技术和互联网技术为依托，通过互联网平台向用户开展和提供开户、销户、查询、对账、行内转账、跨行转账、信贷、网上证券、投资理财等各种金融服务的新型银行机构与服务形式，为用户提供全方位、全天候、便捷、实时的快捷金融服务系统。

网络银行是信息时代的产物。它的诞生使原来必须到银行柜台办理业务的客户，通过互联网便可直接进入银行，随意进行账务查询、转账、外汇买卖、银行转账、线上购物、账户挂失等业务，使客户真正做到足不出户办妥一切银行业务。网络银行服务系统的开通，对银行和客户来说，都将大大提高工作效率，让资金创造效益，从而降低生产经营成本。

（资料来源：百度百科。）

（4）表外业务的发展

商业银行发展、创新表外业务的直接动机是规避金融监管当局对资本金的特殊要求，通过保持资产负债表的良好外观来维持自身稳健经营的形象。当然，表外业务也是商业银行顺应外部金融环境的改变、由传统银行业务向现代银行业务转化的必然产物。表外业务虽然没有利息收入，但有可观的手续费收入。从世界各国银行业的发展情况来看，表外业务发展迅猛，花样品种不断翻新，有些商业银行的表外业务收益已经超过传统的表内业务收益，成为商业银行的支柱业务。目前，商业银行的表外业务主要有贸易融通业务（如商业信用证、银行承兑汇票）、金融保证业务（如担保、备用信用证、贷款承诺、贷款销售与资产证券化）、金融衍生产品业务（如各种互换交易、期货和远期交易、期权交易）等。

15.3.2 金融机构的创新

金融机构的创新是指商业银行业务全能化发展和随金融工具创新而产生的大量新的金融机构。例如各种各样的投资基金崛起，其中既有独立的非银行金融机构，也有由商业银行控股的附属机构，主要包括如下机构。

1. 风险投资公司

风险投资公司是 20 世纪 90 年代随"新经济"浪潮兴起的一类新型金融机构，它们是专门管理风险基金，把所掌管的资金有效投入有盈利潜力的企业，并通过对企业的培育使之上市或并购，以获得资本报酬。较之传统金融机构，风险投资公司有两个特点：一是它不再简单地充当金融中介，而是直接投身于实体经济运行，不仅投资，而且直接参与所投资企业的经营管理和决策；二是风险投资公司突破金融业传统稳健经营的理念，它不追求项目风险最小化，而是力图通过分散投资使风险分散化，并从所承担的风险中获得高额回报。

2. 对冲基金

对冲基金从名称上看容易产生误解，其实它与"对冲"（或"套期保值"）并无必然联系，很多时候，它并不做任何保值。对冲基金是一种投资于多种证券的私营有限合伙制企业。在对冲基金中存在两种合伙人：一名一般合伙人和众多有限合伙人，前者负责交易活动和日常基金业务，后者提供资金但不涉足经营活动。

3. 金融集团和跨国银行

金融集团是金融业混业经营及金融企业兼并收购浪潮中出现的一类综合性的混合型金融集团公司。这类公司往往同时控股商业银行、投资银行、保险公司、信托机构、信用卡机构，甚至还包括非金融企业。通过金融集团的范围经济以及规模经济效应，这些大型金融混合企业在整个金融部门的影响越来越大，成为未来金融业发展的一个方向。

由于西方发达国家先后放松了对外国资本进入国内资本市场的限制，取消了利率和外汇管制，国家之间贸易和资本流动增加，从而涌现了大量的跨国金融机构，对提高金融服务质量有了更高的要求。同时，持续不断的金融创新浪潮也推动了跨国金融机构的快速发展。

金融创新助力实体经济稳健运行

小 结

1. 金融创新是指在金融领域内对各种金融要素实行新的组合。具体而言，是指金融机构为生存、发展和迎合客户的需要而创造的新的金融产品、新的金融交易方式、新的金融市场和新的金融机构。这个概念包括四个方面的内容：金融创新的主体是金融机构；金融创新的目的是盈利和效率；金融创新的本质是金融要素的重新组合，即流动性、收益性、风险性的重新组合；金融创新的表现形式是金融业务的创新和金融机构的创新。

2. 金融创新的国际背景主要有四个方面：欧洲货币市场的兴起；国际货币体系的转变；石油危机与石油美元回流；国际债务危机。各国对金融管制的放松、日益尖锐的市场竞争与影响深远的科学技术革命则是金融创新的直接导因。

3. 金融创新的主要内容包括金融业务的创新和金融机构的创新。其中，金融业务的创新包括负债业务的创新、资产业务的创新、中间业务的创新等；金融机构的创新主要是金融机构由"专业化"向"综合化"转化。

思考题

1. 金融创新的含义是什么？
2. 金融创新与金融管制的关系是什么？
3. 金融创新可分为哪些种类？内容是什么？

案例简介

案例【15-1】

金融创新的成果

金融创新起源于20世纪50年代末，随着经济与科技的不断发展，当前世界已进入金融创新发展的快车道，金融创新的范围之广、势头之猛、种类之多已经打破了传统金融的经营理念，加速了经济全球化的进程。20世纪50年代的金融创新主要包括消费者贷款、租赁、信用卡等；20世纪60年代的金融创新主要包括可赎回债券、可转让大额定期存单、自动转账、银团贷款等；20世纪70年代的金融创新主要包括联邦房屋贷款抵押协会、房地产抵押贷款证券化等；20世纪80年代的金融创新主要包括利率掉期、市政公债、浮动优先股、零息债券、电话银行等；20世纪90年代的金融创新主要包括债券期货期权、信用违约掉期、网上银行等；2000年之后的金融创新主要包括担保债务权证、信用违约互换、特殊目的机构等。

（资料来源：宋玮. 金融学[M]. 北京：对外经济贸易大学出版社. 2010.）

问题：
分析金融创新的背景及动因。

简要提示：
20世纪60年代以来，西方的金融创新进入一个繁荣发展的时期，其中具有代表性的金融创新是金融市场创新和负债业务创新。进入20世纪70年代，金融创新的内容主要集中在金融机构的传统业务方面，如银行的资产业务、负债业务与中间业务。20世纪80年代后，随着计算机技术的广泛使用和金融市场一体化趋势的加强，新的金融服务技术成为创新的焦点，这一时期的创新主要是融资方式的创新，且多以银行表外业务的形式出现。20世纪90年代以来，衍生品交易的种类不断增加，规模不断扩大，金融创新的重点也由单纯的工具创新转移到了制度建设上，《新巴塞尔协议》的出台和欧元的出现是制度建设的重要成果。

案例思政元素分析：
1. 重视金融创新的作用。金融作为现代经济的核心，是推动社会经济发展的重要力量，为了更好地促进经济的发展应当重视金融创新的作用，金融部门可通过资源整合、精准施策、试点先行、环境优化等方式优化金融创新，充分发挥金融对实体经济的促进作用，助力国家经济发展。

2. 合理规范金融创新行为。金融的发展需要创新，但应在法律的规则内进行合理创新。当前各种金融机构进行的金融创新行为层出不穷，面对这种情况，金融监管部门应当及时做出反应，强化对金融创新的监管，使金融创新维持在规则之内，从而维护金融市场的稳定。

案例【15-2】

全国首例！数字人民币穿透支付在雄安新区成功落地

中国建设银行河北雄安分行通过"雄安新区建设资金管理区块链信息系统"，成功落地数字人民币穿透支付业务，实现了数字人民币在新区区块链支付领域应用场景新突破。据介绍，这是在雄安新区改革发展局、财政支付中心和中国人民银行雄安营管部联合指导下完成的，该成就在全国尚属首例。

该笔业务的成功落地为拓展数字人民币应用领域、促进数字金融体系的形成、保障农民工工资及时足额发放做出了积极探索。形成B端、C端数字人民币工资支付、收款全链条业务流，为施工企业和农民工提供了工资支付新途径。同时，通过区块链系统"穿透式"发放，简化了中间发放环节，显著提高了工资发放效率，避免分包企业拖欠、克扣工资款，从而保障农民工的合法权益。

（资料来源：韩梅. 全国首例！数字人民币穿透支付在雄安新区成功落地[N]. 北京日报. 2022-08-31.）

问题：
数字人民币的使用将带来哪些好处？

简要提示：
数字人民币是由中国人民银行发行的，是有国家信用背书、有法偿能力的法定货币，它是现代公共金融基础设施之一，也是对人民银行支付系统的一次重大升级，数字人民币的出现有利于国家对支付市场进行整合，打破支付壁垒。数字人民币不仅可以提升支付服务的可获得性，帮助不便设立传统银行账户的民众获得金融服务，进而提升人民的生活幸福感，还可显著提升支付系统的运行效率，从而为经济的发展增添助力。

案例思政元素分析：

首先，坚定不移地支持数字人民币的发展。数字人民币是未来货币市场竞争的制高点，中国作为世界经济的重要组成部分，数字人民币在我国具有广阔的发展前景，同时随着电子商务的发展，数字人民币变得愈发重要。在今后的国际竞争中，数字人民币的发展壮大有利于加速人民币的国际化进程，瓦解美元的霸权地位，从而更好地维护我国货币主权与安全。

其次，积极推动数字人民币建设。要积极做好数字人民币产品服务工作，要以为人民服务为中心，在不增加用户支付成本的情况下，完成数字人民币的推广使用工作，同时也要积极完善相关法律法规，为数字人民币的开发、推广与使用创建一个良好的法律环境。

第 16 章

金融与经济发展

本章学习要点

通过本章的学习,掌握金融发展、金融压抑、金融自由化的含义,衡量金融发展的基本指标;理解金融压抑对经济增长的阻碍、金融自由化对经济增长的促进作用;了解发展中国家的金融压抑现象、金融自由化与金融危机的联系。

本章学习重点与难点

重点是金融发展、金融压抑和金融自由化的含义,难点是金融压抑对经济增长的阻碍、金融自由化对经济增长的促进作用。

本章基本概念

金融发展、金融压抑、金融自由化、金融相关率、货币化率。

2008 年金融危机席卷全球,从中可以看出金融与经济联系的紧密度。发达国家经济发展的历程也表明金融是现代经济的核心,金融稳定经济就稳定。而发展中国家的经济金融实践也证明,金融发展滞后、金融压抑等是制约经济发展的重要因素。同时,金融危机也揭示了发达国家金融自由化带来的严重问题。因此,处理好经济与金融的关系是金融健康发展和实现经济增长的重要保证。

16.1 金融发展与经济增长

在第二次世界大战后的最初 20 年里,人们并没有将金融政策视为促进经济稳定与经济增长的重要工具,西方主流经济发展理论与金融理论基本上是相互脱离的,它们侧重分析各种实物因素,如资本、劳动力、技术及自然资源在经济发展中的作用,而忽视了金融因素的作用。20 世纪 60 年代,以雷蒙德·戈德史密斯(Raymond W. Goldsmith)为代表的一批经济学家肯定了金融发展对于一国经济增长不可或缺的作用。20 世纪 70 年代,罗纳德·麦金农(Ronald Mckinnon)的《经济发展中的货币与资本》和爱德华·肖(Edward Shaw)的《经济发展中的金融深化》有力地证明了金融部门与经济发展之间存在着密切的关联；他们还指出，因为发展中国家存在广泛的"金融压抑"现象，阻碍了金融的发展，从而制约了经济增长，所以发展中国家应将以金融自由化为内容的金融改革作为发展政策的核心。自此，发展中国家先后进行了以金融深化或金融发展为目标的金融体制改革。同时，发达国家也相继放松了金融管制，一场在全球范围内的金融自由化运动迅速兴起。

从总体上看，金融自由化运动逐步打破了束缚在金融业上的种种陈规，金融业获得了长足的进步，推动了这些国家的经济增长。但是，某些发展中国家的金融自由化运动也出现了许多问题。20世纪80年代至今，金融危机频繁爆发，先后发生了拉美主权债务危机、墨西哥金融危机、1997年亚洲金融危机等，迫使人们从理论和实践上重新认识金融自由化—金融发展—经济增长的逻辑关系。

16.1.1 金融发展的含义

金融发展作为一个专用术语，按照戈德史密斯的解释，其是指金融结构的变化，金融结构包括金融工具的结构和金融机构的结构两个方面。一个社会的金融体系是由众多的金融工具、金融机构组成的。不同类型的金融工具与金融机构组合会构成不同特征的金融结构。有的国家金融体系中的金融工具种类多、数量多流动性高；同时，金融机构的种类多、规模大、服务范围广、服务效率高，具有较强的竞争实力。有的国家金融工具种类少、数量少、流动性也低；同时，金融机构的种类少、规模小、服务范围有限、服务效率低下。一般来说，金融工具的种类、数量、先进程度，以及金融机构的种类、规模、效率等的综合，形成具有不同发展程度的金融结构。因此，金融发展程度越高，金融工具和金融机构的种类、数量就越多，金融服务的效率就越高。

16.1.2 衡量金融发展的基本指标

根据金融发展的含义衡量金融发展程度，实际上是衡量金融结构的状态。另外，因为金融发展与经济增长之间存在正向关系，所以衡量金融发展的基本指标可以分为两类：一是金融内部结构指标，二是金融发展状态与经济增长的相互关系指标。

1. 金融内部结构指标

戈德史密斯提出了许多金融结构指标，具体如下。

① 主要金融资产（如短期债券、长期债券和股票等）占全部金融资产的比重。

② 金融机构发行的金融工具与非金融机构发行的金融工具之比率，该比率是衡量金融机构化程度的尺度。

③ 在非金融机构发行的主要金融工具中金融机构持有的份额，该比率更详尽地衡量了金融机构化程度。

④ 主要金融机构（如中央银行、商业银行、储蓄机构及保险组织）的相对规模。

⑤ 同类金融机构资产之和与全部金融机构总资产的比率，该比率称为分层比率，它能够衡量金融机构间的相关程度。

⑥ 主要非金融部门的内源融资和外部融资的相对规模。

⑦ 在外部融资方面，不同金融工具在已发行的各类债券和股票中所占的比重，如国内部门（主要是国内金融机构）和外国贷款人在各类债券和股票中的相对规模。

2. 金融发展状态与经济增长的相互关系指标

（1）金融相关率

在对不同国家金融结构进行比较时，可能遇到统计数字不全的困难。为此，戈德史密斯提出把金融相关率作为金融比较的工具。该指标由于简单、实用、合理而被广泛使用。

所谓金融相关率，是指某一时期一国全部金融资产的价值与该国经济活动总量的比值。它是衡量金融上层结构规模的最广泛尺度。金融资产包括：非金融部门发行的金融工具（股票、债券及各种信贷凭证）、金融部门（中央银行、商业银行、清算机构、保险组织、二级金融交易中介）发行的金融工具（如通货、活期存款、居民储蓄、保险单等）和国外部门的金融工具等。在实际统计时，常用国内生产总值来表示经济活动总量。

（2）货币化率

货币化率是指一国通过货币进行商品与服务交换的价值占国内生产总值的比重，主要用来衡量一国的货币化程度。随着商品经济的发展，使用货币作为商品与服务交换媒介的范围越来越广。对于这种现象，可认为社会的货币化程度不断提高。因为货币是金融资产的一个重要组成部分，所以货币化率是反映一个社会的金融发展程度的重要指标。在使用货币化率指标时，要注意使用的是哪个层次的货币统计量。

随着金融深化和货币化进程的加快，发达国家的货币化率呈现倒 U 型，有一个峰值后再趋于平稳。高货币化率并不能说明我国的金融市场发达。中国货币化率如此高的原因是各种生产要素资本化的过程增加了基础货币的投放量，并通过货币乘数的作用进一步放大了货币供给。

除了以上提到的指标，还可以根据研究的实际需要建立适宜的金融发展指标进行实证分析。例如，用流动性负债比率，即金融体系的负债（现金＋银行与非银行金融机构的活期存款以及有息负债）与 GDP 的比值来衡量金融深度，该指标与金融相关率类似，反映了整个金融中介部门的规模；用私人信贷比率，即分配给私人部门的信贷与国内总信贷的比率，以及通过金融中介分配给私人部门的信贷与 GDP 的比率来衡量信贷在私人部门与公共部门之间的分配；用股票市场成交量比率（股票成交量/GDP）以及股票的换手率（股票成交量/流通股本）来衡量股票市场的发展程度。

在衡量金融发展程度时，需要区别质和量两个方面。金融效率的提高、金融结构的优化、金融风险的降低等反映了金融发展质量的提高，这些指标的发展通过便利经济交易、降低交易成本、管理风险等加速资本积累和技术创新来促进经济增长；相反，单纯的金融数量扩张并不一定能产生上述作用，从而促进经济增长，当金融体系的脆弱性累积到一定程度并出现金融危机时，金融对经济的反作用就会暴露出来。

16.1.3 金融发展与经济增长的实证检验

戈德史密斯在《金融结构与金融发展》一书中，详尽地研究了长达百年、多达数个国家的金融发展状况，得出了以下主要规律。

① 从纵向看，在一国的经济发展过程中，金融资产的增长比国民财富的增长更为迅速。因此，金融相关率有提高的趋势。金融相关率的提高并不是无止境的，一旦经济发展到一定水平，金融相关率的变动即趋于稳定。

② 从横向看，经济欠发达国家的金融相关率比欧洲与北美国家的金融相关率低得多。20世纪 60 年代初期，经济欠发达国家的金融相关率通常在 1/3～2/3，而美国与西欧国家在 19

世纪末期已经达到并超过这一水平,这也体现了两类国家在金融发展上的时代差别。

③ 金融相关率受到一国经济结构的基本特征,如生产集中程度、财富分配状况、投资能力、储蓄倾向等的影响。这些特征反映在非金融部门发行的债权和股权证券的市值与国内生产总值的比率中。该比率越高,说明储蓄与投资的分离程度就越高。

④ 在大多数国家中,金融机构在金融资产的发行与持有上所占的份额会随着经济的发展而显著提高。

⑤ 从直接融资的内部结构来看,随着金融机构的发展,债权比股权增长更快(许多国家限制金融机构持有股票),而且长期债权投资的增长快于短期债权投资。金融机构持有大部分债权,而公司股票则主要由个人持有。发达国家股权投资与债权投资的比率高于不发达国家,而且发达国家金融机构持有的股票份额高于不发达国家,并有继续增长的趋势。

⑥ 随着金融的发展,银行资产占金融机构全部资产的比重趋于下降,非银行金融机构的资产占有的比重相应提高。目前,在一些发达国家,非银行金融机构的金融资产总额已超过银行的资产总额。货币化率最初上升,继而停止上升或下降。

⑦ 发达国家的融资成本(主要包括利息和其他费用)明显低于不发达国家的水平。不过,自 19 世纪中期以来,西欧与北美国家并未出现融资成本长期下降的趋势。

戈德史密斯等人的研究用定量方法描述金融发展,揭示了各国金融发展的规律性。不过,戈德史密斯并没有明确得出金融发展与经济增长之间的正向或负向关系,他只是从数据分析中得出大多数国家的经济发展与金融发展大致平行的结论,而对于金融因素是否促进了经济的加速增长,或者金融发展是否反映了经济增长,戈德史密斯谨慎地认为,尚无把握建立因果机制。

20 世纪 90 年代以后涌现的许多实证研究,为金融发展促进经济增长的观点提供了有力的支持。例如,金和列文(King and Levine,1993)研究了 77 个国家 1960—1989 年的状况,发现金融发展与经济增长存在显著的正相关关系,1960 年以后的 30 年内,人均 GDP 增长率、人均资本增长率和人均生产率增长率与金融深度指标都存在显著的正相关关系。鉴于资本市场的重要性,列文和泽维斯(Levine and Zervos)研究了 41 个国家 1976—1993 年股票市场与长期经济增长的关系,数据分析说明股票市场的发展与经济增长存在正相关关系。

16.2　金融压抑与经济增长

16.2.1　金融压抑的含义

所谓金融压抑,是指市场机制作用没有得到充分发挥的发展中国家所存在的金融管制过多、利率限制、信贷配额以及金融资产单调等现象。也就是金融市场发展不够、金融商品较少、居民储蓄率高,主要表现为利率管制、实行选择性的信贷政策、对金融机构进行严格管理,以及人为高估本国汇率、提升本国币值等。

金融压抑理论是由美国著名经济学家麦金农首创的。在《经济发展中的货币与资本》一书中,麦金农从金融制度绩效的角度强调了"金融压抑"对经济发展的负面影响。他尖锐地指出,正是政府对金融的过度管理才抑制了储蓄的增长并导致资源配置效率较低,并提出了废除金融管制、实现金融自由化的政策建议。麦金农认为,传统的货币理论基础只适用于发达国家,而对发展中国家货币金融问题的研究必须分析发展中国家货币金融制度的特点。由于发达国家与发展中国家的市场存在着重大差别,因此适用于发达国家的货币理论并不一定适用于发展中国家。

16.2.2 发展中国家普遍存在金融压抑现象

1. 发展中国家普遍存在金融压抑现象的表现

与发达国家相比,发展中国家的金融体制较落后,从金融结构的角度来看,其主要表现在以下五个方面。

① 发展中国家的金融工具形式单一,规模有限;而发达国家的金融工具则种类丰富,规模庞大。

② 发展中国家的金融体系存在着明显的二元结构,即以大城市和经济发达地区为中心的以现代大银行为代表的现代部门和以落后的农村为中心的以钱庄、当铺为代表的传统部门。

③ 发展中国家的金融机构种类单一,商业银行在金融活动中居于绝对的主导地位,非银行金融机构则不发达,金融机构的专业化程度较低,金融效率低下;而发达国家的金融机构体系则功能全面。

④ 发展中国家的直接融资市场较落后,并且主要作为政府融资的工具而存在,企业的资金来源主要靠自我积累和银行贷款。

⑤ 由于发展中国家对金融资产的价格实行严格的管制,致使金融资产价格扭曲,因此无法反映资源的相对稀缺性。其具体表现是压低实际利率,高估本国货币的币值。

麦金农和爱德华·肖等人将发展中国家存在的上述现象概括为金融压抑,即发展中国家的金融工具形式单一,金融机构种类单一,存在过多的金融管制包括利率限制、信贷配额以及汇率和资本流动管制等金融效率低下的现象。

2. 导致金融压抑的政策原因

金融压抑现象虽然与发展中国家的客观经济现实有关,但发展中国家政府所实行的金融压抑政策是导致金融压抑的最主要的原因。发展中国家的政府希望积极推动经济发展,但由于经济发展水平低、税收体制落后、外汇资金短缺、政府财力薄弱,为获得资金实现政府的发展战略,政府常常不得不对存贷款利率、汇率、信贷规模和投向、资本流动、金融业的准入等实行全方位的限制和干预。这种压抑性的金融政策主要体现在以下几个方面。

(1)通过规定存贷款利率和实施通货膨胀人为地压低实际利率

为了降低公共部门的融资成本,阻止私有部门同公共部门竞争资金,发展中国家通常以设定存贷款利率上限的方式来压低利率水平;同时,由于发展中国家政府常常依靠通货膨胀政策来弥补巨大的财政赤字,因此通货膨胀率往往居高不下。其结果是,发展中国家的实际利率通常很低,有时甚至是负数。这一结果严重脱离了发展中国家资金稀缺的现实。过低的实际利率使得持有货币(这里指广义货币)的实际收益低下,从而降低了人们对实际货币的需求,金融资产的实际规模也无法得到扩大。

(2)采取信贷配给的方式来分配稀缺的信贷资金

利率低下导致储蓄减少、投资膨胀,发展中国家通常面临着巨大的资金缺口,在这种情形下实行选择性或部门性的信贷政策,引导资金流向政府偏好的部门和企业,为此不惜分割金融市场、限制金融市场的发展。这些为政府所偏好的企业,通常并不具有非常理想的投资收益率,而大多是享有特权的国有企业和具有官方背景的私有企业。由此导致的一个直接后果是资金的分配效率较低。

（3）对金融机构实施严格的控制

这种控制包括：对金融机构实施很高的法定准备金率和流动性要求，以便政府有效地集中资金；严格限制金融机构的资金流向；严格限制某些种类的金融机构的发展；实施金融机构的国有化等。政府倾向于鼓励那些能够从中获取巨大铸币收益的金融机构和金融工具的发展，抑制其他金融机构和金融工具的发展。货币和银行系统往往受到偏爱和保护，因为通过储备要求及强制性持有政府债券，政府可以无息或低息为公共部门融资。对于私有证券，因为不便于从中收取铸币税，政府则借助交易税、印花税及资本利得税等多种形式对其进行抑制。这些控制造成的直接后果是金融机构的成本高昂、效率低下，金融机构种类单一、专业化程度低。

（4）人为高估本币的汇率

发展中国家为了降低进口机器设备的成本，常常人为地高估本币的汇率，使其严重偏离均衡的汇率水平。这一政策的结果是使发展中国家陷入了更为严重的外汇短缺困境。过高的本币汇率不仅使发展中国家本来就比较弱的产品国际竞争力更弱，而且使进口需求高涨。其结果是发展中国家不得不实行全面的外汇管制，对稀缺的外汇资源进行行政性分配。

显然，发展中国家的金融压抑政策更加深了其金融压抑的严重程度。

16.2.3 金融压抑对经济增长的阻碍

发展中国家的金融压抑政策扭曲了金融资产的价格，这种政策虽然在既定的通货膨胀率和名义利率下为政府赤字融通了资金，但对经济效率的损害也是相当大的。

1. 利率管制对经济增长的副作用

人为压低利率的消极作用主要表现在四个方面。

① 低利率促使人们更关心现期消费，忽视了未来消费，扭曲了公众对资金的时间偏好，从而导致储蓄水平低于社会最优水平，较低的储蓄使投资也低于最优水平，最终损害经济增长率。

② 低利率使潜在的资金供应者不去正规的金融中介机构存款，而是直接进行收益较低的投资，这就降低了整个经济体系的效率。

③ 政府管制的金融中介机构可能因地方性的、不受政府管制的、非正规的信贷市场的兴起而被削弱竞争力。

④ 由于资金成本较低，银行借款人会投资资本密集型的项目。因为利率较低，收益较低的项目也会产生利润，这就产生了对贷款的超额需求，为避免信贷扩张发生通货膨胀，政府和银行不得不在实行利率压制政策的同时，实施行政性信贷配给。一方面，寻租和腐败行为难以避免；另一方面，由于逆向选择的结果，整个银行体系的资产质量都会下降，投资效率降低。

利率管制不但阻碍了发展中国家的经济增长，发达国家存在的利率管制也产生了一些消极影响。20世纪60年代末期以后，通货膨胀率上升使市场利率提高，因为银行存款利率受到利率上限的管制，市场利率与银行存款利率的差距拉大，导致西方某些发达国家的银行体系出现了"脱媒"现象。美国曾在1966年、1969年、1973—1974年、1978—1979年共发生了4次银行存款大量流失、信用收缩的"脱媒"危机。

2. 外汇管制对经济增长的副作用

发展中国家对外汇市场进行管制时，通过官定汇率高估本币币值和低估外币币值，可以达到降低进口成本的目的，但如果在这些国家能以较低的官定汇率获得外汇的只是一些享受特权的机构和阶层，那么外汇的供不应求不仅不能使国民受益，反而会助长黑市交易活动。此外，由于本币币值高估，出口受到了很大损失，导致外汇资金更加稀缺，国际收支状况恶化。与此同时，一些持有官方执照的进口商利用所享受的特权赚取超额利润。在许多发展中国家实行进口替代政策的情况下，更容易引起重视重工业和轻视农业、轻工业的后果。

3. 其他金融压抑政策对经济增长的副作用

除了扭曲金融领域的价格，金融压抑的其他方面对经济增长也具有负面影响。例如，政府对银行信贷业务的过多行政干预容易形成大量不良贷款，一方面降低了金融的效率，另一方面又产生了潜在的金融风险，给金融安全及宏观经济的稳定发展带来了隐患。一旦实施金融自由化政策，潜在的金融风险很容易突然转化成现实的金融风波乃至金融危机。这说明以往实行的金融压抑政策所产生的后果有可能为日后金融自由化埋下隐患。

20世纪70年代以来，一些经济学家对金融压抑的负效应做了大量的实证研究，他们通过分析金融压抑对储蓄和产出增长的短期和长期影响发现，金融压抑对储蓄率、投资率、出口和产出增长率都有显著的抑制效应。

▶ 16.3 金融自由化与经济增长

16.3.1 金融自由化的本质和内容

金融自由化也称"金融深化"，是"金融压抑"的对称。金融自由化理论主张改革金融制度，改革政府对金融的过度干预，放松对金融机构和金融市场的限制，增强国内的筹资功能以改变对外资的过度依赖，放松对利率和汇率的管制使之市场化，从而使利率能反映资金供求，汇率能反映外汇供求，促进国内储蓄率的提高，最终达到抑制通货膨胀、刺激经济增长的目的。

金融自由化理论是由美国经济学家麦金农和爱德华·肖在20世纪70年代针对当时发展中国家普遍存在的金融市场不完全、资本市场严重扭曲和政府患有的对金融的"干预综合征"，影响经济发展的状况首次提出的。金融自由化有引发金融脆弱性的可能。从严格意义上讲，金融自由化的真正含义是放松管制，其核心内容包括以下几个方面。

1. 放松利率管制

由政府维持的官定利率人为造成的资金供求的均衡价格与官定价格之间存在着巨大差距。由于官定利率大大低于潜在起作用的供求均衡利率，因此在信贷分配上出现了大量的以权谋私等问题。为了消除这一弊病，不少发展中国家解除了对利率的管制，更多的国家则对利率采取了较为灵活的管理方式。

2. 缩减指导性信贷计划

在实施金融自由化之前，许多发展中国家的政府都对信贷分配实施指导性计划管理；

在政府影响力较强的国家中,这些所谓的指导性信贷计划实际上起着指令性计划的作用。这种对金融活动的人为干预,效果大多较差。正因为这一点,许多发展中国家在 20 世纪 70 年代中期缩减了指导性信贷计划,而阿根廷、智利和乌拉圭三国则完全取消了指导性信贷计划。

3. 减少金融机构的审批限制,促进金融同业竞争

在发展中国家,一方面是金融机构数量不足,另一方面是存在着本国和外国银行登记注册中的各种障碍。不允许自由进入金融行业,势必会造成金融垄断,金融垄断派生的不合理信贷分配和僵化的利率必然会造成金融运行效率低下。因为许多发展中国家的政府认识到了这一点,所以将减少进入金融行业的障碍作为金融改革的一个重要内容,促进了金融同业竞争。

4. 发行直接融资工具,活跃证券市场

在放开利率管制、鼓励金融机构间竞争的同时,实行金融自由化的国家都在积极发展证券市场。具体内容是:增加可流通金融工具的发行数量,培育证券一级市场和二级市场,完善有关的证券管理法规,适时对外开放证券市场。

5. 放松对汇率和资本流动的限制

相对于其他金融自由化措施,汇率和资本账户的开放进度要缓慢得多。由于发展中国家的管制汇率往往高估本国货币,一旦放开,可能出现本币的大幅度贬值,进口依赖较强的国家会引发严重的通货膨胀。因此,不少国家对汇率的放松持相对谨慎的态度,一般采取的是分阶段、逐步放开的方法。开放资本账户就是实现资本项目可自由兑换。据国际货币基金组织统计,实现经常项目下货币自由兑换的成员国数目,1970 年只有 35 个,占国际货币基金组织成员国总数的 30%,到 1997 年年初增加到 137 个,相应比重提高到 76%,而所有工业化国家在 1995 年年初就都实现了资本项目下的货币自由兑换。

16.3.2 金融自由化对经济增长的促进作用

麦金农和爱德华·肖认为,金融压抑政策所带来的金融萎缩严重制约了发展中国家的经济增长,使得发展中国家陷入金融萎缩和经济萎缩的恶性循环。他们认为,发展中国家必须解除对金融资产价格的不适当管制,通过实施金融自由化政策来促进金融部门自身的发展,进而促进经济增长,才能打破这一恶性循环。针对金融自由化对经济增长的促进作用,爱德华·肖和麦金农分别提出了各自的理论说明。下面介绍爱德华·肖关于金融自由化对经济增长起促进作用的理论分析。爱德华·肖认为以取消利率和汇率管制为主的金融自由化政策会给经济增长带来一系列的正面效应。

储蓄效应——特定养老储蓄

1. 储蓄效应

取消利率管制后,随着储蓄实际收益率(实际利率)的上升,以及金融资产的多元化,私人部门储蓄的积极性将得以提高,使国内私人储蓄率上升。在放松资本管制的条件下,国内利率高于国际金融市场利率还会吸引大量的外资流入,使国外部门的储蓄增加。

2. 投资效应

取消利率管制后,利率将作为一种有效的相对价格引导资源的配置。随着储蓄效应的产

生和金融中介的发展，投资规模将扩大和投资效率将提高。一方面，金融中介的发展使得企业能在更大范围内更方便地获得融资；另一方面，实施金融自由化后，政府对资金的行政性分配减少，信贷资金更多地流向高收益的投资项目，使社会的投资效率得以提高。

3. 就业效应

落后经济中的失业，在某种程度上是金融压抑的结果。低利率造成的低储蓄本来就不能为生产提供足够的资金，更为糟糕的是，由于利率的人为压低，这些和劳动力相比本来就十分稀缺的资金往往又被大量投资于资本密集型产业，从而使失业状况更为严重。金融自由化则有助于缓解这一状况。

4. 收入分配效应

金融自由化及其相关政策有助于促进收入分配的公平。金融自由化可以通过提高就业率来增加工资收入的份额，还可以减少拥有特权的少数进口商、银行借款者和资源消费者的垄断收入。此外，金融自由化带来的资本积累还有助于改变落后经济中普遍存在的以压低农产品价格的形式进行的对农民的变相剥夺，在许多发展中国家，这种剥夺往往是积累工业化所需资本的重要方式。

5. 稳定效应

金融自由化有利于就业和产出的稳定增长。其原因之一是，通过采取适宜的金融自由化政策，国内储蓄流量和国际收支状况都可以得到改善，从而使本国经济对国际贸易、国际信贷与国际援助等方面的波动有较强的承受能力。其原因之二是，金融自由化导致储蓄增加，有利于改善财政收支状况，减少财政对通货膨胀政策的过度依赖，从而使稳定的货币政策成为可能。

6. 减少因政府干预带来的效率损失和贪污腐败

在利率管制和汇率管制的条件下，常常伴有信贷和外汇的配给政策，这些繁杂的政策管理措施不仅效率低下，而且为政府实权部门的贪污腐败创造了条件，而取消各项管制的金融自由化政策则有利于铲除腐败的部分根源。

专栏【16-1】

20世纪70年代若干发展中国家的金融自由化改革

阿根廷、智利和乌拉圭这3个国家在20世纪70年代中期实施了金融自由化改革试点。它们的改革措施主要有4项：①取消对利率和资金流动的控制；②取消指导性信贷计划；③对国有银行实行私有化政策；④减少本国银行和外国银行登记注册的各种障碍。

智利的改革开始以后，通货膨胀率从1974年的600%下降到1981年的20%。阿根廷和乌拉圭两国的通货膨胀率则居高不下。智利的实际利率水平在1980—1982年分别为12.1%、38.8%和35.7%；阿根廷和乌拉圭不时出现负利率，但是，这两个国家的利率在许多时期还是相当高的。

在改革过程中，许多私营企业发生了财务困难。20世纪80年代初，一些金融机构濒临破产。上述3个国家的金融当局为了救助这些濒临破产的金融机构，采取了货币扩张措施，但这种救助措施造成了宏观经济的不稳定。在这种情况下，阿根廷和智利被迫重新对金融采取直接控制措施，在直接控制措施实施了一段时间后，才逐渐恢复了自由化政策。

有人认为，新西兰是发展中国家从严格管制的金融体系向主要依靠市场机制的金融体系过渡的范例。直到 1984 年，新西兰政府对金融的干预还十分普遍。其表现在以下几个方面：大部分金融机构的利率受到管制，信贷按指令分配给住宅业、农业等优先部门，强制金融媒介以低于市场的利率购买政府的公债券。这些政策措施虽然刺激了住宅业、农业的投资，并为政府提供了弥补赤字的廉价资金来源，但是由于减少了对效益较高的金融活动的资金供给，因此延缓了经济增长，并削弱了金融的稳定性和货币政策的有效性。

1984 年，新西兰政府采取了新的市场经济政策。例如，在金融部门中，政府取消了所有利率管制和信贷指令，允许汇率自由浮动，采取销售政府公债的市场支付手段，并建立了一套控制货币的新体系；为了推动金融机构之间的业务竞争，政府对新银行的建立采取鼓励态度，并扩大了允许进行外汇交易的范围。

20 世纪 60 年代和 70 年代，韩国一直奉行较为严格的金融管制政策。在很长一段时期内，利率经常被控制在一个较低的水平上。在信贷分配总额中，有 1/3 以上由政府指令支配。从 20 世纪 80 年代初期开始，韩国政府采取了金融改革政策，其措施主要有：①对非银行金融机构进一步取消管制；②放松对新成立金融机构的审批管理；③大部分政府所有的商业银行实现了私有化；④政府取消了优惠贷款利率；⑤不再提出带有干预性的任何指导性信贷计划；⑥允许金融机构拓宽服务范围；⑦自 1988 年下半年开始，在存款利率依然受到控制的同时，对大部分贷款利率已全部放开。

〔资料来源：王晓光. 金融学（第二版）[M]. 北京：清华大学出版社，2019.〕

16.3.3　金融自由化与金融危机

金融自由化在促进经济增长方面的确取得了一些成就，但是在全球金融自由化进程中，不断涌现的金融危机使人们不得不重新审视金融自由化政策。

美国加息冲击亚洲经济体

1. 金融自由化与金融危机的联系

从 20 世纪 80 年代开始，全世界共发生了 6 次大的金融危机，其中有 3 次是发生在发展中国家。1982 年，以墨西哥政府宣布不能偿还外债为先导，爆发了拉美国家的债务危机；1994 年，墨西哥政府宣布比索贬值，引发了以拉美国家为先导的新兴市场国家的货币危机和资本市场危机；1997 年，从泰国开始，又形成一轮与 1994 年金融危机类似的，但主要波及区域为东南亚、东北亚国家的金融危机。

综观 3 次金融危机，可以发现其共有 6 处相同点：①危机爆发的国家均处于经济快速增长时期。②这些国家的资本市场对外开放程度均很高，以利于大量吸引外资。③存在不同程度的经常项目下赤字。如墨西哥 1994 年经常项目下的赤字达到 294 亿美元，相当于 1990 年的 4 倍。泰国 1995 年经常项目下赤字达到 135 亿美元，相当于 1990 年的 2 倍。④有大量外资流入，流入方式以银行贷款及其他债权投资为主，直接投资数量不大，如 1990—1994 年墨西哥的外资流入共 950 亿美元，其中外国直接投资只占 25%。⑤均实行盯住美元的固定汇率制度，完全放开经常项目、部分或全部放开资本项目的货币兑换。⑥银行资产质量存在较大问题，银行体系承受风险的能力较弱。事实上，这些共同的特征都会对金融危机的爆发产生了作用。在这些因素中，大部分涉及金融自由化改革的内容，这使人们将金融危机与金融自由化联系在一起。

许多研究认为金融危机与金融自由化有关。艾思利·德默格·昆特（Asli Demirguc Kunt）和恩瑞卡·笛特拉齐亚克（Enrica Detragiache）在《金融自由化和金融脆弱性》一文中，以

1980—1995 年间包括发达国家和发展中国家的 53 个国家为样本，分析了金融自由化与金融脆弱性（简单来讲，金融脆弱性是指金融业容易失败的特性，也被称作"金融内在脆弱性"）的关系。结果发现，金融脆弱性受多种因素的影响，包括宏观经济衰退、失误的宏观经济政策以及国际收支危机等，但金融自由化因素对金融稳定具有独立的负面影响。

2. 金融自由化引发金融危机的原因分析

概括起来，金融自由化主要从以下几个方面增加了金融体系的潜在风险。

（1）利率水平的急剧变动增加了金融体系的潜在风险

首先，利率上升产生逆向选择使贷款风险提高。当实际利率上升到接近甚至超过实际资产的投资收益率时，投资需求减少，投资规模缩减；在信息不对称条件下，银行贷款利率提高还会产生逆向选择问题，即厌恶风险的借款人回避高利率，不贷款或减少贷款需求，而偏好风险的借款人则不顾高利率成本，他们更多地成为银行的贷款人，导致银行错过了优质客户，选择了劣质客户，贷款项目的风险因而提高。

其次，存贷利差缩小增加了银行的潜在风险。放开存款利率后，存款机构之间的竞争抬高了存款利率，使银行的筹资成本上升。如果贷款利率没有上升相同的幅度，存贷款利差将缩小，会减弱银行的盈利能力，诱使银行自身从事高收益、高风险的项目，这也增加了银行的潜在风险。

再次，利率上升使外债增加，财政赤字扩大。在金融自由化的开始阶段，利率的急剧上升会吸引大量外资流入，使外债增加，当出现国际收支恶化、外汇市场信心丧失时，国际资本抽逃、货币贬值将使一些金融机构无法偿还外债而破产。如果在政府财政赤字过多的情况下放开利率，则无疑会加重政府的利息负担，使财政赤字进一步增大，受政府债券市场容量以及税收收入的限制，为了弥补财政赤字，政府仍不能摆脱向银行借款的融资方法，结果是财政赤字货币化，可能导致通货膨胀。

最后，利率波动使金融机构的管理面临新挑战。利率的波动加剧，对金融机构的资产负债管理提出了更高的要求，而处于金融压抑状态的金融机构可能在金融自由化的开始阶段不能适应这种变化，缺少有效防范利率风险的措施，使金融风险进一步增加。

（2）盯住汇率制度与开放资本市场之间孕育着风险

20 世纪 90 年代以来的金融危机大多与国际资本在各国资本市场之间的流动有关。国际游资进出一国资本市场的难易程度取决于该国汇率管制的严格程度和资本市场对外开放的程度。在外汇方面，发展中国家在金融自由化的改革中，均在一定程度上放开了汇率管制，如墨西哥与泰国均实现了经常项目和资本项目的货币自由兑换。但出于多方面的考虑，大多采取与美元挂钩的汇率制度。盯住美元的汇率政策要求政府将本国货币对美元的汇率保持在一个相对较窄的范围内波动。当出现外部冲击时，政府必须运用外汇储备以维持汇率稳定。在资本市场方面，发展中国家为了加快国内经济的发展，均设法吸引外资，包括提高资本市场对外开放的程度，减少对国际资本流动的限制。泰国和墨西哥的金融自由化改革几乎完全排除了资本流动的障碍，使大量的国际资本可以自由进出该国的资本市场。然而，由此带来的问题是一旦由于某种原因使国际游资大规模撤离，将会给政府维持盯住汇率制度带来很大困难，严重冲击外汇储备量。这时，政府或者放弃盯住汇率制度，任其自由浮动，或者采取强有力措施，提高限制外国资本自由进出本国资本市场的程度。无论采取哪一种方法，均会给本国经济的稳定增长及其吸引外资的能力带来一定时期的不良影响。例如，1997 年上半年泰铢连续贬值，泰国中央银行动用大量外汇仍无法稳住币值后，不得不于 1997 年 7 月 2 日宣布放弃与美元挂钩的汇率制度，实行自由浮动。消息传出后，泰铢立即贬值 20%，之后又下挫至 50%。泰铢大幅度贬值不仅导致本国金融恐慌，而且迅速殃及东南亚各国。

（3）放松金融机构准入增加了金融自由化过程中金融业的风险

放松金融机构准入包括放宽本国金融机构的开业限制和允许外资金融机构准入两个方面，这些措施加剧了金融业的竞争，降低了相应金融业的进入壁垒，从而使银行执照的特许权价值降低，银行管理风险的动力相应降低。如果在金融自由化过程中，缺乏足够的谨慎监管和监督措施，银行就可能通过各种途径从事高风险的业务，增加了金融体系的潜在风险。

（4）一些银行类金融机构积累的大量不良资产降低了自身抵御风险的能力

这些金融机构积累的大量不良资产暴露在金融自由化过程所形成的巨大风险之下，导致一些金融机构破产，同时也给宏观经济的稳定和发展带来了消极影响。发展中国家甚至包括一些发达国家，由于政府长期对银行信贷业务实行行政干预，形成了大量不良贷款。虽然在政府的保护下，对银行流动性的威胁只是潜在的，但是一旦实行银行私有化，潜在的金融风险很容易突然转化成现实的金融风波乃至金融危机。在 20 世纪 70 年代拉美国家实行金融自由化时，由于经济波动加剧，许多私营企业发生财务困难，致使一些银行濒临破产。为此，一些国家采取扩张信贷的措施以拯救银行，但实施这些措施的同时，又造成了宏观经济的不稳定，如通货膨胀的加剧。

亚洲国家以日本和韩国为典型，日本与韩国在第二次世界大战后均采取了政府直接干预银行贷款，以扶植企业、调整产业结构的经济政策。因此，两国的银行均有大量累积的呆坏账。从 20 世纪 80 年代开始，两国均实施金融自由化改革，政府对银行的干预减弱，对银行的保护程度也相应减弱。尽管政府采取了一些措施，如拨付资金冲抵呆账，但历史遗留问题不可能彻底解决。这一时期两国经济正处于高增长、低物价的黄金时期，银行对贷款中的新增呆账并未予以足够的重视，以致相当数量的贷款投入房地产。20 世纪 90 年代初，日本经济增长速度减慢，经济泡沫破灭，银行呆账问题日益明显。紧随其后，1997 年，韩国银行的呆账问题也受到了人们的关注。当亚洲金融危机爆发后，日本、韩国无不为脆弱的银行体系所累，纷纷出现了大银行倒闭的金融危机，对国内经济产生了巨大冲击。

专栏【16-2】

发展中国家金融自由化改革的经验和教训

发展中国家金融自由化改革的进展状况是相当不平衡的。在已经进行的改革中，既有成功的经验，也有失败的教训。世界银行的一份报告总结的主要教训有以下几点。

（1）以金融自由化为基本内容的改革一定要有稳定的宏观经济背景。在那些宏观经济不稳定的国家实行金融自由化政策，高的通货膨胀率容易导致高利率和实际汇率大幅度浮动，从而使得资金出现不规则的流动，进而引起许多企业和银行破产。只有首先创造稳定的宏观经济环境，金融改革才能避免上述种种经济不安定状况的出现。

（2）金融自由化改革必须与价格改革或自由定价机制相配合。假如一国的价格仍然是保护价格或管制价格，在这种价格信号扭曲的条件下实行金融自由化，资金流动就会被错误的价格信号所误导，结果导致新的资源配置结构失调。

（3）金融自由化改革并不是要完全取消政府的直接干预，而是改变直接干预的方式。具体来说，就是要以法律和规章的干预取代人为的行政干预。从一些发展中国家金融改革的经验看，改革的一项主要内容就是放松对金融体系的管制。但在放松管制的过程中若不注意建立一套适合本国国情的谨慎的管理制度，就会在信贷的分配方面出现失控或营私舞弊等现象，情况严重时，会致使许多银行丧失清偿能力并面临破产威胁。

（4）政府当局在推行金融自由化改革和价格改革政策时，必须预先判断出相对价格变动对不同集团利益的影响，并出于公平原则和政治均衡要求的考虑，适当采用经济补偿手段。金融自由化措施实行后，利率和汇率变动会引起各行业和企业集团利益关系的变动。这种相对价格和利益的调整虽然从长期来看是完全有必要的，不过政府当局也应该采取一些可行的过渡性措施，以减轻社会震荡。

经历过金融自由化和金融危机的起伏跌宕之后，人们应该认识到，关于只要实行金融自由化即可使发展中国家金融压抑所导致的成堆问题得以解决的论断，过分简单化、理想化。广大发展中国家在金融自由化的大趋势中，一方面不能因循守旧、自我封闭，以致在国际金融大舞台上处于被淘汰的地位；另一方面金融自由化的路该如何走，要十分冷静地审时度势。在认识到自身经济运行的微观基础、市场条件、国家财力、法治环境等同发达国家存在巨大差距的情况下，不能盲目、简单地照抄、照搬发达国家的具体做法。

〔资料来源：王晓光. 金融学（第二版）[M]. 北京：清华大学出版社，2019.〕

小 结

1. 金融发展能够促进经济增长。衡量金融发展的基本指标有许多种，大致可分为金融内部结构指标和金融发展与经济增长的相互关系指标两类。对许多国家的实证分析表明，金融发展与经济增长之间存在正相关关系。

2. 金融压抑阻碍经济的增长。发展中国家普遍存在金融压抑现象。

3. 金融自由化对经济增长具有一定的促进作用，但是在某些条件下也有可能产生负面影响。根据麦金农和爱德华·肖的理论分析，金融自由化政策具有一系列正面效应，如储蓄效应、投资效应、就业效应、收入分配效应、稳定效应等。

4. 无论是发展中国家还是发达国家，金融自由化的主要内容都是放松金融管制，促进金融业的竞争。然而发展中国家的金融自由化过程又增加了其自身金融体系的脆弱性，甚至导致了金融危机的爆发。金融自由化的经验和教训是多方面的，它们对于我国的金融改革有着积极的借鉴意义。

思 考 题

1. 什么是金融发展？衡量金融发展的基本指标有哪些？
2. 什么是金融压抑？金融压抑对经济增长的阻碍体现在哪些方面？
3. 什么是金融自由化？金融自由化对经济增长的促进作用有哪些？
4. 金融自由化引发金融危机的原因是什么？

案例简介

案例【16-1】

中国金融未出现危机之谜

早在1997年亚洲金融危机爆发之前,国内外就对中国金融的稳定存在疑问。时任国际货币基金组织总裁的米歇尔·康德苏（Michel Camdessus）认为,最值得警觉的是中国,可能出现最大的银行倒闭风波。依据金融危机的扩散理论,中国似乎难逃亚洲金融危机之难。然而,中国却承受住了此次冲击,成为亚洲诸经济体中唯一一个安然度过危机的新兴市场国家。对此,国内外有着各种各样的解释。例如,中国在亚洲金融危机中幸免于难的防火墙是资本项目没有开放；中国特有的金融结构,虽然效率问题突出,但抗击外部冲击能力较强；国家综合债务水平尚在可承受范围之内等。事实上,最根本的且长期起到作用的应是中国经济活力,它为国民经济的稳定增长和我国在国际经济舞台上的表现奠定了基础。

10年后,当2008年美国次贷危机再次扰乱全球经济、金融运行的时候,中国金融依然稳定有序,令世人惊羡,这和中国金融领域的几个重要特征不无关系。首先,在最近若干年金融开放实践中,中国非常值得肯定的是对金融市场开放持肯定态度并对资本项目实行了非常审慎的态度,特别是对资本项目中的许多细项仍然实施了严格的策略。这从根本上避免了国际游资冲击中国经济金融体系的可能,使得外国资本只能采取入股并购等长期稳定的方式进入中国。其次,中国的衍生产品市场发育不足,无论是从交易品种还是交易规模上看,都无法和国际金融市场上的情况相提并论。再次,中国"一行三会"以及财政部对国有及国有控股大型金融机构的监管和监督较为严格也是一个不可忽略的积极因素。事实上,1997年亚洲金融危机之后,中国金融监管部门便对银行系统特别是那些对全局性金融安全具有至关重要意义的大型银行进行了财务重组、国家注资、股份制改造、上市融资等一系列改革动作,使得中国金融体系的系统性风险大幅降低。此外,在最近10多年的经济发展中,中国决策层在宏观经济决策上也没有出现明显的失误,因此消除了实体经济剧烈波动可能诱发信用经济危机的现实基础。最后,超大规模的外汇储备也使中国经济能够更为从容地面对外来的冲击。

〔资料来源：王晓光. 金融学（第二版）[M]. 北京：清华大学出版社,2019.〕

问题：

中国应如何推进金融改革,维护国家金融安全？

简要提示：

中国离不开金融改革,成功规避两次全球性金融危机的中国金融绝非完美无缺。金融改革的终极目标是实体经济结构自动升级和资源配置的提升,建立一套市场化的自动调节机制,同时在市场化机制作用日益强大之时保持适当的政府干预空间,防止各种内生性和外部输入性的不安全因素冲击经济金融体系的平稳运行。改革的主要内容可包括金融机构多元化、金融业务和金融工具多样化、培育和发展金融市场、推动利率市场化、完善汇率形成机制、建立金融宏观调控机制、加强金融立法、扩大国际金融联系等。

案例思政元素分析：

首先，中国金融改革要有大局意识、全局观念。中国的金融改革是全方位的系统工程，已有的改革成果并非一步到位，还有相当一部分改革尚未到位或远未到位，而已进行的改革仍要接受未来实践的检验。总结中国金融改革的经验，应该肯定循序渐进、与整体经济改革配套推进的基本思路是符合当今中国国情的，应该继续坚持。联系到亚洲金融危机对我国的启示，在中国今后的金融改革中如何处理好事关全局的利率改革、汇率改革、资本市场开放，以及外资金融机构的市场准入等问题，均应在上述指导思想下进行通盘考虑而不是进行孤立的考虑与安排。

其次，吸取历史教训，引以为戒。党的二十大报告指出，要"深化金融体制改革""加强和完善现代金融监管，强化金融稳定保障体系""守住不发生系统性风险底线"。中国在金融改革过程中也都不同程度地遇到过各种问题，且引发这些问题的具体原因有所不同，如通货膨胀、银行不良债权、企业债务危机等。另外，基于我国特定的历史情况及体制上的原因，也还存在诸如乱设金融机构、乱集资、账外经营、变相提高利率、企业逃废银行债务等问题。尽管这些并不是由金融改革引发的，但它毕竟发生在不断继续深化金融改革的过程之中，因此必须引起重视。

案例【16-2】

金融助力我国乡村振兴战略的实施

处理好农业发展、农村稳定和农民增收的"三农"问题是我国当前一项非常重要的工作。2017年10月18日，习近平总书记在党的十九大报告中指出，实施乡村振兴战略。农业、农村、农民问题是关系国计民生的根本性问题，必须始终把解决好"三农"问题作为全党工作的重中之重。2018年，中共中央、国务院印发的《乡村振兴战略规划（2018—2022年）》确立了我国全面推进乡村振兴战略的五年规划。其中，从健全支农组织体系、创新支农产品和服务以及完善支农激励政策等方面，对金融服务乡村振兴提出了要求。随后，中国人民银行、银保监会、证监会、财政部、农业农村部于2019年联合印发的《关于金融服务乡村振兴的指导意见》明确提出，"以市场化运作为导向、以机构改革为动力、以政策扶持为引导、以防控风险为底线，聚焦重点领域，深化改革创新，建立完善金融服务乡村振兴的市场体系、组织体系、产品体系，促进农村金融资源回流"。

在中国共产党的坚强领导下，中国人民银行、银保监会、证监会、财政部、农业农村部，以及涉农金融机构等各地区各层级各部门同心同力、通力合作，共同推进金融"下乡"战略。具体内容包括：①金融机构方面，积极引导大型商业银行发展专业化"三农"金融服务，支持中小型银行优化农村网点渠道建设，推动农村信用社、省联社改革并完善村镇银行准入条件，鼓励多种金融机构资源聚焦服务乡村振兴。②金融创新方面，通过结合农村土地、宅基地的"三权"分置、确权及颁证，推进基于农村承包土地经营权、农民住房财产权和集体经营性建设用地使用权的抵押贷款试点，探索开发新型信用类金融支农产品和服务。③政策方面，通过构建"三档两优"存款准备金率框架，对农村商业银行、农村信用社实行优惠存款准备金率，并设立专项扶贫再贷款，充分发挥再贷款、再贴现等货币政策工具的精准滴灌作用，并结合奖励、补贴和税收等财政政策工具，完善涉农贴息贷款政策，降低农业经营主体的实际融资成本。从监管和评估体系入手，强化金融机构和涉农组织的约束和激励机制，进一步增强政策实施效果。

（资料来源：翁舟杰. 货币金融学课程思政案例集[M]. 成都：西南财经大学出版社，2021.）

问题：

我国是如何通过政策引导和金融创新进一步支持乡村振兴战略的实施的？

简要提示：

当前，金融直达乡村的障碍主要来自农业、农村、农民三个方面：农业生产内生性的高市场风险和高生产风险，农村较为落后的金融基础设施和匮乏的金融产品和服务，农民作为贷款主体信息不对称问题突出。

1. 针对农业生产的高风险问题，可通过政策支持新型农业经营主体以及提高农户的竞争力。例如，建立专项资金及税收优惠鼓励生产主体升级与改造技术等，或对在技术创新和品牌创建等方面有突出表现的主体予以物质奖励。在金融机构方面，建立政府、银行、保险和期货公司等机构的风险共担机制，通过多种手段缓解传统业务风险，且通过法治建设和完善规章制度来建立健全信息披露和风险预警等长效机制。

2. 针对农村金融基础设施落后和金融产品和服务匮乏的问题，可通过多种激励手段鼓励金融机构拓展农村金融服务业务。例如，运用财政贴息和减税降费等政策引导金融资源流向农村，鼓励金融机构发展基于开发"山水林田湖草"生态资源的金融创新产品，并对表现突出的金融机构予以奖励。同时，推进农村数字化新型基础设施建设，提升数字化、信息化水平，从而有效降低金融机构拓展农村金融服务业务的信息收集成本、交易成本，提升服务质量和效率。

3. 针对农民等经营主体的信息不对称问题，首先，需建立和强化农村信用体系，并通过宣传、培训等教育方式提高农村居民的金融素养。其次，通过加强对农村数字化新型基础设施的建设，提高信息透明度，从而减少信息不对称问题。针对缺乏合格抵押品的困难户，可探索担保互保模式，适当拓展担保物范围。最后，通过农村金融立法建立良好的农村金融服务环境。

案例思政元素分析：

首先，我国实施乡村振兴战略具有重大意义。党的二十大报告指出，要"全面推进乡村振兴"。乡村兴则国家兴，乡村衰则国家衰，乡村振兴战略对于全面建设社会主义现代化国家、实现"两个一百年"奋斗目标和全体人民共同富裕具有重要意义。当前，我国社会主要矛盾已经转化为人民日益增长的美好生活需要和不平衡不充分的发展之间的矛盾。其中，城乡之间的发展不平衡和乡村的发展不充分问题尤为突出。可见，实施乡村振兴战略是解决我国社会当前主要矛盾，实现"两个一百年"奋斗目标和全体人民共同富裕的必然要求。

其次，我国在金融支持乡村振兴方面存在制度优势。实施乡村振兴战略离不开金融的支持。当前"三农"问题所具有的客观复杂性使得金融服务直达乡村时面临许多阻碍，但在中国共产党的领导下，举全党、全国、全社会之力，针对金融服务"三农"在各个环节所遇到的问题和困难，各层级各部门统筹规划，以明确的目标和有力的举措直面困难，解决问题。在推动金融服务乡村振兴过程中体现的组织动员能力、协调能力、贯彻执行能力，充分彰显了我国国家制度和国家治理体系的优越性。

第 17 章

金融领域中的新发展

💡 本章学习要点

通过本章的学习,掌握互联网金融的定义和特点、普惠金融的内涵和特点、区块链金融的含义和特点及绿色金融的含义与产品类型;掌握互联网金融的主要模式、普惠金融的体系框架、区块链金融的具体应用。

📝 本章学习重点与难点

重点是互联网金融的主要模式、绿色金融产品类型,难点是普惠金融的体系框架与区块链金融的具体应用。

📓 本章基本概念

互联网金融、第三方支付、众筹、大数据金融、普惠金融、区块链金融、绿色金融、绿色债券、绿色发展基金、碳金融。

▶ 17.1 互联网金融

互联网技术的发展深刻改变了人类的生产和生活方式,互联网技术已经渗透到社会经济的各个领域,包括金融领域。互联网金融是近年来随着互联网技术的发展和普及以及金融创新的不断发展而衍生出的一种全新金融模式,它是互联网与金融的结合。

17.1.1 互联网金融的定义

关于互联网金融,目前尚无严格准确的统一定义。国外学者较早地对电子金融、网络金融等互联网金融雏形进行了定义,他们主要从技术角度阐释了互联网在信息收集处理、产品交付等方面的优势。国内学者认为,互联网金融是一种支付便捷、有效解决市场信息不对称问题的金融模式,能够实现资金供需双方直接交易,大幅减少交易成本。综合分析各种观点,互联网金融的定义是互联网企业和传统金融机构利用互联网技术和移动通信技术等现代信息科学技术手段,在各种金融活动中实现资金融通、支付、投资和信息中介服务的一种新型金融模式。

17.1.2 互联网金融的特点

与传统金融相比，互联网金融主要有以下特点。

1. 服务高效、便捷

互联网金融以互联网、移动支付、大数据、云计算、社交网络和搜索引擎为基础，具有强大的信息传递、信息搜寻、信用数据积累与挖掘优势。互联网金融可以突破时间和空间的限制，将金融服务延伸到互联网所能覆盖的地区，金融产品的交易可以随时随地进行。通过第三方支付既可以保障资金的安全，又可以使线上购物快速成交，促进电子商务的发展。互联网金融中的网络借贷借助于第三方借贷平台，申请贷款流程简化，借贷双方无须见面、无须担保，从申请贷款到贷前调查、审核、发放和还款，全流程网络化、无纸化操作，用户足不出户，仅需通过电脑或手机进行简单操作就可轻松获得贷款，方便、省时、省力。互联网基于其资源开放和共享的特性，信息变得更加透明，传递也更加便捷，使得市场交易中的信息不对称问题得到了很大的改善。

2. 成本低

互联网金融是基于互联网虚拟空间开展的金融业务，没有固定的实体营业店，一切都在互联网上进行，与传统实体营业店相比，投资成本、经营费用和管理成本大大降低。传统金融机构开展业务需要建立广泛覆盖的营业网点，为此需要投入大量的人力和经营成本，基于成本的考虑，在农村偏远地区难以达到全面的营业网点覆盖。互联网金融的大部分业务在线上进行，使金融机构物理网点的价值大幅下降，金融机构不再需要大量物理网点和柜台服务人员，节约了运营管理成本和人力成本。互联网替代传统金融中介及市场中的物理网点和人工服务，能够有效降低交易成本。手机银行只需开通网银并有网络覆盖即可，无须设立物理网点，无须配备设备和人员。第三方支付集成多个银行账户，提高了支付清算效率，能够有效地降低交易成本。另外，与传统金融相比，互联网金融在项目搜寻和匹配上存在一定的规模经济效应、边际成本递减效应和边际收益递增效应。互联网金融的去中介化趋势缩短了资金融通中的链条，也降低了交易成本。

3. 普惠性

传统金融机构主要服务于"二八定律"中 20% 的高价值用户，而 80% 的长尾小微用户成为传统金融服务的盲区。对于以小微企业和个体工商户为主的大众用户群体来说，由于缺乏信用记录和有效抵押品、交易金额小且较个性化、难以实现规模经济、运营成本较高等，传统金融机构无法有效满足这部分用户的金融需求，从而导致金融排斥。低收入人群、弱势群体、小微企业用户基础数量庞大，迫切需要获得公平合理的金融服务。互联网金融依托互联网、大数据、云计算等技术，使交易双方能够方便快速地通过互联网收集信息，降低了信息不对称程度和搜寻成本，突破了时间和空间的局限，支付效率高，信息使用效率高，资源配置效率高，服务便捷化，用户的个性化需求得到了更好的满足，大大降低了金融服务的门槛，使这部分群体享有金融服务成为可能，大大拓展了金融服务的边界。互联网金融满足了普通老百姓碎片化的理财和贷款需求，市场参与者更为大众化，收益也更加普惠于民。尤其对于农村居民而言，居住地的金融机构网点稀少，较少获得金融服务。而以手机终端为主要模式的互联网金融完全能够以普惠金融形式服务于广大农村居民。与传统金融相比，互联网金融在服务小微用户方面有着先天的优势，能够让那些无法享受传统金融体系服务的广泛群体通过互联网金融享有种类众多、优质的金融服务，从而提高金融的普惠程度。

17.1.3　互联网金融的主要模式

1. 第三方支付

从狭义上来讲，第三方支付是指具有一定实力和信誉保障、独立于商户与银行的第三方非金融机构，借助通信、计算机和信息安全技术，通过与各大银行签约的方式，在用户与银行支付结算系统之间建立连接的电子支付方式。从广义上来讲，第三方支付是指非金融机构作为收付款人的支付中介所提供的网络支付、预付卡的发行与受理、银行卡收单，以及中国人民银行确定的其他支付服务。第三方支付解决了电子商务活动中买卖双方在缺乏信用保障和法律支持的情况下互相不信任的问题，承担了交易双方的中介保管及监督的职能，属于一种支付托管行为，通过支付托管实现支付保证。

第三方支付的优势体现在以下三个方面。第一，第三方支付作为一种综合性的支付方式，可以提供更为方便、快捷、安全的服务。为了避免付款方与收款方直接进行资金交易的风险，通过第三方支付可以在交易双方之间进行资金划拨，第三方支付可以将多家银行的金融支付在同一个操作界面进行交易管理，使得付款方和收款方可以方便地在线完成交易，商家与客户无须见面，且操作简单、方便，易于被支付者接受。第二，第三方支付可以降低交易成本。第三方支付平台可以提供一系列的应用接口程序，将多种银行卡支付方式整合到同一个界面，负责在交易结算中与银行对接，客户和商家不需要去各个银行专门开设账户，所有的交易直接通过第三方支付平台实现，这样既可以降低消费者的消费支付成本，也可以提升网络运营商的利润。另外，支付中介可以集中大量电子小额交易，其规模效应可以有效降低支付成本。第三方支付还可以帮助银行节省为大量中小企业提供网关接口的开发和维护费用，并给银行带来一定的潜在利润。第三，第三方支付可以提供信用担保。第三方支付平台本身依附于大型的门户网站，且以合作银行的信用作为信用依托，因此第三方支付平台能够较好地解决网上交易中存在的信用风险问题，从而在一定程度上保障了付款方的利益，降低了交易双方的信用风险。

第三方支付也存在一定的风险，主要有道德风险、流动性风险、技术风险等。第三方支付是一种虚拟现实的交易模式，具有隐蔽性。利用第三方支付平台通过虚假交易进行资金套现，可能泄露个人交易信息，导致信用卡被盗刷甚至影响个人征信，并给银行信用卡业务带来风险，甚至会危及银行资金的安全性及整个金融系统的稳定性。疏于监控就很容易被用来进行洗钱、套现等欺诈行为。大部分第三方支付提供商由于竞争激烈，利润空间狭小，很容易出现资金周转问题。第三方支付依托于互联网技术进行信息传递和交易，而硬件系统运行的稳定性不足、互联网技术存在的缺陷等可能遭到黑客或病毒攻击，从而导致个人用户信息泄露和产生资金传递风险。

2. 众筹

众筹即大众筹资，是指创意者或小微企业等项目发起人（筹资人）利用互联网和SNS（社交网络服务）传播的特性，通过中介机构（众筹平台）向公众（出资人）展示他们的创意及项目，以向公众募集小额资金或寻求其他物质支持的一种融资模式。众筹一般由项目发起人、出资人和众筹平台构成。筹资人是资金需求方，可以是企业，也可以是个人或某个项目的管理者、活动组织者或协会等。出资人一般是网络用户，包括个人及企业，一般以个人为主。

出资人一般有两类：一类是有一定闲置资金的个人，希望通过投资获得众筹项目成功的产品或服务或者分享项目成功带来的利润；另一类是政府部门、银行、大型企业等，通过众筹平台把创业扶持资金或贷款更高效地用于资助筹资人。众筹平台是连接筹资人和出资人的桥梁，既是筹资人展示项目的平台，也是分散出资人的资金汇集之所，不仅起到信息中介、信息撮合的作用，也担负着监督和指导责任，承担着维护出资人权益的义务。众筹的全过程包括提交项目、出资、拨款和回报四个环节。相比传统的融资方式，众筹的精髓在于小额和大量，众筹的特点在于进入门槛低、参与方式简单、项目具有多样性及创意性等。

3. 大数据金融

大数据金融是指依托互联网、云计算等技术手段对用户的交易信息和消费信息等海量非结构化数据进行专业化的挖掘和分析，以掌握用户的消费习惯、准确预测用户的行为，从而为互联网金融机构提供用户的全方位信息，并在此基础上开展线上资金融通和大数据金融征信服务。线上资金融通的一项重要工作是对融资主体的信用风险进行评估，因此利用大数据建模控制信用风险是目前大数据金融的主要创新领域之一。大数据金融已广泛应用于电商平台，以对平台用户和供应商进行贷款融资，从中获得贷款利息以及流畅的供应链所带来的企业收益。

大数据金融同大数据一样，具有多样化、海量、快速、灵活、复杂等特点。在海量数据资产驱动下，以互联网企业为代表的来自不同行业的企业向传统金融行业渗透。拥有大量用户消费行为数据的企业，都在通过挖掘整合所掌握的数据资源向传统金融行业的势力范围发起冲击。大数据金融有着传统金融难以比拟的优势。互联网技术的迅速发展不仅使企业拥有大量用户的消费数据，而且能够使企业更贴近用户，更深入地了解用户显性需求和隐性需求，以为其提供量身定做的精细化服务，从而增加用户黏性。企业通过大数据分析建立自己的征信系统，实现信用管理的创新，可以达到有效降低坏账率、扩大服务范围、实现规模经济、降低营运成本和服务成本的目的。

▶ 17.2 普惠金融

17.2.1 普惠金融的内涵

普惠金融指的是以能够承受的成本为社会各阶层成员提供适当和有效的金融支持，满足他们的金融服务需求。其中，城镇低收入人群、小微企业以及农民等弱势群体是普惠金融的重点服务对象。普惠金融最初的形态呈现为小额信贷和微型金融，历经多年发展，如今业务范围涉及储蓄、支付、理财和信贷等各类金融服务。就普惠金融的市场实践而言，其最早源于民间小额信贷。19 世纪中叶，德国、爱尔兰等地的民间信贷机构为贫困农户及工商业者提供短期、低息小额信用贷款，用来满足其生产及生活需求；20 世纪 70 年代，孟加拉国"格莱珉银行"模式则以贫困群体为主要金融服务对象，为"金融排斥"群体提供短期信贷，有效拓展了金融服务的受益范围，改善了贫困群体的生活状态。

2005 年在联合国普惠金融构建会议上普惠金融的概念被正式提出，会议指出普惠金融为每位社会成员以便利、受尊重的方式提供优质且价格公允的金融服务，普惠金融具备包容性特征，其核心承诺为"不落下一人"。我国有学者将普惠金融定义为基于机会平等及商业可持续准则，以可承受的成本为有金融服务需求的社会各阶层成员提供适当及有效的金融支持。普惠金融的概念及其内涵反映出普惠金融具有两方面属性：一为普惠属性，二为金融属性。普惠属性表明普惠金融具有包容性，应满足全社会各类群体合理的金融需求，拓展金融服务的边界，提升金融服务的可得性及覆盖率，减少"金融排斥"现象。金融属性则强调普惠金融区别于扶贫及社会救助，本质上仍是一种金融活动，需要依据商业可持续原则提供金融服务，服务提供主体为金融机构，政府主要发挥激励导向作用。就普惠金融开展的业务而言，城镇低收入人群、小微企业以及农民等弱势群体是普惠金融的重点服务对象，其开展的业务类型则包括以下三种：一是支付、结算及开立账户等基本金融服务；二是信贷服务，即贷款与融资服务；三是资金的保值增值，即投资服务。

专栏【17-1】

普惠金融为民　兼顾安全与可持续

党的二十大报告提出："坚持把发展经济的着力点放在实体经济上"。普惠金融既是服务实体经济的有效路径，也是实现人民共同富裕的重要内容。

2022年，我国普惠金融快速发展：小微企业贷款还本付息政策再获"续签"；LPR下调助力企业降低融资成本；金融机构提高普惠金融精准度……中国人民银行公布的数据显示，截至2022年第三季度末，我国人民币普惠金融领域贷款余额31.39万亿元，同比增长21.6%；结构上，普惠小微贷款持续加大量增、面扩、价降，首贷、续贷和信用贷款推进力度。当前，我国已全面建成小康社会，经济从高速增长阶段转向高质量发展阶段，如何兼顾安全与可持续成为下一步开展普惠金融的重点。

2022年，受国内外复杂形势影响，我国经济下行压力加大，部分市场主体面临较大困难。在此背景下，监管方面出台多条举措支持普惠金融，金融机构的信贷投放力度不断加大，结构也不断优化。2022年5月召开的国务院常务会议决定，将今年普惠小微贷款支持工具额度和支持比例增加1倍。2022年11月，中国人民银行、银保监会、财政部等六部门联合印发的《关于进一步加大对小微企业贷款延期还本付息支持力度的通知》中明确，对于2022年第四季度到期的、因新冠病毒疫情影响暂时遇困的小微企业贷款（含个体工商户和小微企业主经营性贷款），鼓励银行业金融机构与借款人按市场化原则协商延期还本付息，延期贷款正常计息，免收罚息。还本付息日期原则上最长可延至2023年6月30日。

在监管方面和金融机构的合力推动下，我国普惠金融领域贷款保持高速增长。据2022金融街论坛年会上披露的数据显示：截至2022年9月末，普惠小微贷款余额达到了23万亿元；授信户数近5 400万户，是2017年年末的4倍；2022年9月份新发放的普惠小微贷款加权平均利率为4.7%，较2017年同期下降了1.8个百分点。

关注金融健康，促进经济高质量发展。在提高普惠金融可得性的过程中，"金融健康"成为衡量其可持续发展的重要指标。中国人民银行金融市场司相关人士在2022中国普惠金融国际论坛上指出，2022年6月，世界银行发布了《2021年度全球普惠金融调查数据和分析报告》，首次设立专章讨论金融健康相关指标，反映出金融健康在全球是一个普遍性问题，也是普惠金融发展中面临的重要问题。

从我国情况来看，当前我国已全面建成小康社会，经济从高速增长阶段转向高质量发展阶段。在新的历史阶段，不仅要关注发展总量，更要关注发展质量；不仅要关注供给端金融服务的覆盖面和可得性，更要关注需求端每个金融消费者的获得感、幸福感和安全感，也就是关注每一个个体的金融健康。提升普惠金融发展能级，探索构建金融健康的整体规划和政策框架，在现有普惠金融覆盖面较广的基础上，研究探索宏观、中观、微观相结合的政策框架，多管齐下推进金融健康建设。通过提升农村居民的财务韧性，助力巩固脱贫攻坚成果；通过优化城乡居民财务状况，助力激发居民的创新创业动力和潜能；通过解决普惠金融发展不平衡、不充分问题，助力缩小地区差距、城乡差距和收入差距。在金融机构层面，应发挥金融机构主力军作用，为普惠个体提供针对性更强的金融产品和服务。金融机构应不断加强金融健康能力建设，将提升客户的金融健康水平作为经营的重要目标之一，与金融机构自身的风控环节有机结合，最终实现金融机构稳健经营与客户金融健康的双赢，更好地走出一条普惠金融"成本可负担、商业可持续"的高质量发展之路。

（资料来源：郝亚娟，普惠金融为民 兼顾安全与可持续，中国经营报，2023年1月2日第4版。）

17.2.2 普惠金融的特点

1. 公平性

公平性是普惠金融的显著特点。它要求金融服务应该具有公平性，金融机构的服务应该针对社会所有群体，尤其是要帮助弱势群体获得金融服务机会。在我国，当前普惠金融体系需要解决的是城市低收入群体和农民群体的金融服务问题。这些群体在金融体系中相对弱势，他们要么居住在偏远地区，要么没有可抵押物，往往被金融体系排除在外。而近年来我国普惠金融体系的发展实践说明了普惠金融要集中在"三农"与小微企业之中。普惠金融的发展公平性逐渐提升，使得低收入群体、小微企业农民都能够获得公平的金融服务。

2. 多元性

普惠金融的多元性是指提供机构众多、提供产品众多。普惠金融的提供机构应是以正规金融机构为主，其他金融机构为辅，主要有普惠金融合作组织、民间金融等。普惠金融多样化的提供机构衍生出了多样化的金融产品。多样化的金融产品提供机构以及产品正在通过金融市场的力量逐渐消除传统普惠金融服务的差别性甚至歧视性待遇，原有的不公平金融服务待遇正在不断消除，低收入群体、小微企业、农民获得公平金融服务的概率正在不断提升。因此，随着普惠金融的发展，一个多元的、完善的金融服务体系将基本形成。

3. 实惠性

普惠金融不仅要为受众提供全面的金融服务，还要让受众能够享受得起，即使是贫困群体，也可以享受金融服务。"惠"字体现为价格实惠、公道，甚至是金融机构在力所能及的情况下提供的免费的金融服务。近年来，我国政府一直致力于普惠金融的发展，让居民享受低廉的金融服务价格、全面的金融服务渠道和内容及合理利用更多的金融产品，从而提升金融服务的便利性、可得性，实现普惠金融的发展目标。

4. 政策性

普惠金融的政策性是指普惠金融机构的发展将会逐渐具备较为完善的内部监管体制，有较为完善的行业标准，并且在特定的市场环境下，政府也能够发挥适当的作用，为普惠金融的发展提供政策指导。普惠金融的发展要坚持市场机制和政策支持相结合的原则，通过激发市场主体的自主性和创造性，形成普惠金融长效发展机制，同时要鼓励各级政府完善普惠金融政策，为普惠金融高质量发展营造良好的环境。

17.2.3　普惠金融的体系框架

世界银行提供了一个稳定的、具有包容性的金融服务框架，将为贫困人群提供金融服务的所有金融机构纳入其中，主要有客户层面、微观层面、中观层面和宏观层面。这个金融服务框架能够使传统金融机构的群体获得合理的金融服务。

1. 客户层面

客户是普惠金融机构能够顺利发展的核心，也是普惠金融机构其他三个层面能够充分发展的动力源泉。因此，构建一个完善的普惠金融机构，必须要首先明确普惠金融机构的服务对象。虽然普惠金融机构的服务对象是社会所有阶层，但是相对于传统金融机构来说，存在重点服务对象和非重点服务对象的区别。普惠金融机构的重点服务对象往往有以下几个方面的特征。

第一，重点服务对象有较多的贷款服务需求，且大多数是额度较低、期限较短的产品。这是由服务对象的经济特点决定的，并且大多数重点服务对象不具备传统金融机构需要的金融抵押物，而且没有信贷记录。

第二，重点服务对象对金融储蓄的需求较多。这些服务对象并不关心金融储蓄产品的利率，而是更加注重金融储蓄产品的安全保障，最好能够零存零取。

第三，重点服务对象同时具备一些金融转账汇款方面的需求。金融转账汇款方面的需求能够加强重点服务对象之间及重点服务对象同其他群体之间的联系，改善家庭的生活状况。

第四，重点服务对象不具备抵抗风险的能力，他们对保险有一定的需求。重点服务对象的保险服务既可以为单个家庭提供经济上的救济，也可以为单个家庭提供生活上的帮助，将其面临的经济压力分散到多个群体之中，达到缓解单个家庭经济压力的目的。

2. 微观层面

这里所讲的微观层面是指普惠金融服务的提供者。在普惠金融机构中，不同类型的金融服务提供者，依据自身的风控措施和实际运营情况，能够为不同类型的金融系统客户提供服务，满足他们对金融的需求。这些金融服务提供者主要包括以下几个主体。

① 银行金融机构。
② 非银行金融机构，主要是保险公司、小额贷款公司、金融租赁公司等。
③ 非政府金融组织，主要是扶贫组织、人口福利组织、青少年发展组织等。
④ 群体合作性金融机构，主要是合作社和资金互助组织。

这些不同类型的金融机构所具有的特征是满足经济与社会发展的双重目标，保障自身盈利且能够维系社会的平等发展。

3. 中观层面

中观层面是指为了保障普惠金融体系的正常运作，能够降低交易成本和延伸金融服务的金融基础设施。这些金融基础设施能够通过一定的制度提供金融体系的辅助性服务，包括能够允许资金在普惠金融机构之间自由流动，保证交易的安全性，提高普惠金融机构经营者的决策能力，使投资者做出正确的决策。

4. 宏观层面

在普惠金融体系与金融服务向服务对象推进的过程中，政府始终扮演着重要的角色：一方面，为普惠金融体系提供良好的金融环境，吸引更多的金融服务提供者参与普惠金融体系中来；另一方面，严格监管普惠金融服务体系，确保整个体系能够正常运行下去。良好的金融政策环境允许一定范围内的不同金融服务提供者相互竞争，为社会提供优质的金融服务产品。因此，政府一方面是在为普惠金融机构提供政策支持，另一方面是在为普惠金融机构提供政策监管。宏观上，普惠金融机构的参与者主要包括中央银行及其他国家政府机构等。

▶ 17.3 区块链金融

17.3.1 区块链金融的含义

区块链金融是区块链技术在金融领域的应用。区块链是一种基于比特币的底层技术，本质是一个去中心化的信任机制。通过在分布式节点共享来集体维护一个可持续生长的数据库，实现信息的安全性和准确性。

17.3.2 区块链技术的特点

1. 去中心化

区块链各节点地位平等，相互独立，每个区块都记录并存储了系统中由始至今所有的交易信息，各节点均可自由获取区块所记录的任何交易信息，无须第三方参与。例如，银行、交易所、经纪公司或价格报告机构等参与，可以使交易成本更低、交易时间更短、交易过程更安全。

2. 安全性高

信息一旦经过验证并添加至区块链，就会被永久地储存，即使遭受严重的黑客攻击，只要黑客控制的节点数不超过全球节点总数的一半，系统就能正常运行，数据也不会被篡改。

3. 匿名性和去信任化

利用区块链技术可实现交易数据的开放性、可靠性和透明性，确保各节点拥有相同访问链上所有信息的权限和义务。区块链使用非对称加密技术对数据进行加密，可确保交易数据的安全，降低丢失或伪造交易数据的风险，保护参与者的隐私和安全。同时，在组织和个体中，信任是困扰交易的重要因素，区块链技术基于 P2P 网络技术和哈希算法，利用局部中心结构和共识机制在系统中构建信任网络，避免"搭便车"和机会主义行为，使区块链中各个系统实现一定程度的自治，从而实现互信。

4. 可追溯性

区块链使用时间戳技术识别并记录每笔交易，从而增加了数据的时间维度，可实现数据追溯，减少交易追溯成本。同时，"区块+链"的形式保存了从第一个区块开始的所有历史数据，后一个区块拥有前一个区块的哈希值，区块链上任意一条记录都可通过链式结构追溯本源。

17.3.3 区块链金融的具体应用

由于区块链具有去中心化、安全性、匿名性和去信任性及可追溯性等特点，因此可以更好地将其应用于金融服务的场景。在发展区块链技术的过程中，金融服务一直是政府、金融机构、研究咨询机构重点关注的领域。

1. 区块链在票据中的应用

票据是商业贸易中一种重要的金融工具，包括汇票、银行本票和支票等，具体是指由出票人签发、约定自己或者委托付款人在到期日之后向收款人或持票人无条件支付一定金额的有价证券，具有交易、信用等多重属性。国内市场票据的具体形态先后经历了三个阶段，即纸质票据形态、中央银行推进的电子票据形态和目前正在试验的数字票据形态。其中，纸质票据和电子票据仍是目前市场中的主要票据形态，但在实际运行过程中已暴露出一系列问题。

纸质票据大多由企业及银行进行人工操作，是最传统的票据形态，是由出票人签发并由承兑人在到期日向持票人保证兑付的纸质证明。2009 年，中国电子商业汇票系统（ECDS）正式推出，标志着我国票据市场迈入电子化时代。电子商业汇票系统可以进行电子商业汇票的出票、背书转让、贴现、转贴现、再贴现、质押等一系列操作，同时可与商业银行、中介机构和中国人民银行的支付系统连接，实现银行体系下的票款直接兑付交易。然而，传统票据业务仍然存在一些弊病，主要有以下几点。

第一，票据造假。造假行为在线下和纸质票据形态中仍广泛存在，票据交易流程中仍包含多种造假可能：中介机构可能通过交易造假或伪造金额等方式使用假票据到银行贴现套取资金；市场中代保管和代持等模式可能致使票据真实性和安全性存疑；企业在签发商业票据时可能存在欺诈发行行为等。这些都加剧了票据市场的潜在风险。

第二，信用风险。在近年"去产能、去库存、去杠杆"的政策导向下，部分中小微企业资金链可能出现断裂风险，部分高杠杆且经营不善的产能过剩行业也可能出现破产风险，这些都有可能导致票据市场出现信用违约事件。

第三，市场风险。虽然中央银行建立了电子商业汇票系统，但票据交易电子化仍需要进一步推进，实物券形式和人工处理方式仍大量存在，这在一定程度上提高了票据交易的隐性成本，降低了整个市场的运行效率。而且整体票据市场仍未统一，这些都给票据市场的发展带来了隐患。

第四，电子票据的中心化风险。电子票据系统的中心化模式也具有潜在的风险，一旦中心服务器出现安全风险或者被恶意攻击，整个票据交易市场就可能瘫痪，将造成难以估量的损失。

2. 区块链在支付清算、结算与审计中的应用

区块链在支付清算、结算和审计方面的应用，是当前各大金融机构探索的重点。由于金融业是一个建立在信任基础上的行业，为维护信任，出现了大量的中介机构，包括托管机构、第三方支付平台、公证人、银行、交易所等。这些机构存在着成本较高、效率较低、容易出现单点故障等问题。例如，在传统证券交易中，证券所有人发出交易指令后，指令需要依次经过证券经纪人、资产托管人、中央银行和中央登记机构的协调，才能完成交易。整个流程效率低、成本高，且这样的模式造就了强势中介，金融消费者的权利往往得不到保障。在支付清算、结算和审计方面，区块链有以下五个优势。

第一，提高透明度，降低信任成本。如果将相关的过程放在区块链上，将大大提高机构和参与各方行为的透明度。由于区块链具有开源透明的特性，系统的参与者都能够知晓系统的运行规则、验证账本内容和账本历史的真实性和完整性，确保交易历史是可靠的、没有被篡改。这种特性相当于提高了系统的可追责性，降低了系统的信任成本。

第二，过程自动化，减少中间环节。区块链能够提升自动化水平。由于所有文件或资产都能够以代码或分布式记账的形式体现，通过对区块链上的数据处理程序进行设置，自动交易就可能在区块链上实现。例如，智能合约技术的发展可以使股票可编程，这样股票交易能够在特定条件下执行，这种可编程的股票不仅能转移价值，而且买卖双方能写入特定的触发条件，使得交易只有在满足特定条件的情况下才会被执行。在区块链上，交易被确认的过程，可以认为是同时实现了支付清算、结算和审计的过程。录入区块链的数据难以被撤销且能在短时间内被同步到每个节点中，即录入区块链上的信息实际上产生了公示的效果，交易的发生和所有权的确认都通过加密学算法进行，保证不会产生争议，并且由于任何交易都需要全网达成共识，实际上形成了比审计更强的监督。

第三，区块链能够降低经营成本。金融机构各个业务系统与后台工作往往有很多流程和环节。现今无论是 VISA 信用卡还是支付宝都由中心化机构运营，并通过第三方机构转移货币，这使得跨境交易、货币汇率、内部核算的时间成本过高。区块链能够简化、自动化冗长的金融服务流程，减少前台和后台交互，节省大量的人力和物力，这对优化金融机构业务流程、提高金融机构的竞争力具有重要意义。

第四，使用分布式账本，防御单点故障。区块链能够有效预防故障与攻击。当前，券商为保证客户账户资金安全会引入第三方存管，导致券商交易系统较易受到黑客攻击，一旦系统出现故障或被攻击，就可能导致整体网络瘫痪、交易暂停。区块链在点对点网络上有许多分布式节点来支撑，任何一部分出现问题都不会影响整体运作，而且每个节点都保存了区块链数据副本。所以区块链内置业务具有连续性、较高的可靠性和容错性。

第五，能够满足监管和审计的要求。区块链上储存的记录具有透明性、可追踪性等特征。任何记录、任何交易双方之间的交易都是可以被追踪和查询的。

3. 区块链在跨境支付中的应用

跨境支付业务是各国资金融通过程中的基础环节，也是国家之间商业贸易交易的重要保证。基于环球同业银行金融电信协会（SWIFT）的银行跨境电汇方式，是目前使用普遍的方式之一，目前 SWIFT 在全世界的会员银行有几千家，遍布世界各地，会员之间进行跨境支付业务。汇款行向境外汇入行发送报文，汇款行再将对应金额付给收款人从而完成跨境支付，在这一流程中，涉及开户行、中央银行、境外银行、代理行、清算行等机构。每个机构都有自己的账务系统，彼此之间会建立代理关系，且有授信额度，对每笔交易也会做好相应记录，以便进行清算和对账等。"区块链+跨境支付"的优势如下。

第一，降本增效。传统模式下跨境支付需要通过多个机构进行，每个机构都有自己独立中心化的账务系统，每个系统之间无法共享，因此多方之间进行对账和清算等业务需要付出高昂的时间成本和资金成本。而基于区块链技术的 Ripple 模式可以实现点对点的直接交易，省去复杂、低效、高成本的中介流程，实现降本增效。

第二，减少资金占用。对于银行等金融机构而言，传统跨境支付模式下，流程中的每个银行间开展业务时都需要相互之间开设保证金账户，这意味着一家银行需要多个保证金账户，这大大降低了资金使用效率，提升了占用成本。而在 Ripple 模式中，银行仅需一个保证金账户，不同银行的多笔业务都可以通过一个保证金账户来进行，有效提高了资金的使用效率。

第三，安全性高。区块链技术具有信息不可篡改、共识机制维护账本、隐私加密等特点，从而加强了跨境支付信息和资金的安全性、可追溯性。在交易过程中所有网关共同维护和验证支付交易信息的正确性，如果有节点否认该交易信息，那么交易将无法进行，这大大降低了跨境支付中的信息错误或者资金流失风险。

第四，支持多种货币。与传统模式只支持法定货币以及部分区块链技术平台只支持自身货币不同，Ripple 便利跨境支付的设计初衷使其不仅支持多种法定货币，还支持比特币等自由兑换，同时如果交易难以达成还可以使用 XRP 币（瑞波币）作为中介兑换。与传统模式相比，这便利了跨境支付。

▶ 17.4　绿色金融

17.4.1　绿色金融的含义

绿色金融又称低碳金融、环境金融或可持续金融，最早于 1991 年提出，其主要从可持续环保角度研究金融领域的问题，核心在于体现"金融业与可持续发展的关系"。《美国传统词典》中将绿色金融的含义定义为"运用多样化的金融工具来解决环境问题"。从政府的角度来看，绿色金融的含义在发达国家和发展中国家有所不同，前者更加关注气候因素，将与气候变化相关的技术调整作为金融机构的风险来源；后者更加关注运用清洁能源、降低能耗、低碳环保。这与发达国家和发展中国家的经济发展水平与工业化进程处于不同阶段有关。

2016 年，中国人民银行联合七部委出台的《关于构建绿色金融体系的指导意见》提出："绿色金融是指为支持环境改善、应对气候变化和资源节约高效利用的经济活动，即对环保、节能、清洁能源、绿色交通、绿色建筑等领域的项目投融资、项目运营、风险管理等所提供的金融服务。"2016 年，兴业研究在《绿色金融半年报》中将绿色金融定义为："绿色金融是指金融部门将环境保护作为一项基本政策，将环境影响的潜在回报、风险和成本作为重要的因素，纳入投资决策和日常业务中，以此引导社会经济资源向环境保护、资源节约相关领域集聚，从而促进经济可持续发展的一种创新性的金融模式。"

专栏【17-2】

上海八部门"联手"推动绿色金融发展

2023 年 1 月，上海银保监局等八部门联合印发《上海银行业保险业"十四五"期间推动绿色金融发展　服务碳达峰碳中和战略的行动方案》（以下简称《上海绿色金融行动方案》）。

《上海绿色金融行动方案》提出，到 2025 年，上海银行业保险业将基本建成与碳达峰相适应的绿色金融生态服务体系，形成一批绿色金融行业标杆；绿色金融综合服务效能不断提升，预计绿色融资余额突破 1.5 万亿元，绿色保险、绿色债券、绿色基金、绿色信托、绿色资管、绿色租赁等业务稳健发展；绿色金融创新能力不断提高，形成绿色金融可复制可推广的上海方案。

《上海绿色金融行动方案》提出八个方面三十条重点任务。

一是积极部署绿色金融发展战略。健全绿色金融发展规划,制定绿色运营行动方案。

二是加快完善绿色金融推进机制。建立绿色金融组织体系,优化绿色金融资源配置,完善绿色金融管理流程,开发绿色金融专业系统。其中,上述方案提到,鼓励银行保险机构建立健全绿色金融考评机制,从绩效考核、财务资源、信贷额度等方面对绿色金融给予专项支持,鼓励银行业通过内部资金转移定价优惠、安排专项激励费用补贴、制定绿色金融尽职免责制度等方式,提高分支机构和从业人员发展绿色金融的积极性。

三是全力服务重点领域绿色发展。推进重点行业绿色发展,推进重点企业绿色改造,推进重点区域绿色建设,推进绿色科技发展,推动绿色生活方式构建。

四是主动深化绿色金融创新实践。推动绿色信贷产品和服务创新,拓宽绿色融资渠道,丰富绿色保险产品和保障体系,探索碳金融市场服务创新。其中,方案提到,鼓励银行业金融机构聚焦绿色细分领域,分类施策探索普适性强可持续的绿色金融专项信贷产品;积极开展环境权益、生态保护补偿抵质押融资,发挥开发性金融机构作用,加快发展生态环境导向贷款,推动能效信贷、绿色信贷资产证券化、碳中和资产支持商业票据、绿色供应链融资等。

五是深入探索绿色金融合作模式。推进绿色金融跨部门协作,推进绿色金融银行业保险业合作,推进绿色金融产学研联动,推进绿色金融区域合作和绿色金融国际合作。在区域合作方面,上述方案提到,要加强长三角绿色金融标准、产品和市场一体化建设,推进长三角地区银行业跨省(市)分支机构协同授信机制,优化授信审批流程。鼓励示范区保险机构共保联治,探索"跨区同城化通赔"制度。

六是持续健全绿色金融风险防控体系。建立健全环境、社会和治理(ESG)风险管理体系,完善对客户的环境、社会和治理风险管理,加强绿色金融风险管理,运用保险工具进行环境风险管理。

七是逐步推动绿色金融标准体系建设。建立对标国际的 ESG 信息披露机制,完善绿色金融标准体系,推动建立碳金融评价标准体系。

八是营造良好绿色金融发展外部环境。积极推动绿色项目库建设。发挥行业协会协调服务作用,加强同业互促与宣贯交流。

(资料来源:李玉雯,上海八部门"联手"推动绿色金融发展,每日经济新闻,2023 年 1 月 11 日第 8 版。)

17.4.2 绿色金融产品

绿色金融作为发展循环经济、推动社会实现可持续发展的一种工具,在世界主要的市场经济国家逐渐兴起并得到蓬勃发展。随着绿色信贷、绿色保险等环境经济政策的推出,标志着中国开始了对绿色金融领域的积极探索。绿色金融要研究如何有效评估和规避环境风险,设计出适当的绿色金融产品。目前,中国对这一领域的研究仍然处于起步阶段,但国外在绿色金融产品的设计上已趋于成熟。美国、法国、英国等国家的许多银行已经把环境因素纳入贷款、投资和风险评价程序,环境报告已经从会计报表的边缘内容变成主流内容,绿色会计报表得到大量应用。一般情况下,环保企业可凭借其环保的性质获得绿色抵押贷款。越来越多的国外大银行推出了对污染物排放超标企业减少其信用额度的规定。

1. 绿色债券

绿色债券是指将所得资金专门用于资助符合规定条件的绿色项目或为这些项目进行再融

资的债券工具。相比于普通债券,绿色债券主要在四个方面具有特殊性:债券募集资金的用途、绿色项目的评估与选择程序、募集资金的跟踪管理以及要求出具相关年度报告等。推出绿色金融债券可以加快绿色金融产品创新,促进循环经济发展。绿色金融债券筹资量大、效率较高,发行绿色金融债券可以吸收相对稳定的中长期资金,再用这些资金扶持需要大量资金、社会效益较好的环保企业和生态项目,如绿色金融债券可以用于新一代能源项目。

绿色债券也是金融债券的一种。利用债券利率期限结构理论,如期望理论、流动性偏好理论、市场分割理论中的合理部分,运用所掌握的信息分析收益率曲线形态,结合期权定价等原理,从票面利率、到期时间、附加选择权税收待遇、流动性、违约风险与信用评级等进行有效设计。

2. 绿色发展基金

绿色发展基金就是指由基金公司管理的专门投资于能够促进环境保护、生态恢复和社会可持续发展的共同基金。这类基金将投资者的理财目标与环境保护政策的落实有机地结合起来,虽然看似投资者盈利的空间变小了,但国外很多实证研究表明,这类基金的投资效率并不比一般的投资基金的效率低。随着循环经济的进一步发展,环保企业的发展日趋完善,从长远角度来看,绿色发展基金的投资效率一般较高。绿色发展基金仍由基金管理公司作为基金管理人,设计、发行和管理基金份额,SPV(特殊目的机构/公司)作为基金托管人,对基金资产进行保管和对基金管理机构的投资操作进行监督。

基金产品设计的出发点是投资者的需求,其过程为先有投资者需求再设计推出基金产品,而不是先推出产品再确定适合的投资者群体。因此,推出绿色发展基金前要进行充分的市场调研,明确投资者的需求,适时适度推出合理的绿色发展基金。在设计绿色发展基金产品时,如果面向的投资者群体希望获得其他市场的收益或者在全球市场分散风险,那么基金就要加大全球投资的比重;如果投资者的风险承受能力较低,那么就要加大固定收益类产品的比重,如绿色债券等;如果投资者追求的是高成长性,那么要加大中小盘股票的投资比重;如果投资者希望某资源类商品的价格上涨,那么就要考虑如何将基金产品与相应的商品期货挂钩。产品设计应该分析不同资产的风险收益特征,然后根据投资者的风险收益要求,确定不同资产在产品的资产组合中的合理比重,使绿色发展基金资产的配置符合投资者的需求。

绿色发展基金作为一种基金产品,在申购、分红、赎回等方面与其他基金并无本质区别。若为鼓励发行和投资者购买,可在申购费率等方面进行优惠以鼓励投资者投资绿色发展基金。

3. 碳金融

碳金融的定义包括三点:一是代表绿色金融的一个分支;二是探讨与碳限制社会有关的财务风险和机会;三是预期会产生相应的基于市场的工具,用来转移环境风险和完成环境目标。而世界银行对碳金融的定义是:碳金融是指提供给温室气体减排量购买者的资源。公用事业、能源公司、经纪人、交易商、对冲基金、风险投资家共同加入碳金融这个新领域。目前,碳金融主要涉及三个弹性机制。一是排放权交易计划,采用"总量管制与交易"机制。排放总量管制的目标视各个国家的情况而定,主要是各国在其管辖范围内对各企业所排放的温室气体设限,减排目标由企业完成"总量管制"机制确保各国最终完成环境目标,"交易"机制意味着目标以最低成本达成。二是联合履约,发达国家可以在另一个发达国家或处于经济转型国家进行项目投资,再根据减排成果获得排放减量单位。三是清洁发展机制,发达国家在发展中国家进行项目投资，根据完成的减排量和项目的可持续性获得核证减排量，目的在于将发达国家的投资和技术转移给发展中国家。

随着已有碳市场逐步扩大覆盖范围，以及新的碳市场不断涌现，碳市场所占全球碳排放的比重不断增加。中国启动国家碳市场，以发电行业为突破口，按照"坚持先易后难、循序渐进"的原则，扎实逐步推进碳市场建设。

绿色金融

小 结

1. 互联网金融是互联网企业和传统金融机构利用互联网技术和移动通信技术等现代信息科学技术手段，在各种金融活动中实现资金融通、支付、投资和信息中介服务的一种新型金融模式。

2. 从狭义上来讲，第三方支付是指具有一定实力和信誉保障、独立于商户与银行的第三方非金融机构，借助通信、计算机和信息安全技术，通过与各大银行签约的方式，在用户与银行支付结算系统之间建立连接的电子支付方式。从广义上来讲，第三方支付是指非金融机构作为收付款人的支付中介所提供的网络支付、预付卡的发行与受理、银行卡收单，以及中国人民银行确定的其他支付服务。

3. 众筹即大众筹资，是指创意者或小微企业等项目发起人（筹资人）利用互联网和SNS（社交网络服务）传播的特性，通过中介机构（众筹平台）向公众（出资人）展示他们的创意及项目，以向公众募集小额资金或寻求其他物质支持的一种融资模式。

4. 大数据金融是指依托互联网、云计算等技术手段对用户的交易信息和消费信息等海量非结构化数据进行专业化的挖掘和分析，以掌握用户的消费习惯、准确预测用户的行为，从而为互联网金融机构提供用户的全方位信息，并在此基础上开展线上资金融通和大数据金融征信服务。

5. 普惠金融是基于机会平等及商业可持续准则，以可承受的成本为有金融服务需求的社会各阶层成员提供适当及有效的金融支持。普惠金融的概念及其内涵反映出普惠金融具有两方面属性：一为普惠属性，二为金融属性。

6. 普惠金融服务框架将为贫困人群提供金融服务的所有金融机构纳入其中，主要有客户层面、微观层面、中观层面和宏观层面。这个金融服务框架能够使传统金融机构的群体获得合理的金融服务。

7. 区块链金融是区块链技术在金融领域的应用。区块链是一种基于比特币的底层技术，本质是一个去中心化的信任机制。通过在分布式节点共享来集体维护一个可持续生长的数据库，实现信息的安全性和准确性。

8. 绿色金融是指为支持环境改善、应对气候变化和资源节约高效利用的经济活动，即对环保、节能、清洁能源、绿色交通、绿色建筑等领域的项目投融资、项目运营、风险管理等所提供的金融服务。

9. 绿色债券是指将所得资金专门用于资助符合规定条件的绿色项目或为这些项目进行再融资的债券工具。相比于普通债券，绿色债券主要在四个方面具有特殊性：债券募集资金的用途、绿色项目的评估与选择程序、募集资金的跟踪管理以及要求出具相关年度报告等。

思 考 题

1. 互联网金融的定义是什么？
2. 阐述互联网金融的特点。
3. 普惠金融的内涵是什么？
4. 阐述普惠金融的特点。
5. 区块链技术的特点有哪些？
6. 绿色金融的含义是什么？
7. 什么是绿色债券？

案 例 简 介

案例【17-1】

普惠金融赋能乡村振兴

近年来，河南省内乡县农商银行把开展普惠金融作为进行供给侧结构性改革、增加金融服务有效供给的重要抓手，聚焦重点领域、提升服务质效，走出了一条传统金融机构主动融入乡村振兴的特色普惠金融道路。

以"扫码支付"为抓手覆盖县域商户收单市场。以省联社"金燕 e 付"产品为依托，对辖内行政村、社区进行服务区域划分，为商户提供一站式收银、管理、运营的移动收单产品，打造以小微商户为中心的高效便捷金融工具。

以创新产品为抓手开启场景化金融新格局。该行不断扩大服务范围，先后与内乡县菊潭高中、灌涨高中等校方合作，研发"智慧校园"系统，提供"内乡快贷+手机银行+微信银行""金燕 e 付+语音播报+手机银行"等多种类产品组合包，上线"一卡通"系统，实现校园餐厅智能缴费、智慧宿舍管理等多场景应用，开通手机银行线上缴费；积极配合交通、社保等部门的场景搭建工作，完成城区 4 条线路、40 辆新能源公交车和城乡 6 条线路、125 辆城乡新能源公交聚合支付机具的安装运行，实现"云闪付扫码乘车""微信支付宝扫码乘车"等多渠道支付；县人民医院"银医通"项目等的场景应用；与大股东牧原集团达成合作意向，为"聚爱云超项目"1 000 家无人场区超市提供收银结算系统，打造一体化线上支付场景；聚焦县域特色经济，创新推出"林易贷""香菇贷""烟叶贷""商贷通""粮贷通"等 20 余种纯信用线上信贷产品，同时积极尝试抖音视频、直播带货等方式，扎实构建全方位、多层次、广覆盖的网络金融服务体系。

以"线下渠道"为抓手构建完善金融服务网络。按照"乡乡有网点、村村有服务"的要求，累计布放各类自助设备 2 000 余台，网点、机具、人员覆盖全县 288 个行政村；以人流量较大的商业区、校区、工业区等场所为离行自助设备主"战场"，加大 CRS 设备"刷脸取款"功能改造升级,安装布设"刷脸取款"CRS设备56台;开展"支付环境大改善,普惠金融零距离"行动,持续发展云闪付、手机银行、ETC等产品,使农商银行成为大众的"身边银行""指尖银行"。

以普惠金融为抓手守好群众"钱袋子"。从宣传教育、账户管理、可疑资金交易监测等多方入手,通过宣传车、村广播站等方式,举办金融理财、防金融诈骗技巧、手机银行专题讲座、建立"农户微信服务群"等形式,定期向外出务工人员、创业农户、种养殖户推送便民金融常识和惠农政策,解决农户金融知识贫乏、信息来源少、诚信意识差、法律知识匮乏等问题。在辖内各营业网点摆放电信诈骗案例、识别防范技巧宣传展架,LED显示屏滚动播放反诈防假宣传文字,厅堂电视播放防范电信诈骗为主题的宣传动画;前台柜员和大堂经理受理业务时,为客户尤其是办理转账汇款的客户讲解电信诈骗的危害,提醒他们对可疑电话、陌生信息增强防范意识;聚焦学生、中老年人等金融知识匮乏群体,与教育部门、社区居委会联合开展反电信诈骗进校园、进社区、进乡村集中宣传活动;鼓励客户关注"国家反诈中心"等官方公众号,及时接收反诈防骗预警信息和相关知识,切实增强防诈、识诈、反诈意识和能力。

(资料来源:曾倩,黎军胜,普惠金融赋能乡村振兴,河南日报,2022年9月15日第5版。)

问题:
结合案例谈谈普惠金融具有哪些优势。

简要提示:
普惠金融具有两大优势:一是普遍性,也就是让各类人群都能享受到银行的金融服务,这指的是普惠金融的受众范围。农商银行通过对辖内行政村、社区进行服务区域划分,为商户提供一站式收银、管理、运营的移动收单产品,打造以小微商户为中心的高效便捷金融工具,展现了普惠金融服务的普遍性优势。二是实惠性,普惠金融不但为受众提供全面的金融服务,还要让受众从中得到实惠。农商银行通过开展"支付环境大改善 普惠金融零距离"行动,持续发展云闪付、手机银行、ETC等产品,使农商银行成为大众的"身边银行""指尖银行",使得百姓能够得到更多实惠。

案例思政元素分析:
首先,我国普惠金融的发展体现了中国式现代化。党的二十大报告提出:"中国式现代化,是中国共产党领导的社会主义现代化,既有各国现代化的共同特征,更有基于自己国情的中国特色。"中国式现代化强调在经济上人人平等,坚持让人民群众共享发展改革成果。相对于传统金融服务形式,普惠金融是一种创新,是在金融体系内的制度创新、服务创新和产品创新,依据中国国情探索普惠金融发展路径,可以让每一个人都有可能获得金融服务。

其次,普惠金融体现了党和政府促进共同富裕的主张,缩小社会贫富差距。党的二十大报告提出:"共同富裕是中国特色社会主义的本质要求,也是一个长期的历史过程。"我们坚持把实现人民对美好生活的向往作为现代化建设的出发点和落脚点,着力维护和促进社会公平正义,着力促进全体人民共同富裕,坚决防止两极分化。普惠金融为社会财富合理分配提供了金融支持。可以通过普惠金融帮助全国低收入群体迈入中等收入行列,不断增加百姓获得财产性收入的机会,促进人民群众劳动收入稳步提升,创建橄榄型社会财富结构,合理平滑消费,大幅提升普惠金融服务覆盖率。

案例【17-2】

绿色金融点"绿"成"金"

绿色金融在支持环境改善、应对气候变化和资源节约高效利用等方面大有可为。近年来，重庆始终坚持"两山"理念，着力发展绿色金融，建立"长江绿融通"绿色金融大数据综合服务系统，助推政银企对接长效机制，构建绿色发展体系。随着一项项创新改革举措实施，经济效益和生态效益逐渐凸显。

"地里庄稼长不好，乡亲们靠山吃山，盯上了山上的树。"谈起前些年的经历，重庆市城口县岚天乡红岸村村民谢昌林直摇头。

眼见环境一天天变差，政府决定实施生态搬迁。可手里没钱，搬得出如何稳得住？得知情况后，重庆农村商业银行在调研后开发出农村产权抵押融资新模式，为当地农户办理"美丽乡村住房贷款"。有了钱，农户改造、装修房屋，一些人还开办农家乐吸引周边避暑游客，在家门口吃上了旅游饭。

从2019年年初申报创建到2022年8月绿色金融改革创新试验区最终获批，重庆市绿色发展不断迈出新步伐。截至2022年9月末，重庆市绿色贷款余额达4 972.33亿元，是2019年年初的2.8倍，同比增长40.2%，高出全市各项贷款增速32.5个百分点；绿色贷款占各项贷款余额比重近10%，较2019年年初大幅提升4.5个百分点；绿色债券余额超357亿元，是2019年年初的2.7倍。

看效益——普惠效应，绿色金融与生态文明交融互助

从垃圾焚烧发电到污水治理，从滨水岸线综合整治到节能环保改造，从绿色交通行业信贷投放到美丽乡村住房信贷支持……近年来，绿色金融成了重庆各大银行的重点发展方向。

丰都县位于三峡库区腹地，蕴含着丰富的风能资源，吸引来不少风电项目。而绿色项目的突出特点就是期限长、收益低，尤其需要长期信贷资金。"前几年没怎么关注风电，随着绿色金融的发展，现在各家银行抢着投。绿色金融，对我们银行而言意味着优质资产。"重庆农村商业银行相关负责人告诉记者。

丰都县莲花山风电场，绵延起伏的群山上矗立着一台台风机，长长的风机叶片在不停转动着。2022年年初，重庆农村商业银行投资的莲花山和五洞岩三期风电项目开工建设，计划年底可并网发电，总装机容量8万千瓦，总投资6亿元，预计年发电量1.6亿千瓦时，大约每年可为8万户居民供应绿色电力能源，节约标煤4.7万吨，减少二氧化碳排放量12.3万吨。

"我们将坚持开发清洁能源，将丰都打造成大山里的'绿电池'。"丰都县发展改革委负责人告诉记者，有了绿色金融支持，丰都将招商引进一批清洁能源项目，不断优化能源供给结构，力争到2035年建成重庆市清洁能源示范基地。

看做法——形成机制，破解项目识别难题

"很难想象，去年我们还在为项目资金发愁。"站在酉阳土家族苗族自治县丁市镇生态茶园里，项目负责人感慨万千。2021年4月，该项目尚处于开发建设阶段，前期投入较大，"差钱"成为一道难以迈过的坎。就在一筹莫展时，重庆银行主动找上了门，提供了信贷支持。

"识别绿色项目不是个轻松活。过去，若干指标都需要人工来识别，效率很低。"重庆银行客户经理田攀告诉记者，"现在有了'长江绿融通'系统，能够对项目自动进行环境效益测算，效率大大提升。生态茶园项目便是系统推送给我们的。"

田攀口中的"长江绿融通"，是中国人民银行重庆营业管理部打造的绿色金融大数据综合服务系统。"我们和市发展改革委、市生态环境局共同制定绿色项目（企业）评价标准，以此为基础，在系统内嵌入绿色金融标准智能识别功能，向金融机构及时发布经识别的绿色融资需求信息。"中国人民银行重庆营业管理部金融研究处负责人告诉记者："有了这个系统，以往是企业找银行，现在是银行找企业。"

目前，"长江绿融通"系统已连通中国人民银行重庆营业管理部辖内各分支机构以及部分区县政府，接入金融机构近百家，助力全市形成了"政府推荐项目+绿色智能识别+系统推送项目+银行自主对接"的银企融资对接长效机制。截至2022年9月末，该系统采集并上线市级、区县级1 860个绿色项目（企业）信息，其中，近1 000个项目与银行成功对接。

看发展——转型升级，构建绿色发展体系

"真没想到，排污权也能贷款，利率还比一般贷款优惠。"在成功获得重庆银行1亿元排污权质押贷款后，重庆国际复合材料股份有限公司（以下简称"国际复材"）相关负责人不由感慨。

国际复材是工信部评定的玻纤行业"绿色工厂"，通过引进国内外先进的废弃处理技术，有效管控污染物。在了解到企业有扩大生产经营规模的资金需求后，重庆银行信贷人员主动上门，为其匹配排污权质押贷款产品，该产品让企业的排污权从"沉睡的资产"变成"流动的资金"，促进企业节能减排，助力生态环境改善。

近年来，重庆着力创新机制，推动金融机构加速金融资源"低碳化"配置，促进绿色金融规模快速增长，助力实体经济加快绿色转型。

（资料来源：中国青年网。）

问题：
谈谈发展绿色金融的意义。

简要提示：
发展绿色金融是推动当前我国经济金融结构调整，实现经济和环境可持续发展的必然路径，是我国未来金融发展的方向，也是我国金融领域的一场创新与变革，同时是实现"双碳"目标的重要力量。

案例思政元素分析：
首先，通过绿色金融建设美丽中国。党的二十大报告指出，要"完善支持绿色发展的财税、金融、投资、价格政策和标准体系，发展绿色低碳产业。"

这凸显了绿色金融发展的重要意义。银行业金融机构要积极推进绿色金融业务发展，完善绿色金融产品服务体系，持续加大对各类经济主体的绿色低碳转型金融服务支持力度，从而支持美丽中国建设。

其次，通过绿色金融实现经济转型。党的二十大报告指出："推动经济社会发展绿色化、低碳化是实现高质量发展的关键环节。"绿色金融是转型金融，这种转型源于经济发展的绿色转型。正是因为当前的经济发展方式落后和生态环境要求，才提出绿色发展、低碳发展、绿色金融等概念，而通过绿色金融能够实现经济转型升级。

参考文献

[1] 蒋远胜. 金融学（第二版）[M]. 成都：西南财经大学出版社，2014.
[2] 骆志芳，许世琴. 金融学[M]. 北京：科学出版社，2013.
[3] 褚吉瑞，刘芳. 有关国内电子货币定义的文献综述[J]. 中国外资，2010（9）：212-213.
[4] 王嘉. 交子的诞生 成都原创的"快捷支付"[N]. 成都日报，2019-09-19（4）.
[5] 王晓光. 金融学（第二版）[M]. 北京：清华大学出版社，2019.
[6] 李庚寅. 货币银行学[M]. 成都：西南财经大学出版社，2011.
[7] 李建军，罗明雄. 互联网金融[M]. 北京：高等教育出版社，2018.
[8] 黄达，张杰. 金融学（第五版）：货币银行学（第七版）[M]. 北京：中国人民大学出版社，2020.
[9] 李健. 金融学[M]. 北京：高等教育出版社，2010.
[10] 刘义圣，赵东喜. 利率走廊理论述评[J]. 经济学动态，2012（7）：122-129.
[11] 陈祥林. 中国古代利息初探[J]. 青海金融，1994（11）：48-51.
[12] 李好. 中国古代的民间借贷[J]. 新财经，2012（4）：102-103.
[13] 霍默，西勒. 利率史（第四版）[M]. 肖新明，曹建海，译. 北京：中信出版社，2010.
[14] 张时闰. 我国存款利率市场化改革回顾与展望[J]. 中国货币市场，2022（8）：68-72.
[15] 彭扬，欧阳剑环. 消费贷吸引力上升 助推消费"暖起来"[N]. 中国证券报，2022-8-25（A01）.
[16] 焦瑾璞. 普惠金融导论[M]. 北京：中国金融出版社，2019.
[17] 李健. 金融学（第三版）[M]. 北京：高等教育出版社，2018.
[18] 彭红枫，冯林. 金融学类专业课程思政教学案例集[M]. 北京：经济科学出版社，2021.
[19] 钱水土. 货币金融学：《货币银行学》（第3版）[M]. 北京：机械工业出版社，2020.
[20] 周子勋. 居民储蓄存款大幅增长意味着什么？[N]. 中国经济时报，2022-06-15（2）.
[21] 蔡普华，汪伟，郑颖，等. 金融科技发展与商业银行数字化转型：影响与建议[N]. 新金融，2022（11）：39-41.
[22] 郭兴方，张慧. 金融学：货币银行学（第二版）[M]. 北京：中国人民大学出版社，2021.
[23] 董金玲，陈彦华，刘宁宁. 金融学[M]. 北京：机械工业出版社，2020.
[24] 杜黎霞，于洋. 金融学[M]. 北京：清华大学出版社，2018.
[25] 蒋先玲. 货币金融学：第3版[M]. 北京：机械工业出版社，2021.
[26] 姜法芹，袁凯，贾宪军. 金融学[M]. 北京：机械工业出版社，2022.
[27] 翁舟杰. 货币金融学课程思政案例集[M]. 成都：西南财经大学出版社，2021.
[28] 刘舒年，温晓芳. 国际金融（第五版）[M]. 北京：对外经贸大学出版社，2017.
[29] 戴国强. 货币金融学：第四版[M]. 上海：上海财经大学出版社，2017.
[30] 吴华奋. 老龄化对货币需求影响的研究——基于省级面板数据[J]. 浙江金融，2021(7)：70-80.
[31] 江世银，谷政. 金融学[M]. 北京：高等教育出版社，2021.
[32] 凌江怀. 金融学概论（第四版）[M]. 北京：高等教育出版社，2020.
[33] 陆前进. 中国货币政策调控机制转型及理论研究[M]. 上海：复旦大学出版社，2019.
[34] 胡滨，郑联盛. 全球量化宽松之十年演进[J]. 金融博览，2019（9）：32-34.
[35] 周小川. 21世纪以来中国货币政策的主要特点[J]. 西部金融，2013（3）：4-10.
[36] 何德旭，冯明. 新中国货币政策框架70年：变迁与转型[J]. 财贸经济，2019，40（9）：5-20.

[37] 朱淑珍. 金融风险管理（第3版）[M]. 北京：北京大学出版社，2017.
[38] 李飞，施一宁，徐梓涵，等. 信贷与房价：首套房贷款利率对我国房价的影响[J]. 西南民族大学学报（人文社会科学版），2022, 43（1）：132-142.
[39] 宋玮. 金融学[M]. 北京：对外经济贸易大学出版社，2010.
[40] 姜明宇. 普惠金融发展研究[M]. 长春：吉林人民出版社，2019.
[41] 牛淑珍，齐安甜. 绿色金融[M]. 上海：上海远东出版社，2019.
[42] 万光彩，曹强. 互联网金融[M]. 北京：中国金融出版社，2022.
[43] 陈诗一. 绿色金融概论[M]. 上海：复旦大学出版社，2019.
[44] 刘洋. 区块链金融[M]. 北京：北京大学出版社，2019.
[45] 黄达. 货币银行学[M]. 北京：中国人民大学出版社，2000.
[46] 黄达. 金融学：精编版[M]. 北京：中国人民大学出版社，2004.
[47] 柳永明. 货币银行学[M]. 上海：上海财经大学出版社，2005.
[48] 刘隽亭. 金融学[M]. 北京：首都经济贸易大学出版社，2002.
[49] 曹龙骐. 货币银行学[M]. 北京：高等教育出版社，2000.
[50] 曹龙骐. 金融学（第三版）[M]. 北京：高等教育出版社，2010.
[51] 翟建华. 金融学概论[M]. 大连：东北大学出版社，2005.
[52] 盖锐. 金融学概论[M]. 北京：清华大学出版社，2005.
[53] 房燕. 金融学概论[M]. 北京：机械工业出版社，2004.
[54] 钱晔. 金融学概论（第二版）[M]. 北京：经济科学出版社，2007.
[55] 宋玮. 金融学概论（第二版）[M]. 北京：中国人民大学出版社，2007.
[56] 罗剑朝. 货币银行学[M]. 北京：清华大学出版社，2007.
[57] 刘建波. 金融学概论[M]. 北京：清华大学出版社，2006.
[58] 郑道平，龙玮娟. 货币银行学原理（第五版）[M]. 北京：中国金融出版社，2005.
[59] 朱新蓉. 金融学[M]. 北京：中国金融出版社，2005.
[60] 安烨. 货币银行学[M]. 上海：上海财经大学出版社，2006.
[61] 周浩明，米双红，龚治国，等. 金融学[M]. 上海：上海交通大学出版社，2012.
[62] 胡庆康. 现代货币银行学教程（第四版）[M]. 上海：复旦大学出版社，2010.
[63] 刘舒年. 国际金融[M]. 北京：对外经济贸易大学出版社，2004.
[64] 林俊国. 金融学[M]. 厦门：厦门大学出版社，2008.
[65] 师玉兴. 国际金融[M]. 北京：对外经济贸易大学出版社，2002.
[66] 吕随启，苏英姿，姚志勇. 国际金融教程[M]. 北京：北京大学出版社，1998.
[67] 沈能. 现代金融学概论：原理与案例[M]. 北京：经济科学出版社，2011.
[68] 于敏，肖华东. 金融学[M]. 北京：高等教育出版社，2010.
[69] 张强，乔海曙. 金融学[M]. 北京：高等教育出版社，2007.
[70] 马亚. 金融学[M]. 北京：中国人民大学出版社，2010.
[71] 艾洪德，范立夫. 货币银行学[M]. 大连：东北财经大学出版社，2005.
[72] 杜佳. 货币金融学（第2版）[M]. 北京：清华大学出版社，2010.
[73] 王广谦. 中央银行学（第二版）[M]. 北京：高等教育出版社，2006.
[74] 张中华，李荷君. 国际投资理论与实务[M]. 北京：中国财政经济出版社，1995.
[75] 牛建高，杨亮芳. 金融学[M]. 南京：东南大学出版社，2005.
[76] 陈孟熙. 经济学说史教程：第二版[M]. 北京：中国人民大学出版社，2003.
[77] 康书生，鲍静海. 货币银行学[M]. 北京：高等教育出版社，2007.
[78] 张贵乐，艾洪德. 货币银行学教程[M]. 大连：东北财经大学出版社，1996.
[79] 曹龙骐，金融学案例与分析[M]. 北京：高等教育出版社，2005.
[80] 戴世昌. 金融深化对我国经济发展影响的实证分析[D]. 青岛：中国海洋大学，2013.

[81] 马瑞华，孙学辉. 现代金融学[M]. 武汉：武汉理工大学出版社，2008.

[82] 王静. 金融学[M]. 北京：冶金工业出版社，2008.

[83] 韩玉珍. 金融学基础[M]. 北京：首都经济贸易大学出版社，2007.

[84] 李廷荣，吉伍攻，赵公社. 金融学概论[M]. 北京：中国物价出版社，2002.

[85] 唐安宝. 金融学[M]. 徐州：中国矿业大学出版社，2005.

[86] 李琼. 金融学教程[M]. 成都：西南财经大学出版社，2006.

[87] 刘松鹤，王伟. 金融学概论[M]. 北京：北京理工大学出版社，2009.

[88] 刘金章，孙可娜. 现代金融理论与实务[M]. 北京：清华大学出版社，2006.

[89] 段进朋. 货币金融学[M]. 北京：中国政法大学出版社，2006.

[90] 李成. 货币金融学[M]. 北京：科学出版社，2004.

[91] 米什金. 货币金融学（第九版）[M]. 郑艳文，荆国勇，译. 北京：中国人民大学出版社，2011.

[92] 裴少峰. 货币银行学[M]. 广州：中山大学出版社，2006.

[93] 张亦春. 货币银行学[M]. 厦门：厦门大学出版社，1995.

[94] 尚昱吟. 存款保险制度研究[D]. 昆明：云南大学，2015.

[95] 张波. 转型经济中的货币需求与 M_2/GDP 的变动——投机视角下基于中国市场化改革历程的实证研究[D]. 北京：中国社会科学院研究生院，2009.

[96] 苏平贵. 金融学[M]. 北京：清华大学出版社，2007.

[97] 博迪，莫顿. 金融学[M]. 欧阳颖，贺书捷，李振坤，等译. 北京：中国人民大学出版社，2000.

[98] 赵颖. 货币供应增长率与通货膨胀之间动态关系的实证研究[J]. 经济研究导刊，2010（31）：82-83.

[99] 戴建军. 我国货币供应与经济增长关系的理论和实证研究[D]. 长沙：湖南大学，2008.

[100] 梁佳佳. 我国经济增长与货币供给物价水平关系实证分析——基于 1984—2008 年的数据[J]. 现代商贸工业，2010，22（21）：182.

[101] 克鲁格曼，奥伯斯法尔德. 国际经济学（第五版）[M]. 海闻，蔡荣，郭海秋，等译. 北京：中国人民大学出版社，2002.

[102] 胡海鸥. 货币理论与货币政策[M]. 上海：上海人民出版社，2004.

[103] 黄亚钧. 宏观经济学（第三版）[M]. 北京：高等教育出版社，2009.

[104] 张颖熙，赵秀丽. 货币均衡理论的发展与演变[J]. 内蒙古财经学院学报，2007（2）：9-14.

[105] 马涛. 关于我国上一轮通货膨胀的成因及治理研究[D]. 北京：中共中央党校，2009.

[106] 杨丽. 中国国际收支双顺差的货币供给效应研究[D]. 沈阳：辽宁大学，2008.

[107] 廖家勤. 我国财政支出规模变化的分析及其合理控制[J]. 当代财经，2004（12）：24-29.

[108] 王京东. 国际投资论[M]. 北京：中国经济出版社，1993.

[109] 严存宝，石全虎. 金融学教程[M]. 北京：中国金融出版社，2009.

[110] 翟雅琴. 亚投行推动世界金融体系变革初探[J]. 海南金融，2015（9）：37-42.

[111] 罗斯. 货币与资本市场（第 8 版）[M]. 路军，主译. 北京：中国人民大学出版社，2006.

[112] 王仁祥，喻平. 金融风险管理[M]. 武汉：武汉理工大学出版社，2004.

[113] 黄亚均. 微观经济学（第二版）[M]. 北京：高等教育出版社，2005.

[114] 陈春光. 金融一体化条件下银行业监管研究[M]. 北京：中国财政经济出版社，2004.

[115] 赵喆. 金融全球化趋势下我国金融监管体制的科学构建[D]. 北京：中国政法大学，2008.

[116] 李伏安. 我国金融创新制度研究[D]. 大连：大连理工大学，2010.

[117] 陈建华. 中国金融监管模式选择[M]. 北京：中国金融出版社，2001.

[118] 杨公朴，夏大慰. 现代产业经济学[M]. 上海：上海财经大学出版社，2005.

[119] 杜厚文，樊慧文. 论金融风险的特征与实质[J]. 经济评论，1998（3）：4.

[120] 孙斌. 金融风险的原因及防范对策研究[J]. 中国安全科学学报，2007，17（7）：32-37.

[121] 赵庆森. 商业银行信贷风险与行业分析——以中国钢铁工业为实证[M]. 北京：中国金融出版社，2004.

[122] 茆训诚. 金融学概论[M]. 北京：机械工业出版社，2011.